21世纪全国高等院校财经管理系列实用规划教材

经|济|学|系|列

计量经济学（第2版）

Econometrics

刘艳春　王　敏/主编

北京大学出版社
PEKING UNIVERSITY PRESS

内 容 简 介

"计量经济学"是高等院校经济学各专业的核心课程之一,是一门实践性很强的学科。本书共分 11 章,具体内容包括绪论、一元线性回归模型、多元线性回归模型、多重共线性、异方差性、自相关性、虚拟变量与随机解释变量模型、滞后变量模型、联立方程模型、计量经济模型的应用、计量经济学的若干新发展。本书将经济管理学理论、计量经济方法和计算机应用相结合,对实际的经济问题进行建模、预测、模拟与分析;以讲清楚思路与方法为主,尽量省去繁杂的数学推导,并结合 EViews 6.0 软件来进行实际操作应用,具有很强的可操作性。

本书既可作为高等院校经济学科、管理学科专业本科生,以及非数量经济学专业研究生的教材或教学参考书,也可作为高等教育自学考试经济学科本科考生、经济管理工作者和研究人员的参考书。

图书在版编目(CIP)数据

计量经济学 / 刘艳春,王敏主编. —2 版. —北京:北京大学出版社,2016.6
(21世纪全国高等院校财经管理系列实用规划教材)
ISBN 978-7-301-27173-5

Ⅰ. ①计… Ⅱ. ①刘… ②王… Ⅲ. ①计量经济学—高等学校—教材 Ⅳ. ① F224.0

中国版本图书馆 CIP 数据核字 (2016) 第 121906 号

书　　　名	计量经济学(第 2 版) JILIANG JINGJIXUE
著作责任者	刘艳春　王　敏　主编
策划编辑	王显超
责任编辑	李瑞芳
标准书号	ISBN 978-7-301-27173-5
出版发行	北京大学出版社
地　　　址	北京市海淀区成府路 205 号　100871
网　　　址	http://www.pup.cn　　新浪微博:@北京大学出版社
电子信箱	pup_6@163.com
电　　　话	邮购部 62752015　发行部 62750672　编辑部 62750667
印 刷 者	三河市博文印刷有限公司
经 销 者	新华书店
	787 毫米×1092 毫米　16 开本　17 印张　400 千字 2008 年 8 月第 1 版 2016 年 6 月第 2 版　2016 年 6 月第 1 次印刷
定　　　价	38.00 元

未经许可,不得以任何方式复制或抄袭本书之部分或全部内容。
版权所有,侵权必究
举报电话:010-62752024　电子信箱:fd@pup.pku.edu.cn
图书如有印装质量问题,请与出版部联系,电话:010-62756370

前　言

计量经济学是一门应用学科。它以经济理论为指导,以统计为基础,以数学方法为手段,借助计算机考察现代经济社会中的各种经济数量关系,预测经济发展趋势,检验经济政策效果。计量经济学所提供的定量实证分析方法在经济管理活动中发挥着重要作用。

鉴于计量经济学在经济学研究中占有举足轻重的地位,1998年,教育部高等学校经济学科教学指导委员会将其指定为高等学校经济学类核心课程,越来越多的经济研究与经济管理工作者、高等院校经济与管理类专业师生都希望掌握和利用这一工具。但是,在长期的教学过程中发现,学生对繁杂的数学推导和模型计算难以理解,存在一定的畏难情绪。因此,本书在编写过程中,风格力求简明扼要、通俗易懂,结合计量经济学软件 EViews 6.0,将典型的、贴合中国实际的例子所包含的理论传授给学生,使其能够顺利地理解和掌握计量经济方法的内涵及模型所表达的客观经济的内在规律。

本书在《计量经济学》第1版的基础上修订而成。与第1版相比较,此次修订对问题的描述更加简洁清晰;选取的实例也更加贴近中国社会经济的实际情况,并对相关数据进行了更新;更新了软件的应用,所有实例都是应用 Eviews 6.0 完成的;每章后增加了练习题。

全书近40万字,共分11章。第1章介绍了计量经济学中的基本概念和建立计量经济学模型的主要步骤,并对 EViews 6.0 软件的主要功能进行了简要的介绍;第2章和第3章介绍了经典的单一计量经济模型的基本内容和应用;第4章至第6章介绍了违反经典回归假定条件下(多重共线性、异方差性和自相关性)的单一计量经济模型问题及其解决方法;第7章和第8章介绍了几类扩展的单一计量经济模型(虚拟变量模型、随机解释变量模型和滞后变量模型)的研究对象、基本理论与解决方法;第9章介绍了联立方程计量经济模型的理论与方法;第10章介绍了单一计量经济应用模型(生产函数模型、需求函数模型、消费函数模型和投资函数模型);第11章对计量经济学的新发展,如协整理论和面板数据模型进行了简单介绍。

本书将 EViews 6.0 软件的使用方法融于教学内容中,在讲深、讲透计量经济模型、计算结果的统计与经济意义的基础上,有助于学生尽快地掌握实际应用工具和手段,对实际问题进行分析、建模与预测。本书在编排过程中采用直观方式对经济现象进行描述,应用一般的数学和统计学知识阐述计量经济学的原理与方法。所以,只需要具备初等统计学、微积分和代数基础知识,就能够理解和掌握计量经济模型所表达的客观经济现象的内在规律。

本书按照4学分,72学时(包括讲授学时与实验学时)进行编写。各院校选用本书作为教材时,可根据实际情况调整学时。各章具体学时安排为:第1章,2学时;第2章和第3章,10学时;第4章至第6章,16学时;第7章和第8章,12学时;第9章,8学时;第10章,14学时;第11章,10学时。

本书由辽宁大学商学院教授、博士生导师刘艳春担任第一主编,辽宁大学数学院副教授王敏担任第二主编，沈阳建筑大学基础学院讲师韩孺眉、辽宁大学基础学院讲师孙亮、辽宁大学商学院博士研究生孙凯参加了教材的修订工作。

  本书在编写过程中得到北京大学出版社的关心与支持，在此表示衷心的感谢！

  由于编者水平有限，本书难免有欠妥之处，欢迎广大读者批评指正。

编 者

2015 年 6 月

目 录

第1章 绪论 ………………………………… 1

1.1 计量经济学概述 ………………… 2
1.1.1 计量经济学的产生与发展 …………………………… 2
1.1.2 计量经济学与相关学科的关系 …………………………… 3
1.1.3 计量经济学包含的内容 …… 4
1.2 计量经济学中的基本概念 ……… 5
1.2.1 数据的来源与类型 ………… 5
1.2.2 经济变量与经济参数 ……… 6
1.2.3 模型与方程 ………………… 7
1.3 计量经济学的研究方法 ………… 8
1.3.1 计量经济分析工作的对象 ……………………………… 8
1.3.2 建立计量经济模型的主要步骤 ……………………………… 10
1.4 计量经济学软件 EViews 6.0 使用简介 …………………………………… 14
1.4.1 EViews 软件的基本功能 … 14
1.4.2 EViews 的基本操作 ……… 15
本章小结 …………………………………… 23
习题 ………………………………………… 23

第2章 一元线性回归模型 ……………… 25

2.1 回归分析概述 …………………… 26
2.1.1 回归分析概述 ……………… 26
2.1.2 总体回归方程与样本回归方程 …………………………… 28
2.2 一元线性回归模型的基本假定 … 35
2.3 一元线性回归模型的参数估计 … 38
2.3.1 最小二乘估计量的性质 …… 42
2.3.2 借助 EViews 软件进行分析 ……………………………… 47
2.4 一元线性回归模型的统计检验 … 53
2.4.1 拟合优度检验 ……………… 53
2.4.2 回归参数的显著性检验 …… 55
2.4.3 参数的置信区间 …………… 58
2.4.4 正态性检验 ………………… 59
2.5 回归分析的应用：预测问题 …… 61
2.6 案例分析 ………………………… 64
本章小结 …………………………………… 67
习题 ………………………………………… 67

第3章 多元线性回归模型 ……………… 70

3.1 多元线性回归模型的基本假定 … 71
3.2 多元线性回归模型的参数估计 … 74
3.2.1 普通最小二乘法 …………… 74
3.2.2 普通最小二乘估计量的性质 ……………………………… 77
3.2.3 借助 EViews 软件进行分析 ……………………………… 80
3.3 多元线性回归模型的统计检验 … 81
3.3.1 拟合优度检验 ……………… 82
3.3.2 回归参数的显著性检验：t 检验 ……………………………… 84
3.3.3 回归模型总体显著性检验：F 检验 ……………………………… 85
3.3.4 多元线性回归模型的预测 ……………………………… 87
3.3.5 可以化为线性的多元非线性回归模型 …………………………… 88
3.4 案例分析 ………………………… 89
本章小结 …………………………………… 92
习题 ………………………………………… 92

第4章 多重共线性 ……………………… 95

4.1 多重共线性的含义与其产生的原因 ……………………………………… 96
4.1.1 多重共线性的含义 ………… 96
4.1.2 多重共线性产生的原因 ……………………………… 97

4.2 多重共线性产生的后果 …………… 97
    4.2.1 完全多重共线性带来的后果 …………………………… 97
    4.2.2 经济变量与经济参数 …… 98
4.3 多重共线性的检验 …………… 99
    4.3.1 相关系数检验 …………… 100
    4.3.2 辅助回归判定系数检验 …… 100
    4.3.3 方差膨胀因子检验 ……… 100
    4.3.4 正规方程组系数矩阵条件数检验 ………………………… 101
4.4 多重共线性的修正方法 ……… 101
    4.4.1 删除不重要的解释变量 …… 102
    4.4.2 利用已知信息 …………… 102
    4.4.3 逐步回归 ………………… 103
    4.4.4 主成分回归 ……………… 103
4.5 案例分析 …………………… 104
    4.5.1 多重共线性检验结果分析 …………………………… 105
    4.5.2 多重共线性修正结果分析 …………………………… 106
    4.5.3 EViews 过程的实现 …… 107
本章小结 …………………………… 108
习题 ………………………………… 108

第5章 异方差性 …………………… 112

5.1 异方差性的含义与产生的原因 …… 113
    5.1.1 异方差性的含义 ………… 113
    5.1.2 异方差性产生的原因 …… 114
5.2 异方差性产生的后果 ………… 114
5.3 异方差性的检验 ……………… 116
    5.3.1 图示法 …………………… 116
    5.3.2 残差回归检验 …………… 116
    5.3.3 G-Q 检验 ………………… 117
5.4 异方差性的修正方法 ………… 118
    5.4.1 模型变换法 ……………… 118
    5.4.2 加权最小二乘法 ………… 118
5.5 案例分析 …………………… 119
    5.5.1 异方差性检验结果分析 …… 120
    5.5.2 异方差性修正结果分析 …… 120
    5.5.3 EViews 过程的实现 …… 121
本章小结 …………………………… 124
习题 ………………………………… 125

第6章 自相关性 …………………… 127

6.1 自相关性的含义与其产生的原因 ……………………………… 128
    6.1.1 自相关性的含义 ………… 128
    6.1.2 自相关性产生的原因 …… 128
6.2 自相关性产生的后果 ………… 129
6.3 自相关性的检验 ……………… 130
    6.3.1 图示法 …………………… 130
    6.3.2 杜宾-瓦森(D-W)检验 … 131
6.4 自相关性的修正方法 ………… 132
    6.4.1 广义差分法(ρ 已知) …… 132
    6.4.2 科克兰内-奥克特法 …… 133
    6.4.3 杜宾两步法 ……………… 134
6.5 案例分析 …………………… 134
    6.5.1 自相关性检验结果分析 …… 134
    6.5.2 自相关性修正结果分析 …… 135
    6.5.3 EViews 过程的实现 …… 136
本章小结 …………………………… 137
习题 ………………………………… 138

第7章 虚拟变量与随机解释变量模型 ……………………………… 140

7.1 虚拟变量模型 ………………… 141
    7.1.1 非数量因素的二值量化 …… 141
    7.1.2 模型中引入虚拟变量的作用 ……………………………… 142
    7.1.3 引入虚拟变量的规则 …… 142
7.2 虚拟解释变量模型 …………… 143
    7.2.1 方差分析模型 …………… 143
    7.2.2 协方差分析模型 ………… 145
7.3 二元因变量回归——Logit 模型 … 147
7.4 案例分析 …………………… 151
7.5 随机解释变量模型 …………… 153
    7.5.1 随机解释变量问题 ……… 153
    7.5.2 实际经济问题中的随机解释变量问题 ……………………… 153
    7.5.3 随机解释变量的后果 …… 154
    7.5.4 工具变量法 ……………… 155
7.6 随机变量模型案例分析 ……… 158
本章小结 …………………………… 162

习题 ………………………… 162

第8章 滞后变量模型 ………………… 164

8.1 滞后变量的含义及其产生的原因 ………………………… 165
- 8.1.1 滞后变量的含义 ………… 165
- 8.1.2 滞后变量产生的原因 …… 166

8.2 滞后变量模型分类 …………… 166
- 8.2.1 分布滞后模型 …………… 166
- 8.2.2 自回归模型 ……………… 168

8.3 分布滞后模型的参数估计 …… 168
- 8.3.1 经验权数法 ……………… 168
- 8.3.2 阿尔蒙法 ………………… 169
- 8.3.3 库伊克法 ………………… 171

8.4 期望模型 ……………………… 172
- 8.4.1 自适应期望模型 ………… 172
- 8.4.2 局部调整模型 …………… 173

8.5 自回归模型的估计 …………… 174
- 8.5.1 自回归模型中的估计问题 ……………………… 174
- 8.5.2 工具变量法 ……………… 175
- 8.5.3 自相关的检验:杜宾 $-h$ 检验 …………………… 176
- 8.5.4 格兰杰因果关系检验 …… 177

8.6 案例分析 ……………………… 178
本章小结 ……………………………… 183
习题 …………………………………… 184

第9章 联立方程模型 ………………… 187

9.1 联立方程模型的基本概念 …… 188
- 9.1.1 联立方程模型的含义 …… 188
- 9.1.2 联立方程模型的变量 …… 189
- 9.1.3 联立方程模型中方程式类型 ……………………… 189

9.2 联立方程模型的类型 ………… 190
- 9.2.1 结构式模型 ……………… 190
- 9.2.2 简化式模型 ……………… 191
- 9.2.3 递归系统模型 …………… 192

9.3 模型识别的概念 ……………… 193
- 9.3.1 不可识别 ………………… 194
- 9.3.2 恰好识别 ………………… 194

- 9.3.3 过度识别 ………………… 196

9.4 模型识别的条件 ……………… 197
- 9.4.1 识别的阶条件（必要条件） …………………… 197
- 9.4.2 识别的秩条件（充要条件） …………………… 198
- 9.4.3 其他识别规则 …………… 200

9.5 联立方程模型的估计 ………… 200
- 9.5.1 单方程估计法——间接最小二乘法和工具变量法 …… 200
- 9.5.2 过度识别条件下的单方程估计法——二阶段最小二乘法 ………… 203
- 9.5.3 联立方程模型的系统估计法——三阶段最小二乘法 ………… 205

本章小结 ……………………………… 208
习题 …………………………………… 208

第10章 计量经济模型的应用 ………… 210

10.1 生产函数模型 ………………… 211
- 10.1.1 生产函数 ……………… 211
- 10.1.2 生产函数中的基本概念 ………………… 211
- 10.1.3 生产函数的设定 ……… 213
- 10.1.4 生产函数模型的估计 … 215
- 10.1.5 生产函数在技术进步分析中的应用 ………… 217
- 10.1.6 案例分析 ……………… 218
- 10.1.7 EViews 过程的实现 …… 220

10.2 需求函数模型 ………………… 221
- 10.2.1 需求函数 ……………… 221
- 10.2.2 需求函数中的基本概念 ………………… 221
- 10.2.3 需求函数的设定 ……… 223
- 10.2.4 线性支出系统需求函数模型的估计 …………… 224
- 10.2.5 案例分析 ……………… 225
- 10.2.6 EViews 过程的实现 …… 228

10.3 消费函数模型 ………………… 229
- 10.3.1 消费函数 ……………… 229
- 10.3.2 基本消费函数模型 …… 229
- 10.3.3 案例分析 ……………… 230
- 10.3.4 EViews 过程的实现 …… 232

10.4 投资函数模型 …………………… 234
 10.4.1 投资函数的理论模型 …… 234
 10.4.2 投资函数模型的估计
    方法 ………………………… 236
本章小结 ………………………………… 236
习题 ……………………………………… 236

第11章 计量经济学的若干新发展 …… 239

11.1 协整理论 …………………………… 240
 11.1.1 单整与协整 ……………… 240
 11.1.2 协整理论的意义 ………… 242
 11.1.3 协整的检验 ……………… 243
 11.1.4 误差修正模型 …………… 244

11.2 协整案例分析 ……………………… 245
11.3 面板数据模型 ……………………… 250
 11.3.1 面板数据模型的概念 …… 250
 11.3.2 面板数据模型的主要优点
    及局限性 ………………… 252
 11.3.3 面板数据模型的类型 …… 253
 11.3.4 固定影响回归模型及其
    参数估计 ………………… 254
11.4 固定影响模型案例分析 …………… 257
本章小结 ………………………………… 261
习题 ……………………………………… 261

参考文献 ………………………………… 264

第 1 章

绪 论

教学目标

通过本章的学习,对计量经济学的产生、发展、内容、基本概念、研究方法以及 EViews 软件的使用有一个基本了解。

教学要求

了解计量经济学的产生、发展、内容及与相关学科的关系;理解掌握计量经济学的基本概念和研究方法;掌握 EViews 软件的基本功能、主要功能菜单和主要命令。

计量经济学作为经济学的一个分支学科，经过 70 年，尤其是近 30 年的发展，形成了广泛的内容体系。随着一些发达国家计量经济学的成功应用以及计算机的广泛使用，大量复杂的计量经济模型得以建立和应用，使这门学科得到了迅速的发展。正如美国著名经济学家萨缪尔森曾经说过："第二次世界大战后的经济学是计量经济学的时代。"

本章将对计量经济学的概念进行总体上的介绍，并对建立与应用计量经济学模型的步骤和要点进行简要的说明。尽管第一次学习计量经济学的学生可能不能完全理解本章的内容，但是建立起一个概念对于学习全书是十分重要的。

1.1 计量经济学概述

"计量经济学"（Econometrics）这个词是 1926 年挪威经济学家、统计学家、第一届诺贝尔经济学奖获得者弗里希（R. Frisch）按照"生物计量学"（Biometrics）一词的结构仿造出来的。弗里希是计量经济学的主要开拓者和奠基人。计量经济学的本意是指"经济度量"，以揭示经济活动中客观存在的数量关系为主要内容，研究经济现象和经济关系的计量方法。

计量经济学自 1980 年以来在我国得到迅速传播与发展。在有关的出版物和课程表中出现了"计量经济学"与"经济计量学"两种名称。"经济计量学"是由英文"Econometrics"直译得到的，它强调该学科的主要内容是经济计量的方法，是估计经济模型和检验经济模型；"计量经济学"则强调它是一门经济学科，强调它的经济学内涵与外延，故本书以此为名。但实际上，翻开这两类不同名称的出版物，就会发现其内容并无区别。

1.1.1 计量经济学的产生与发展

计量经济学起源于对经济问题的定量研究，是社会经济发展到一定阶段的客观需要，正是人们从数量方面探寻经济活动规律的不懈努力，才促进了这门学科的形成与发展。人们很早就在探索用定量的方式研究经济现象。

1930 年 12 月 29 日，由弗里希和丁伯根（J. Tinbergen，荷兰经济学家，第一届诺贝尔经济学奖得主）等经济学家发起成立的世界计量经济学会终于在美国俄亥俄州克里夫兰成立（耶鲁大学的欧文·斐休当选为第一任会长）。这个学会当时的宗旨是"为了促进经济理论在与统计学和数学的结合中发展的国际学会"。从 1933 年起，该学会出版了会刊——《计量经济学》，标志着计量经济学作为一个独立的学科正式诞生。弗里希在发刊词中所阐明的关于计量经济学的定义，至今仍被大多数人所接受。

计量经济学从诞生之日起，就显示了极强的生命力，经过 20 世纪 40 年代至 50 年代的大发展及 60 年代的大扩张，已经在经济学科中占据重要的地位。

20 世纪 70 年代以来，计量经济学的理论和应用又进入一个新的阶段。首先表现为计算机的广泛应用和新的计算方法大量提出，所使用的计量经济模型和变量的数目越来越多。其次表现为近十几年来计量经济学的理论方法又有了新的突破。例如，协整理论的提出，使计量经济学产生了新的理论体系，模型识别理论、参数估计方法也有了重大发展，对策论、贝叶斯方法等理论在计量经济学中的应用已成为计量经济学新的研究课题。最后，应用计量经济学的研究也由传统的生产函数、需求分析、消费函数、投资分析和宏观经济模型转向货币、工资、福利、国际贸易等新的研究领域。

我国计量经济学的研究始于 20 世纪 50 年代末，但是真正快速发展在改革开放之后。1979 年成立了中国数量经济研究会和数量经济研究所，并出版了会刊《数量经济技术经济研究》。1982 年召开了第一届数量经济学会议，从此计量经济方法得到广泛应用并取得许多成果，全国性的计量经济模型、区域性的计量经济模型、行业性的计量经济模型相继产生，形成了一些很有影响的模型。如中国社会科学院在 20 世纪 80 年代中期建立的"中国宏观经济年度预测模型"，国务院发展研究中心建立的政策分析模型，由国务院信息中心、中国社会科学院、复旦大学等联合开发的"世界连接计划"中国模型等。近年来，人们又利用计量经济模型研究经济周期波动、国际贸易、汇率变化、生产率与经济增长方式转变、产业结构调整与政策模拟、金融预警系统与风险防范、粮食供给与需求的系统分析等。从 1992 年开始，我国每年春、秋两季对中国宏观经济进行分析和预测，同年 11 月份出版《中国经济蓝皮书》。目前，我国数量经济学已形成庞大的教学、研究和应用体系，并能培养从学士到博士各个层次的专业人才。值得一提的是，1998 年 7 月教育部高等学校经济学科教学指导委员会确定"计量经济学"为高等学校经济学类各专业八门核心课程之一，将计量经济学列入经济学各专业核心课程，这是我国经济学学科教学走向现代化和科学化的重要标志，对于提高我国经济学培养人才质量和研究水平均具有重要意义。

1.1.2 计量经济学与相关学科的关系

计量经济学是经济学、统计学和数学的综合，它与相关学科的关系如图 1.1 所示。

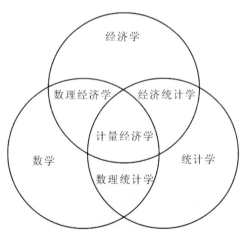

图 1.1 计量经济学与相关学科的关系

图 1.1 表明，计量经济学是数理经济学、经济统计学和数理统计学的交集，而数理经济学是经济学与数学的交集，数理统计学是数学和统计学的交集，经济统计学是经济学与统计学的交集。显然，每一交集形成了一门特定的学科，有其独立的研究对象和特点，这些特定学科彼此不能混淆或替代。

经济学着重经济现象的定性研究，而计量经济学着重于定量方面的研究。虽然数理经济学也是着重于对经济的定量研究，但是它不注重经济变量关系的随机特征，仅是用数学形式表达经济理论，并不关心经济理论的可测性，且模型所反映的经济变量之间的关系是确定的。而计量经济学的主要兴趣在于利用由数理经济学提出的数学方程及实际数据来验证经济理论，模型所反映的经济变量间的关系是非确定性的、随机的相关关系。数理经济学为计量经济学提供建模依据。

统计学是关于如何收集、整理和分析数据的科学。经济学与统计学结合形成了经济统计学。经济统计学所关心的是描述性的统计量，如国内生产总值指标与指数等，着重于收集、整理并以图表的形式表达数据，并不利用所收集的数据来验证经济理论。而计量经济学则利用经济统计学所提供的数据来估计经济变量之间的数量关系并加以验证。

数理统计学为各种类型数据的收集、整理与分析提供切实可靠的数学方法，是计量经济学建立计量经济模型的主要工具。但是数理统计学在研究变量之间的关系时，要求各种变量必须服从某种规律，即服从某种分布。在现实经济生活中，各经济变量很难完全满足这一假定，但又必须研究经济变量之间的关系，所以计量经济学必须在数理统计方法技术的基础上，开发出特有的分析方法技术。计量经济学与数理统计学是有严格区别的。数理统计学作为一门数学学科，它可以应用于经济领域，也可以应用于其他领域，例如，社会学和自然科学等。但它与经济理论、经济统计学结合而形成的计量经济学，则仅限于经济领域。

因此，计量经济学是经济学、统计学和数学三者的统一。计量经济模型建立的过程，是综合应用经济理论、统计和数学方法的过程。如上面所述，理论模型的设定、样本数据的收集是直接以经济理论为依据，建立在对所研究经济现象的透彻认识的基础上的，而模型参数的估计和模型有效性的检验则是统计学和数学方法在具体经济研究中的具体应用。没有理论模型和样本数据，统计学和数学方法将不会有发挥作用的"对象"和"原料"；反过来，如果没有这些统计学和数学所提供的方法，原料也将无法成为"产品"。因此，计量经济学广泛涉及经济学、统计学和数学这三门学科的理论、原则和方法，缺一不可。

1.1.3 计量经济学包含的内容

这里的"计量经济学"是一个广义的概念，是一个学科的概念。关于计量经济学的内容体系，可以从不同的角度进行分类和说明。

1. 从学科角度分类

从学科角度，可以将计量经济学划分为广义计量经济学与狭义计量经济学。

（1）广义计量经济学是利用经济学、数学和统计学定量研究经济现象的经济计量方法的统称，内容包括回归分析、时间序列分析和投入产出分析等方法，甚至数理经济学的内容也包括其中。西方国家许多以"Econometrics"为名的书中，往往包括广泛的内容。尽管这些方法都是经济学、统计学与数学方法的结合，但方法之间还是有区别的。

（2）狭义计量经济学就是我们通常定义的计量经济学，主要研究经济变量之间的因果关系，采用的数学方法主要是在回归分析基础上发展起来的计量经济学方法。这也是本课程的主要内容。

2. 从内容角度分类

从内容角度，可以将计量经济学划分为理论计量经济学和应用计量经济学。

计量经济学的内容可以概括为两个方面：一是方法论；二是实际应用。由此构成了计量经济学的两大部分：理论计量经济学和应用计量经济学。

（1）理论计量经济学研究如何建立合适的方法去测定计量经济模型所确定的经济关系，目的在于为应用计量经济学提供方法论。理论计量经济学以介绍、研究计量经济学的理论和方法为主要内容，侧重于计量经济模型的数学理论基础、参数估计方法和模型检验方法，应用了广泛的数学和数理统计知识。

（2）应用计量经济学是运用理论计量经济学提供的工具，以建立与应用计量经济模型为主要内容，侧重于实际经济问题，如生产函数、消费函数、投资函数、供求函数和劳动就业问题等。应用计量经济学研究的是具体的经济现象和经济关系，研究它们在数量上的联系及其变动的规律性。

应用计量经济学的内容主要包括微观计量经济模型和宏观计量经济模型。微观计量经济模型是对微观经济主体的经济行为的定量描述，如描述消费者需求特征的消费者需求模型，描述投入产出行为的生产者供给模型等。宏观计量经济模型是对宏观经济活动总体特征及内容结构关系的定量描述。应用计量经济学的研究目的在于进行经济结构分析、经济预测、经济政策评价和检验与发展经济理论。

1.2 计量经济学中的基本概念

1.2.1 数据的来源与类型

估计计量经济模型参数的基本数据，是通过对所研究经济变量实际观测取得的数据。计量经济研究中使用的数据主要是各种经济统计数据，可以是通过专门调查取得的数据，也可以是人为制造的数据，如虚拟变量数据。样本数据的收集与整理，是建立计量经济学模型过程中最为费时费力的工作，也是对模型质量影响极大的一项工作。从工作程序上讲，它是在理论模型建立之后进行的，但实际上是同时进行的，因为能否收集到合适的样本观测值是决定变量取舍的重要因素之一。

成功的计量经济研究需要大量高质量的数据。一些宏观数据可以从国家统计局每年出版的《中国统计年鉴》以及各省市统计局出版的统计年鉴中获得；一些微观数据，一方面要通过各公司内部收集；另一方面也可通过抽样调查获得。但不论从哪里获得，一定要注意数据资料的可比性。计量经济研究中使用的数据，要力求真实、可靠、完整，数据的质量直接关系到经济模型的有效性；对明显失真的数据，应予以删除。

常用的样本数据有 3 类：时间序列数据、截面数据和虚拟变量数据。

1. 时间序列数据

时间序列数据是同一统计指标、同一统计单位按时间顺序记录形成的数据列。时间序列数据也称为时序数据或动态序列数据，它描述的是同一统计单位的某一指标水平在时间纵向上变化的情况。时间序列数据是一批按照时间先后排列的统计数据，一般由统计部门提供，在建立计量经济学模型时应加以充分利用，以减少收集数据的工作量。在利用时间序列数据做样本时,要注意以下几个问题:①所选择的样本区间内经济行为的一致性问题;②样本数据在不同样本点之间的可比性问题;③样本观测值过于集中的问题。时间序列数据可以是时期数据,也可以是时点数据。时点数据中的每一个数必须是同范围、尽可能同一间隔时点上的统计数据。时期数据中的每一个数必须是同范围、同一时期长度上的统计数据。

2. 截面数据

截面数据是一批发生在同一时间截面上的调查数据。例如,工业普查数据、人口普查数据、家计调查数据等,主要由统计部门提供。用截面数据作为计量经济学模型的样本数据,应注意以下两个问题:一是样本与母体的一致性问题。计量经济学模型的参数估计,从数学上讲,是用从母体中随机抽取的个体样本估计母体的参数,这就要求母体与个体必须是一致的。例如,估计煤炭企业的生产函数模型,只能用煤炭企业的数据作为样本,不能用煤炭行业的数据。那么,截面数据就很难用于一些总量模型的估计,例如,建立煤炭行业的生产函数模型,就无法得到合适的截面数据。二是模型随机误差项的异方差问题。用截面数据做样本,容易引起模型随机误差项产生异方差。

3. 虚拟变量数据

虚拟变量数据也称为二进制数据,一般取 0 或 1,通常以 1 表示某种状态发生,以 0 表示该种状态不发生。这样的虚拟变量也可以作为估计模型参数的数据使用,如政府政策的变动、自然灾害、政治因素、战争与和平状态等。常用虚拟变量去表示这类定性现象的"非此即彼"的状态。在计量经济学中,一般把反映定性因素(或属性)变化、取值为 1 或 0 的人工变量称为虚拟变量。例如,在农业生产函数研究中,若设置虚拟变量表示气候环境对农业生产的影响,那么,相对于灾年,该变量取 1;相对于正常年份,该变量取 0。

1.2.2 经济变量与经济参数

1. 经济变量

一个计量经济模型有多种构成因素,其中许多因素在不同的时间和空间有不同的状态,会取不同的数值,这类因素称为经济变量。所谓经济变量,就是用来描述经济因素数量水平的指标。在计量经济学中,不同的经济变量有不同的称谓,并有相应的特定内涵。经济变量按其自身特点及其计量经济模型参数估计的需要,可以分为若干不同的类型,如下所述。

1) 解释变量和被解释变量

从变量的因果关系看,经济变量可分为解释变量和被解释变量。解释变量也称自变量,是用来解释作为研究对象的变量(即因变量)为什么变动、如何变动的变量。它对因变量的变动做出解释,表现为方程所描述的因果关系中的"因"。被解释变量也称因变量或应变量,是作为研究对象的变量。它的变动是由解释变量做出解释的,表现为方程所描述的因果关系中的"果"。解释变量是说明因变量变动原因的变量,即因变量的影响因素。

2) 内生变量和外生变量

从变量的性质看,可以把变量分为内生变量和外生变量。这在联立方程组模型中还要详细介绍。内生变量是由模型系统内部因素所决定的变量，表现为具有一定概率分布的随机变量，其数值受模型中其他变量的影响，是模型求解的结果。它们的数值是由内模型求解决定的。所谓外生变量，即其数值由模型系统之外其他因素所决定的变量，不受模型内部因素的影响，表现为非随机变量，其数值在模型求解之前就已经确定，是给定的、已知的，不受模型中任何变量的影响，但影响模型中的内生变量。在计量经济模型中，外生变量数值的变化能够影响内生变量的变化，而内生变量却不能反过来影响外生变量。

3）滞后变量与前定变量

在经济计量分析中，某些变量不仅受当期其他内生变量和外生变量的影响，而且受前期（过去时期）一些内生变量和外生变量的影响。例如，在消费函数模型中，影响消费支出的主要因素，除了本期收入外，还有前期收入。在计量经济学中，将这些前期的内生变量称为滞后内生变量，前期的外生变量称为滞后外生变量。滞后内生变量和滞后外生变量合称为滞后变量。滞后变量显然在求解模型之前是确定的量，因此，通常将外生变量和滞后变量合称为前定变量，即在求解以前已经确定或需要确定的变量。

4）控制变量

为满足正确描绘和深入研究经济活动的需要，有时需要在计量经济模型中人为设置反映政策要求、决策者意愿、经济系统运行条件和状态等方面的变量，这类变量可以用控制变量这一概念来概括。控制变量也有人称为政策变量，它一般属于外生变量，往往事先根据不同情况赋值或赋予一定的取值区间。政策变量是决策者可以加以控制的变量，如财政支出和存贷款利率等。

除了客观存在的经济变量以外，为了区别经济活动的类型，有时还可以人为地构建虚拟变量，作为解释变量或因变量使用。

2. 经济参数

在计量经济模型中，每一个特定方程的解释变量（包含内生变量和外生变量）的系数（有时为指数）称为变量参数，即模型中表示变量之间关系的常系数。它将各种变量连接在模型中，具体说明解释变量对因变量的影响程度。因为每一解释变量的参数都有特定的经济含义，故将它们称为经济参数。不同的解释变量的参数经济含义各不相同，有的表示边际值，有的表示弹性等，但在特定情况下，某些外生解释变量的参数也可以根据政策法规或经验人为确定。

计量经济模型中的参数一般是未知的，需要根据样本信息加以估计。由于抽样波动的存在，加之估计方法及所确定的估计式不一定那么完备，所得到的参数估计值与总体参数的真实值并不一致，这就要求得到的参数估计值应尽可能地接近总体参数的真实值。不过，在理论计量经济学中并不侧重于研究参数估计值本身，而是主要论述所导出的参数估计式是否符合一定的准则。通常选择参数估计式时应参照无偏性、最小方差性和一致性等准则。

1.2.3 模型与方程

模型是对现实的描述和模拟。对现实的各种不同的描述和模拟方法，就构成了各种不同的模型，如语义模型(也称逻辑模型)、物理模型、几何模型、计算机模拟模型和数学模型等：语义模型是用语言来描述现实，例如，对供给不足条件下的生产活动，可以用"产出量是由资本、劳动、技术等投入要素决定的，在一般情况下，随着各种投入要素的增加，产出量也随之增加，但要素的边际产出是递减的"来描述；物理模型是用简化了的实物来描述现实，例如，一栋楼房的模型、一架飞机的模型；几何模型是用图形来描述现实，如一个零部件的加工图；计算机模拟模型是随着计算机技术而发展起来的一种描述现实的方法，在经济研究中有广泛的应用，如人工神经元网络技术就是一种计算机模拟技术；数学模型是用数学语言描述现实，也是一种重要的模型方法，由于它能够揭示现实活动中的数量关系，所以具有特殊重要性。

经济数学模型是用数学方法描述经济活动。根据所采用数学方法的不同、对经济活动揭示的程度不同，构成各类不同的经济数学模型。在这里，着重介绍数理经济模型和计量经济模型的区别。

数理经济模型揭示经济活动中各个因素之间的理论关系，用确定性的数学方程加以描述。例如，上述用语言描述的生产活动，可以用生产函数描述为

$$Q = f(T, K, L)$$

或者更具体地用某种生产函数描述为

$$Q = A e^{\gamma t} K^{\alpha} L^{\beta}$$

式中，Q 表示产出量，A 表示基期的技术水平，t 表示时间，K 表示资本，L 表示劳动。公式描述了技术、资本、劳动与产出量之间的理论关系，认为这种关系是准确实现的。利用数理经济模型，可以分析经济活动中各种因素之间的相互影响，为控制经济活动提供理论指导。但是，数理经济模型并没有揭示因素之间的定量关系，因为在上面的公式中，参数 α、β、γ 是未知的。

计量经济模型揭示经济活动中各个因素之间的定量关系，是用随机性的数学方程加以描述的。例如，上述生产活动中因素之间的关系，用随机数学方程描述为

$$Q = A e^{\gamma t} K^{\alpha} L^{\beta} \mu$$

式中，μ 为随机误差项。这就是计量经济学模型的理论形式。如果以中国全民所有制工业生产活动为研究对象，以 1964—1984 年中国全民所有制工业生产活动的数据为样本，就可以应用计量经济学方法得到如下关系：

$$Q = 0.6497 e^{0.0128 t} K^{0.3608} L^{0.6756}$$

该公式揭示了这个特定问题中技术、资本、劳动与产出量之间的定量关系。利用这个关系，可以对研究对象进行进一步深入研究，如结构分析、生产预测等。这就是计量经济模型得到高度重视和广泛应用的原因所在。

1.3 计量经济学的研究方法

1.3.1 计量经济分析工作的对象

经济系统中各部分之间、经济过程中各环节之间、经济活动中各因素之间，除了存在

经济行为理论上的相互联系之外，还存在数量上的相互依存关系，研究客观存在的这些数量关系，是经济研究的一项重要任务，是经济决策的一项基础性工作，也是发展经济理论的一种重要手段。计量经济学则是经济数量分析的最重要的分支学科。

计量经济学模型分析工作的对象大体可以概括为 4 个方面：结构分析、经济预测、政策评价、经济理论的检验与发展。

1. 结构分析

经济学中的结构分析是对经济现象中变量之间相互关系的研究。它不同于人们通常所说的诸如产业结构、产品结构、消费结构、投资结构中的结构分析，研究的是当一个变量或几个变量发生变化时会对其他变量以至经济系统产生什么样的影响。从这个意义上讲，人们所进行的经济系统定量研究工作，说到底就是结构分析。结构分析所采用的主要方法是弹性分析、乘数分析与比较静态分析。

2. 经济预测

计量经济学模型作为一类经济数学模型，是从经济预测，特别是短期预测而发展起来的。经济预测就是运用已建立起来的计量经济模型对被解释变量的未来值作出预测估计或推算。这种预测可以是提供被解释变量未来的一个可能取值，即点预测；也可以是提供被解释变量未来取值的一个可能范围，即区间预测。经济预测可以是对被解释变量在未来时期状态的动态预测，也可以是对被解释变量在不同空间状况的空间预测。

为了适应经济预测的需要，计量经济学模型技术也在不断发展之中。所以，经济预测仍然是计量经济学模型的一个主要应用，将计量经济学模型与其他经济数学模型相结合，也是一个主要发展方向。

3. 政策评价

政策评价是指从许多不同的政策中选择较好的政策予以实行，或者说是研究不同的政策对经济目标所产生的影响的差异。从宏观经济领域到微观经济领域，每时每刻都存在政策评价的问题。经济政策具有不可试验性。当然，有时在采取某项政策前，在局部范围内先进行试验，然后推行，但即便如此，局部可行的政策在全局上并不一定可行，这就使得政策评价显得尤其重要。

经济数学模型可以起到"经济政策实验室"的作用，尤其是计量经济学模型。它揭示了经济系统中变量之间的相互联系，将经济目标作为被解释变量，经济政策作为解释变量，可以很方便地评价各种不同的政策对目标的影响。将计量经济学模型和计算机技术结合起来，可以建成名副其实的"经济政策实验室"。

计量经济学模型用于政策评价，主要有 3 种方法：

（1）工具目标法。给定目标变量的预期值，即人们希望达到的目标，通过求解模型，可以得到政策变量值。

（2）政策模拟。即将各种不同的政策代入模型，计算各自的目标值，然后比较其优劣，决定政策的取舍。

（3）最优控制方法。将计量经济学模型与最优化方法结合起来，选择使得目标最优的

4. 经济理论的检验与发展

实践的观点是唯物辩证法首要的和基本的观点，实践是检验真理的唯一标准。任何经济学理论，只有当它成功地解释了过去，才能为人们所接受。计量经济学模型提供了一种检验经济理论的很好方法。从建立计量经济学模型的步骤中不难发现，一个成功的模型，必须很好地拟合样本数据，而样本数据则是已经发生的经济活动的客观再现，所以在模型中表现出来的经济活动的数量关系，则是经济活动所遵循的经济规律，即理论的客观再现。于是，就提出了计量经济学模型的两方面功能：一是按照某种经济理论去建立模型，然后用表现已经发生的经济活动的样本数据去拟合，如果拟合得好，则这种经济理论得到了检验。这就是检验理论。二是用表现已经发生的经济活动的样本数据去拟合各种模型，拟合最好的模型所表现出来的数量关系，则是经济活动所遵循的经济规律，即理论。这就是发现和发展理论。

1.3.2 建立计量经济模型的主要步骤

计量经济模型是指揭示经济现象中客观存在的因果关系，主要采用回归分析方法的经济数学模型。应用计量经济学方法建立计量经济模型并用于研究客观经济现象，一般可分为5个步骤。

1. 根据经济理论建立计量经济模型

计量经济学方法就是定量分析经济现象中各因素之间数量关系的计量经济方法。因此，首先根据经济理论分析所研究的经济现象，找出经济现象间的因果关系及相互间的联系。把问题作为因变量（或被解释变量），影响问题的主要因素作为自变量（或解释变量），非主要因素归入随机误差项。例如，一种商品的需求量受到多种因素的影响，商品自身价格、消费者收入水平、替代商品价格等，投资取决于利率，消费取决于收入，产出取决于要素投入量等。其次，按照它们之间的行为关系，选择适当的数学形式描述这些变量之间的关系，一般用一组数学上彼此独立、互不矛盾、完整有解的方程组表示。需求函数可用线性形式，也可用非线性形式。

变量选择是否正确，关键在于能否正确把握所研究经济现象的经济学内涵。理论模型的建立主要依据经济行为理论，例如，常用的生产函数、需求函数、消费函数和投资函数等。此外，还可以根据散点图或模拟的方法，选择一个拟合效果较好的数学模型。

设定一个合理的计量经济模型，应当注意以下几个方面：

（1）要有科学的理论依据。设定模型之前必须对所研究的经济现象的相互关系作科学的理论分析，尽可能使模型真实地反映经济现象实际的依存关系。对国外的计量经济模型，特别要注意结合中国的实际加以分析，不能简单地生搬硬套。

（2）模型要选择适当的数学形式。模型的数学形式可以是单一方程，也可以是联立方程，每一个方程可以表现为线性形式，也可以表现为非线性形式。这要根据研究的目的、所研究的经济问题的复杂程度以及对数据资料的掌握情况来决定。在实际建立模型的过程中，应根据所研究现象相互关系的性质，通过对实际统计资料的试验和分析，经过反复比较，选择尽可能合理的模型。

（3）方程中的变量要具有可观测性。因为只有可观测的变量才可能取得实际的统计数据，才可能对模型中的参数作出适当的估计。

设定模型是计量经济研究的关键步骤，建立模型既是一门科学，又是一种艺术。好的模型，要依靠丰富的专业知识和适当的方法，更要依靠对建模实践的不断总结。

2. 样本数据的收集

建立了模型之后，应该根据模型中变量的含义、口径，收集并整理样本数据。计量经济研究中常用的数据有：时间序列数据、截面数据、混合数据和虚拟变量数据。数据是建立计量经济模型的基本原料。

样本数据质量的好坏与样本数据的完整性、准确性、可比性和一致性有着密切关系。所谓完整性，是指经济数据作为系统状态和其外部环境的数量描述必须是完整的。样本数据百分之百地完整无缺是难以达到的，但对于少数遗失数据，必须采用科学方法人为地补充，以达到相对完整。所谓数据的准确性，一是必须准确地反映研究对象的状态；二是必须是模型中所要求的数据。数据的可比性就是通常所说的数据统计口径必须是一致的。数据一致性是指样本数据的来源与被估计群体应属于同一个母体。

3. 估计参数

在设立了理论模型并收集整理了符合模型要求的样本数据后，就可以选择适当的方法估计模型，得到模型参数的估计量。参数是计量经济模型中表现经济变量相互依存程度的因素，通常参数在模型中是一个相对稳定的量。在利用计量经济模型研究的经济现象的总体中，一般来说，参数是未知的。由于随机误差项的存在，不可能精确地去计算参数的数值，人们能够获得的往往只是所研究总体的若干样本的观测值。如何通过样本观测数据正确地估计总体模型的参数，是计量经济学的核心内容。经过实际估计所得出的参数数值称为参数的估计值，用一定的方法获得参数估计过程的公式，称为参数的估计式。估计式是模型中变量样本观测值的代数式，只要将变量的样本观测值直接代入估计式，即可得到参数的估计值。如何去确定满足计量经济要求的参数估计式，是理论计量经济学的一项主要内容。模型参数的估计过程是一个纯技术的过程，包括对模型进行识别（就联立方程模型而言）、变量之间的相互关系的研究、估计方法的选择和计算机软件的使用等方面。

估计模型中参数的方法有很多种。对于单一方程模型，最常用的是普通最小二乘法，还有广义最小二乘法、极大似然估计法等。对于联立方程模型可用二阶段最小二乘法和三阶段最小二乘法等去估计参数。对这些方法本书将在后面的章节中具体介绍。

4. 模型的检验

当模型中的参数被估计以后，就初步完成了建模的过程，但是一般说来这样的模型还不能直接加以应用。首先，这是因为在设定模型时，对所研究的经济现象的规律性可能认识并不充分，所依据的经济理论对研究对象也许还不能做出正确的解释和说明，或者虽然经济理论是正确的，但可能对问题的认识只是从某些局部出发，或者只是考察了某些特殊的样本，以局部去说明全局的变化规律，必然会导致偏差。其次，用以估计参数的统计数据或其他信息可能并不十分可靠,或者是较多地采用了经济突变时期的数据,不能真实代表所研究的经济关系;也可能由于样本太小,所估计的参数只是抽样的某种偶然结果。此外,所建立的模型、所用的方法、所用的统计数据,还可能违反计量经济的基本假定,这时也会得出错误的结论。

因此,在得到模型参数的估计量后,可以说一个计量经济模型已经初步建立起来了。但是,它能否客观地揭示所研究的经济现象中诸因素之间的关系,能否付诸应用,还要通过检验才能决定。还要按照一系列标准评价其可靠性和精确度,如果模型通过了检验,就可以付诸应用,即用于经济预测、结构分析或政策评价等;如果不能通过检验,则必须重新修正模型。

模型的检验就是对估计的模型参数进行检验。所谓检验,就是对参数估计值加以评定,确定它们在理论上是否有意义,在统计上是否显著,只有通过检验的模型才能用于实际,所以模型检验也是重要的一个步骤。对计量经济模型的检验主要应从以下几方面进行。

1)经济意义检验

经济意义检验(或符号检验、经济合理性检验)即检验求得的参数估计值的符号(取正值或取负值)与大小是否与预期值或理论值相符。模型中的变量和参数都有特定的经济意义,经济理论通常对这些变量以及参数的符号和取值范围做出了理论说明。如果所估计的模型与经济理论完全相符,说明所观测的事实证实了这种理论;如果所估计的模型与理论说明不相符,应设法从模型设定、估计方法、统计数据等方面找出导致错误结论的原因,并采取必要的修正措施,否则参数估计值视为不可靠。

只有当模型中的参数估计量通过所有经济意义的检验,方可进行下一步检验。

2)统计准则检验

模型的参数是用变量的观测值估计的,为了检验参数估计值是否为抽样的偶然结果,需要运用数理统计中的统计推断方法,对模型及参数的统计可靠性做出说明。统计准则检验,就是从数学上证明所建立的模型是否成立,即评定建立在样本观测值基础上的参数估计值的可靠性和精确程度。统计检验通过计算一系列统计量以及对这些统计量的分析,从不同侧面论证模型变量选择、函数形式确定、参数估计的科学性和可靠性。通常最广泛应用的统计检验准则有回归方程标准误差的评价、拟合优度检验、单个变量的显著性检验和整个回归模型的显著性检验等,分别采用 SE、R^2、t 和 F 作为检验统计量。统计准则检验有时也称为一级检验。

通过样本决定系数和回归方程标准误差的计算,可以测度解释变量和随机误差项对被解释变量变动的解释能力,从而推断模型函数形式的正确性;通过计算 F 值,可以估计解释变量的参数同时为零的可能性大小,进而推断解释变量的选择在总体上是否正确;通过计算 t 值,可以测定每一解释变量参数估计值分别为零的可能性大小,从而确定每一个解释变量选择的正确性。如果决定系数的值接近于 1、残差很小、F 值与 t 值均大于一定显著水平的临界值,则模型统计检验可以通过,表明模型在数学上是成立的;否则,模型在数学上不能成立,应当修正。

3)计量经济学准则检验

计量经济学准则检验,是从参数估计的条件上证明所建立的模型是否成立。目的在于判断所采用的计量经济方法是否令人满意,计量经济方法的假设条件是否得到满足,从而确定统计检验的可靠性。计量经济模型的参数估计方法有多种,每一种方法的应用都有相当严格的假设条件。当某一方法应用的条件得到满足时,应用该方法估计的模型参数才具有无偏性、有效性和一致性的特征;否则,参数估计值就有可能提供虚假信息,并不代表真实参数。如果用虚假的参数估计值进行理论检验与统计检验,又会造成这两种检验的不可靠和不可信。各种参数估计方法应用要求的条件互有差异,但要求随机误差项具有方差齐性及不存在序列相关、解释变量为非随机变量、解释变量之间不存在高度线性相关这几点上是共同的。因此,计量经济学准则检验的主要内容,就集中在判定随机误差项是否存在异方差和序列相关、解释变量是否为随机变量、解释变量之间是否存在高度的线性相关问题上。凡经过检验证明这些问题不存在,便表明模型参数估计的基本条件是可以满足的,参数估计值是可信的。如果经检验发现随机误差项存在异方差和序列相关问题、解释变量中存在随机变量、解释变量之间线性相关程度高,就表明模型参数估计的基本条件不具备,需要应用一定的方法对模型和变量进行处理,在消除了参数估计的条件障碍后,再进行参数估计。计量经济学准则检验有时也称为二级检验。

4) 模型预测检验

模型预测检验主要检验模型参数估计量的稳定性以及相对样本容量变化时的灵敏度,确定所建立的模型是否可以用于样本观测值以外的范围,即模型的所谓超样本特性检验。例如,模型的稳定性检验,是通过分析样本容量变化对模型参数估计值的影响,判断模型稳定性的高低。具体做法是,将原来估计模型参数的样本数据增加(或减少)一两个观测数据,对模型参数进行重新估计,将新估计的模型与原估计的模型进行对比。如果参数的符号未发生变化,数值的大小也未发生大的改变,则表明原估计的模型比较稳定,可靠性较高;如果参数(部分或全部)的符号发生了改变,数值的大小差异也较大,则表明原估计的模型不稳定,可靠性不高。模型不稳定往往与变量选择错误和函数形式选择不恰当紧密相关,对于不稳定的模型不能应用,应当找出产生原因,对原来的模型加以修正。预测检验是将估计了参数的模型用于实际经济活动的预测,然后将模型预测的结果与经济运行的实际对比,以此检验模型的有效性。具体做法是,将样本范围内和实际已经发生的样本范围外的解释变量的观测值代入模型,计算出被解释变量的理论值,再将计算出的被解释变量的理论值与实际发生值相对比。如果理论值与实际值差异小,就表明模型对实际经济系统的代表功能强,应用价值大;如果理论值与实际值差异较大,则说明模型不能有效模拟实际经济系统的运行规律,应用价值小,应予舍弃。预测检验包括拟合值检验、内插检验和外推检验等。

总之,模型参数估计值的评定是一个相当复杂的工作,需要进行反复试算、逐一检验,才能确定对它们的取舍。如果样本数据较丰富,还可以进行模型的预测检验,进一步检验估计值的稳定性和相对样本容量变化时的灵敏度,以确定是否可以延拓到样本以外的范围。

5. 计量经济模型的应用

计量经济模型的应用大体可以概括为 4 个方面:结构分析、经济预测、政策评价、检验与发展经济理论。在本书后续章节将结合具体计量经济模型来解释在每个方面的应用。

1.4 计量经济学软件 EViews 6.0 使用简介

EViews 软件是 QMS(Quantitative Micro Software)公司开发的、基于 Windows 平台下的应用软件,其前身是 DOS 操作系统下的 TSP 软件。EViews 具有现代 Windows 软件可视化操作的优良性,可以使用鼠标对标准的 Windows 菜单和对话框进行操作,操作结果出现在窗口中并能采用标准的 Windows 技术对操作结果进行处理。EViews 还拥有强大的命令功能和批处理语言功能,如在 EViews 的命令行中输入、编辑和执行命令,在程序文件中建立和存储命令,以便在后续的研究项目中使用这些程序。

EViews 是 Econometrics Views 的缩写,直译为计量经济学观察,通常称为计量经济学软件包,是专门从事数据分析、回归分析和预测的工具,在科学数据分析与评价、金融分析、经济预测、销售预测和成本分析等领域应用非常广泛。

EViews 应用领域有:应用经济计量学、总体经济的研究和预测、销售预测、财务分析、成本分析和预测、蒙特卡罗模拟、经济模型的估计和仿真、利率与外汇预测。

1.4.1 EViews 软件的基本功能

EViews 引入了流行的对象概念,操作灵活简便,可采用多种操作方式进行各种计量分析和统计分析,数据管理简单方便。其主要功能有:

(1) 采用统一的方式管理数据,通过对象、视图和过程实现对数据的各种操作。

(2) 输入、扩展和修改时间序列数据或截面数据,依据已有序列按任意复杂的公式生成新的序列。

(3) 计算描述统计量,如相关系数、协方差、自相关系数、互相关系数和直方图。

(4) 进行 T 检验、方差分析、协整检验、Granger 因果检验。

(5) 执行普通最小二乘法、带有自回归校正的最小二乘法、两阶段最小二乘法和三阶段最小二乘法、非线性最小二乘法、广义矩估计法、ARCH 模型估计法等。

(6) 对选择模型进行 Probit、Logit 和 Gompit 估计。

(7) 对联立方程进行线性和非线性的估计。

(8) 估计和分析向量自回归系统。

(9) 多项式分布滞后模型的估计。

(10) 回归方程的预测。

(11) 模型的求解和模拟。

(12) 数据库管理。

(13) 与外部软件进行数据交换。

EViews 可用于回归分析与预测(Regression and Forecasting)、时间序列(Time Series)及横截面数据(Cross-sectional Data)分析。与其他统计软件(如 EXCEL、SAS、SPSS)相比,EViews 功能优势是回归分析与预测。

1.4.2　EViews 的基本操作

1. Workfile(工作文件)

Workfile 就像你的一个桌面，上面放有许多 Object，在使用 EViews 时首先应该打开该桌面，如果想永久保留 Workfile 及其中的内容，关机时必须将该 Workfile 存盘，否则会丢失。

1) 创建一个新的 Workfile

打开 EViews 后，单击 File → New → Workfile，弹出一个"Workfile Create"对话框(图1.2)。该对话框是定义 Workfile 的频率等内容。该频率是用于界定样本数据的类型，其中包括时序数据、截面数据、Panel Data 等，需要选择与所用样本数据相适应的频率。例如，样本数据是年度数据，则选择年度(Annual)，相应的 Object 也是年度数据，且Object数据范围小于等于 Workfile 的范围。当样本数据为1991—2012年的年度数据，则选择的频率为年度数据(Annual)，再在起始时间(Start date)和终止时间(End date)两项选择项中分别键入1991、2012，然后单击 OK 按钮，就建立了一个时间频率为年度数据的 Workfile(图1.3)。

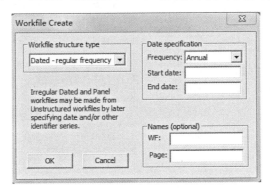

图1.2　"Workfile Create"对话框

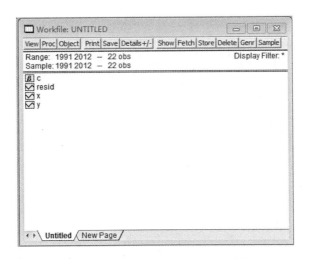

图1.3　"Workfile：UNTILED"对话框1

其他不同频率的时间序列样本数据的选择方法类似于年度数据的选择方法，对于截面数据，则是在"Workfile Create"对话框左侧"Workfile structure type"栏中选择 Unstructure / Undated 选项，在右侧 Date Range 中填入样本个数。

在 Workfile 窗口顶部，有一些主要的菜单命令，使用这些菜单命令可以查看 Object、改变样本范围(Range)、存取 Object、生成新的 Object 等操作，这些命令和 EViews 主窗口上的菜单命令功能相同。

在新建的 Workfile 中已经默认存在两个 Object，即 c 和 resid。c 是系数向量，resid 是残差序列，当估计完一个模型后，该模型的系数、残差就分别保存在 c 和 resid 中。

表 1-1 给我出了我国 1991—2012 年农业总产量 Y 与有效灌溉面积 X，下面以表 1-1 为例来说明 Workfile 窗口中主要命令的功能(图 1.4)。

表 1-1 我国 1991—2012 年农业总产量与有效灌溉面积表

年 份	农业总产 Y /万吨	有效灌溉面积 X /千公顷	年 份	农业总产 Y /万吨	有效灌溉面积 X /千公顷
1991	8157.0	5146.4	2002	27390.8	14931.5
1992	9084.7	5588.0	2003	29691.8	14870.1
1993	10995.5	6605.1	2004	36239.0	18138.4
1994	15750.5	9169.2	2005	39450.9	19613.4
1995	20340.9	11884.6	2006	40810.8	21522.3
1996	22353.7	13539.8	2007	48893.0	24658.1
1997	23788.4	13852.5	2008	58002.2	28044.2
1998	24541.9	14241.9	2009	60361.0	30777.5
1999	24519.1	14106.2	2010	69319.8	36941.1
2000	24915.8	13873.6	2011	81303.9	41988.6
2001	26179.6	14462.8	2012	89453.0	46940.5

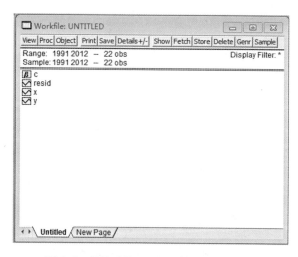

图 1.4 "Workfile：UNTILED"对话框 2

(1) View(查看)。该命令与 EViews 主窗口顶部的 View 功能是一样的，功能是显示所选的 Object。例如选定图 1.4 中的 x，然后点击 View→Open Selected→One Window，则弹出显示 x 值的窗口。View 的这一功能与双击 x 效果是一样的。

(2) Procs(处理)。Procs 命令包含设置 Sample(样本)范围和筛选条件来选择样本、Change Workfile Range(改变工作簿范围)、Import(导入数据)、Export(导出数据)等功能。在 Workfile 窗口菜单命令最右端有单独列出 Sample 命令。

(3) Sample(样本)的功能。可用于改变样本的范围，但不能超过工作簿范围(Workfile Range)。如果样本范围需要超过工作簿范围，先修改工作簿范围，然后再改变样本范围。单击 Procs→Sample→OK，弹出一个对话框(图 1.5)，默认为@ all(全部样本)。若只需要选择 1993—2000 的样本，可在上面空白处键入新的样本范围"1993 - 2000"，注意中间空格，单击 OK 按钮，这样样本范围就改变了。

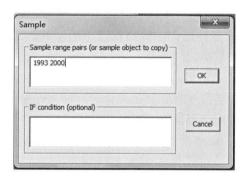

图 1.5　Sample 对话框

单击 Structure→Resize Current Page(改变工作簿范围)功能是改变当前 Workfile 的范围，其操作与样本范围的改变相似。一般是在模型建好后，外推预测时需要改变样本或工作簿范围。Genr 功能是在现有序列对象(变量)的基础上，生成新的序列对象(变量)。点击 Workfile 窗口顶部的 Genr，弹出一个对话框(图 1.6)，键入要生成的变量公式，例如 z = x + y，单击 OK 按钮，一个新的变量(序列对象)z 出现在 Workfile 中。

图 1.6　"Generate Series by Equation"对话框

(4) Object(对象)。该菜单命令主要是对 Object 进行操作，包括新建对象、新建序列、存取、删除、重新命名、复制等。

单击 Workfile 窗口上菜单命令 Object，出现下拉菜单，菜单中包含很多功能，其中一些功能以命令形式出现在 Workfile 窗口顶部，如 Fetch（取出）、Store（存储）、Delete（删除）。

① 新建一个 Object 和生成序列（等同前面 Genr），参看前面内容。

② Fetch：取出一个已经存在硬盘或软盘上的 Object。点击 Object→Fetch From DB→OK 或直接点击 Workfile 窗口顶部的 Fetch 命令，然后按其要求给出路径及 Object 名字。

③ Store：将 Workfile 中的 Object 单独存放于硬盘或软盘。

④ Delete：删除 Workfile 中的 Object。操作方法是先点击要删除的 Object，再点击 Delete。

⑤ Copy：复制一个或多个 Object。

Object 命令菜单部分功能可利用鼠标右键来完成。例如选中 x，然后点击右键，出现一命令菜单来完成对对象的多种操作。例如右键中的 COPY 命令可以将该 Workfile 中的 Object 粘贴到其他 Workfile 或 Word 文档中。右键功能很方便，建议多使用。

（5）Save（保存）。功能是将当前 Workfile 保存在硬盘或软盘。如果是新建的 Workfile，会弹出一个对话框，需要指明存放的位置及文件名；如果是原有的 Workfile，不会出现对话框，点击 Save，作用是随时保存该 Workfile。

建议在使用 EViews 时，应经常点击 Save 命令，避免电脑出现故障，而丢失未能保存的内容。这里需要提醒的是，Save 与 Store 是有区别的：Save 命令保存的是整个 Workfile，而 Store 存储的是个别 Object。

（6）Lable（标签）。显示 Workfile 中所有 Object 的完成时间。

Show：显示所选的 Object。

Fetch、Store、Delete 功能已经包含在 Object 菜单命令中，Genr、Sample 功能包含在 Proc 菜单命令中。

2）打开已经存在的 Workfile

双击 EViews 图标，进入 EViews 主窗口。点击 File→Open→EViews Workfile，弹出对话框，给出要打开的 Workfile 所在路径及文件名，点击 OK，则所需的 Workfile 就被打开。

3）Workfile 频率的设定

当新建一个 Workfile 时，首先会弹出一个 Workfile Create 对话框（图 1.2）。该对话框可定义 Workfile 的频率，Workfile 的频率也就是其中的所有 Object 的频率。各种频率的输入方法如下所述。

（1）Annual：直接输入年份如 1998，若是 20 世纪内，则可只输入年份的后两个字，如 98 表示 1998 年。

（2）Semi-Annual：格式与 Annual 一样。

（3）Quarterly：年份全称或后两个字接冒号，再接季度，如"1992：1"，表示 1992 年第一季度。注意，冒号后面只能跟 1、2、3、4，分别表示 1、2、3、4 季度。

（4）Monthly：年份全称或后两个字接冒号，再接月度序号，如"1990：1，99：10"。

（5）Daily：格式为"月：日：年"，如"9：2：2002"表示 2002 年 9 月 2 日。

（6）Weekly：格式与 Daily 相似，也是"月度序号：日期：年份"，但这里的日期是某个星期的某一天，当给定起始日时，系统会自动推算终止日期。

2. Object(对象)

EViews 为 Object 提供了新建、查看(View)、重命名等功能。

1）创建 Object

在 Workfile 已经打开的前提下，单击 EViews 主窗口顶部的命令 Object→New(Workfile 窗口中的 Object→New)弹出一个"New Object"对话框(图 1.7)。该对话框显示了 19 个不同的 Object，从中选择所需类型，并在右边文本框给其一个名字，点击 OK，一个新 Object 创建并就显示在 Workfile 中。

图 1.7 "New Object"对话框

下面以 Series 和 Graph 两种 Object 为例来说明一般 Object 窗口常用命令的功能。其他形式的 Object 窗口顶部命令操作类似。

（1）Series 窗口。

双击变量 X，打开其表格形式查看形式(图 1.8)。下面自左至右介绍其菜单命令。

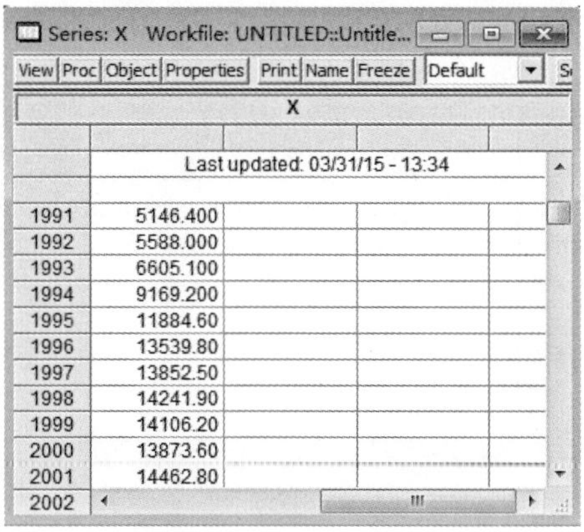

图 1.8 "Series"窗口

① View：在 EViews 主窗口顶部、Workfile 窗口、Object 窗口中都有该命令，它们的功能类似，都是提供查看功能，但包含具体内容又有差别。EViews 主窗口顶部的 View 命令和 Series 窗口中的 View 命令功能一样。

单击序列 X 表格上的 View，出现一个下拉菜单，该菜单命令可对 Object 有不止一个查看形式：Spreadsheet（表格）、Graph（线性图）、Describe Statistics View（描述统计）、Unit Root Test View（单位根检验）等。

例如，单击 View→Descriptive statistics→Histogram and Stats，这样序列 X 的表格形式就转换成了描述统计的形式（图1.9）。然后单击 View→spreadsheet，直方图又变回表格形式（图1.8）。

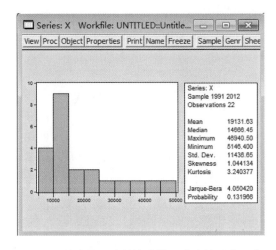

图1.9 X 的表格形式转换成描述统计的形式示意图

再单击 View→Graph→Line，序列 X 又转换成线性图的形式（图1.10）。因此，可以用不同方式浏览序列 X，但读者注意不论是表格形式、还是直方图形式、线性图形式，每个

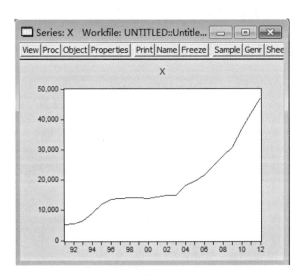

图1.10 序列 X 又转换成线性图的形式示意图

图的最顶部仍然是标明"Series：X Workfile：SHILI\..."，意思是3种形式仍然是Series类型的Object，而不是一个独立的Object，它们会随着X值变化而变化。如何将直方图、线性图等转换成独立的Object，以单独编辑、存取，见下面Freeze命令功能介绍。

对于View命令中其他功能的操作类似上述操作。

② Proc：该命令中内含生成变量(Generation by Equation)、季节调整(Seasonal Adjustment)、指数平滑(Exponential Smoothing)、普雷斯科特过滤(Hodrick-prescott)4种对变量序列X调整的方法。生成变量与Workfile中的Generate功能类似，是在现有变量基础上生成新的变量。建议使用Workfile中的Generate功能来生成新变量。季节调整功能适用于季节数据与月度数据。

③ Object：该命令的功能与Workfile、EViews主窗口中的Object命令功能相似，这里不再详细介绍。

④ Print：打印X序列内容。

⑤ Name：给当前Object命名或修改名字。这里需要提醒的是，如果想要将当前Object保存到Workfile中，就可使用Name命令。一个Object命名之后，其名字就出现在Workfile中，随Workfile的存取而永久保留。

⑥ Freeze：该命令将序列X当前的某种查看形式转换成为独立的Object。

⑦ Edit +\-：该命令功能是切换表格的输入状态，单击Edit +\-，表格处于可编辑状态，此时可输入数据、删除数据等操作，再次单击Edit +\-，则表格处于非编辑状态。

⑧ Smpl +\-：该命令与Wide +\-是配对使用。点击Smpl +\-，数据以列的形式排列；再点击Wide +\-，数据以行的形式排列。

⑨ Lable +\-：功能是控制表格顶部是否显示标签及标签是否可编辑。

⑩ InsDel：在数据中插入或删除数据命令，例如单击InsDel，弹出对话框，选择插入或删除即可。

⑪ Sample：该命令与Workfile中Sample命令功能一样，用于改变样本范围。

⑫ Genr：该命令与Workfile中Genr命令功能一样，用于生成新的序列。

(2) Graph窗口。

前面讲到如何将序列转换成图形，这里详细介绍有关作图内容，并以线性图为例，其他图形操作类似。

① 画图：为了将某个序列画成图，双击Workfile中该序列的名字，打开序列表格形式的窗口。使用View/Line/Graph，将序列转换成线性图，或View→Graph→Bar转换成条形图。此外，EViews还可画散点图、饼图、直方图等。

EViews可以同时画两个或多个序列图。按住Ctrl键选中多个序列，然后点右键→Open→Group打开表格查看形式的一个窗口，该窗口了显示多个序列。单击View→Graph→Line将多个序列转换成线性图形式(图1.11)，不同序列以不同的彩色表示。也可以将多个序列单独画图同时出现在一个窗口，单击View→Graph在Multiple处选择Multiple Graphs，这样画出每一个序列各自的线性图(图1.12)。

② 冻结图形(Freeze)：注意，将序列转换成图形后，该图型仍然是Series或Group类型的Object，图形随原序列的改变而改变。单击Freeze命令，可形成一个独立的Graph类

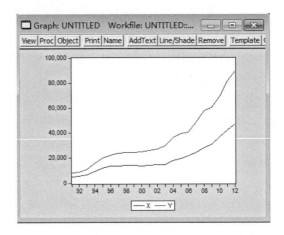

图1.11　多个序列转换成线性图形式示意图

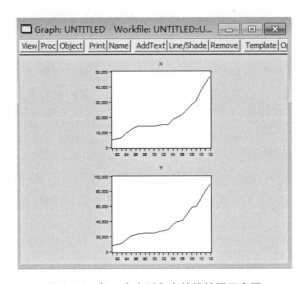

图1.12　每一个序列各自的线性图示意图

型的Object，点击其顶部的Name命令，保存在Workfile中（详见前面有关叙述）。建议使用Freeze命令，形成独立的Graph类型的Object后再对图形进行编辑。

③ 图形修饰：EViews允许多种方式修饰图形。双击图形中任何部位就弹出图形参数对话框（图1.13），利用这些参数可将图形修改成符合需要的图形。

④ 组合图形：EViews可以将多个图组合到一起。首先需将这些图都放入同一个Workfile中，然后按Ctrl键选中这些图形，双击选中的这些图形，就打开含有多个图形的窗口，它们可一起被保存、粘贴到Word文档中或打印出来。例如，先生成序列y和x的线图Liney、Linex，用Freeze命令保存到Workfile中，选中Linex、Liney并双击，就在同一个窗口中打开两个图形。

⑤ 将图形插入文献中：EViews可以将图形插入Word文档中。首先将图形打开，然后单击EViews主窗口顶部菜单命令Edit→Copy弹出对话框，单击OK按钮，然后在Word文

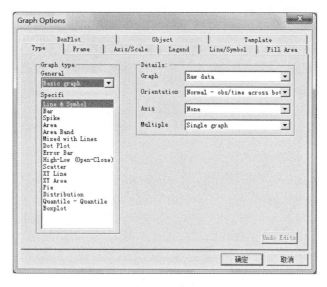

图 1.13 "Graph Options"对话框

档中指定位置粘贴即可。

2）打开已经存在的 Object

打开一个 Workfile，单击 Workfile 顶部的 Fetch 命令，弹出对话框，按要求给出要打开的 Object 路径及名字，然后单击 OK 按钮，Object 就出现在 Workfile 中。

 本章小结

  本章作为计量经济学绪论，首先介绍了什么是计量经济学，主要从计量经济学的产生与发展过程、计量经济学与相关学科的关系、计量经济学所包含的内容等方面进行了讲解。

  其次介绍了计量经济学中的基本概念，即数据的来源与类型、经济变量与经济参数、模型与方程。

  再次介绍了计量经济学的研究方法，即计量经济分析工作的对象、建立计量经济模型的主要步骤。

  最后介绍了计量经济学软件 EViews 的使用简介，主要包括 EViews 软件的基本功能、EViews 软件的主要功能菜单、EViews 软件的常用命令。

习　　题

【思考题】

1. 什么是计量经济学？
2. 试述计量经济学的发展状况。
3. 试述计量经济学与相关学科的关系。
4. 试述计量经济学中数据的分类与来源。
5. 建立计量经济模型的主要步骤是哪些？

6. 计量经济分析工作的对象有哪些？试结合具体经济实例加以说明。

【练习题】

1. 上机熟悉 EViews 软件基本功能、主要功能菜单和常用命令。

2. 通过统计年鉴查找近二十年来我国居民收入与消费数据，利用 EViews 软件分别以菜单方式和命令方式建立 EViews 文件。

第 2 章 一元线性回归模型

教学目标

通过本章的学习，对计量经济学模型有一定的了解和认识，理解和掌握一元线性回归模型的设定、估计和检验问题，并能针对一元线性回归模型进行分析和说明。

教学要求

一元线性回归模型的理论与方法，不仅是计量经济学内容体系中最重要的组成部分，而且是多元线性回归模型和联立方程计量经济学模型理论与方法的基础，因此，学好本章要求理解计量经济学模型涉及的一些重要的基本概念；理解总体回归函数和样本回归函数的区别；掌握参数估计的最小二乘法；掌握模型的拟合优度检验方法。

为什么要提出一元线性回归问题？

常识告诉我们，身材高大的人体重也比较大，身材矮小的人体重也比较小，这就说明身高和体重之间必然存在一定的内在联系。但是，身材高并不意味着体重一定大，身材矮的体重不见得就一定小，这样两者之间的关系并不能用数学上的函数关系来表示。如果我们根据常识或其他方面的知识认为两者之间的关系大致是线性关系，那么该如何从数量上表示两者之间的这种关系？反之，如果有人给出了一个两者之间关系的方程，我们又该如何评价这个方程的"好坏"？

本章介绍计量经济学中最基本的"两变量古典线性回归分析"，或者称"两变量线性回归分析""一元线性回归"。它以单一经济现象为研究对象，模型中只包括一个方程，首先考虑一元线性回归模型，不一定是因为它有实用上的适宜性，而是因为它能使回归分析的基本概念表述得尽可能简单，而且，某些概念还能借助于二维图形更直观地加以说明。不仅如此，在第3章我们还将看到，作为一般的多元线性回归分析，在许多方面都是一元线性回归模型的逻辑推广。

2.1　回归分析概述

2.1.1　回归分析概述

计量经济学就是对经济问题的定量实证研究。当人们面临经济或经营方面的问题，需要得到具有实用意义的、定量化的具体答案，或者验证经济理论和规律在具体环境中的适用性，确定经济关系、经济结构的实际细节时，计量经济学的理论和方法是帮助人们达到这些目的的分析工具。计量经济分析的主要内容就是确定并确证经济变量之间的具体关系，包括函数形式和其中的参数值，并利用这种关系分析和解决经济、经营问题等。

计量经济学完成上述工作的基本方法是进行"回归"（Regressing）分析。

1. "回归"一词的历史渊源

"回归"一词最先由 F. 高尔顿（Francis Galton）引入。在一篇著名的论文中，高尔顿发现，虽然有这样一个趋势——父母高的儿女也高，父母矮的儿女也矮，但给定父母的身高，儿女辈的平均身高仍趋向于或者说是"回归"到全体人口的平均身高。换言之，尽管父母双亲都异常高或异常矮，而儿女的身高有走向人口总体平均身高的趋势。高尔顿的普通回归定律（Law of Universal Regression）还被他的朋友 K. 皮尔逊（Karl Pearson）证实。皮尔逊曾收集过一些家庭群体的1000多名成员的身高记录。他发现，在一个父亲高的群体中，其儿辈的平均身高低于他们父辈的身高；而在一个父亲矮的群体中，其儿辈的平均身高则高于其父辈的身高。这样就把高的和矮的儿辈一同"回归"到所有男子的平均身高。用高尔顿的话说，这是"回归到中等"（Regression to Mediocrity）。

2. 回归的现代释义

回归分析是研究一个被解释变量 Y 对另一个或多个解释变量 X 的依赖关系的计算方法和理论，其用意在于通过后者的已知值或设定值去估计和预测前者的均值。

例如，公司的销售部经理想知道消费者对公司产品的需求量与广告费开支之间的关系，因为这种研究在很大程度上有助于算出相对于广告费支出的需求弹性，也就是广告费预算每变化一个百分点导致的需求量变化的百分点，有助于制定"最优"广告费预算。

又如，农业经济学家想研究作物(如小麦)产量对气温、降雨量、日照时间和施肥量的依赖关系。这种依赖性分析能使他在给定解释变量(气温、降雨量、日照时间和施肥量)的信息时预报作物的平均收成。

对回归分析的全部含义，在此难以用几句话完全解释清楚，在以后的章节中会逐步介绍。

把"Regressing"这个单词用在对经济变量关系的计量经济分析方面，能形象地反映出计量经济分析基本方法的内涵。经济规律本身是无法看到的，它们隐藏在经济事物的背后起作用，我们能看到的只是它们所导致的结果，即经济现象或它们的数字化特征——数据，我们只能根据这些结果中包含的信息，去估计和识别隐藏着的"生成"这些经济数据的内在经济规律。

后面的分析会说明，回归分析不仅能确定经济变量关系的形式和参数值，还可以在此基础上进行统计分析和检验，判断结果的可信程度和可靠性等，因此，回归分析是研究和利用经济规律最有力的工具，是计量经济分析的核心内容。当然，计量经济分析不只是回归分析，为回归分析做准备的数据处理和统计分析、利用回归分析结果进行的分析预测以及相关分析等非回归分析，也是计量经济分析的组成部分。

3. 回归分析与相关分析

与回归分析密切相关而在概念上迥异的是，以分析随机变量之间的关联形式和关联力度为其主要目的的相关分析(Correlation Analysis)。相关系数(Correlation Coefficient)就是用来测度这种线性关联程度的。两个变量 X 和 Y 的相关系数为

$$\rho_{XY} = \frac{\mathrm{Cov}(X,Y)}{\sqrt{\mathrm{Var}(X)\mathrm{Var}(Y)}} \tag{2.1}$$

式中，$\mathrm{Cov}(X,Y)$ 是变量 X 和 Y 的协方差，$\mathrm{Var}(X)$ 和 $\mathrm{Var}(Y)$ 分别是变量 X 和 Y 的方差。

多个变量之间的线性相关程度，可用复相关系数与偏相关系数来度量。

相关分析和回归分析既有联系又有区别。首先，二者都可以研究非确定性变量间的统计相关关系。其次，二者之间也有明显的区别，相关关系仅仅考虑两个变量在统计上的相关程度，不考虑变量之间的依赖关系或因果关系，因此，在相关分析中，两个变量的地位是对称的，而且都是随机变量；而在回归分析中，考虑的是被解释变量对解释变量的依赖关系，因此，在回归分析中，变量的地位是不对称的，而且解释变量往往被假设为非随机变量。最后，相关关系仅考虑变量间的联系程度，而不考虑变量间的依赖关系，而回归分析则更关注变量间的具体依赖关系，通过回归分析，可以估计和预测被解释变量随着解释变量变化而变化的大小及方向，以便更深入了解变量间的依存关系。

例如，统计学考分与数学考分、中学成绩与大学成绩等之间的相关关系。而在回归分析中，如前所述，人们并不主要对这种度量感兴趣，感兴趣的是试图根据其他变量的设定值来估计或预测某一变量的平均值。又如，人们也许想知道，能否以一个学生的已知数学考分预测他的统计学平均考分。

4. 回归分析与因果关系

需要特别注意的是，变量之间的因果关系是回归分析的前提，只有解释变量与解释变

量之间存在因果关系，才能进行回归分析；否则，回归分析没有任何意义。但这并不一定意味着自变量与因变量有因果关系。也就是说，它并不意味着自变量是原因，而因变量是结果。两个变量之间是否存在因果关系，必须以(经济等)相关理论为判断基础。比如，在前面讲到的农作物收成一例中，当所有其他变量保持不变时，一种作物的产量依赖于气温、降雨量、日照时间和施肥量。这里，农业常识暗示了气温、降雨量、日照时间和施肥量是原因，而产量是结果。从逻辑上说，统计关系式本身不可能意味着任何因果关系，因果关系的判定或推断必须依据经过实践检验的相关理论。正如 Kendall 和 Stuart 所说，"统计关系，无论有多强，有多紧密，也绝不能建立起因果关系：因果关系的理念，必须来自统计学以外，最终来自这种或那种理论。"

2.1.2 总体回归方程与样本回归方程

1. 一个假想的例子

回归分析大体上是说，要根据解释变量的已知或给定值去估计和预测被解释变量的总体均值，即当解释变量取某个确定值时，与之相关的被解释变量所有可能出现的对应值的平均值。怎样才能做到这一点？具体看下面的例子。

假如一个岛国的人口总体由 100 户家庭组成，即这个假想的国家只有 100 户家庭。假设要研究每月家庭消费支出 Y 与每月税后收入(可支配收入) X 的关系。说得更具体些，即知道了家庭的每月收入，要预测每月消费支出的(总体)平均水平。为达到此目的，将这 100 户家庭划分为组内收入差不多的 10 组，以分析每一收入组的家庭消费支出。表 2-1 给出了假设的数据(为了讨论上的方便，假定实际上仅观测到表 2-1 给出的收入水平)。

表 2-1　某国家庭每月可支配收入和消费支出　　　　　　　　单位：元

Y \ X	每月家庭可支配收入									
	800	1000	1200	1400	1600	1800	2000	2200	2400	2600
每月家庭消费支出	552	678	793	884	1023	1125	1254	1404	1456	1642
	624	689	823	927	1064	1146	1309	1441	1554	1684
	642	708	845	955	1086	1165	1334	1484	1634	1692
	689	735	898	973	1101	1197	1347	1503	1652	1729
	703	776	930	993	1117	1231	1378	1521	1691	1754
		794	944	1011	1133	1292	1404	1547	1721	1773
		845	982	1115	1141	1308	1416	1550	1747	1809
		851	1001	1142	1206	1394	1436	1579	2001	1853
		872		1154	1214	1430	1442	1644		1869
				1166	1218	1439	1481	1683		1903
					1227	1485	1511	1716		1935
					1242		1570			2101
					1334		1604			
合　计	3210	6948	7216	10320	15106	14212	18486	17072	13456	21744

由表2-1可知：对应于每月800元收入的5户家庭的每月消费支出为552元到703元不等。类似地，给定了 $X=2600$ 元，12户家庭的每月消费支出为1642元到2101元。换句话说，表2-1的每个纵列给出了对应于给定收入水平 X 的消费支出 Y 的分布。就是说，它给出了以 X 给定值为条件的 Y 的条件分布。

这里需要注意的是，表2-1的数据代表一个总体。由于可支配收入之外的一些不确定因素的影响，对同一可支配收入水平 X，不同家庭的消费支出是不完全相同的，但由于调查的完备性，可算出给定 X 的 Y 的概率 $P(Y|X)$，即 Y 的条件概率。例如，当 $X=800$ 元时，有5个 Y 值与它对应：552元、624元、642元、689元和703元。因此，给定 $X=800$，得到这些消费支出中任一个的概率是 $\frac{1}{5}$，即 $P(Y=552|X=800)=\frac{1}{5}$。同理，可得，$P(Y=678|X=1000)=\frac{1}{9}$ 等，由表2-1计算的 Y 的条件概率列于表2-2中。

现在对于 X 的每个取值 X_i，根据 Y 的条件概率分布可算出它的均值，称为 Y 的条件均值或条件期望，记作 $E(Y|X=X_i)$，为了简单起见，把它写成 $E(Y|X_i)$。对于人为数据，这些条件期望很容易按下面的方法算出：将表2-1中的有关 Y 值分别乘以表2-2中相应的条件概率，然后对这些乘积求和。例如，给定 $X=800$ 的 Y 的条件均值或期望值是：

$$552 \times \frac{1}{5} + 624 \times \frac{1}{5} + 642 \times \frac{1}{5} + 689 \times \frac{1}{5} + 703 \times \frac{1}{5} = 642$$

由此算得的 Y 的条件均值列于表2-2的最后一行中。

表2-2 与表2-1的数据相对应的 Y 的条件概率　　　　　单位：元

Y＼X	每月家庭可支配收入									
	800	1000	1200	1400	1600	1800	2000	2200	2400	2600
条件概率 $P(Y|X)$	1/5	1/9	1/8	1/10	1/13	1/11	1/13	1/11	1/8	1/12
	1/5	1/9	1/8	1/10	1/13	1/11	1/13	1/11	1/8	1/12
	1/5	1/9	1/8	1/10	1/13	1/11	1/13	1/11	1/8	1/12
	1/5	1/9	1/8	1/10	1/13	1/11	1/13	1/11	1/8	1/12
	1/5	1/9	1/8	1/10	1/13	1/11	1/13	1/11	1/8	1/12
		1/9	1/8	1/10	1/13	1/11	1/13	1/11	1/8	1/12
		1/9	1/8	1/10	1/13	1/11	1/13	1/11	1/8	1/12
		1/9	1/8		1/13	1/11	1/13	1/11		1/12
		1/9			1/13	1/11	1/13	1/11		1/12
						1/11	1/13	1/11		1/12
							1/13	1/11		1/12
							1/13	1/11		1/12
							1/13	1/11		
Y的条件均值	642	772	902	1032	1162	1292	1422	1552	1682	1812

图2.1表明了对应于各个X值的Y的条件分布。虽然个别的家庭的消费支出都有变异，但图2.1仍清楚地表明，随着收入的增加，平均消费支出也在增加。也就是说，Y的条件均值随X的增加而增加。集中观察那些代表Y的各个条件均值的粗圆点，就变得更为形象化。散点图表明这些条件均值正好落在一根有正斜率的直线上，这根直线就叫作总体回归线（Population Regression Line）。当然，若是Y的各个条件均值不是位于一条直线上，而是位于某一曲线上，则这条曲线就叫总体回归曲线。更简单地说，它是Y对X的回归。

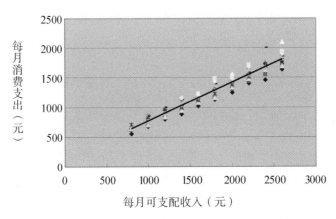

图2.1　不同收入水平家庭消费支出的条件分布图

从几何意义来说，总体回归曲线就是当解释变量取给定值时，被解释变量的条件均值或期望值的轨迹。

2. 总体回归函数

从前面的讨论及图2.1中，能清楚地看到在所研究的总体（如这个岛国）中，被解释变量Y（如消费支出）的条件均值$E(Y|X_i)$随解释变量X（如可支配收入）的变化而有规律地变化，即每一条件均值$E(Y|X_i)$都是X_i的一个函数，用公式表示为

$$E(Y|X_i) = f(X_i) \tag{2.2}$$

式中，$f(X_i)$表示解释变量X_i的某个函数。

像式（2.2）那样，将总体被解释变量的条件期望表示为解释变量的某种函数，这个函数就称为（双变量）总体回归函数（Population Regression Function，PRF），或简称总体回归。但它仅表明在给定X_i下Y的分布的总体均值与X_i有函数关系。换句话说，它可表示Y的均值或平均影响是怎样随X而变化的，并不表示每一对(X, Y)都满足这个函数方程。

函数$f(X_i)$应该采取什么形式？这是一个重要问题，因为在实际情况中总体包含的单位数相当多，一般情况下像以上所假设的100个家庭那样去做有效的考察是非常困难的，甚至是不可能的，也就是说通常不会得到全部总体值用来做分析研究。因此，总体回归函数的函数形式是一个经验方面的问题，基本上都要靠对所研究问题的深刻认识，并通过实践经验的积累去设定，这时经济学等相关学科的理论就显得很重要，例如，生产函数常以Cobb-Douglas幂函数的形式出现、U形边际成本函数以二次多项式的形式出现等。此外，对于只有两个变量的情况，也可通过变量数据的分布情况即描绘变量关系的散点图去获得

某些帮助。变量数据的分布可作为判断变量关系函数形式依据的原因,是变量数据的分布必然会反映生成这些数据的特定变量关系,即使有扰动因素的影响,也应该基本符合变量关系规定的基本方向。当然仅凭变量数据的分布,也不能确定经济变量之间一定存在特定的因果关系,因为这只是两变量之间形式上的联系,必须有经济意义和经济理论对变量之间的本质联系提供支持,才能确定两变量之间确实存在某种形式的因果关系。

这里做一个初步逼近或一个暂行的假设,假定 PRF $E(Y|X_i)$ 是 X_i 的线性函数,则式(2.2)可进一步表示为

$$E(Y|X_i) = \beta_0 + \beta_1 X_i \tag{2.3}$$

式中,β_0 和 β_1 为未知的参数,称为回归系数(Regression Coefficients)。β_0 和 β_1 也分别称为截距和斜率系数。式(2.3)本身则称为线性总体回归函数,或简称线性总体回归。在计量经济学中之所以常把总体回归函数设定为线性函数,是因为线性函数是最简单的函数形式,其中参数的估计和检验也相对容易,而且多数非线性函数可通过一定的变化转换为线性形式。

这里需注意的是,计量经济方法中线性模型的"线性"有两种解释:一是模型对变量而言是线性的,即 Y 的条件期望值是解释变量 X_i 的线性函数,如式(2.3)。从几何意义上说,这时回归线是一条直线。按照这种解释,像 $E(Y|X_i) = \beta_0 + \beta_1 X_i^2$ 或 $E(Y|X_i) = \beta_0 + \beta_1 \frac{1}{X_i}$ 这样的回归函数都不是线性的。二是模型就参数而言是线性的,即 Y 的条件期望 $E(Y|X_i)$ 是各参数 β 的一个线性函数,而对于解释变量 X_i,则可以是线性的,也可以是非线性的。例如,$E(Y|X_i) = \beta_0 + \beta_1 X_i^2$ 或 $E(Y|X_i) = \beta_0 + \beta_1 \frac{1}{X_i}$ 就是线性回归模型,而 $E(Y|X_i) = \beta_0 + \sqrt{\beta} X_i$ 则不是。在本书中,我们将不研究这种非线性回归模型。

在两种线性的解释中,对于后面即将展开讨论的回归理论与方法,主要考虑的是对参数为线性的情形。因此,"线性回归"一词总是指对参数 β 为线性的一种回归(各参数只以它的一次方出现,并且不与其他参数相乘或相除),而对于解释变量 X 是不是线性的均可在回归分析中,我们的重点就在于估计如式(2.3)那样的总体回归函数,即根据对 Y 和 X 的观测值估计未知数 β_0 和 β_1 的值。

3. 总体回归函数的随机设定

上述家庭可支配收入—消费支出的例子中,总体回归函数描述了所考察总体的家庭平均消费支出随可支配收入变化的规律,但对某一个个别家庭,其消费支出 Y_i 不一定恰好就是给定可支配收入水平 X_i 下的消费的平均值 $E(Y|X_i)$。由表2-1和图2.1可以明显看出,某一个别家庭的消费支出不一定随收入水平增加而增加。例如,从表2-1可以观察到,对应于每月1000元的收入水平,有一户人家的消费支出是678元,少于每月收入仅为800元的两户家庭的消费支出689元和703元。

那么,个别家庭的消费支出与给定收入水平之间有什么关系呢?从图2.1可以看出,给定收入水平 X_i 的个别家庭的消费支出 Y_i 聚集在收入为 X_i 的所有家庭的平均消费支出 $E(Y|X_i)$ 的周围,也就是围绕着它的条件均值。因此,可以把个别的 Y_i 与它的期望值的差异表述为

$$\mu_i = Y_i - E(Y|X_i)$$

或

$$Y_i = E(Y|X_i) + \mu_i \qquad (2.4)$$

式中，μ_i 为观察值 Y_i 围绕它的期望值 $E(Y|X_i)$ 的离差（Deviation），它是一个不可观测的随机变量，又称为随机干扰项（Stochastic Disturbance）或随机误差项（Stochastic error）。

对于式（2.4）可以这么理解：给定可支配收入水平 X，个别家庭的支出可表示为两个部分之和：$E(Y|X_i)$ 代表相同收入水平的所有家庭的平均消费支出，称为系统性（Systematic）部分或确定性（Deterministic）部分；μ_i 为随机部分或非系统性（Nonsystematic）部分，也可以简单理解为它代表所有可能影响 Y 的，但又未能包括到回归模型中来的诸多因素的综合影响。

假定 $E(Y|X_i)$ 是 X_i 的线性函数如式（2.3）那样，式（2.4）就可表示为

$$Y_i = E(Y|X_i) + \mu_i = \beta_0 + \beta_1 X_i + \mu_i \qquad (2.5)$$

然后，对式（2.4）两边取对于 X_i 的条件期望，则有

$$E(Y|X_i) = E[E(Y|X_i)] + E(\mu_i|X_i)$$
$$= E(Y|X_i) + E(\mu_i|X_i)$$

显然，这里暗含着 $E(\mu_i|X_i)=0$ 的假定条件，也就是假定回归线通过 Y 的条件均值。

从前面的讨论可以得出，如果 $E(\mu_i|X_i)=0$，则式（2.3）和式（2.5）是一致的。但是式（2.5）有明显的优点，因为式（2.3）只说明了可支配收入 X 对消费支出 Y 条件均值的影响，而式（2.5）则清楚地表明，除收入外，还有影响着消费支出的其他因素，这里的 μ_i 就代表着那些虽然影响 Y 但又未被明显纳入模型的诸多因素的综合影响。既然如此，那么为什么不把那些变量明显地引进到模型中来而要用 μ_i 代表？换句话说，为什么不构造一个含有尽可能多变量的多元回归模型？

在总体回归函数中引进随机干扰项，主要有以下几个方面的原因：

（1）作为未知影响因素的代表。在一些问题中，经济学等相关理论中有决定被解释变量 Y 的行为的理论，但这些理论往往是不完全的，即理论本身并没有列出所有影响 Y 的因素；在另一些问题中则不存在相关的理论，这是由于人们对所研究的经济现象的认识可能还不完备，除了一些已知的主要因素外，还有一些人们尚未认识，或者尚不能肯定的因素影响着被解释变量 Y。因此，不管是否存在相关的理论，都不可能把所有的影响因素都找出来，只得用随机干扰项 μ_i 作为模型所排除或忽略的全部变量的替代变量。

（2）作为无法取得数据的已知因素的代表。有一些因素对被解释变量有相当的影响，应该加入到模型中。但是在实际工作中人们无法获得这些变量的数据信息，这时为了模型的可解性就不得不把这些变量从模型中去掉，即使它在解释 Y 的变化方面有很强的理论重要性。例如，除收入外，家庭财富的数量显然也是影响消费支出的重要因素，因此，应将财富变量加入到模型中，但一般情况人们是无法获得家庭财富信息的，这时在模型中只得省略这一变量，而将其归入随机干扰项。

（3）作为众多细小影响因素的综合代表。有一些影响因素人们已经认识到，而且其数据也可以获得，但它们对被解释变量的影响很细小，充其量是一种非系统的或随机的影响。这时从实际考虑以及从成本上计算，把它们一一引入模型是不科学的。所以，人们就

把它们的联合效应综合到随机干扰项中。例如,在上述的消费—收入例子中,除了收入外,还有家庭子女数、性别构成、民族、教育程度、地区、性格特征等也在影响消费支出,但这些因素中的一些或全部对消费支出的影响非常小,因此,在建模时往往省略掉这些细小变量,而将它们的影响归入随机干扰项。

(4) 代表数据观测误差。由于各种主客观的原因,人们在对社会经济现象观测取得统计数据时,不可避免地会有一些观测误差,这些观测误差也被归入随机干扰项中。

(5) 代表模型的设定误差。由于社会经济现象的复杂性,相关经济变量的真实函数形式往往是未知的,在设定计量经济模型时给出的函数形式只是一种人为的设定,因此,它很可能与真实的变量关系不一致,这种不一致就叫设定误差,也用随机干扰项来表示。

(6) 代表变量的内在随机性。即使把所有相关的解释变量都引入模型,不存在设定误差,也没有数据观测误差,但一些客观现象还是具有内在的随机性,也会对被解释变量产生随机性影响。这种变量的内在随机性,只能归入随机干扰项。例如,一些涉及人们思想行为的变量,存在固有的内在随机性,很难加以控制。

总之,随机干扰项具有非常丰富的内容,在回归分析中扮演着极为重要的角色。

4. 样本回归函数

至今为止,人们始终在讨论与固定 X 值相对应的 Y 值总体,即总体所有单位有关数据都能够获得,以避免考虑抽样的问题。但在大多数的实际情况中,总体的信息往往是无法全部获得的,总体回归函数也是未知的,在实际中,是通过抽取样本,再通过样本的信息来估计总体回归函数的。

仍以家庭可支配收入与消费支出的关系为例。假设从该总体中按每组可支配收入各取一个家庭进行观测,表 2-3 给出了对应于固定 X 值的一个随机抽取的样本。它和表 2-1 不同,对应于给定的每个 X_i 只有一个 Y 值,表 2-3 中(给定 X_i)的每个 Y 都是从表 2-1 的总体中对应于同一个 X_i 的同组 Y 值随机抽取的。

表 2-3 家庭消费支出与可支配收入随机样本表(一)   单位:元

可支配收入(X)	消费支出(Y)
800	624
1000	708
1200	944
1400	884
1600	1242
1800	1165
2000	1436
2200	1441
2400	1721
2600	1809

这样一来，能用表 2-3 的样本预测整个总体中对应于选定 X 的平均每月消费支出 Y 吗？换句话说，能用这些样本数据估计 PRF 吗？由于抽样的波动，人们未必能"准确"估计 PRF。为说明这一点，可设想从表 2-1 的总体中抽取另一个随机样本，具体见表 2-4。

表 2-4　家庭消费支出与可支配收入随机样本表（二）　　　　　单位：元

可支配收入(X)	消费支出(Y)
800	552
1000	708
1200	930
1400	884
1600	1064
1800	1439
2000	1481
2200	1484
2400	1721
2600	2101

这两个样本显然是不同的，但由于这两个样本都是从总体中随机抽取的，有不同的样本数据当然会得到不同的回归函数。在总体未知的情况下，根本无法区分它们的优劣，即哪一个和总体回归函数一样或差别较小。这一点在图形上会看得更清楚。

将表 2-3 和表 2-4 的数据描点，得到图 2.2。在这个散点图中可以看出，两个随机样本的数据都近似于直线，画两根直线以尽可能地分别拟合这些散点：SRF_1 是根据第一个样本画的；而 SRF_2 是根据第二个样本画的。那么，两条回归线中的哪一条代表"真实"的总体回归线呢？如果先前没有看到展现着 PRF 的图 2.1，就不可能有绝对的把握知道图 2.2 中的两条回归线哪一条代表真实的总体回归线。图 2.2 中的回归线称为样本回归线，姑且假定它们都代表总体回归线，但因抽样波动，它们最多也不过是真实 PRF 的一个逼近而已。一般地说，从 N 个不同的样本会得到 N 个不同的样本回归线，并且这些样本回归线是不一样的。

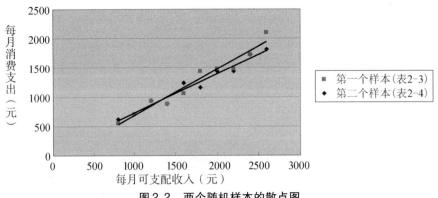

图 2.2　两个随机样本的散点图

类比于总体回归线有一个 PRF 作为其基础,可写出一个代表样本回归线的样本回归函数(Sample Regression Function, SRF)的概念,相当于式(2.3)的样本关系式可表示为

$$\hat{Y}_i = \hat{\beta}_0 + \hat{\beta}_1 X_i \tag{2.6}$$

将式(2.6)看成式(2.3)的近似替代,则 $\hat{Y}_i$ 就是 $E(Y|X_i)$ 的估计量,$\hat{\beta}_0$ 是 β_0 的估计值,$\hat{\beta}_1$ 是 β_1 的估计值。

正如把 PRF 表达成两种等价形式,我们还能把 SRF 表达成它的随机形式:

$$Y_i = \hat{\beta}_0 + \hat{\beta}_1 X_i + e_i \tag{2.7}$$

式中,e_i 称为样本残差(或剩余)项,代表了 X 以外影响 Y 的随机因素的集合,可看成 μ_i 的估计量。

总的来说,由于人们的分析大多仅仅依据某总体的单一样本,在回归分析中的主要目的是根据样本回归函数,估计总体回归函数,也就是根据 SRF ($Y_i = \hat{\beta}_0 + \hat{\beta}_1 X_i + e_i$) 来估计 PRF ($Y_i = \beta_0 + \beta_1 X_i + \mu_i$)。

然而,由于抽样的波动,根据 SRF 估计出来的 PRF 是一个近似的结果。图 2.3 绘出了总体回归线和样本回归线的基本关系。

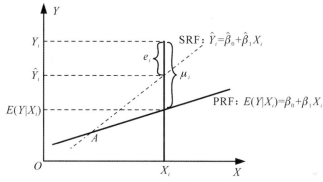

图 2.3　总体回归线和样本回归线

对 $X=X_i$,有一个观测值 $Y=Y_i$。利用 SRF 可将 Y_i 表达为

$$Y_i = \hat{Y}_i + e_i = \hat{\beta}_0 + \hat{\beta}_1 X_i + e_i$$

而通过 PRF,又可把它表达为

$$Y_i = E(Y|X_i) + \mu_i = \beta_0 + \beta_1 X_i + \mu_i$$

由于抽样波动,样本对总体存在代表性误差,SRF 总会过高或过低估计 PRF,图 2.3 中 A 点左边部分 SRF 过低估计了真实的 PRF,而 A 点右边部分 SRF 又过高估计了真实的 PRF。

那么,既然认识到 SRF 只不过是 PRF 的一个近似,能不能设计一种规则或方法,使得这种近似是一种尽可能"接近"的近似?换一种说法就是,怎样构造 SRF 能使 $\hat{\beta}_0$ 尽可能"接近"真实的 β_0、$\hat{\beta}_1$ 尽可能"接近"真实的 β_1?尽管真实的 β_0、β_1 永远不得而知。

2.2　一元线性回归模型的基本假定

由 2.1 节可知,回归分析的目的就是根据样本数据构造样本回归函数,使其尽可能准

确地估计总体回归函数。在回归分析中有多种构造样本回归函数的方法，而使用最广泛的一种是普通最小二乘法（OLS），本节的全部内容都是围绕最小二乘法展开的。

设定了两变量之间的线性随机函数关系，并不意味着已经可以放心地进行线性回归分析了。因为一方面设定这种变量关系所依据的理论、经验和观察可能并不正确，或者不适用于问题的特定环境，所以设定的函数关系可能有较大的偏差，而在这样的基础上进行分析，结果的有效性、可靠性和价值都不会有保证；另一方面，任何回归分析方法包括最小二乘法，都有使用的情况和范围。因此，我们必须对所设定的变量关系和数据的产生方式做一些判断，提出一些要求或者设定一些限制。这些要求或假定，既能保证变量关系的真实性及满足所采用的回归分析方法的性质，也是在回归分析以后再对变量关系进行检验和判断的重要标准。因为根据总体回归函数，$Y_i = \beta_0 + \beta_1 X_i + \mu_i$，$Y_i$依赖于$X_i$和$\mu_i$。因此，除非明确$X_i$和$\mu_i$是怎样产生的、有怎样的分布特点，否则将无法对$Y_i$、$\beta_0$和$\beta_1$做出任何统计推断。

1. 一元线性回归模型的基本假定

基本假定包括对模型设定的假定，对解释变量X_i的假定，以及对随机干扰项μ_i的假定，具体如下所述。

假定1：解释变量X是确定性变量，而不是随机变量，在重复抽样中取固定值。对它的理解非常重要。考虑与表2-1中各收入水平相对应的各个Y总体，例如，把收入X固定在1800元的水平上（$X=1800$元），随机抽取一个家庭，并观测到这个家庭的消费支出Y，如1165元。在下一次抽样中，仍然把X固定在1800元，而随机抽取一个家庭并观测到它的Y值为1439元。我们可以对表中的全部X值重复这一过程。表2-3和表2-4就是这样抽取出来的。事实上，这样的回归分析是条件回归分析，即以解释变量X的给定值（已知值）为条件的。

假定2：回归模型是正确设定的，或者说是在经验分析中所用的模型没有设定偏差。一项计量经济研究开始时，首先要对所感兴趣的现象设定适当的计量经济模型。在模型的设定时出现的一些重要问题包括模型应包括哪些变量、模型的函数形式是什么、函数形式是不是线性的，这些都是极为重要的问题。如果模型漏掉了一些重要变量，或选择了错误的函数形式，那么要对所估计的回归做有效的解释就大打折扣了。

假定3：随机干扰项均值为零，即在给定X_i的条件下，μ_i的期望为零。用公式表示为

$$E(\mu_i | X_i) = 0$$

对应于给定的X，每一个Y总体都是围绕其均值而分布的，一些Y值位于均值之上，另一些则位于均值之下。离开均值的距离就是μ_i。这个假定是说，这些对应于任一给定X的离差的均值应等于零。即凡是解释变量中不含有并因而归属于μ_i的因素，对Y的均值都没有系统的影响；或者说，正的μ_i值抵消了负的μ_i值，以致它们对Y的平均影响为零。

另外，假定$E(\mu_i | X_i) = 0$，意味着假定$E(Y | X_i) = \beta_0 + \beta_1 X_i$。

假定4：同方差性，即对于每一个给定的X_i，μ_i的方差都是相同的。用公式表示为

$$\mathrm{Var}(\mu_i | X_i) = E[\mu_i - E(\mu_i) | X_i]^2$$
$$= E(\mu_i^2 | X_i) = \sigma^2$$

上式是说，对每个 μ_i 的方差都是某个正的常数 σ^2。与此相对应如果 μ_i 的方差不是一个常数，就称为异方差性。以收入—消费为例，如果随机干扰项的方差不同，而是随着收入的增加而增加，则表示富有的家庭平均比贫穷的家庭消费更多，但前者的消费支出也有更大的变化。

需要注意的是，这个假定意味着 Y_i 的条件方差也是相同的，即

$$\mathrm{Var}(Y_i|X_i) = \mathrm{Var}(\beta_0 + \beta_1 X_i + \mu_i|X_i)$$
$$= \mathrm{Var}(\mu_i|X_i) = \sigma^2$$

假定5：各个随机干扰项无自相关，又叫无序列相关，即对于任意的 i 和 $j(i \neq j)$，μ_i 和 μ_j 的取值互不影响，用公式表示为

$$\mathrm{Cov}(\mu_i, \mu_j) = E\{[\mu_i - E(\mu_i)][\mu_j - E(\mu_j)]\}$$
$$= E(\mu_i \mu_j) = 0 \quad (i \neq j)$$

直观上，如果 μ_i 和 μ_{i-1} 正相关，那么 Y_i 不仅依赖于 X_i，而且依赖于 μ_{i-1}，因为 μ_{i-1} 在一定程度上决定了 μ_i。利用假定5，就是说，我们将只考虑 X_i 对 Y_i 的系统性影响，而不去担心由于 μ 之间的可能的交互相关而造成的其他可能作用于 Y 的影响。

假定6：随机干扰项与解释变量不相关，用公式表示为

$$\mathrm{Cov}(\mu_i, X_i) = E\{[\mu_i - E(\mu_i)][X_i - E(X_i)]\}$$
$$= E\{\mu_i[X_i - E(X_i)]\}$$
$$= E(\mu_i X_i) - E(\mu_i)E(X_i)$$
$$= E(\mu_i X_i) = 0$$

当把总体回归函数表述为 $Y_i = \beta_0 + \beta_1 X_i + \mu_i$ 时，就假定了 X 和 μ（表示所有被省略的变量的影响）对 Y 有各自的影响，但若 X 和 μ 是相关的，就不可能评估它们各自对 Y 的影响。例如，若 X 和 μ 正相关，则当 μ 增加时，X 也增加；当 μ 减小时，X 也减小。类似地，若 X 和 μ 负相关，则当 μ 增加时，X 在减小；当 μ 减小时，X 在增加。即两者同时变化，这时要分开 X 和 μ 对 Y 的影响都是困难的。

假定7：正态性假定，即假定每个随机干扰项都是正态分布的。这一假定与假定3、假定4、假定5一起可简洁地表示为

$$\mu_i \sim N(0, \sigma^2)$$

由此可以得出，随机变量的分布类型是很多的，但在假定时为什么单单选择了正态分布？有以下几个理由：第一，如前所述，μ_i 代表回归模型中未明显引入的许多自变量对因变量的总影响。人们希望这些被忽略的变量所引起的影响是微小的，而且充其量是随机的，这样利用统计学中的中心极限定理就能证明。如果存在大量独立且相同分布的随机变量，那么，除少数例外情形，随着这些变量的个数无限地增大，它们的总和将趋向于正态分布。因此，这个中心极限定理为 μ_i 的正态性假定提供了理论基础。第二，正态分布有一些特殊性质，如正态分布变量的线性组合仍然是正态分布等，这是一般的分布类型所不具有的。因此，在正态性假定下，参数估计量的概率分布就比较容易导出，这为以后的统计推断奠定了基础。第三，正态分布是一个比较简单的，仅涉及两个参数(均值和方差)的分布，人们对它比较熟悉。

由于以上这些假定是德国数学家高斯最早提出的，因此又被称为高斯假定。建立在其基础上的线性回归模型就被称为经典(标准)线性回归模型，它已成为大部分计量经济学理

论的奠基石。本章和第 3 章就是在这些假定下探讨问题的。

2. 基本假定的真实性

有人或许对这些假定感到迷惑，为什么需要这些假定呢？它们有何现实意义呢？如果这些假定不为真，情况又会怎样？如何知道某一回归模型确实满足所有这些假定呢？这些问题显然是很重要的，但是，在这一专题的开始阶段，本书不能对所有这些问题都给出满意的答案。事实上，本书后续章节很大一部分内容都是围绕着（古典线性回归模型的）一个或若干个假定不满足时会发生什么情况而展开的。需要记住的是：对任何一门科学的探求，人们都会做一些假定，因为这样会有助于人们逐步地建立专题问题，而不是因为这些假定是现实所必需的。这里，类比法将会对学生的学习有所帮助。经济系的学生在学习不完全竞争模型之前，总是先学完全竞争的模型。因为对完全竞争模型的学习可以使学生更好地理解不完全竞争模型，而并不是因为完全竞争模型是现实所必需的。此外，也有一些市场是完全竞争的，例如股票市场和外汇市场。计量经济学中的古典线性回归模型就相当于完全竞争模型，本书的计划是先透彻地研究古典线性回归模型的性质，然后在以后的章节中深入分析如果古典线性回归模型的一个或多个假定不成立时会出现什么问题，以及导致什么后果。

2.3 一元线性回归模型的参数估计

1. 参数估计的基本思路

计量经济分析的根本目的是研究由经济变量关系反映的经济规律，两变量线性回归分析就是要确定两个变量之间具体的函数关系。在已经有了两个变量线性回归模型的基础上，就是要确定模型中的待定参数 β_0、β_1 的数值，那么，该如何去确定这两个参数的数值呢？

虽然两变量线性回归模型的前提是相信两变量之间确实存在某种特定的线性因果关系，因此，这两个参数的"真实值"是客观存在的。但问题是人们不可能知道这些真实值，因为无法观察到变量关系本身，人们能观察到的只是这种变量关系所产生的结果，即相关的经济现象或经济数据。而且由于存在随机扰动因素的影响，人们所观察到的结果不可能精确反映变量关系中的确定趋势，即 β_0、β_1 的"真实值"。随机扰动项给两变量的真实关系提供了一种"掩护"，由于扰动的影响始终存在，所以即使增加观测数据也并不能解决问题，参数的真实值实际上是无法知道的。

既然明白无法知道参数的真实值，那么人们的目标当然应该定在找它们的某种近似值或称估计值，并且希望估计值与真实值之间的近似程度能够比较高。那么该怎样去找这种较好的估计值呢？更进一步的问题是，既然参数的真实值无法知道，那么在找到一个估计值以后，又怎么认定它是真实值的较好近似呢？或者说，两个不同的估计值中，怎么判断究竟哪个更好一些呢？

解决这些问题的基本思路是，利用样本数据反映出来的趋势性设法确定参数估计值，以与样本趋势的拟合程度作为选择回归直线、判断参数估计好坏的标准。这种思路的根据是，既然样本数据是由变量之间的真实关系生成的，那么即使存在随机因素的影响，样本数据也应该基本反映变量关系的情况，样本容量越大，对偏离真实变量关系的防御就越充分。在有相当数量数据的情况下，利用样本数据的趋势确定模型参数的一个估计值应该是一种可行的思路。

换句话说，本书的思路是用拟合样本趋势的回归直线或者称"样本回归直线"，近似模型的总体回归直线，从而得到模型参数的估计值，这种方法不仅是两变量线性回归的基本方法，实际上也是多元线性回归的基本方法。

这样问题就变成如何确定最符合样本数据趋势的参数估计值。假设变量 Y 和 X 之间的关系可以用两变量线性回归模型分析。Y 和 X 的一组观察值 $(X_i, Y_i)(i=1,2,\cdots,n)$ 在坐标平面上的分布如图 2.4 所示，那么问题就是要找出类似图中的 $\hat{Y}_i = \hat{\beta}_0 + \hat{\beta}_1 X_i$，那样能较好反映样本数据趋势的样本回归直线，可以作为 Y 和 X 之间真实关系的趋势部分；或者说，模型总体回归直线 $E(Y|X_i) = \beta_0 + \beta_1 X_i$ 的近似，其系数 $\hat{\beta}_0$ 和 $\hat{\beta}_1$ 则可以作为模型参数 β_0 和 β_1 的估计值。这样的直线能找到许多条，关键是哪一条更好？或者说，是怎么判断一条直线与样本数据趋势拟合程度的好坏？

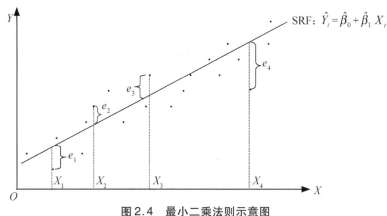

图 2.4　最小二乘法则示意图

建立判断回归直线对样本趋势拟合程度的标准，关键是要利用样本点与回归直线之间的纵向偏差，这种偏差称为"回归残差"。如果回归直线为 $\hat{Y}_i = \hat{\beta}_0 + \hat{\beta}_1 X_i$，那么由于 Y 和 X 之间的真实关系是随机线性函数关系，因此，通常多数样本点 (X_i, Y_i) 不会落在这条回归直线上，它们与回归直线之间有一段纵向距离，也就是残差 $e_i = Y_i - (\hat{\beta}_0 + \hat{\beta}_1 X_i)(i=1,2,\cdots,n)$，如图 2.4 所示。残差 e_i 越小，说明回归直线离样本点 (X_i, Y_i) 越近，如果对所有样本点的回归残差都较小，那么回归直线离所有样本点都较近，对样本趋势的拟合当然就是较好，因此，残差是判断回归直线拟合程度的重要指标。但问题是一条回归直线肯定在某些样本点处残差很小，而在另外一些样本点处残差较大，因此，仅仅根据各个样本点各自的回归残差，仍然不容易判断出回归直线拟合程度的好坏，也不容易进行横向比较。

克服这种困难的办法是考察各个样本点回归残差的总体水平。考察残差总体水平最简单的思路是求各个样本点残差的算术和 $\sum e_i$。这看起来尽管有直观上的说服力，但不是一个很好的准则。如果采纳 $\sum e_i$ 最小化的准则，那么残差 e_1 和 e_4 小于零，e_2 和 e_3 大于零（图 2.4），在总和 $(e_1 + e_2 + e_3 + e_4 + \cdots)$ 时就会相互抵消，即各样本点的残差 e_i 必然是有正有负的，直接相加必然会存在正负残差相互抵消的情况，从而残差的算术和也并不能准确地反映回归直线对样本趋势的拟合程度，即残差算术和小有可能是正负残差抵消造成的，而不是残差整体上较小。

如果改为考察残差 e_i 的绝对值之和 $\sum|e_i|$，就可以避免正负残差相互抵消的问题，从而可以较好地反映各样本点回归残差的总体水平，也就是回归直线对样本趋势的总体拟合程度，因此，残差绝对值之和 $\sum|e_i|$ 是判断拟合程度比较合理的指标。根据这种判断标准，确定回归直线和参数估计值的准则或方法，就是要使残差绝对值之和 $\sum|e_i|$ 最小。

但是，求使残差绝对值之和 $\sum|e_i|$ 最小的参数估计值运算比较困难，因此，从操作可行性的角度这个拟合标准仍然不理想。为此，必须继续探索其他更好的拟合回归直线的标准或准则。

2. 普通最小二乘法

既有合理性又便于进行计算参数估计值的拟合标准是最小二乘（Ordinary Least Squares，OLS），即残差平方和最小。最小二乘估计的思想是用残差序列的平方和 $\sum e_i^2 = \sum[Y_i-(\hat{\beta}_0+\hat{\beta}_1 X_i)]^2$ 作为衡量回归直线与样本趋势总体拟合程度的指标。这种方法与绝对值求和一样，也能避免残差的正负抵消问题，同时能反映所有样本点与回归直线偏差的总体水平，而且根据残差平方和最小的思想估计参数在计算估计值的数学运算上比较方便，更重要的是，在两变量线性回归模型的基本假定都满足的情况下，用这种方法得到的参数估计值更好，是对参数真实值的良好近似。最小二乘估计的这些优点在后面的分析中都能得到证明。正是因为有这些优点，最小二乘估计才能成为两变量（或多元）线性回归分析最基本的参数估计方法。

下面介绍根据普通最小二乘的思想求参数估计值的具体方法和步骤。由于线性回归模型的参数都是线性函数的系数，所以上述残差平方和必然是待定参数估计值 $\hat{\beta}_0$ 和 $\hat{\beta}_1$ 的二次连续函数，且二次项系数都是正数，根据极值定理，该残差平方和一定有对于 $\hat{\beta}_0$ 和 $\hat{\beta}_1$ 的最小值，而且只要 $\hat{\beta}_0$ 和 $\hat{\beta}_1$ 满足极值的一阶条件，即令它们的偏导数都等于 0，一定就是使残差平方和实现最小值的水平。

根据上述思路，分别计算残差平方和 $\sum e_i^2 = \sum[Y_i-(\hat{\beta}_0+\hat{\beta}_1 X_i)]^2$（为了方便起见，下面用 V 代表它，即 $V=\sum e_i^2$）。对 $\hat{\beta}_0$ 和 $\hat{\beta}_1$ 的偏导数，并令这两个偏导数同时等于零，即

$$\frac{\partial V}{\partial \hat{\beta}_0} = -2\sum_i[Y_i-(\hat{\beta}_0+\hat{\beta}_1 X_i)] = 0$$
$$\frac{\partial V}{\partial \hat{\beta}_1} = -2\sum_i[Y_i-(\hat{\beta}_0+\hat{\beta}_1 X_i)]X_i = 0$$
(2.8)

同时成立。这两个方程组成的方程组称为"正规方程组"。在用该方程组计算推导时一定要清楚，其目标是根据样本数据来求一元线性回归模型中的参数值。因此，数据 (X_i,Y_i) $(i=1,2,\cdots,n)$ 都是已知的，只有参数 $\hat{\beta}_0$ 和 $\hat{\beta}_1$ 是未知的。

解这个正规方程组，很容易求得

$$\hat{\beta}_1 = \frac{\sum(Y_i - \overline{Y})(X_i - \overline{X})}{\sum(X_i - \overline{X})^2} = \frac{\sum X_i Y_i - n\overline{X}\,\overline{Y}}{\sum X_i^2 - n\overline{X}^2} \tag{2.9}$$

$$\hat{\beta}_0 = \overline{Y} - \hat{\beta}_1 \overline{X}$$

式中，$\overline{Y} = \dfrac{\sum Y_i}{n}$、$\overline{X} = \dfrac{\sum X_i}{n}$ 分别表示两个变量 Y 和 X 的样本均值。记为

$$x_i = (X_i - \overline{X}) \text{ 和 } y_i = (Y_i - \overline{Y})$$

本书以后的内容将遵循一个惯例：用小写字母表示变量对其均值的离差，这样就可以把方程组(2.9)表示的参数估计量写成

$$\hat{\beta}_1 = \frac{\sum x_i y_i}{\sum x_i^2} \tag{2.10}$$

$$\hat{\beta}_0 = \overline{Y} - \hat{\beta}_1 \overline{X}$$

式(2.10)称为最小二乘估计量的离差形式。由于 $\hat{\beta}_0$、$\hat{\beta}_1$ 的估计结果是从最小二乘原理得到的，因此称为最小二乘估计量。

把样本数据代入这两个公式，就可以计算出 $\hat{\beta}_0$、$\hat{\beta}_1$ 的数值。这两个 $\hat{\beta}_0$、$\hat{\beta}_1$ 的值是函数 $V = \sum e_i^2$ 的驻点，一定也是使残差平方和 V 取最小值的点，也就是根据最小二乘的思想，使回归直线 $\hat{Y}_i = \hat{\beta}_0 + \hat{\beta}_1 X_i$ 与样本趋势拟合程度最好的参数估计值。这种参数估计方法称为"最小二乘法"，这两个参数估计量称为参数的"最小二乘估计"。它是由高斯最先在18世纪末提出的。

【例2.1】以消费–收入为例，说明如何用最小二乘估计模型中的参数。假设现在只有表2-4中的数据，根据散点图中反映出来的这两个变量的数据分布情况，可以初步判断这两个变量之间的关系大致呈线性关系，可以用一元线性回归模型 $\hat{Y}_i = \hat{\beta}_0 + \hat{\beta}_1 X_i$ 来表示两者之间的关系。为了计算这个直线的截距 $\hat{\beta}_0$ 和斜率 $\hat{\beta}_1$，将表2-4中的数据计算得到如表2-5所示的数据。

表2-5 消费–收入回归分析计算表　　　　　　　　　　　单位：元

序　号	X	Y	X²	Y²	XY
1	800	552	640000	304704	441600
2	1000	708	1000000	501264	708000
3	1200	930	1440000	864900	1116000
4	1400	884	1960000	781456	1237600
5	1600	1064	2560000	1132096	1702400
6	1800	1439	3240000	2070721	2590200
7	2000	1481	4000000	2193361	2962000
8	2200	1484	4840000	2202256	3264800
9	2400	1721	5760000	2961841	4130400

续表

序 号	X	Y	X^2	Y^2	XY
10	2600	2101	6760000	4414201	5462600
总和	17000	12364	32200000	17426800	23615600

由表 2-5 可得

$$\bar{Y} = \frac{\sum Y_i}{n} = \frac{12364}{10} = 1236.4, \quad \bar{X} = \frac{\sum X_i}{n} = \frac{17000}{10} = 1700$$

根据上述最小二乘估计公式和上述数据，可以求出 $\hat{\beta}_0$ 及 $\hat{\beta}_1$ 的数值：

$$\hat{\beta}_1 = \frac{\sum X_i Y_i - n\bar{X}\bar{Y}}{\sum X_i^2 - n\bar{X}^2} = \frac{23615600 - 10 \times 1236.4 \times 1700}{32200000 - 10 \times 1700^2} = 0.79$$

$$\hat{\beta}_0 = \bar{Y} - \hat{\beta}_1 \bar{X} = 1236.4 - 0.79 \times 1700 = -101.35$$

因此，用最小二乘方法得到的回归直线为

$$\hat{Y} = \hat{\beta}_0 + \hat{\beta}_1 X = -101.35 + 0.79X$$

这就是对上述家庭消费和可支配收入之间的关系进行一元线性回归分析得到的初步结果。

回归直线上的每一点都给出与选定的 X 值相对应的 Y 的期望值或均值的一个估计值，代表回归直线斜率的 $\hat{\beta}_1 = 0.79$，表示在800元到2600元这个 X 的样本极差范围内，X 每增加1元，平均家庭消费支出估计增加0.79元；代表回归线的截距的 $\hat{\beta}_0 = -101.35$，则表示可支配收入为零时的家庭消费支出的平均水平，不过这是对截距项的一种机械式的解释。在回归分析中，对截距项的这种字面解释大多没有意义。因为 X 值的变化范围常常不包括零这样一个观测值。通常都要借助于常识来解释截距项。最好把截距项解释为所有从回归模型中略去的变量对 Y 的平均影响。

2.3.1 最小二乘估计量的性质

当估计出模型参数后，需考虑参数估计量的精度，也就是其能否代表总体参数的真实值，即总体回归函数中相应的参数值。一般地，由于抽样波动的存在，以及所选估计方法的不同，都会使估计的参数与总体参数的真实值有一定的差距，因此，考察参数估计量的统计性质就成了衡量该统计量"好坏"的重要准则。在满足模型假定的前提下，将证明模型参数的最小二乘估计量，具有线性性、无偏性、最小方差性和一致估计等良好的性质，并且说明这些性质对于保证最小二乘估计是参数真实值的较好近似，以及线性回归分析的有效性和价值，具有十分重要的意义。

1. 线性性

首先论证最小二乘估计量具有线性性（Linearity）的性质。所谓"线性性"，是指参数估计量 $\hat{\beta}_0$ 和 $\hat{\beta}_1$ 可以表示为被解释变量 Y 的观测值 Y_i 的线性组合，具有这种性质的估计量称为线性估计量。由式(2.10)可知：

$$\hat{\beta}_1 = \frac{\sum x_i y_i}{\sum x_i^2} = \frac{\sum x_i(Y_i - \overline{Y})}{\sum x_i^2}$$

$$= \frac{\sum x_i Y_i - \sum x_i \overline{Y}}{\sum x_i^2} = \frac{\sum x_i Y_i}{\sum x_i^2} \qquad (\sum x_i \overline{Y} = \overline{Y}, \sum x_i = 0) \tag{2.11}$$

$$= \sum \left(\frac{x_i}{\sum x_i^2}\right) Y_i$$

在最后一个等式右边的和式中，Y 的每项因子 $\dfrac{x_i}{\sum x_i^2}$ 都是解释变量 X 的观测值的代数式，与 Y 无关。若把这些因子记为 k_i，则可得到

$$k_i = \frac{x_i}{\sum x_i^2} \tag{2.12}$$

即

$$\hat{\beta}_1 = \sum k_i Y_i \tag{2.13}$$

这说明 $\hat{\beta}_1$ 是 Y_i 的一个线性组合，它是以 k_i 为权的 Y_i 的一个加权平均，从而它是一个线性估计量。

同样地，也可以证明最小二乘估计量 $\hat{\beta}_0$ 的线性性。

$$\hat{\beta}_0 = \overline{Y} - \hat{\beta}_1 \overline{X} = \frac{1}{n}\sum Y_i - \overline{X}\sum k_i Y_i$$
$$= \sum \left(\frac{1}{n} - \overline{X} k_i\right) Y_i = \sum \omega_i Y_i \tag{2.14}$$

式中，$\omega_i = \dfrac{1}{n} - \overline{X} k_i$ 是与 Y 无关的量，这就说明了 $\hat{\beta}_0$ 也是 Y_i 的一个线性组合，是一个线性估计量。

由于最小二乘估计量 $\hat{\beta}_0$ 和 $\hat{\beta}_1$ 与作为随机变量的被解释变量有关，所以它们也都是随机变量。事实上，由于解释变量 X 是确定性的，与最小二乘估计量的分布性质无关，所以最小二乘估计量可以表示为被解释变量的观测值 Y_i 的线性组合，表明它们具有与 Y_i 相同类型的概率分布。这对于考察 $\hat{\beta}_0$ 和 $\hat{\beta}_1$ 的性质，利用分布特征（数学期望和方差等）推断它们与参数真实值的关系，并进一步进行其他形式的统计检验等，都有十分重要的意义。

在证明线性性的过程中人们引进了 k_i 和 ω_i 两个指标，不仅方便了表述，而且根据它们的定义，很容易证明它们有如下一些性质（具体证明略）。

$$\sum k_i = 0, \quad \sum k_i X_i = 1, \quad \sum \omega_i = 1, \quad \sum \omega_i X_i = 0$$

这几个等式在证明最小二乘估计量的其他性质时很有用处。

2. 无偏性

在证明了最小二乘估计量是线性估计量的基础上，很容易进一步证明最小二乘估计量 $\hat{\beta}_0$ 和 $\hat{\beta}_1$ 具有"无偏性"，或者说 $\hat{\beta}_0$ 和 $\hat{\beta}_1$ 是参数真实值 β_0 和 β_1 的"无偏估计"。无偏估计

的意义是$\hat{\beta}_0$和$\hat{\beta}_1$以参数的真实值β_0和β_1为概率分布中心，即β_0、β_1分别是$\hat{\beta}_0$和$\hat{\beta}_1$的数学期望。由式(2.13)得

$$\hat{\beta}_1 = \sum k_i Y_i = \sum k_i (\beta_0 + \beta_1 X_i + \mu_i)$$
$$= \beta_0 \sum k_i + \beta_1 \sum k_i X_i + \sum k_i \mu_i$$
$$= \beta_1 + \sum k_i \mu_i$$

故

$$E(\hat{\beta}_1) = E(\beta_1 + \sum k_i \mu_i) = \beta_1 + \sum k_i E(\mu_i) = \beta_1 \tag{2.15}$$

同理，对于$\hat{\beta}_0$有

$$\hat{\beta}_0 = \sum \omega_i Y_i = \sum \omega_i (\beta_0 + \beta_1 X_i + \mu_i)$$
$$= \beta_0 \sum \omega_i + \beta_1 \sum \omega_i X_i + \sum \omega_i \mu_i$$
$$= \beta_0 + \sum \omega_i \mu_i$$

故

$$E(\hat{\beta}_0) = E(\beta_0 + \sum \omega_i \mu_i) = \beta_0 + \sum \omega_i E(\mu_i) = \beta_0 \tag{2.16}$$

最小二乘估计量具有无偏性，意味着虽然根据某一个样本数据估计出的参数估计值一般不可能与参数真实值相同，但如果用不同样本进行反复估计，所得到的多个参数估计值的分布会以参数的真实值为中心。这个性质非常重要，它使人们了解了最小二乘估计量概率分布一个方面的特征，不仅表明了最小二乘估计量从概率分布的角度与参数真实值之间的内在联系，也表明了可以通过最小二乘估计量的概率分布推断参数真实值的情况和范围等，是对最小二乘估计价值极其有力的支持。

同时具有线性性和无偏性的参数估计量称为"线性无偏估计"。正是因为这两个性质的重要性，线性无偏估计是参数估计量中比较重要的一部分。需要注意的是，证明最小二乘估计量在模型的假设条件下是线性无偏估计量，并没有排除其他非最小二乘估计也是线性无偏估计的可能性。因此，要证明最小二乘估计的优越性和价值，必须进一步说明最小二乘估计量还有其他优点，而这些优点是一般的估计方法所没有的。

3. 最小方差性

"最小方差性"也称为"有效性"，指的是在参数真实值β_0、β_1所有可能的线性无偏估计中，最小二乘估计$\hat{\beta}_0$和$\hat{\beta}_1$的方差最小。

证明最小二乘估计量具有最小方差性的思路是，先假设β_0^*和β_1^*分别是β_0和β_1的任意其他线性无偏估计，然后设法证明$\hat{\beta}_0$的方差$\mathrm{Var}(\hat{\beta}_0)$与$\beta_0^*$的方差$\mathrm{Var}(\beta_0^*)$之间满足$\mathrm{Var}(\hat{\beta}_0) \leq \mathrm{Var}(\beta_0^*)$，$\hat{\beta}_1$的方差$\mathrm{Var}(\hat{\beta}_1)$与$\beta_1^*$的方差$\mathrm{Var}(\beta_1^*)$之间满足$\mathrm{Var}(\hat{\beta}_1) \leq \mathrm{Var}(\beta_1^*)$。因为这两个不等式的证明是完全类似的，在这里只证明其中第二个不等式。

由线性性可知：$\hat{\beta}_1 = \sum k_i Y_i \left(\text{其中 } k_i = \dfrac{x_i}{\sum x_i^2}\right)$，是$\beta_1$的线性无偏估计量。

下面先来看最小二乘估计量$\hat{\beta}_1$的方差：

$$\mathrm{Var}(\hat{\beta}_1) = \mathrm{Var}(\sum k_i Y_i) = \sum k_i^2 \mathrm{Var}(Y_i)$$

$$= \sigma^2 \sum k_i^2 = \sigma^2 \sum \left(\frac{x_i}{\sum x_i^2}\right)^2 \tag{2.17}$$

$$= \frac{\sigma^2}{\sum x_i^2}$$

定义 β_1 的另一线性无偏估计量 β_1^* 如下：

$$\beta_1^* = \sum \nu_i Y_i \tag{2.18}$$

当然，其中被解释变量 Y_i 前的权重 ν_i 不一定等于 k_i，于是

$$E(\beta_1^*) = \sum \nu_i E(Y_i) = \sum \nu_i (\beta_0 + \beta_1 X_i) \tag{2.19}$$

$$= \beta_0 \sum \nu_i + \beta_1 \sum \nu_i X_i$$

因此，要 β_1^* 无偏，即 $E(\beta_1^*) = \beta_1$，必须

$$\sum \nu_i = 0 \ \text{及} \ \sum \nu_i X_i = 1$$

$$\mathrm{Var}(\beta_1^*) = \mathrm{Var}(\sum \nu_i Y_i) = \sum \nu_i^2 \mathrm{Var}(Y_i) \tag{2.20}$$

$$= \sigma^2 \sum \nu_i^2 = \sigma^2 \sum (\nu_i^2 - k_i + k_i)^2$$

$$= \sigma^2 \sum (\nu_i - k_i)^2 + \sigma^2 k_i^2 + 2\sigma^2 \sum (\nu_i - k_i) k_i$$

说明：$\mathrm{Var}(Y_i) = \mathrm{Var}(\mu_i) = \sigma^2$

先看式(2.20)中最后一项的求和部分：

$$\sum (\nu_i - k_i) k_i = \sum (\nu_i k_i) - \sum k_i^2$$

$$= \sum \nu_i \frac{x_i}{\sum x_i^2} - \sum \left(\frac{x_i}{\sum x_i^2}\right)^2$$

$$= \sum \nu_i \frac{X_i - \overline{X}}{\sum x_i^2} - \sum \frac{x_i^2}{(\sum x_i^2)^2} \tag{2.21}$$

$$= \frac{\sum \nu_i X_i - \sum \nu_i \overline{X}}{\sum x_i^2} - \frac{\sum x_i^2}{(\sum x_i^2)^2}$$

$$= \frac{1}{\sum x_i^2} - \frac{1}{\sum x_i^2} = 0$$

将这一结论用于式(2.19)，可得

$$\mathrm{Var}(\beta_1^*) = \sigma^2 \sum (\nu_i - k_i)^2 + \sigma^2 k_i^2 \tag{2.22}$$

式(2.22)中，最后一项与 ν_i 的取值无关，是常数项。因此，β_1^* 的方差只能通过第一项的处理使之最小化。若令

$$\nu_i = \frac{x_i}{\sum x_i^2}$$

则式(2.20)可简化为

$$\mathrm{Var}(\beta_1^*) = \sigma^2 k_i^2 = \mathrm{Var}(\hat{\beta}_1)$$

这一等式的含义用语言来描述就是，当 $\nu_i = k_i$ 时，线性估计量 β_1^* 的方差取得最小值，这一最小值与最小二乘估计量 $\hat{\beta}_1$ 的方差相同，否则，$\mathrm{Var}(\beta_1^*) > \mathrm{Var}(\hat{\beta}_1)$。换一种方式说，如果存在 β_1 的一个最小方差线性无偏估计量，那么，它必定就是最小二乘估计量。这就证明了最小二乘估计量的最小方差性。

最小二乘估计的无偏性确实十分重要，但因为用多组样本反复进行回归很难做到，而在一次性的回归中，无偏性又不能保证估计量接近作为分布中心的真实值，所以仅仅具有无偏性并不保证最小二乘估计量一定是参数真实值的最佳近似。但是，如果在具有无偏性的前提下，能够进一步证明最小二乘估计量的分布分散程度较小，比较密集于分布中心的附近，那么就能保证最小二乘估计是参数真实值的较好近似，最小二乘估计的价值就有了更好的保证。最小二乘估计的最小方差性正是说明它们是所有线性无偏估计中分布分散程度最小的，这正是支持最小二乘估计的重要证据。

综合最小二乘估计的这 3 个性质，可以说在满足古典线性回归模型基本假设的前提下，最小二乘估计是参数真实值的"最小方差线性无偏估计"，也称为"最优线性无偏估计"(Best Linear Unbiased Estimator，BLUE)。这个结论也称为"高斯－马尔可夫定理"。这 3 个性质也称为估计量的小样本性质，因为一旦某估计量具有该类性质，它是不以样本的大小而改变的。

根据上面的分析可以知道，最小二乘估计具有 BLUE 估计的性质，使得这种估计量在估计线性回归模型的参数、进行小样本(数据数量不是很大)线性回归分析中，具有十分重要的作用和地位。

4. 一致估计

最小二乘估计的 BLUE 估计性质对最小二乘估计的价值起了重要的保证作用，其中的无偏性还揭示了通过重复回归更好地逼近参数真实值的可能性。实际上，除了上述小样本性质以外，最小二乘估计还有一种重要的大样本性质，那就是当样本容量不断增大时，最小二乘估计量具有以参数真实值为极限的"一致估计"性质。由于参数估计量是随机变量，所以这里所说的极限是概率极限。

$$P\lim_{n \to \infty}(\hat{\beta}_1) = \beta_1$$

$$P\lim_{n \to \infty}(\hat{\beta}_0) = \beta_0$$

最小二乘估计是参数真实值的一致估计，这一性质也非常重要。因为这一方面说明在大样本的情况下，最小二乘估计与参数真实值的近似程度会很高，进一步支持了这种估计方法的合理性和价值；另一方面这个性质也给人们提供了如何逼近参数真实值的另一种思路，那就是增加样本容量，从更多的样本中得到更多的信息。当然，在对现实问题的实证研究中，增加样本容量却不是件很容易的事情。但这至少说明了，存在随着信息增加而不断提高估计精确度的可能性。从另一个方面也是证明了经济信息所具有的价值。

2.3.2 借助 EViews 软件进行分析

下面用例 2.1 中的数据资料,对 EViews 软件进行最小二乘回归的操作作一简单介绍。

1. 工作文件的创建

EViews 要求数据的分析处理过程必须在特定的工作文件中进行,为此在录入和分析数据前,创建一个工作文件。在主菜单中选择 File→New→Workfile 命令,此时,屏幕出现一个"Workfile Create"(工作文件范围)对话框,要求用户指定序列观测数据的频率和样本大小,如图 2.5 所示。

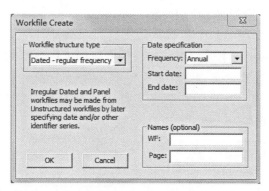

图 2.5 "工作文件范围"对话框

在对话框中选择合适的数据频率和起始及结束范围。数据频率各选项及含义如下:

Annual 表示年度,如 1980、2007 等。Semi-annual 表示数据频率为半年。如起始日期为 2000,结束日期为 2002,表示数据范围为"2000:1(上半年)至 2002:2(下半年)"。Quarterly 表示数据频率为季度,表示为"年:季"或"年.季",如"2003:3"或"2003.3"。Monthly 表示数据频率为月度,表示为"年:月"或"年.月"。Weekly、Daily [5 day weeks]、Daily [7 day weeks] 表示数据频率为周和日,表示为"月:日:年"。Undated or irregular 表示非时间序列数据,选择该项时,Start date 和 End date 会消失。

指定了对话框总的选项和范围后,单击 OK 按钮,就可以看到工作文件窗口出现在工作区中,如图 2.6 所示。这时工作文件的文件名为 Untitled,表示该工作文件还未命名、保存。

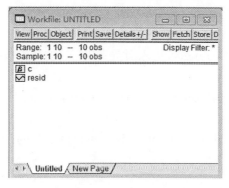

图 2.6 工作文件窗口

任何新创建的工作文件中都有两个图标：■ c 和 ■ resid。c 表示系数向量，resid 表示残差序列，c 左边的图标 ■ 表示对象 c 的类型为 Vector，resid 左边的图标 ■ 表示对象 resid 的类型为 Series。

2. 录入样本数据

1）创建序列对象

选择菜单中的 Objects→New Object 命令，软件会显示如图 2.7 所示的"New Object"对话框，用来创建 Series(序列)对象(或者直接在命令栏中输入 data X Y)。

在 Type of object(对象类型)选项中选择 Series，在 Name for object(对象名称)中输入序列名称，单击 OK 按钮，即创建了序列对象。

2）录入样本数据

这里有两个变量——可支配收入和消费，因此要创建两个序列对象，将可支配收入命名为 X，消费支出命名为 Y。

序列对象 X、Y 创建后，显示在工作文件中。双击工作文件中的序列 X，打开如图 2.8 所示的序列对象窗口。

图 2.7 "New Object"对话框

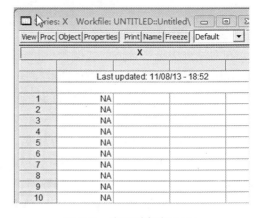

图 2.8 序列对象窗口(1)

单击序列对象窗口上的 Edit +／- 开关按钮，使序列对象 X 处于可编辑状态。在序列对象,窗口中输入表 2-5 中各个家庭的收入值，完成后如图 2.9 所示。

关闭该窗口，按照同样的方法可输入消费支出(Y)的样本数据。

3）查看散点图

在主菜单的工具条中选择 Quick→Graph→Scatter 命令，打开"Series List"对话框，如图 2.10 所示。

在其中输入"X　Y"，然后单击 OK 按钮，可得两变量的散点图，如图 2.11 所示。

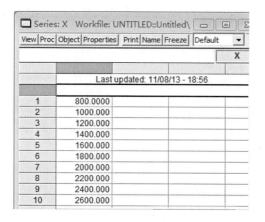

图2.9 序列对象窗口(2)

图2.10 "Series List"对话框

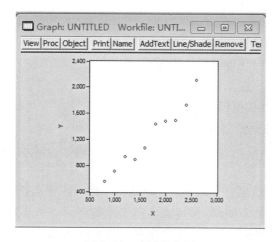

图2.11 变量散点图

3. 最小二乘估计

选择 Objects→New Object 命令，显示"New Object"对话框(图2.7)，在 Type of object 选项中选择 Equation(方程)，在 Name for object 中输入序列名称(如果不输入方程对象名，则使用默认名 Untitled)，单击 OK 按钮，显示如图2.12 所示的"方程设定"对话框。

进行最小二乘估计时必须在该对话框中指定4个项目：方程的估计方法、方程的具体形式、方程的样本估计区间、方程估计时所采用的选项。

1) 选择方程的估计方法

在 Estimation settings 选项组中的 Method 下拉列表框中，可以选择方程的估计方法。EViews 提供的估计方法如下：

(1) LS 为最小二乘法，包括普通最小二乘法、加权最小二乘法、非线性最小二乘法和自回归移动平均法。

(2) TSLS 为二阶段最小二乘法、二阶段非线性最小二乘法和二阶段自回归移动平均法。

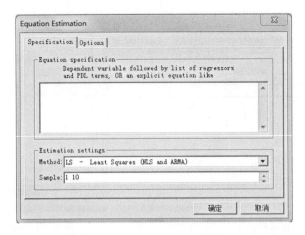

图 2.12 "方程设定"对话框

(3) ARCH 为自回归条件异方差估计法。

(4) GMM 为广义矩估计法。

(5) Binnary 为二值因变量模型估计方法。

(6) Ordered 为定序因变量估计方法。

(7) Censored 为截断数据模型估计方法。

(8) Count 为计数数据模型估计方法。

不同的估计方法需要提供的参数不同，因此，在选择不同的估计方法时，"方程设定"对话框的具体项目会发生变化。图 2.12 所示的对话框是选择了最小二乘法（默认估计方法）时所显示的对话框。这里仅介绍最小二乘法，下面均假定选择了 LS 估计方法。

2) 设定回归模型的具体形式

在 Equation specification 下面的文本框中可以指定回归模型的因变量、解释变量和模型的函数形式。可以采用列表方式或公式方式设定模型。

用列表方式设定方程比较简单，但只适用于无约束的线性回归模型。方法是在 Equation specification 下面的文本框中输入因变量和解释变量。例如，要估计模型 $Y=\alpha+\beta X+\mu$ 的系数，那么在文本框中输入"y c x"即可。其中，c 是 EViews 的内置序列对象，用于指定方程的常数项，系数的估计值将存放在该对象中。本例中，α 的估计值 $\hat{\alpha}$ 将保存在 $c(1)$ 中，β 的估计值 $\hat{\beta}$ 保存在 $c(2)$ 中。

设定含滞后序列的线性模型或非线性模型的方程时，可以直接输入因变量和解释变量的表达式。例如，"y c y(-1) x"表示 y 对常数项、一阶滞后值和变量 x 回归；"y c x(-1 to -2) x"表示 y 对常数项、x、x(-1)、x(-2) 回归；"log(y) c x"表示 y 的自然对数对常数项和变量 x 回归；"y c log(x)"表示 y 对常数项和变量 x 的自然对数回归。

用公式方式设定方程比较灵活，适用于线性、非线性、有约束、无约束的回归模型。方程的公式是由因变量、解释变量和系数构成的。要用公式方式设定模型，只要在文本框中输入方程的公式即可。EViews 会自动加上随机干扰项，并用最小二乘法估计模型的系数。事实上，用列表方式设定方程后，EViews 会自动转换成公式形式再进行估计。例如，EViews 将把 "log(y) c log(y(-1)) ((x+x(-1))/2)" 转换为 "log(y)=c(1)+c(2)*log (y(-1))+c(3)*((x+x(-1))/2)"。

用公式方式设定方程可估计有约束的回归模型，例如，要限制解释变量的各阶滞后值（假设总共滞后三阶）系数之和等于1，则输入公式"y=c(1)+c(2)*x+c(3)*x(-1)+c(4)*x(-2)+(1-c(2)-c(3)-c(4))*x(-3)"。

3）模型的样本估计区间

只有在样本区间的数据才参与回归运算。EViews 在 Sample 右边的文本框中显示工作文件的样本区间作为默认方程估计区间，可输入新的样本区间进行估计。新的样本区间只影响当前方程，并不会改变工作文件的当前样本区间。

4）方程估计时所采用的选项

当 Equation Estimation 对话框中的估计方法选择最小二乘法时，单击 Options 选项卡，将显示如图 2.13 所示的对话框。

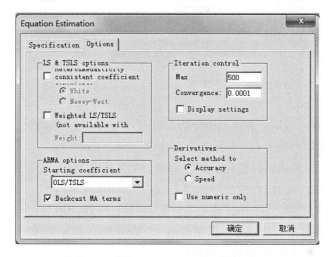

图 2.13 "Equation Estimation" 对话框

该对话框中各选项的含义如下。

（1）Heteroskedasticity consistent coefficient 表示异方差校正的方法，可以选择 White 方法进行异方差校正，也可用 Newey-West 方法进行异方差校正。

这两种方法并不会改变系数的点估计值，只对参数估计的标准误差进行校正。

（2）选择 Weighted LS/TSLS 并在 Weight 右边的文本框中输入一个序列作为权数序列，则进行加权最小二乘估计。

（3）Interative procedure 和 ARMA options 用于控制估计非线性模型时的迭代过程和设置 ARMA 选项。

设置完各选项后，单击"确定"按钮，将创建一个方程对象，并显示其估计结果，如图 2.14 所示。

输出结果解释如下。

（1）Dependent Variable 为被解释变量（这里为 Y）。

（2）Method 为参数估计方法（这里为最小二乘法）。

（3）Date、Time 为输出结果时的时间（这里为 2011 年 8 月 13 日 18 时 59 分）。

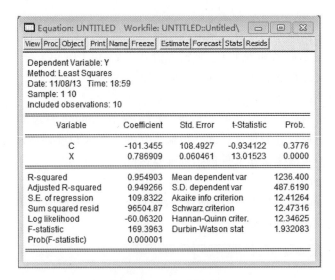

图 2.14　回归分析结果

（4）Sample 为回归分析时所用的样本区间（这里为第 1～10 次的观测值，即全部样本数据）。

（5）Included observations 为观测值个数，即样本容量（这里为 10）。

（6）Variable 为解释变量（这里为常数项和 X）。

（7）Coefficient 为参数估计值（这里为 -101.3455 和 0.786909）。

（8）Std. Error 为参数估计值的标准误差（这里为 108.4927 和 0.060461）。

（9）t-Statistic 为 t 统计量的值（这里为 -0.934122 和 13.01523）。

（10）Prob. 为实际显著性水平（双侧检验），即 p 值，当 p 值小于给定的显著性水平时，拒绝零假设（这里为 0.3776 和 0.0000）。

（11）R-squared 为可决系数（这里为 0.954903）。

（12）Adjusted R-squared 为校正的可决系数（这里为 0.949266）。

（13）S. E. of regression 为回归标准误差（这里为 109.8322）。

（14）Sum squared resid 为残差平方和（这里为 96504.87）。

（15）Log likelihood 为对数似然函数值（这里为 -60.06320）。

（16）Durbin-Watson stat 为杜宾-瓦森统计量（D. W.，这里为 1.932083）。

（17）Mean dependent var 为因变量的均值（这里为 1236.400）。

（18）S. D. dependent var 为因变量的标准差（这里为 487.6190）。

（19）Akaike info criterion 为赤池信息准则（AIC 信息准则，这里为 12.41264）。

（20）Schwarz criterion 为施瓦茨准则（SC 信息准则，这里为 12.47316）。

（21）F-statistic 为 F 统计量（这里为 169.3963）。

（22）Prob（F-statistic）为 F 检验的实际显著性水平，即 p 值（这里为 0.000001）。

因此，最终拟合的直线方程为：$\hat{Y} = -101.3455 + 0.786909X$，后面的各项指标都是对模型的某种检验，我们会在以后的章节中逐渐学到。

2.4 一元线性回归模型的统计检验

在得到模型的参数估计量之后,可以说一个计量经济学模型就已经初步建立起来了。但是,它能否客观地揭示所研究的经济现象中诸因素之间的本质联系?回归分析就是要用样本资料采用一定的方法所估计的参数来代替总体的真实参数,或者说是用样本回归线近似总体回归线。但样本只是总体的一部分,因此,这种近似必然是有差异的。尽管从统计性质上说明,如果有足够多的重复抽样,参数的估计值的期望就等于其总体的参数真值。但在具体的一次抽样中,估计值不一定就等于该真值。那么在一次抽样中,参数的估计值与真值的差异有多大、是否显著,还需要通过检验才能决定。这些统计检验包括拟合优度检验、变量的显著性检验及参数检验的置信区间估计。

2.4.1 拟合优度检验

1. 拟合度的作用和标准问题

"回归拟合度"又称"拟合优度",指的是回归直线与样本数据趋势的吻合程度,也就是这条样本回归线对数据的拟合程度。如果全部观测点都落在样本回归线上,就得到一个"完美"的拟合,但是这种情形很少发生。一般的情形是,总有一些正的 e_i 和一些负的 e_i,人们所能希望的是这些围绕着回归线的残差尽可能小。拟合优度就是告诉人们这条样本回归线对数据的拟合程度有多高的一个总度量。

2. 离差分解

根据拟合度是判断模型变量关系真实性的重要指标的思想,可以根据下面的思路建立判断拟合度的评价标准:既然根据模型的基本假设,Y 与 X 之间的线性关系是主要关系,X 是以线性方式决定 Y 的最主要因素,X 之外的其他因素(随机干扰项)都是次要的。那么,Y 的离差 $Y_i - \bar{Y}$(反映被解释变量改变的大小),就应该主要被回归值的离差(根据回归方程和常数项的最小二乘估计公式),或 X 的离差 $X_i - \bar{X}$(反映解释变量变化的多少)决定,因此,可以在回归分析的基础上,用 Y 的离差被回归值或 X 的离差决定的程度,作为评价拟合程度的标准。

根据这个基本思路,对 Y 的离差做一些分解,根据最小二乘估计和回归残差的相关公式,将 Y 的离差分解为两部分之和:

$$Y_i - \bar{Y} = (\hat{Y}_i - \bar{Y}) + (Y_i - \hat{Y}_i) \tag{2.23}$$

式中,$(\hat{Y}_i - \bar{Y}) = \hat{\beta}_0 + \hat{\beta}_1 X_i - \bar{Y} = (\bar{Y} - \hat{\beta}_1 \bar{X}) + \hat{\beta}_1 X_i - \bar{Y} = \hat{\beta}_1 (X_i - \bar{X})$,由 X 的离差决定,$(Y_i - \hat{Y}_i) = e_i$ 是实际观测值与回归拟合值之差,是回归线不能解释的部分。显然,如果 Y_i 落在样本回归直线上,则 Y 的第 i 个观测值完全可由样本回归线解释,表明在该点实现完全拟合。上述离差分解也可以用图形反映,如图 2.15 所示。

当然,仅仅考察对 Y_i 逐点进行离差分解并不能对总体拟合情况作出明确的判断。为此,要进一步考察所有样本点离差的分解问题。将式(2.23)两端平方,然后对 i 累加,得

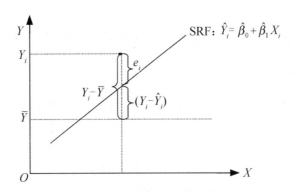

图 2.15 离差分解示意图

$$\sum(Y_i-\overline{Y})^2 = \sum(\hat{Y}_i-\overline{Y})^2 + \sum(Y_i-\hat{Y}_i)^2 + 2\sum(\hat{Y}_i-\overline{Y})(Y_i-\hat{Y}_i)$$

可以证明上述公式的最后一项为零,所以有

$$\sum(Y_i-\overline{Y})^2 = \sum(\hat{Y}_i-\overline{Y})^2 + \sum(Y_i-\hat{Y}_i)^2 \tag{2.24}$$

式中,$\sum(Y_i-\overline{Y})^2$ 是所有 Y_i 离差的平方和,称为总离差平方和(Total Sum of Squares,TSS),反映了样本观测值总体离差的大小;$\sum(\hat{Y}_i-\overline{Y})^2$ 是 Y 的估计值 $\hat{Y}_i$ 的离差平方和,称为回归平方和或解释平方和(Explained Sum of Squares,ESS),反映了由模型中解释变量所解释的那部分离差的大小;$\sum(Y_i-\hat{Y}_i)^2 = \sum e_i^2$ 是模型所有残差的离差平方和,称为残差平方和(Residual Sum of Squares,RSS),反映了样本观测值与估计值偏离的大小,也是模型中解释变量未解释的那部分离差的大小。

这样,式(2.24)可以简写为

$$\text{TSS} = \text{ESS} + \text{RSS} \tag{2.25}$$

式(2.25)表明 Y 的观测值围绕其均值的总离差平方和可分解为两部分:一部分来自回归直线,另一部分则来自随机势力。前一部分 ESS 相对后一部分 RSS 越大,说明回归拟合程度越好,Y 与 X 之间的线性决定关系越明显。

3. 可决系数

为了突出 TSS、ESS 和 RSS 之间的相对关系,可以将式(2.25)两边同时除以 TSS,得到

$$1 = \frac{\text{ESS}}{\text{TSS}} + \frac{\text{RSS}}{\text{TSS}}$$

或

$$\frac{\text{ESS}}{\text{TSS}} = 1 - \frac{\text{RSS}}{\text{TSS}}$$

式中 $\frac{\text{ESS}}{\text{TSS}}$ 正是反映解释变量或回归直线对被解释变量决定程度的相对指标,称之为可决系数,可以用来检验模型的拟合优度,通常用 R^2 表示。它反映了在总离差平方和中回归平方和所占的比重,这个比重越大,残差平方和所占的比重就越小,回归直线与样本数据

拟合得就越好。如果模型与样本观测值完全拟合，即样本回归直线经过所有的样本观测值，则有 $R^2=1$。当然模型与样本观测值完全拟合的情况很少发生，$R^2=1$ 不太可能，但毫无疑问的是，该统计量越接近于 1，模型的拟合优度越高。实际计算可决系数时，$\hat{\beta}_1$ 已经估计出来，因此，可以将定义式变换如下式子以方便计算：

$$R^2 = \frac{\text{ESS}}{\text{TSS}} = \frac{\hat{\beta}_1^2 \sum (X_i - \bar{X})^2}{\sum (Y_i - \bar{Y})^2} = \frac{\hat{\beta}_1^2 (\sum X_i^2 - n\bar{X}^2)}{\sum Y_i^2 - n\bar{Y}^2}$$

或

$$R^2 = 1 - \frac{\text{RSS}}{\text{TSS}} = 1 - \frac{\sum e_i^2}{\sum Y_i^2 - n\bar{Y}^2}$$

R^2 的数值为 0~1，是一个相对比重指标，可以有效地避免样本容量和样本数值的影响，在不同模型和不同样本的回归分析中具有可比性。因此，虽然可决系数与残差平方和之间有密切的联系，甚至有内在的一致性，但在模型评价方面，可决系数始终是比残差平方和更有价值、更重要的回归拟合度指标。

【例 2.2】试计算例 2.1 中模型的拟合优度。

解：利用表 2-5 中的数据可得

$$R^2 = \frac{\hat{\beta}_1^2 (\sum X_i^2 - n\bar{X}^2)}{\sum Y_i^2 - n\bar{Y}^2} = \frac{0.79^2 \times (32200000 - 10 \times 1700^2)}{17426800 - 10 \times 1236.4^2} = 0.9549$$

这就是该线性回归模型的可决系数。这个可决系数的数值与 1 非常接近，说明在被解释变量家庭消费支出的水平和变化中，由家庭可支配收入的水平和变化解释的部分占 95.49%，模型的拟合优度较高，这是对模型的一种基本肯定。

2.4.2 回归参数的显著性检验

回归参数的显著性检验，旨在对模型中被解释变量与被解释变量之间的线性关系是否成立做出统计推断，或者说考察所选择的解释变量是否对被解释变量有显著的线性影响。

从上面的拟合优度检验中可以看出，拟合优度高，说明模型与样本数据吻合程度较高，则解释变量对被解释变量的解释程度就大，线性影响就强，可以推测模型线性关系成立；反之，模型与样本数据不吻合，线性关系就不成立。但这只是衡量模型优劣的一个标准，还需要对模型进行更多的检验，从其他方面对模型进行评价，其中显著性检验是一个重要方面。因此，还需要进行变量的显著性检验。

本节将根据最小二乘估计量的分布性质，对两变量线性回归模型的参数，也就是它们对应的变量关系，作统计推断分析。其主要内容不仅包括模型参数的假设检验以及置信区间，也包括对参数估计量分布特征的归纳、模型误差项方差的估计等必要的准备工作。

1. 最小二乘估计量的分布性质和标准化

对参数进行检验和分析的基础是最小二乘估计量的分布性质和特征。根据前面对最小二乘估计量线性性、无偏性和有效性的证明，可以知道在模型的假设条件下，模型参数的最小二乘估计量是因变量 Y 的线性组合，因此，$\hat{\beta}_0$ 和 $\hat{\beta}_1$ 的概率分布取决于 Y_i。在随机干

扰项 μ_i 是正态分布的假设下，Y_i 是正态分布，则 $\hat{\beta}_0$ 和 $\hat{\beta}_1$ 也服从正态分布。结合无偏性和有效性可知，$\hat{\beta}_0$ 和 $\hat{\beta}_1$ 都服从以参数真实值为中心，以误差项方差的一个倍数为方差的正态分布。如对于一元线性回归模型中的 $\hat{\beta}_1$ 有

$$\hat{\beta}_1 \sim N\left(\beta_1, \frac{\sigma^2}{\sum x_i^2}\right)$$

同样，有 β_0 的最小二乘估计量 $\hat{\beta}_0$ 服从正态分布（具体推导过程略）：

$$\hat{\beta}_0 \sim N\left(\beta_0, \sigma^2\left(\frac{1}{n} + \frac{\overline{X}^2}{\sum(X_i - \overline{X})^2}\right)\right)$$

在前面对回归结果解释时曾提到过，对一元线性回归模型而言，斜率参数有重要的经济意义，是要考察分析的重点，而截距往往没有经济上的含义。因此，在下面的分析中就以斜率参数为本，不再专门提及截距的检验分析。不对截距进行分析还有一个原因，就是斜率和截距的分析检验是完全类似的，没必要进行重复说明。

出于统计上的定义的需要，要用参数估计量的分布性质进行推断分析，首先必须把它们变换为服从标准正态分布的统计量。对 $\hat{\beta}_1$ 可以通过下列变换转化为服从标准正态分布的随机变量，并将变换之后的量记作 Z_1，则

$$Z_1 = \frac{\hat{\beta}_1 - \beta_1}{\sqrt{\sigma^2/\sum x_i^2}} \sim N(0,1)$$

有了这个服从标准正态分布的量并不意味着就可以进行统计推断了，因为这里还存在一个没有解决的问题，那就是 Z_1 中包含有随机干扰项的方差 σ^2，它的数值并不知道，这样 Z_1 还不能称为统计量，也无法用 Z_1 进行统计推断。因此，必须先设法解决这个问题。

2. 随机干扰项方差的估计

σ^2 是随机干扰项的方差，由于随机干扰项存在于总体回归函数中，而人们并不了解总体回归函数，随机干扰项不可观测，所以 σ^2 的真实值是无法知道的，只能退一步设法得到它的较好的近似值（估计值）。那么什么是 σ^2 的合理的估计呢？由于 $\sigma^2 = E(\mu_i^2)$，而 μ_i 有一个自然的近似，即最小二乘估计的回归残差 e_i，因此，不难想到用残差平方和的均值，即 $\sum e_i^2 / n$ 作为 σ^2 的估计量。但是这个估计量并不满足无偏性的要求，因此应该对上述初步考虑的估计量作进一步的考察。事实上，可以证明在模型假设成立的条件下，最小二乘估计回归残差平方和的数学期望 $E\sum e_i^2 = (n-2)\sigma^2$。因此，把 $\hat{\sigma}^2 = \sum e_i^2/(n-2)$ 作为 σ^2 的估计量，就是具有无偏性的、较好的估计量。

用 $\hat{\sigma}^2$ 代替 σ^2 就解决了 Z_1 中含有未知参数的问题，设代替之后的估计量记为 t_1。但需要注意的是，由于代替之后的 t_1 不再服从正态分布，而成为了 t 分布，其自由度为 $n-2$，即

$$t_1 = \frac{\hat{\beta}_1 - \beta_1}{\sqrt{\hat{\sigma}^2/\sum x_i^2}} \sim t(n-2)$$

这个统计量包含参数真实值β_1,已知分布且没有其他未知参数,因此,该统计量是对β_1进行推断分析的基础。下面的分析就以这一统计量为依据的。

3. 参数的显著性检验:t检验

利用根据最小二乘估计量的分布性质构造的t统计量可以做的一种工作就是对模型的参数,实际上就是对变量关系进行各种假设检验。其中最基本的是对模型参数的"显著性检验",也就是检验模型的参数在统计的意义上是否显著异于0,这实际上相当于检验变量关系是否存在。显著性检验的基本思想在于构造一个检验统计量,以及在原假设条件下这个统计量的分布性质,然后根据数据算出的统计量值决定是否接受原假设。

事实上,一元线性回归模型的基本出发点,就是认为所讨论的两个变量之间存在因果关系,认为解释变量是影响被解释变量变化的主要原因,并且解释变量是以线性的方式影响被解释变量的变化。而这种变量关系是否确实存在或是否明显,都会在参数β_1中反映出来。若β_1的数值(绝对值)较大,说明两变量的线性关系是明显的;若β_1的数值很小,甚至接近于零,那么就说明两变量之间的关系不明显,模型的基本设定不成立。因此,检验β_1是否显著异于0,对于确定变量关系和模型的真实性非常重要。这种检验称为参数β_1的"显著性检验"。

具体检验程序如下:原假设$H_0: \beta_1 = 0$ 和备择假设$H_1: \beta_1 \neq 0$,给定一个显著性水平α,如0.05,结合自由度查t分布表,得到双侧t分布临界值$t_{\alpha/2}(n-2)$。则在原假设成立的情况下,构造t统计量,然后代入样本数据,计算出t值,$|t|>t_{\alpha/2}(n-2)$成立的可能性很小(具体数值由α定义),属小概率事件,根据统计学原理这时应拒绝原假设,说明β_1显著异于0,变量关系显著;相反,如果$|t| \leqslant t_{\alpha/2}(n-2)$则应拒绝备择假设,说明在统计意义上$\beta_1$和0没有明显差别,变量关系并不明显存在。

除了上述显著性检验外,还可以根据理论或实证研究的需要,利用上述t统计量,检验模型参数取非零的其他特定数值,如$\beta_1 = 1$,或参数大于或小于某些特定值,如$\beta_1 > 0.5$等的可能性,方法与显著性检验完全相同。这里要说明的是,当这些特定的参数水平与某些经济理论或者经验结论相联系时,这些检验就是对这些理论或经验结论的实证检验,具有很重要的价值。

【例2.3】试对例2.1中所建立模型的斜率参数进行显著性检验(显著性水平为0.05)。

解:$H_0: \beta_1 = 0$,$H_1: \beta_1 \neq 0$

$$\sum e_i^2 = \sum (Y_i - \hat{Y}_i)^2 = \sum [Y_i - (-101.35 + 0.79 X_i)]^2 = 96504.87$$

$$\hat{\sigma}^2 = \sum e_i^2 / (n-2) = 12063.11$$

$$\sum x_i^2 = \sum (X_i - \overline{X})^2 = \sum X_i^2 - n\overline{X}^2 = 31911000$$

因此,原假设成立时,$t_1 = \dfrac{\hat{\beta}_1 - \beta_1}{\sqrt{\hat{\sigma}^2 / \sum x_i^2}} = \dfrac{0.79 - 0}{\sqrt{12063.11/31911000}} = 40.63$

在给定的显著性水平0.05下,自由度为$n-2=8$的双侧t分布临界值为

$$t_{\alpha/2}(n-2) = t_{0.025}(8) = 2.306$$

由于 $t_1 > t_{0.025}(8)$，所以拒绝原假设，说明该模型的参数 β_1 是有显著性的，也就是这两个变量之间的关系是显著的。

关于 t 检验的一个问题是它很容易被滥用，由于计算机软件包可以提供 t 比率的计算结果，t 检验很容易操作，所以初学者有时就试图运用 t 检验来"证明"一些它不可能检验的事情，所以，了解 t 检验的局限性就与了解其应用方法同样重要。t 检验的最主要的局限性可能就在于，随着需要估计和检验的设定越来越多，t 检验的价值迅速下降。具体来说有以下几个方面：

（1）t 检验不适用于检验理论的有效性。t 检验的目的在于帮助研究者基于总体的一个样本所得到的估计值，对总体的某一系数进行推断。一些初学者则认为，所有在统计上显著的结果在理论上都是正确的。这样的结论是很危险的，因为它混淆了统计显著性和理论有效性的含义。

（2）t 检验不检验"重要性"。回归方程的一种可能的用途是有助于判定哪个自变量对应变量具有最大的相对效应（重要性）。一些初学者容易得出一个不可靠的结论：回归模型中最具统计显著性的变量，因其解释了反应变量的最大部分而被认为是最重要的变量。统计显著性所指的是偶然获得一个特定的样本结果的可能性，而几乎不反映哪个变量决定了应变量变动的最大份额。为了确定变量的重要性，以其系数乘以自变量的平均值或标准误差，其数值结果的大小更能反映自变量对应变量变动的解释能力。

（3）t 检验不能扩展到检验整个总体。t 检验从总体（从中抽取样本的那个群体）的一个样本所计算的估计值对总体参数的真值进行推断。随着样本容量逐渐接近总体规模，系数的无偏估计趋向于总体的真值。如果系数是由整个总体计算出来的，那么无偏估计值本身就是总体真值，t 检验对于检验总体参数就几乎没有任何意义。有些人可能忽视了这一性质，而过于强调由规模近似于总体的样本中所得到的 t 值的重要性。实际上，t 检验所能提供的所有信息，只不过是在基于一个特定的小样本拒绝关于总体参数真值的假设时，帮助研究者确定犯错误的可能性。

2.4.3 参数的置信区间

假设检验可以通过一次抽样的结果检验总体参数是否等于某一数值，但它并没有指出在一次抽样中样本参数值到底距总体参数的真实值有多近。要判断样本参数的估计值在多大程度上可以近似代替总体参数的真实值，往往需要通过构造一个以样本参数的估计值为中心的范围（区间），来考察它以多大的可能性包含着真实的参数值。这种方法就是参数检验的置信区间估计。这一工作也可由前面所构造的 t 统计量完成。下面先来说明区间估计中的几个基本概念。

要判断估计的参数值 $\hat{\beta}_1$ 离真实的参数值 β_1 有多近，可预先选定一个概率 α（$0 < \alpha < 1$），并求得一个正数 δ，使得随机区间 $(\hat{\beta}_1 - \delta, \hat{\beta}_1 + \delta)$ 包含 β_1 的概率为 $(1 - \alpha)$。用公式表示为

$$P\{\hat{\beta}_1 - \delta \leq \beta_1 \leq \hat{\beta}_1 + \delta\} = 1 - \alpha \tag{2.26}$$

对于这样的一个区间，如果存在就称之为置信区间；$(1-\alpha)$ 称为置信系数（置信度），而 α 称显著性水平。置信区间的端点称为置信限或临界值，其中较小的端点 $(\hat{\beta}_1 - \delta)$ 称为置信下限，较大的端点 $(\hat{\beta}_1 + \delta)$ 称为置信上限。

式(2.26)表明，区间估计量是一个构造出来的区间，要使得它把参数的真实值包括在区间的界限内有一个特定的概率$(1-\alpha)$，这个概率一般较大，接近于1，比如说，$\alpha=0.05$，$1-\alpha=0.95$，那么式(2.26)可理解为：式中的区间包含真实β_1的概率为0.95。从而区间估计量给出了一个真实β_1会包含在其中的数值范围。

下面说明如何建立β_1的置信区间。

在变量的显著性检验中已经知道：

$$t_1 = \frac{\hat{\beta}_1 - \beta_1}{\sqrt{\hat{\sigma}^2 / \sum x_i^2}} \sim t(n-2)$$

因此，如果给定置信度$(1-\alpha)$，从t分布表中查得自由度为$(n-2)$的双侧临界值$t_{\alpha/2}(n-2)$，那么t值处在$(-t_{\alpha/2}(n-2), t_{\alpha/2}(n-2))$的概率是$(1-\alpha)$，表示为

$$P\left\{-t_{\alpha/2}(n-2) < t < t_{\alpha/2}(n-2)\right\} = 1-\alpha$$

即

$$P\left\{-t_{\alpha/2}(n-2) < \frac{\hat{\beta}_1 - \beta_1}{\sqrt{\hat{\sigma}^2 / \sum x_i^2}} < t_{\alpha/2}(n-2)\right\} = 1-\alpha$$

得

$$P\{\hat{\beta}_1 - t_{\alpha/2}(n-2)\sqrt{\hat{\sigma}^2/\sum x_i^2} < \beta_1 < \hat{\beta}_1 + t_{\alpha/2}(n-2)\sqrt{\hat{\sigma}^2/\sum x_i^2}\} = 1-\alpha \quad (2.27)$$

于是得到置信度为$(1-\alpha)$下β_1的置信区间：

$$\{\hat{\beta}_1 - t_{\alpha/2}(n-2)\sqrt{\hat{\sigma}^2/\sum x_i^2}, \hat{\beta}_1 + t_{\alpha/2}(n-2)\sqrt{\hat{\sigma}^2/\sum x_i^2}\} \quad (2.28)$$

【例2.4】试求例2.1中所建立模型的斜率参数的置信区间(置信度为0.95)。

解：有关数据在假设检验中已有计算，这里直接代入式(2.28)即可。

$$\hat{\beta}_1 - t_{\alpha/2}(n-2)\sqrt{\hat{\sigma}^2/\sum x_i^2} = 0.79 - 2.306 \times \sqrt{12063.11/31911000} = 0.75$$

$$\hat{\beta}_1 + t_{\alpha/2}(n-2)\sqrt{\hat{\sigma}^2/\sum x_i^2}) = 0.79 + 2.306 \times \sqrt{12063.11/31911000} = 0.83$$

因此，置信度为95%的置信区间为：$(0.75, 0.83)$。对这个置信区间的解释是，给定置信度95%，从长远看，在类似于$(0.75, 0.83)$的每100个区间中，将有95个包含着真实的β_1值。但要注意，不可以说这个特定的区间有95%的概率包含着真实的β_1，因为样本确定后，这个区间已经固定而不再是随机的了，而且β_1是一个固定值，那么，β_1要么落在其中，要么落在其外。因此，这个给定的固定区间包含着真实的β_1的概率不是1就是0。

2.4.4 正态性检验

本节对随机干扰项服从正态分布假定的真实性问题，以及这条假定不成立可能对线性回归分析造成的影响等，进行一些分析和讨论。

1. 问题的提出

一元线性回归模型的假定中要求模型的随机干扰项是服从正态分布的。根据前面的论

述可以知道，这条假定虽然与最小二乘估计量的无偏性、有效性及一致性的性质无关，但对于得到参数估计量的分布性质和特征、构建用于统计检验和推断的统计量等有着非常重要的作用。

但是，线性回归模型的随机干扰项服从正态分布，并不是必然会成立的。虽然根据中心极限定理，随机干扰项是由大量微小扰动因素综合而成的，应该服从正态分布。但在研究现实经济问题的线性回归模型中，随机干扰项的构成情况是比较复杂的，并不一定符合正态性假定的要求。

这就出现了一个问题，如果线性回归模型的随机干扰项确实不服从正态分布，那么前面以这条假定为基础所得出的性质、结论或分析方法，是否还会有效？这个问题对确保线性回归分析的价值有重要的意义。

2. 随机干扰项非正态分布的影响

如果发现一个线性回归模型的随机干扰项确实偏离了正态分布，那么就不许考虑非正态随机干扰项对回归分析的影响问题。幸运的是，如果线性回归模型的其他假定都成立，只有随机干扰项的分布违反正态性假定，那么，不仅最小二乘估计的线性无偏性、有效性和一致估计的性质仍然成立，而且相关的各种假设检验和统计推断也基本上都仍然有效，虽然其结论的可靠性会受一些影响。这种论断的原因有以下两点：

（1）由于通常线性回归分析的各种相关统计推断和建议，对于正态性的小量偏离具有稳健性，如果随机干扰项偏离正态性的程度不是那么严重，那么各种相关的检验和统计推断基本上仍然有效。

（2）如果随机干扰项偏离正态分布较远，那么在小样本的情况下，相关的统计检验和推断不再有效，但在大样本下，这些统计检验和推断仍然是基本有效的，原因在于即使随机干扰项不服从正态分布，参数的最小二乘估计量在大样本下，也会是渐近正态分布的。

当然，上述统计推断和检验有效的情况，都只是在渐近的意义上成立的，因此，样本容量的问题很重要。

3. 随机干扰项正态性检验

正态性检验的方法很多，这里只介绍一种比较常用的方法，即偏度和峰度检验。

这种检验方法的思路：服从正态分布的随机变量有两个分布特征，一是具有对称性，二是有特定的离散程度，而且这两个特征可以通过它的偏度和峰度反映出来。因此，如果要利用回归残差序列估计出随机干扰项的偏度和峰度，就可以通过与正态分布随机变量的标准水平进行比较，从而判断随机干扰项是否服从正态分布。

（1）由于正态分布的对称性，意味着偏度系数 $\dfrac{E(\mu^3)}{(\sigma^2)^{3/2}}$ 应为零，所以可以通过偏度系数检验随机干扰项的分布对称性。又由于 $E(\mu^3)$ 和 σ^2 是未知的，所以可分别用回归残差序列构造它们的估计量 $\dfrac{\sum e_i^3}{n}$、$S^2 = \dfrac{\sum e_i^2}{n-2}$ 来代替它们。如果这样估计的偏度系数接近于零，则说明随机干扰项的分布具有对称性，通过了正态性这一方面的检验。

（2）正态分布随机变量的另一个重要特征，是它们的分布密度函数是"常峰态"的，反映它们分布离散程度的"峰度"指标 $\frac{E(\mu^4)}{(\sigma^2)^2} = 3$。同样用回归残差序列构造"峰度"指标的估计值,其中 $E(\mu^4)$ 用 $\frac{\sum e_i^4}{n}$ 作为估计量,所得到的峰度指标若明显异于3,则说明随机干扰项偏离正态分布的假定。峰度和偏度指示随机干扰项偏离正态分布的程度。

2.5 回归分析的应用:预测问题

在例2.1中根据表2-2的样本数据,人们曾得到了如下的样本回归方程:
$$\hat{Y} = -101.35 + 0.79X$$
这是根据历史数据得到的,那么这一描述历史的回归能有什么用处?一个用途是"预测"或"预报"对应于某给定收入水平 X 的未来消费支出 Y。现有两种预测:一种对应于选定的 X 如 X_0,预测 Y 的条件均值 $E(Y|X=X_0)$,也就是预测总体回归直线上的点(见图2.1);另一种预测对应于 X_0 的 Y 的一个个别值。人们把这两种预测分别称为均值预测和个值预测。

1. 预测的根据和问题

计量经济分析的预测,是以相关的计量经济模型及其回归分析结果为基础,对经济变量发展变化的趋势的科学判断。计量经济模型用于对经济运行、经济变量的变化趋势进行预测,是以往的或局部范围的经济变量关系,就是所谓的经济规律,会延续到或者适用于未来的时期,或者其他相关的范围,即认为经济规律具有内在的稳定性。这样人们就可以用根据以往的情况,或者某些局部的情况总结出来的经济变量关系,去判断、预测未来或者在其他局部可能会出现的情况。

遗憾的是,事实上并没有一成不变或放之四海皆准的规律,随着经济环境和情况的变化,经济变量之间的关系也会发生相应的改变。这时预测的可靠性就很值得怀疑。因此,在利用计量经济模型进行预测分析时,必须注意这种限制性。相对而言,对较近期或相关性强的局部的预测比较可靠,对较远期预测的可靠性必然较小,不应该盲目相信。

另外,虽然对经济变量关系的回归分析中,可以从不同角度,反复检验它们的真实性、可靠程度和有效范围,但事实上最终确定的参数估计值和变量关系,仍然不能保证和客观实际是一样的,仍然是与真实情况有偏差的,这种偏差也必然会对预测分析的准确程度产生影响。更何况最终确定的变量关系是随机的,而不是确定性的函数关系。因此,预测的结果与将来实际出现的结果之间要存在一定的误差。正是这种原因,我们不仅要做出预测,而且要对误差进行分析,并给出考虑到正常随机误差的区间预测,以使我们清楚预测的可靠性如何。

2. 均值预测

在总体回归函数为 $E(Y|X_i) = \beta_0 + \beta_1 X_i$ 的情况下,Y 在 $X = X_0$ 处的条件均值为
$$E(Y|X_0) = \beta_0 + \beta_1 X_0 \tag{2.29}$$

通过样本回归函数 $\hat{Y}_i = \hat{\beta}_0 + \hat{\beta}_1 X_i$，求得 $X = X_0$ 的拟合值为
$$\hat{Y}_0 = \hat{\beta}_0 + \hat{\beta}_1 X_0$$

这个预测值 $\hat{Y}_0$ 的期望为

$$E(\hat{Y}_0) = E(\hat{\beta}_0 + \hat{\beta}_1 X_0) = E(\hat{\beta}_0) + X_0 E(\hat{\beta}_1)$$
$$= \beta_0 + \beta_1 X_0 \tag{2.30}$$

式(2.29)和式(2.30)说明，在 $X = X_0$ 时，样本估计值 $\hat{Y}_0$ 是总体均值 $E(Y|X_0)$ 的无偏估计，事实上我们可以进一步证明这个预测量是一个最优线性无偏估计量。

$\hat{Y}_0$ 既然是一个估计值，就可能不同于它的真值。两者之差将给出预测误差的某些信息。为了评估这个误差，我们需要求出 $\hat{Y}_0$ 的抽样分布。可以证明 $\hat{Y}_0$ 是正态分布的，其均值为 $\hat{\beta}_0 + \hat{\beta}_1 X_0$，方差为

$$\mathrm{Var}(\hat{Y}_0) = \sigma^2 \left[\frac{1}{n} + \frac{(X_0 - \bar{X})^2}{\sum x_i^2} \right]$$

因此

$$\hat{Y}_0 \sim N\left\{ \hat{\beta}_0 + \hat{\beta}_1 X_0, \sigma^2 \left[\frac{1}{n} + \frac{(X_0 - \bar{X})^2}{\sum x_i^2} \right] \right\} \tag{2.31}$$

将未知的 σ^2 代以它的无偏估计量 $\hat{\sigma}^2$，则可构造 t 统计量：

$$t = \frac{\hat{Y}_0 - (\beta_0 + \beta_1 X_0)}{se(\hat{Y}_0)} \sim t(n-2)$$

式中，$se(\hat{Y}_0) = \sqrt{\hat{\sigma}^2 \left[\frac{1}{n} + \frac{(X_0 - \bar{X})^2}{\sum x_i^2} \right]}$。

于是，在 $1-\alpha$ 的置信度下，总体均值 $E(Y|X_0)$ 的置信区间为

$$\hat{Y}_0 - t_{\alpha/2}(n-2) se(\hat{Y}_0) < E(Y|X_0) < \hat{Y}_0 + t_{\alpha/2}(n-2) se(\hat{Y}_0) \tag{2.32}$$

【例2.5】求例2.1中，可支配收入 $X = 1500$ 元时，消费支出 Y 的均值 $E(Y|X=1500)$ 的预测值(包括点预测和区间预测，显著性水平 $\alpha = 0.05$)。

解：点预测值：$\hat{Y}_0 = -101.35 + 0.79 X_0 = (-101.35 + 0.79 \times 1500)$元 $= 1083.65$ 元
$$t_{\alpha/2}(n-2) = t_{0.025}(8) = 2.306$$
$$se(\hat{Y}_0) = \sqrt{\hat{\sigma}^2 \left[\frac{1}{n} + \frac{(X_0 - \bar{X})^2}{\sum x_i^2} \right]} = \sqrt{12063.11 \times \left[\frac{1}{10} + \frac{(1500-1700)^2}{31911000} \right]}$$
$$= 34.95$$

因此，真实 $E(Y|X=1500)$ 的95%置信区间可由下式得出：
$$1083.65 - 2.306 \times 34.95 < E(Y|X=1500) < 1083.65 + 2.306 \times 34.95$$

即

$$1003.06 < E(Y|X=1500) < 1164.25 \tag{2.33}$$

如果对表2-5中的每一个 X 值求类似于式(2.32)的95%的置信区间，把这些区间的端点连接起来就可以得到关于总体回归函数的置信带(域)，如图2.16所示。

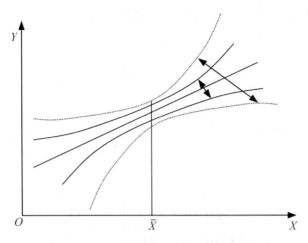

图 2.16 Y 均值与 Y 个值的置信区间

3. 个值预测

如果要预测对应于给定 X 值（如 X_0）的单个 Y 值（Y_0），那么，在总体回归模型为 $Y_i = \beta_0 + \beta_1 X_i + \mu_i$ 的情况下，Y 在 $X = X_0$ 时的值为

$$Y_0 = \beta_0 + \beta_1 X_0 + \mu_0$$

因此

$$E(Y_0) = E(\beta_0 + \beta_1 X_0 + \mu_0) = \beta_0 + \beta_1 X_0 + E(\mu_0) \\ = \beta_0 + \beta_1 X_0 \tag{2.34}$$

结合式(2.34)和式(2.30)可以发现，在 $X = X_0$ 时，样本估计量 $\hat{Y}_0$ 也是个别值 Y_0 的无偏估计，进一步也可以证明它是一个最优线性无偏估计量。

由 $Y_0 = \beta_0 + \beta_1 X_0 + \mu_0$ 知

$$Y_0 \sim N(\beta_0 + \beta_1 X_0, \sigma^2)$$

于是，结合式(2.30)可得

$$\hat{Y}_0 - Y_0 \sim N\left\{0, \sigma^2\left[1 + \frac{1}{n} + \frac{(X_0 - \overline{X})^2}{\sum x_i^2}\right]\right\} \tag{2.35}$$

用 $\hat{\sigma}^2$ 代替 σ^2，则可构造 t 统计量为

$$t = \frac{\hat{Y}_0 - Y_0}{se(\hat{Y}_0 - Y_0)} \sim t(n-2)$$

式中，$se(\hat{Y}_0 - Y_0) = \sqrt{\hat{\sigma}^2\left[1 + \frac{1}{n} + \frac{(X_0 - \overline{X})^2}{\sum x_i^2}\right]}$

从而在 $(1-\alpha)$ 的置信度下，Y_0 的置信区间为

$$\hat{Y}_0 - t_{\alpha/2}(n-2)se(\hat{Y}_0 - Y_0) < Y_0 \mid X = X_0 < \hat{Y}_0 + t_{\alpha/2}(n-2)se(\hat{Y}_0 - Y_0) \tag{2.36}$$

【例 2.6】求例 2.1 中，可支配收入 $X = 1500$ 元时，消费支出 Y 的个值的预测值（包括点预测和区间预测，显著性水平 $\alpha = 0.05$）。

解：点预测值 $\hat{Y}_0 = -101.35 + 0.79 X_0 = (-101.35 + 0.79 \times 1500)$元 $= 1083.65$ 元

$$t_{\alpha/2}(n-2) = t_{0.025}(8) = 2.306$$

$$se(\hat{Y}_0 - Y_0) = \sqrt{\hat{\sigma}^2 \left[1 + \frac{1}{n} + \frac{(X_0 - \bar{X})^2}{\sum x_i^2}\right]} = \sqrt{12063.11 \times \left[1 + \frac{1}{10} + \frac{(1500 - 1700)^2}{31911000}\right]}$$

$$= 115.26$$

因此，对应于 $X_0 = 1500$ 的 Y_0 的95%置信区间为

$$1083.65 - 2.306 \times 115.26 < Y_0 | X_0 = 1500 < 1083.65 + 2.306 \times 115.26$$

即

$$817.8604 < Y_0 | X_0 = 1500 < 1349.44 \tag{2.37}$$

拿此区间同式（2.33）比较，即可看出 Y_0 的置信区间比 Y_0 的均值的置信区间要宽一些。以表2-5中所给的每一个 X 值为条件计算类似于式（2.36）的 $1-\alpha$ 的置信区间，然后连接起来就得到对应于这些 X 值的单个 Y 值的置信度为 $1-\alpha$ 的置信带，如图2.16所示。

注意图2.16展示的两个置信带有一个重要特点，这些带的宽度当 $X_0 = \bar{X}$ 时达到最小，随着 X_0 远离 $\bar{X}$，这个宽度也随着急剧地变大。这种变化说明，历史的样本回归线的预测能力随着预测点 X_0 越来越远离其均值 $\bar{X}$ 而显著下降。

2.6 案例分析

本节用一个实例对本章内容作一简单回顾。下面将收集中国财政收入和国内生产总值在1978—2011年的历史数据，然后建立两者的一元线性回归模型，并用最小二乘法对其中的参数进行估计，最后对模型进行一些必要的检验。

1. 中国财政收入和国内生产总值的历史数据

由经济学等相关学科的理论我们知道，国内生产总值是财政收入的来源，因此，财政收入在很大程度上由国内生产总值来决定。为了考察中国财政收入和国内生产总值之间的关系，本书收集了中国财政收入和国内生产总值在1978—2011年的历史数据，具体见表2-6。

表2-6 中国财政收入和国内生产总值数据表 单位：亿元

年 份	财政收入（Y）	国内生产总值（X）	年 份	财政收入（Y）	国内生产总值（X）
1978	1132	3624	1986	2122	10201
1979	1146	4038	1987	2199	11955
1980	1160	4518	1988	2357	14922
1981	1176	4860	1989	2665	16918
1982	1212	5302	1990	2937	18598
1983	1367	5957	1991	3149	21663
1984	1643	7207	1992	3483	26652
1985	2005	8989	1993	4348	34561

续表

年 份	财政收入(Y)	国内生产总值(X)	年 份	财政收入(Y)	国内生产总值(X)
1994	5218	46670	2003	21715	135823
1995	6242	60794	2004	26396	159878
1996	7408	71177	2005	31628	184937
1997	8651	78973	2006	38760	216314
1998	9876	84402	2007	51321	265810
1999	11444	89677	2008	61330	314045
2000	13395	99215	2009	68518	340902
2001	16386	109655	2010	83101	401512
2002	18904	120333	2011	103874	473104

以 X 为横轴、Y 为纵轴将这些数据描绘在二维坐标图上，得到如图 2.17 所示的散点图。

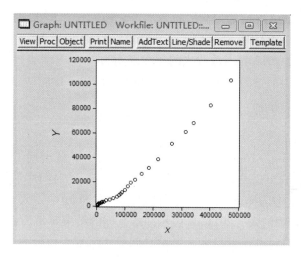

图 2.17 中国财政收入和国内生产总值散点图

2. 建立模型

由图形可知，这些数据点整体上呈直线分布，说明财政收入和国内生产总值之间的关系近似于线性关系，用一元线性回归模型来表示这种关系：

$$Y_i = \beta_0 + \beta_1 X_i + \mu_i$$

这只是说明了两者呈线性关系，但还不知道两者具体数量上的变化关系，为此需要用样本数据估计 β_0 和 β_1 这两个参数的值。对此可以采用 2.2 节介绍的最小二乘法来计算，具体计算过程类似于例 2.1，下面直接给出计算结果：

$$\hat{Y}_i = -2831.51 + 0.2069 X_i$$

回归分析结果说明，财政收入随着国内生产总值的增大而增大，从整体来看，国内生产总值每增加 1 亿元，财政收入增加 0.2069 亿元。

3. 模型检验

前面得到了财政收入和国内生产总值之间变化关系的方程式：

$$\hat{Y}_i = -2831.51 + 0.2069 X_i$$

那么，该式是否反映了两者关系的实质？必须进行一定的检验。首先，计算出可决系数 $R^2 = 0.983$，表明模型在整体上拟合得非常好；然后，截距项的 t 值得 $t_0 = -3.6822$ 和斜率项的 t 值得 $t_1 = 42.9936$。5% 显著性水平下自由度为 $n-2=32$ 的临界值 $t_{0.025}(33) = 2.042$，因此，截距项参数、斜率参数显著，说明了两者之间确实存在线性依存关系。

4. 模型预测

2012 年我国的国内生产总值为 518942 亿元，由上述回归方程可得 2012 年我国财政收入的预测值为

$$Y_{2012} = -2831.51 + 0.2069 \times 518942 = 104537.6 (亿元)$$

另外，容易根据 2.3 节的有关公式给出 2012 年财政收入的预测区间。在 95% 置信度水平下，2012 年财政收入均值的预测区间为

$$92304.36 < E(Y | X = 518942) < 116770.84$$

在 95% 置信度水平下，2012 年财政收入的预测区间为

$$90411.06 < Y_0 | X = 518942 < 118664.1$$

5. EViews 过程的实现

1) 创建工作文件

在主菜单中选择 File→New→Workfile 命令，此时，屏幕出现"工作文件定义"对话框。在 Workfile structure type 中选择 Dated-regular frequency（时间序列数据）；在 Data specification 下的 Frequency 中选择 Annual，表示年度数；在 Start 中输入"1978"，表示起始年份为 1978 年；在 End 中输入"2011"，表示样本数据的结束年份为 2011 年。然后单击 OK 按钮，完成工作文件的创建。

2) 录入样本数据

选择菜单中的 Objects→New Object 命令，弹出"New Object"对话框，在 Type of object（对象类型）选项中选择 Series，在 Name for object（对象名称）中输入序列名称 GDP（国内生产总值），单击 OK 按钮，即创建了序列对象 GDP。序列对象 GDP 创建后，显示在工作文件中。双击工作文件中的序列 GDP，打开序列对象窗口，单击序列对象窗口上的 Edit+/-开关按钮，使序列对象 GDP 处于可编辑状态。在序列对象窗口中输入表 2-6 中各年的国内生产总值，然后关闭序列对象窗口。采用同样的方法输入各年的财政收入（变量名为 income）。

3) 最小二乘估计

选择 Objects→New Object 命令，显示"New Object"对话框，在 Type of object 选项中选择 Equation（方程），在 Name for object 中输入序列名称（这里使用默认名 Untitled），单击 OK 按钮，显示"方程设定"对话框。在 Equation specification 中输入"INCOME C GDP"，

表示要求财政收入对常数项和国内生产总值的回归；在 Estimation settings 下的 Method 中选择 LS-Least Squares，表示使用最小二乘法；在 Sample 中输入"1978 2011"，表示所有的样本数据均参与运算。然后单击确定按钮，将创建一个方程对象，并显示其估计结果，如图 2.18 所示。

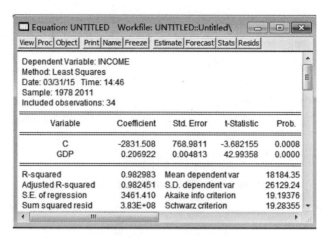

图 2.18　表 2-6 的回归结果

因此，所建立的模型为：Income = -2831.508 + 0.2069GDP，该模型的拟合优度（即可决系数）为 0.9829，截距参数的 t 统计量的绝对值为 3.6821，大于 5% 显著性水平下的临界值 2.042，因此不显著；斜率参数的 t 统计量的值为 42.9936，大于 5% 显著性水平下的临界值 2.042，因此显著不为零。

本章小结

本章作为计量经济学最核心基本知识的说明，首先介绍了总体回归函数和样本回归函数的概念，理解两者的含义和区别是进行计量经济分析的前提。

其次，介绍了参数估计的最小二乘法以及作为其必要前提的一元线性回归模型的基本假定，并证明了最小二乘估计量是最优线性无偏估计量，说明了最小二乘法的优越性。

再次，介绍了一元线性回归模型的检验方法。一元线性回归模型的检验包括拟合优度检验和参数的显著性检验，说明了拟合优度可以用可决系数的大小衡量，显著性检验可通过 t 检验进行。

最后，介绍了回归分析的一个主要应用方面——预测，包括均值预测和个值预测。

习　题

1. 解释概念。
（1）总体回归函数（PRF）。
（2）样本回归函数（SRF）。
（3）随机的总体回归函数。
（4）线性回归模型。

(5) 随机干扰项（μ）。
(6) 残差项（e）。
(7) 回归系数或回归参数。
(8) 回归系数的估计量。

2. 判断正误并说明理由。
(1) 随机干扰项与残差项 e 是一回事。
(2) 总体回归函数给出了对应于每一个自变量的因变量的值。
(3) 线性回归模型意味着变量是线性的。
(4) 在线性回归模型中，解释变量是原因，被解释变量是结果。
(5) 随机变量的条件均值与非条件均值是一回事。
(6) 在实际中，一元线性回归模型没有什么用，因为应变量的行为不可能仅由一个解释变量来解释。

3. 表 2-7 给出了每周家庭的消费支出 Y 与每周家庭的收入 X 的数据。

表 2-7　家庭的消费支出与收入　　　　　　　　单位：元

每周收入（X）	每周消费支出（Y）
80	55，60，65，70，75
100	65，70，74，80，85，88
120	79，84，90，94，98
140	80，93，95，103，108，113，115
160	102，107，110，116，118，125
180	110，115，120，130，135，140
200	120，136，140，144，145
220	135，137，140，152，157，160，162
240	137，145，155，165，175，189
260	150，152，175，178，180，185，191

要求：

(1) 对每一收入水平，计算平均的消费支出 $E(Y|X_i)$，即条件期望值。
(2) 以收入为横轴，消费支出为纵轴作散点图。
(3) 在该散点图上，作出(1)中的条件均值点。
(4) 你认为 X 与 Y 之间，X 与 Y 的均值之间的关系如何？
(5) 写出其总体回归函数及样本回归函数。
(6) 总体回归函数是线性的还是非线性的？

4. 根据上题中给出的数据，对每一个 X，随机抽取一个 Y，结果列于表 2-8。

表 2-8　对每个 X，抽取一个 Y　　　　　　　　　　单位：元

Y	70	65	90	95	110	115	120	140	155	150
X	80	100	120	140	160	180	200	220	240	260

要求:
(1) 以 Y 为纵轴,X 为横轴作散点图。
(2) 你认为 Y 与 X 之间是怎样的关系?
(3) 求样本回归函数,写出计算步骤。
(4) 在同一个图中,作出样本回归函数,以及从习题 3 中得到的总体回归函数。
(5) 总体回归函数与样本回归函数相同吗?为什么?

5. 为什么线性回归模型总是有随机干扰项?随机干扰项主要是由哪些因素引起的?

6. 为什么线性回归模型需要做多条基本假定?这些假定的内容是什么?

7. 最小二乘参数估计的基本思路是什么?

8. 最小二乘估计量有哪些重要性质?这些性质的意义是什么?

9. 为什么要进行回归拟合度评价?评价标准为什么选择可决系数,而不用残差平方和?

10. 若回归模型为 $Y = \alpha + \beta X + \mu$,并且已经根据 X 和 Y 的 20 组样本数据,计算出了 $\sum X_i = 240.78$、$\sum Y_i = 114.22$、$\sum X_i Y_i = 2367.19$、$\sum X_i^2 = 5089.84$ 和 $\sum Y_i^2 = 240.78$,求 α 和 β 的最小二乘估计和模型的可决系数。

11. 已知 Y 和 X 之间存在因果关系,且已经得到这两个变量的下列样本数据,具体见表 2-9。

表 2-9 两个变量的样本数据   单位:元

年 份	X	Y
2005	34	25
2006	44	28
2007	49	34
2008	58	36
2009	67	40
2010	76	42
2011	85	46

利用一元线性回归模型分析 X 影响 Y 的规律,包括参数估计、显著性检验,以及与此对应 $X_0 = 90$ 水平的 Y 值等。

第 3 章 多元线性回归模型

教学目标

通过本章的学习,对多元线性回归模型有一定的认识和掌握,能够对多元线性回归模型进行参数估计和检验。

教学要求

理解多元线性模型的基本概念及其与一元线性回归模型的联系;理解多元线性回归模型的矩阵表示;掌握模型估计的最小二乘法及其性质;掌握模型的拟合优度评价和显著性及相关统计推断和检验,重点注意其与一元线性回归模型中的相关评价和检验的区别,领悟这种区别的原因和意义;掌握并利用回归模型的预测分析。

第3章 多元线性回归模型

为什么要提出多元线性回归模型问题？

一元线性回归分析是研究现实经济问题和理论问题的有力工具，在变量关系符合两变量线性回归模型的假定时，用最小二乘法估计模型的参数，并进行相关的统计推断和分析，能够对经济问题的内在规律和发展趋势作出有效的分析和判断。但现实的经济问题是复杂的，一个经济变量往往同时受到多个变量的影响。例如，在第2章消费—收入一例中，无形地假定了只有收入显著影响消费，这显然是不合适的。因为除了收入，还有许多其他的变量会影响消费支出。一个显然的变量是消费者的财富。因此，需要把这个简单的一元线性回归模型推广到含有多个变量的模型，所以把计量经济分析扩展到两变量线性回归分析以外是非常自然和必要的。多元线性回归分析正是一元线性回归分析最直接的扩展。

多元线性回归模型与一元线性回归模型在形式上的区别就是解释变量个数的不同，那么解释变量从一个变到两个，从两个变到三个……会对相关的分析和计算带来新的问题吗？或者说第2章中的计算方法、检验方法和预测方法等能够直接照搬到多元线性回归模型中吗？本章将重点对这些问题进行分析和说明。

3.1 多元线性回归模型的基本假定

本节先对多元线性回归分析的对象，即多元线性回归模型作一些讨论，主要是模型的假定问题。由于多元线性回归模型与一元线性回归模型有许多相似之处，所以在本节及后面各节的讨论中，与对一元线性回归模型的讨论完全类似，已在一元线性回归模型中作过仔细讨论的问题和内容只作简单的说明，而对多元模型的特点和新出现的问题作详细讨论。

1. 多元线性回归模型

将一元线性回归模型推广，便可写出多元线性回归模型的总体回归函数：

$$Y_i = \beta_0 + \beta_1 X_{1i} + \beta_2 X_{2i} + \cdots + \beta_k X_{ki} + \mu_i \tag{3.1}$$

式中，Y 是被解释变量，$\beta_0, \beta_1, \beta_2, \cdots, \beta_k$ 是偏回归系数，$X_1, X_2, \cdots, X_k$ 是解释变量，μ_i 是随机干扰项，下标 i 表示第 i 次观测（或第 i 个个体），下标 k 表示解释变量的个数。同一元线性回归分析一样，式(3.1)被称为总体回归函数的随机表达形式，它的非随机表达式为

$$E(Y|X_{1i}, X_{2i}, \cdots, X_{ki}) = \beta_0 + \beta_1 X_{1i} + \beta_2 X_{2i} + \cdots + \beta_k X_{ki} \tag{3.2}$$

由此可见，多元回归分析是以多个解释变量的固定值为条件的回归分析，式(3.2)表示各个解释变量 X 值固定时 Y 的平均响应程度。$\beta_0, \beta_1, \beta_2, \cdots, \beta_k$ 是偏回归系数，β_j 表示在其他解释变量不变的情况下，X_j 每变化1个单位时 Y 的均值 $E(Y)$ 的变化。

当然在具体的计量经济分析中，究竟哪个指标是被解释变量，有几个解释变量和哪些指标是解释变量，需要根据所研究问题的具体情况和相关的经济理论来确定。

由于多元线性回归分析涉及多个变量和多个需要估计的未知参数，而且每个变量都有多个观测数据，所以多元线性回归分析的运算和表达比较复杂和烦琐。为了简化分析过程

的表达和分析本身，在实际中，一般都把矩阵的计法和运算法则引进来加以利用。下面简单说明一下如何用矩阵表示多元线性回归模型。

式(3.1)是以下 n 个联立方程组的一个缩写表达式：

$$
\begin{aligned}
Y_1 &= \beta_0 + \beta_1 X_{11} + \beta_2 X_{21} + \cdots + \beta_k X_{k1} + \mu_1 \\
Y_2 &= \beta_0 + \beta_1 X_{12} + \beta_2 X_{22} + \cdots + \beta_k X_{k2} + \mu_2 \\
&\vdots \\
Y_n &= \beta_0 + \beta_1 X_{1n} + \beta_2 X_{2n} + \cdots + \beta_k X_{kn} + \mu_n
\end{aligned}
\tag{3.3}
$$

还可把这个方程组写成另一更有启发性的形式：

$$
\begin{bmatrix} Y_1 \\ Y_2 \\ \vdots \\ Y_n \end{bmatrix} = \begin{bmatrix} 1 & X_{11} & X_{21} & \cdots & X_{k1} \\ 1 & X_{12} & X_{22} & \cdots & X_{k2} \\ \vdots & \vdots & \vdots & \vdots & \vdots \\ 1 & X_{1n} & X_{2n} & \cdots & X_{kn} \end{bmatrix} \begin{bmatrix} \beta_0 \\ \beta_1 \\ \vdots \\ \beta_k \end{bmatrix} + \begin{bmatrix} \mu_1 \\ \mu_2 \\ \vdots \\ \mu_n \end{bmatrix}
\tag{3.4}
$$

如果引入下列矩阵的记法：

$\mathbf{Y} = \begin{bmatrix} Y_1 \\ Y_2 \\ \vdots \\ Y_n \end{bmatrix}$，表示被解释变量 Y 的 n 个观测值构成的 $n \times 1$ 矩阵（列向量）；

$\mathbf{X} = \begin{bmatrix} 1 & X_{11} & X_{21} & \cdots & X_{k1} \\ 1 & X_{12} & X_{22} & \cdots & X_{k2} \\ \vdots & \vdots & \vdots & \vdots & \vdots \\ 1 & X_{1n} & X_{2n} & \cdots & X_{kn} \end{bmatrix}$，给出解释变量 $X_1, X_2, \cdots, X_k$ 的 n 个观测值构成的

$n \times (k+1)$ 矩阵，其中元素全为 1 的第一列代表截距项（此矩阵又称为数据矩阵）；

$\boldsymbol{\beta} = \begin{bmatrix} \beta_0 \\ \beta_1 \\ \vdots \\ \beta_k \end{bmatrix}$，表示由未知的总体参数 $\beta_0, \beta_1, \beta_2, \cdots, \beta_k$ 构成的 $(k+1) \times 1$ 矩阵（列向量）；

$\boldsymbol{\mu} = \begin{bmatrix} \mu_1 \\ \mu_2 \\ \vdots \\ \mu_n \end{bmatrix}$，是 n 个随机干扰项 μ_i 构成的 $n \times 1$ 矩阵。

那么方程组(3.3)就可以写成下面的矩阵形式：

$$
\begin{array}{cccc}
\mathbf{Y} & = & \mathbf{X} & \times & \boldsymbol{\beta} & + & \boldsymbol{\mu} \\
n \times 1 & & n \times (k+1) & & (k+1) \times 1 & & n \times 1
\end{array}
\tag{3.5}
$$

或更紧凑地写为

$$\mathbf{Y} = \mathbf{X}\boldsymbol{\beta} + \boldsymbol{\mu}$$

利用矩阵乘法和加法法则，可验证出方程组(3.3)和(3.5)是等价的。这样采用矩阵

计法，使表达得到了很大的简化，可以大大便利多元线性回归的分析和推导。

2. 多元线性回归模型的基本假定

为了使参数估计量具有良好的统计性质，对多元线性回归模型也需要做一些假定，这些假定多数是与一元线性回归模型的假定相同或相似的，对此可以直接写出，不再做详细介绍，对于新增加的假定则做一些直观上的说明。

假定1：随机干扰项 μ_i 有零均值、同方差及无序列相关性，且服从正态分布，即

$$E(\mu_i | X_{1i}, X_{2i}, \cdots, X_{ki}) = 0, \quad i = 1, 2, \cdots, n$$
$$\text{Var}(\mu_i) = \sigma^2, \quad i = 1, 2, \cdots, n$$
$$\text{Cov}(\mu_i, \mu_j) = 0, \quad i \neq j; \quad i, j = 1, 2, \cdots, n$$
$$\mu_i \sim N(0, \sigma^2)$$

假定2：随机干扰项与每一解释变量都不相关，即

$$\text{Cov}(\mu_i, X_{ji}) = 0, \quad j = 1, 2, \cdots, k; \quad i = 1, 2, \cdots, n$$

假定3：变量 Y 和 $X_1, X_2, \cdots, X_k$ 之间存在多元线性回归函数关系：
$Y = \beta_0 + \beta_1 X_1 + \beta_2 X_2 + \cdots + \beta_k X_k + \mu$，即模型的设定是正确的，不存在设定偏误。

假定4：解释变量 $X_1, X_2, \cdots, X_k$ 都是确定性的而非随机变量，并且这些解释变量之间不存在线性关系，包括严格的线性关系和强的近似线性关系，即解释变量之间无共线性，此假定又称为无多重共线性假定。

上述假定，除无多重共线性假定外，其他都与一元线性回归模型是相同的。因此这里不再解释，下面只对无多重共线性做一些解释。

通俗地说，无多重共线性是说没有一个解释变量可以写成其余解释变量的线性组合，即不存在一组不全为零的数 $\lambda_1, \lambda_2, \cdots, \lambda_k$，使得：

$$\lambda_1 X_1 + \lambda_2 X_2 + \cdots + \lambda_k X_k = 0 \tag{3.6}$$

如果这一关系式存在，则说 $X_1, X_2, \cdots, X_k$ 线性相关；另外，如果式(3.6)仅当 $\lambda_1 = \lambda_2 = \cdots = \lambda_k = 0$ 时成立，则说 $X_1, X_2, \cdots, X_k$ 线性独立(线性无关)。

虽然有关多重共线性的问题将在第4章详细讨论，但不难从直观上去掌握无多重共线性假定的道理。在式(3.1)中 $X_1, X_2, \cdots, X_k$ 分别代表一个对被解释变量 Y 有影响的经济变量，它们对被解释变量各有一些独立的影响，否则把它们都包括到模型中来就没有意义了。在极端的情形中，如果 $X_1, X_2, \cdots, X_k$ 之间存在准确的线性关系，就只有 $k-1$ 个独立变量而不是 k 个。为了弄清楚这点，假设解释变量之间的线性关系为

$$X_k = \lambda_1 X_1 + \lambda_2 X_2 + \cdots + \lambda_{k-1} X_{k-1}$$

于是式(3.1)变成：

$$\begin{aligned} Y_i &= \beta_0 + \beta_1 X_{1i} + \beta_2 X_{2i} + \cdots + \beta_k (\lambda_1 X_{1i} + \lambda_2 X_{2i} + \cdots + \lambda_{k-1} X_{k-1,i}) + \mu_i \\ &= \beta_0 + (\beta_1 + \beta_k \lambda_1) X_{1i} + (\beta_2 + \beta_k \lambda_2) X_{2i} + \cdots + (\beta_{k-1} + \beta_k \lambda_{k-1}) X_{k-1} + \mu_i \\ &= \beta_0 + \alpha_1 X_{1i} + \alpha_2 X_{2i} + \cdots + \alpha_{k-1} X_{k-1} + \mu_i \end{aligned} \tag{3.7}$$

这样模型中就少了一个解释变量，即有一个 k 变量(含被解释变量)而不是 $k+1$ 变量的回归，因此，一开始设计的含 $k+1$ 变量的模型是没必要的。而且，如果计算式(3.7)并得到 α_1，那么 α_1 给出的是 X_1 和 X_k 对 Y 的联合影响，但不能分别估计出 X_1 的单独影响(β_1)

和 X_k 的单独影响（β_k）。

但是，如果类似 $X_k = \lambda_1 X_1^2 + \lambda_2 X_2^3 + \cdots + \lambda_{k-1} X_{k-1}^{k-2}$ 这样的关系，会不会破坏无共线性的假定呢？答案是否定的，因为这里的变量关系是非线性的，并不违背解释变量之间无共线性的假定。然而，应该注意到，在这种情形中，通常计算出的可决系数必定很高，关于这一点，将在后面的章节进行讨论。

3.2 多元线性回归模型的参数估计

一元线性回归模型参数估计的思路和最小二乘准则，对多元线性回归模型的参数估计仍然是适用的。多元回归与一元回归的不同之处在于，多元回归的样本数据点是多维空间的点，得到的回归直线也是多维空间中的直线。此外，在多元回归分析的推导中，下面会使用矩阵的表示法和运算规则。本节的内容是介绍多元线性回归模型的最小二乘参数估计方法。

3.2.1 普通最小二乘法

1. 普通最小二乘估计及其矩阵表示

本小节直接根据回归残差平方和最小的最小二乘准则，推导多元线性回归模型参数的最小二乘估计量。为了求最小二乘估计量，需先写出和式(3.1)的总体回归函数相对应的样本回归函数：

$$Y_i = \hat{\beta}_0 + \hat{\beta}_1 X_{1i} + \hat{\beta}_2 X_{2i} + \cdots + \hat{\beta}_k X_{ki} + e_i \tag{3.8}$$

或

$$\hat{Y}_i = \hat{\beta}_0 + \hat{\beta}_1 X_{1i} + \hat{\beta}_2 X_{2i} + \cdots + \hat{\beta}_k X_{ki} \tag{3.9}$$

回归残差平方和为

$$V = \sum e_i^2 = \sum [Y_i - (\hat{\beta}_0 + \hat{\beta}_1 X_{1i} + \hat{\beta}_2 X_{2i} + \cdots + \hat{\beta}_k X_{ki})]^2 \tag{3.10}$$

根据最小二乘原理，参数估计值应使 V 达到最小。由微积分知识可知，只需将它对未知参数求微分，令所得的表达式为零，然后解联立方程即可。

令 V 对 $\hat{\beta}_0$，$\hat{\beta}_1$，$\hat{\beta}_2$，$\cdots$，$\hat{\beta}_k$ 的微分都等于 0，即得下列方程组：

$$\begin{aligned} \frac{\partial V}{\partial \hat{\beta}_0} &= \sum 2[Y_i - (\beta_0 + \beta_1 X_{1i} + \beta_2 X_{2i} + \cdots + \beta_k X_{ki})](-1) = 0 \\ \frac{\partial V}{\partial \hat{\beta}_1} &= \sum 2[Y_i - (\beta_0 + \beta_1 X_{1i} + \beta_2 X_{2i} + \cdots + \beta_k X_{ki})](-X_{1i}) = 0 \\ &\vdots \\ \frac{\partial V}{\partial \hat{\beta}_k} &= \sum 2[Y_i - (\beta_0 + \beta_1 X_{1i} + \beta_2 X_{2i} + \cdots + \beta_k X_{ki})](-X_{ki}) = 0 \end{aligned} \tag{3.11}$$

这就是多元线性回归模型待估参数估计值的正规方程组。只要解释变量之间不存在严格线性关系就可以解出 $\hat{\beta}_0$，$\hat{\beta}_1$，$\hat{\beta}_2$，$\cdots$，$\hat{\beta}_k$ 的一组唯一值，它们就是模型参数 β_0，β_1，β_2，$\cdots$，β_k 的最小二乘估计。

很显然，上述推导和表达多元线性回归的最小二乘参数估计是比较复杂和困难的。如果用矩阵的表示法和运算来表述，则上述推导就会简洁得多。为此可引进下列公式：

$$\hat{\boldsymbol{\beta}} = \begin{bmatrix} \hat{\beta}_0 \\ \hat{\beta}_1 \\ \vdots \\ \hat{\beta}_k \end{bmatrix}, \hat{\boldsymbol{Y}} = \begin{bmatrix} \hat{Y}_1 \\ \hat{Y}_2 \\ \vdots \\ \hat{Y}_n \end{bmatrix}, \boldsymbol{e} = \begin{bmatrix} e_1 \\ e_2 \\ \vdots \\ e_n \end{bmatrix}$$

则与式(3.1)相对应的样本回归函数可写成如下形式

$$\hat{\boldsymbol{Y}} = \boldsymbol{X}\hat{\boldsymbol{\beta}}$$

或

$$\boldsymbol{Y} = \boldsymbol{X}\hat{\boldsymbol{\beta}} + \boldsymbol{e} \tag{3.12}$$

这样回归残差矩阵（列向量）为

$$\boldsymbol{e} = \boldsymbol{Y} - \hat{\boldsymbol{Y}} = \boldsymbol{Y} - \boldsymbol{X}\hat{\boldsymbol{\beta}}$$

利用矩阵运算法则，可以得到残差平方和为

$$V = \sum e_i^2 = e_1^2 + e_2^2 + \cdots + e_n^2 = \begin{bmatrix} e_1 & e_2 & \cdots & e_n \end{bmatrix} \begin{bmatrix} e_1 \\ e_2 \\ \vdots \\ e_n \end{bmatrix} \tag{3.13}$$

$$= \boldsymbol{e}'\boldsymbol{e} = (\boldsymbol{Y} - \boldsymbol{X}\hat{\boldsymbol{\beta}})'(\boldsymbol{Y} - \boldsymbol{X}\hat{\boldsymbol{\beta}})$$

$$= \boldsymbol{Y}'\boldsymbol{Y} - 2\hat{\boldsymbol{\beta}}'\boldsymbol{X}'\boldsymbol{Y} + \hat{\boldsymbol{\beta}}'\boldsymbol{X}'\boldsymbol{X}\hat{\boldsymbol{\beta}}$$

求最小二乘参数估计的残差平方和 V 对 $\hat{\beta}_0, \hat{\beta}_1, \hat{\beta}_2, \cdots, \hat{\beta}_k$ 偏导数等于 0 构成的正规方程组，等价于 V 对向量 $\hat{\boldsymbol{\beta}}$ 的梯度向量等于零向量，即

$$\frac{\partial V}{\partial \hat{\boldsymbol{\beta}}} = \begin{bmatrix} \dfrac{\partial V}{\partial \hat{\beta}_0} \\ \dfrac{\partial V}{\partial \hat{\beta}_1} \\ \vdots \\ \dfrac{\partial V}{\partial \hat{\beta}_k} \end{bmatrix} = -2\boldsymbol{X}'\boldsymbol{Y} + 2\boldsymbol{X}'\boldsymbol{X}\hat{\boldsymbol{\beta}} = 0$$

整理该矩阵方程，可得下列矩阵形式的正规方程组

$$\boldsymbol{X}'\boldsymbol{X}\hat{\boldsymbol{\beta}} = \boldsymbol{X}'\boldsymbol{Y} \tag{3.14}$$

如果 $\boldsymbol{X}'$ 可逆，即 $\boldsymbol{X}$ 是满秩矩阵，或者说解释变量之间不存在严格的线性关系，那么求出 $\boldsymbol{X}'\boldsymbol{X}$ 的逆矩阵并用它左乘上述正规方程组的两边，得

$$(\boldsymbol{X}'\boldsymbol{X})^{-1}\boldsymbol{X}'\boldsymbol{X}\hat{\boldsymbol{\beta}} = (\boldsymbol{X}'\boldsymbol{X})^{-1}\boldsymbol{X}'\boldsymbol{Y}$$

因此，

$$\hat{\boldsymbol{\beta}} = (\boldsymbol{X}'\boldsymbol{X})^{-1}\boldsymbol{X}'\boldsymbol{Y} \tag{3.15}$$

这就是多元线性回归模型参数的最小二乘估计量，这种矩阵公式显然比非矩阵推导简

洁得多。

【例 3.1】 在一项对某社区家庭对某种消费品的消费需求调查中,得到表 3-1 所示的资料。请对该社区家庭对该商品的消费需求支出做多元线性回归分析。

表 3-1 某社区某种商品的单价、家庭月收入和对该商品的消费支出数据   单位:元

序 号	对某商品的消费支出(Y)	该商品单价(X_1)	家庭月收入(X_2)
1	591.9	23.56	7620
2	654.5	24.45	9120
3	623.6	32.07	10670
4	647.0	32.46	11160
5	674.0	31.15	11900
6	644.4	34.14	12920
7	680.0	35.30	14340
8	724.0	38.70	15960
9	757.1	39.63	18000
10	706.8	46.68	19300

解:由经济理论可知,对某种商品的消费支出主要受该商品的价格和消费者收入等因素的影响,这里假设这种影响是线性的,因此,可以用多元线性回归模型研究消费支出的变化规律。因此,这里取回归模型为

$$Y_i = \hat{\beta}_0 + \hat{\beta}_1 X_{1i} + \hat{\beta}_2 X_{2i} + e_i$$

根据表 3-1 中的数据,可用矩阵符号将我们的问题表述为

$$Y = X\hat{\beta} + e$$

式中,

$$Y = \begin{bmatrix} 591.9 \\ 654.5 \\ \vdots \\ 706.8 \end{bmatrix}, \quad X = \begin{bmatrix} 1 & 23.56 & 7620 \\ 1 & 24.45 & 9120 \\ \vdots & \vdots & \vdots \\ 1 & 46.68 & 19300 \end{bmatrix}, \quad \hat{\beta} = \begin{bmatrix} \hat{\beta}_0 \\ \hat{\beta}_1 \\ \hat{\beta}_2 \end{bmatrix}, \quad e = \begin{bmatrix} e_1 \\ e_2 \\ \vdots \\ e_{10} \end{bmatrix}$$

根据上述观测值矩阵,首先可以计算出下列各矩阵的值:

$$X'X = \begin{bmatrix} 1 & 1 & \cdots & 1 \\ 23.56 & 24.45 & \cdots & 46.68 \\ 7620 & 9120 & \cdots & 19300 \end{bmatrix} \begin{bmatrix} 1 & 23.56 & 7620 \\ 1 & 24.45 & 9120 \\ \vdots & \vdots & \vdots \\ 1 & 46.68 & 19300 \end{bmatrix}$$

$$= \begin{bmatrix} 10 & 338.13 & 130990 \\ 338.13 & 11863.73 & 4656752 \\ 130990 & 4656752 & 1845016900 \end{bmatrix}$$

$$(X'X)^{-1} = \begin{bmatrix} 10 & 338.13 & 130990 \\ 338.13 & 11863.73 & 4656752 \\ 130990 & 4656752 & 1845016900 \end{bmatrix}^{-1} = \begin{bmatrix} 5.24 & -0.36 & 0.00 \\ -0.36 & 0.03 & -0.00 \\ 0.00 & -0.00 & 0.00 \end{bmatrix}$$

注意：这里的 0.00 或 -0.00 并不是绝对的零值，而是比较小的值，所以在四舍五入时显示的是 0。

$$X'Y = \begin{bmatrix} 1 & 1 & \cdots & 1 \\ 23.56 & 24.45 & \cdots & 46.68 \\ 7620 & 9120 & \cdots & 19300 \end{bmatrix} \begin{bmatrix} 591.9 \\ 654.5 \\ \vdots \\ 706.8 \end{bmatrix} = \begin{bmatrix} 6703.3 \\ 228956.6 \\ 89275178 \end{bmatrix}$$

因此，

$$\hat{\boldsymbol{\beta}} = (X'X)^{-1}X'Y = \begin{bmatrix} 5.24 & -0.36 & 0.00 \\ -0.36 & 0.03 & -0.00 \\ 0.00 & -0.00 & 0.00 \end{bmatrix} \begin{bmatrix} 6703.3 \\ 228956.6 \\ 89275178 \end{bmatrix} = \begin{bmatrix} 626.51 \\ -9.79 \\ 0.03 \end{bmatrix}$$

即

$$\hat{\beta}_0 = 626.51, \quad \hat{\beta}_1 = -9.79, \quad \hat{\beta}_2 = 0.03$$

因此，所拟合的回归方程：$\hat{Y}_i = 626.51 - 9.79 X_{1i} + 0.03 X_{2i}$。

截距 $\hat{\beta}_0 = 626.51$ 表示该商品的价格为零，消费者收入也为零时对该种商品的需求量为 626.51 元，当然这是一种机械式的理解，和在第 2 章中所指出的一样，它实际上给出的是所有未包含到模型中来的变量对被解释变量 Y 的平均影响。偏斜率系数 $\hat{\beta}_1 = -9.79$ 表示当其他因素（家庭月收入）不变时，该种商品的单价每增加 1 元，对其消费需求平均减少 9.79 元；偏斜率系数 $\hat{\beta}_2 = 0.03$ 表示当其他因素（该种商品单价）不变时，消费者家庭月收入每增加 1 元，对其的消费需求平均增加 0.03 元。

2. 随机干扰项的方差的无偏估计

与一元线性回归模型不同，由于多元回归模型解释变量个数的增加，对于随机干扰项 μ 的方差的无偏估计量为

$$\hat{\sigma}^2 = \frac{\sum e_i^2}{n-k-1} = \frac{e'e}{n-k-1}$$

具体证明可以参考《计量经济学习题集》（潘文卿，李子奈，高吉丽，编著. 北京：高等教育出版社，2005.）。

3.2.2 普通最小二乘估计量的性质

在一元线性回归分析中，通过最小二乘法得到的最小二乘估计量具有良好的统计性质，不仅保证了最小二乘估计的有效性和价值，也为区间估计、统计推断和预测分析等提供了良好的基础。那么在多元线性回归分析中，参数的最小二乘估计量是否仍然具有这些优良性质呢？答案是肯定的。只要符合模型的假设，在多元线性回归分析中，最小二乘估计量仍然是最优线性无偏估计量，因此，同样能为相关的统计推断和预测分析等提供基础。

1. 线性性

线性性的含义与一元线性回归模型中的含义相同，即最小二乘估计量可以表示为被解释变量的观测值 Y_i 的线性组合。这个性质是确定多元回归最小二乘估计量及相关统计量的分布性质的重要基础。

实际上，多元线性回归最小二乘估计量的线性性，可以根据最小二乘估计量的计算公式直接得到证明，即

$$\hat{\boldsymbol{\beta}} = (\boldsymbol{X}'\boldsymbol{X})^{-1}\boldsymbol{X}'\boldsymbol{Y} = \boldsymbol{C} \cdot \boldsymbol{Y}$$

式中，$\boldsymbol{C} = (\boldsymbol{X}'\boldsymbol{X})^{-1}\boldsymbol{X}'$ 仅与固定的 $\boldsymbol{X}$ 有关。由此可见，参数估计量是被解释变量的线性组合。

2. 无偏性

无偏性的含义是模型中每个参数的最小二乘估计量的数学期望，都等于各自相应参数的真实值。这个性质的证明如下：

$$\begin{aligned}
E(\hat{\boldsymbol{\beta}}) &= E[(\boldsymbol{X}'\boldsymbol{X})^{-1}\boldsymbol{X}'\boldsymbol{Y}] \\
&= E[(\boldsymbol{X}'\boldsymbol{X})^{-1}\boldsymbol{X}'(\boldsymbol{X}\boldsymbol{\beta} + \boldsymbol{\mu})] \\
&= E[\boldsymbol{\beta} + (\boldsymbol{X}'\boldsymbol{X})^{-1}\boldsymbol{X}'\boldsymbol{\mu}] \\
&= \boldsymbol{\beta} + (\boldsymbol{X}'\boldsymbol{X})^{-1}\boldsymbol{X}'E(\boldsymbol{\mu}) \\
&= \boldsymbol{\beta}
\end{aligned}$$

因此，多元线性回归模型参数的最小二乘估计量是总体参数真实值的无偏估计。

3. 有效性

由第 2 章的一元线性回归模型可以知道参数估计量的方差对回归分析有很重要的意义，这一点在多元回归分析中也是一样的。因为参数估计量的方程反映了参数估计有效的程度，具有最小方差的估计量是最有效的估计。此外，参数估计量的方差也是它们的重要分布特征，是进行统计推断和模型检验时必然会涉及的参数。多元回归模型与一元回归模型的不同之处在于，多元回归模型有多个参数，涉及各参数之间的联系问题，因此，不仅单个参数估计量的方差是有意义的，而且不同参数估计量之间的协方差也是有意义的。

首先，给出参数最小二乘估计量 $\hat{\boldsymbol{\beta}}$ 的方差——协方差矩阵：

$$\begin{aligned}
\operatorname{Var}(\hat{\boldsymbol{\beta}}) &= \operatorname{Var}[(\boldsymbol{X}'\boldsymbol{X})^{-1}\boldsymbol{X}'\boldsymbol{Y}] \\
&= \operatorname{Var}[(\boldsymbol{X}'\boldsymbol{X})^{-1}\boldsymbol{X}'(\boldsymbol{X}\boldsymbol{\beta} + \boldsymbol{\mu})] \\
&= \operatorname{Var}[\boldsymbol{\beta} + (\boldsymbol{X}'\boldsymbol{X})^{-1}\boldsymbol{X}'\boldsymbol{\mu}] \\
&= \operatorname{Var}[(\boldsymbol{X}'\boldsymbol{X})^{-1}\boldsymbol{X}'\boldsymbol{\mu}] \\
&= (\boldsymbol{X}'\boldsymbol{X})^{-1}\boldsymbol{X}'\operatorname{Var}(\boldsymbol{\mu})[(\boldsymbol{X}'\boldsymbol{X})^{-1}\boldsymbol{X}']' \\
&= (\boldsymbol{X}'\boldsymbol{X})^{-1}\boldsymbol{X}'\sigma^2 \boldsymbol{I}[(\boldsymbol{X}'\boldsymbol{X})^{-1}\boldsymbol{X}']' \\
&= (\boldsymbol{X}'\boldsymbol{X})^{-1}\sigma^2
\end{aligned} \quad (3.16)$$

式中，$\boldsymbol{I}$ 为单位矩阵，即其主对角线上的元素全为 1，其他元素全为 0。

在上面的推导过程中用到了 $\boldsymbol{X}$ 是确定性元素的矩阵，$(\boldsymbol{X}'\boldsymbol{X})^{-1}$ 是对称矩阵，模型误差项矩阵的协方差 $\operatorname{Var}(\boldsymbol{\mu}) = \sigma^2 \boldsymbol{I}$ 等条件、假定和很容易推导的结论，以及矩阵的运用和协

方差的计算法则等内容，这里为了简化并没有进行详细的说明和推导，这个工作由学生自己结合概率论和线性代数等知识来完成。

这个协方差矩阵的具体形式如下：

$$\mathrm{Var}(\hat{\beta}) = \begin{bmatrix} \mathrm{Var}(\hat{\beta}_0) & \mathrm{Cov}(\hat{\beta}_0, \hat{\beta}_1) & \cdots & \mathrm{Cov}(\hat{\beta}_0, \hat{\beta}_k) \\ \mathrm{Cov}(\hat{\beta}_1, \hat{\beta}_0) & \mathrm{Var}(\hat{\beta}_1) & \cdots & \mathrm{Cov}(\hat{\beta}_1, \hat{\beta}_k) \\ \vdots & \vdots & \vdots & \vdots \\ \mathrm{Cov}(\hat{\beta}_k, \hat{\beta}_0) & \mathrm{Cov}(\hat{\beta}_k, \hat{\beta}_1) & \cdots & \mathrm{Var}(\hat{\beta}_k) \end{bmatrix} \quad (3.17)$$

因此，这个协方差矩阵对角线上的元素就是模型的各个参数的估计量的方差，其他元素是不同参数估计量之间的协方差。

在上述最小二乘估计量协方差矩阵的基础上，可以进一步证明最小二乘估计量具有的最小方差性。证明思路：如果对于模型参数向量的任意其他线性无偏估计量用 β^* 来表示，且其协方差矩阵 $\mathrm{Var}(\beta^*)$ 与最小二乘估计量的协方差矩阵 $\mathrm{Var}(\hat{\beta})$ 之间满足 $\mathrm{Var}(\beta^*) - \mathrm{Var}(\hat{\beta})$ 是一个半正定矩阵，那么，因为半正定矩阵对角线上的元素必然都是大于零的，而上述协方差矩阵之差的对角线上的元素是各个参数的两种估计量的方差之差，这样最小二乘估计量的最小方差性就得到了证明。事实上，$\mathrm{Var}(\beta^*) - \mathrm{Var}(\hat{\beta})$ 是半正定矩阵是比各个参数的最小二乘估计是最小方差的线性无偏估计更强的性质，这一点本书不再论述。

令 β^* 为 β 除最小二乘估计量外的任意其他线性估计量，则可以把它写为

$$\beta^* = [(X'X)^{-1}X' + C]Y \quad (3.18)$$

式中，C 是一常数矩阵。

将式(3.18)中的 Y 总体回归函数替换掉得

$$\begin{aligned} \beta^* &= [(X'X)^{-1}X' + C](X\beta + \mu) \\ &= \beta + CX\beta + (X'X)^{-1}X'\mu + C\mu \end{aligned} \quad (3.19)$$

因此，

$$\begin{aligned} E(\beta^*) &= E[\beta + CX\beta + (X'X)^{-1}X'\mu + C\mu] \\ &= \beta + CX\beta + (X'X)^{-1}X'E(\mu) + CE(\mu) \\ &= \beta + CX\beta \end{aligned} \quad (3.20)$$

现在，如果要求 β^* 是 β 的一个无偏估计量，则必须有

$$CX = 0 \quad (3.21)$$

利用式(3.21)，就可把式(3.19)写为

$$\beta^* - \beta = (X'X)^{-1}X'\mu + C\mu \quad (3.22)$$

按定义，

$$\begin{aligned} \mathrm{Var}(\beta^*) &= E(\beta^* - \beta)(\beta^* - \beta)' \\ &= E[(X'X)^{-1}X'\mu + C\mu][(X'X)^{-1}X'\mu + C\mu]' \end{aligned} \quad (3.23)$$

利用矩阵的求逆和转置性质并经代数简化，可以由上式得到

$$\begin{aligned} \mathrm{Var}(\beta^*) &= (X'X)^{-1}\sigma^2 + CC'\sigma^2 \\ &= \mathrm{Var}(\hat{\beta}) + CC'\sigma^2 \end{aligned}$$

或

$$\text{Var}(\beta^*) - \text{Var}(\hat{\beta}) = CC'\sigma^2 \qquad (3.24)$$

这表明，β 的另一无偏线性估计量 β^* 的方差矩阵减去最小二乘估计量 $\hat{\beta}$ 的方差矩阵等于 σ^2 倍的 CC'，后者是一半正定矩阵。由此可知，β^* 的一个给定元素的方差必然等于或大于 $\hat{\beta}$ 的相应元素的方差，从而说明 $\hat{\beta}$ 是所有线性无偏估计量中方差最小的。

至此，证明了在模型假定成立的前提下，多元线性回归模型参数的最小二乘估计量，具有线性性、无偏性和最小方差性等良好的性质。而且，事实上它们也具有一致估计的大样本性质，本书不再给出详细的证明。因此，最小二乘估计在多元线性回归分析中同样是非常有效的工具。此外，如前所述，上述各种性质也为后面的统计推断和分析准备了必要的基础。

3.2.3 借助 EViews 软件进行分析

利用 EViews 软件进行多元线性回归分析与进行一元线性回归分析是完全类似的，也就是说，从软件操作的角度看，改变解释变量的个数并不会改变软件操作，因此，这里利用表 3-1 中的数据进行一些简单介绍，其中各选项的含义在第 2 章中已有说明，这里就不再重复了。

1. 创建工作文件

打开 EViews 软件，在主菜单中选择 File → New → Workfile，此时，屏幕出现一个"工作文件范围"对话框，要求用户指定序列观测数据的频率和样本大小，参见图 2.5。在 Workfile structure type 中选择数据频率，表 3-1 中的数据是非时间序列数据，因此选择 Unstructured → Undated，在 Data range 中填入选择数据范围，表 3-1 中共有 10 组数据，因此，在 Observation 后的框中输入数字"10"，单击 OK 按钮，即创建了工作文件。

2. 录入样本数据

1）创建序列对象

选择菜单中的 Objects → New Object，软件会显示如图 2.7 所示的"New Object"对话框，用来创建 Series(序列)对象。

在 Type of object(对象类型)选项中选择 Series，表示创建的是序列对象，在 Name for object(对象名称)中输入序列名称，单击 OK 按钮，即创建了序列对象。这里有 3 个变量，应创建 3 个序列对象，先创建一个序列对象 Y 用来表示对某商品的消费支出，然后创建第二个序列对象 X1 用来表示该商品的单价，最后创建第三个序列对象 X2 用来表示家庭收入。

2）录入样本数据

序列对象 Y、X1、X2 创建后，显示在工作文件中。双击工作文件中的序列 y，打开类似如图 2.8 所示的序列对象窗口。单击序列对象窗口上的 Edit +/- 开关按钮，使序列对象 Y 处于可编辑状态。在序列对象窗口中输入表 3-1 中各个家庭的对某种商品的消费支出值，完成后关闭该窗口，回到主程序窗口。重复这一过程两次，分别输入该商品的单价和家庭收入的样本数据。

3. 参数估计

选择 Objects→New Object，显示“New Object”对话框(见图 2.7)，在 Type of object 选项中选择 Equation(方程)，在 Name for object 中输入序列名称，这里将方程定义为“multiple”，因此在 Name for object 后的文本框内输入“multiple”，单击 OK 按钮，显示如图 2.12 所示的“方程设定”对话框。必须在该对话框中指定 4 个项目：①方程的估计方法，由于这里用的是最小二乘法，所以选择 LS-Least Squares(NLS ARMA)；②方程的具体形式，这里进行的是多元线性回归分析，其中 Y 是被解释变量，X1、X2 是解释变量，因此，应在 Equation Specification 中输入“Y C X1 X2”；③方程的样本估计区间，这里是用所有的样本数据进行的回归分析，因此，应在 Sample 后输入“1 10”(其实是默认值)；④方程估计时所采用的选项，可以根据具体需要进行适当的设定，这里没有特殊要求，全部采用默认设定。这 4 个项目都指定后，单击确定按钮，将创建一个方程对象，并显示其估计结果，如图 3.1 所示。

Equation: UNTITLED　Workfile: UNTITLED::Untitled\

View | Proc | Object | Print | Name | Freeze | Estimate | Forecast | Stats | Resids

Dependent Variable: Y
Method: Least Squares
Date: 11/07/13　Time: 18:33
Sample: 1 10
Included observations: 10

Variable	Coefficient	Std. Error	t-Statistic	Prob.
C	626.6196	40.17906	15.59568	0.0000
X1	-9.796254	3.201330	-3.060057	0.0183
X2	0.028625	0.005843	4.898953	0.0018

R-squared	0.902161	Mean dependent var	670.3300
Adjusted R-squared	0.874208	S.D. dependent var	49.04504
S.E. of regression	17.39492	Akaike info criterion	8.793558
Sum squared resid	2118.082	Schwarz criterion	8.884334
Log likelihood	-40.96779	Hannan-Quinn criter.	8.693978
F-statistic	32.27320	Durbin-Watson stat	1.651956
Prob(F-statistic)	0.000293		

图 3.1　表 3－1 的回归结果

由此可知，最终获得的回归方程为

$$\hat{Y}_i = 626.62 - 9.80\, X_{1i} + 0.03\, X_{2i}$$

3.3　多元线性回归模型的统计检验

同一元线性回归模型一样，在多元线性回归模型的参数估计出来后，即求出样本回归函数后，还需进一步对该样本回归函数进行统计检验，以判断估计的可靠程度。当然，在多元线性回归模型中这种检验要比一元线性回归模型中的复杂得多，主要包括拟合优度检验、回归参数的显著性检验、模型总体显著性检验及参数的置信区间估计等方面。

3.3.1 拟合优度检验

在一元线性回归模型中可以曾看到，可决系数 R^2 是回归方程拟合优度的一个度量，即它给出被解释变量 Y 的总变异中由(一个)解释变量 X 解释了的比例。很容易把 R^2 这个符号推广应用到含有多于两个变量的多元线性回归模型中去。

这样，在多元线性回归模型中，如果想知道 Y 的变异由解释变量 $X_1, X_2, \cdots, X_k$ 联合解释的比例，则记 $TSS = \sum(Y_i - \bar{Y})^2$ 为总离差平方和，$ESS = \sum(\hat{Y}_i - \bar{Y})^2$ 为回归平方和，$RSS = \sum(Y_i - \hat{Y}_i)^2$ 为残差平方和，数学上能够证明三者之间存在如下关系：

$$TSS = ESS + RSS$$

即总离差平方和可分解为回归平方和与残差平方和两部分，回归平方和(ESS)反映了总离差平方和中可以由样本回归线解释的部分，它越大，残差平方和(RSS)越小，表明样本回归线与有样本观测值的拟合程度越高。

这一结论与一元线性回归模型中的是完全一样的。因此，考虑是否可用一元线性回归模型中的可决系数来衡量多元线性回归模型的拟合优度。

如果对一元线性回归模型可决系数的公式为

$$R^2 = \frac{ESS}{TSS} = 1 - \frac{RSS}{TSS} = 1 - \frac{\sum e_i^2}{\sum(\hat{Y}_i - \bar{Y})^2} \tag{3.25}$$

该统计量越接近于1，模型的拟合优度越高。稍作分析，很容易发现这种可决系数只与被解释变量的观测值及回归残差有关，而与解释变量的个数无直接关系。因此，在技术上完全可以直接把它推广到多元线性回归分析中，作为评价多元线性回归模型拟合优度的标准。在多元线性回归分析中，上述公式计算的可决系数确实仍然是常用的判断模型和变量关系情况的指标之一。

但需要注意的是，多元线性回归模型中解释变量的数目 k 是有多有少的，而 R^2 会随着解释变量个数的增加而增大。换一种说法，多加一个 X 变量必不会减少 R^2。为了看清楚这点，需对可决系数的公式做进一步的分析。R^2 的公式中 $\sum(Y_i - \bar{Y})^2$ 与模型中解释变量的个数无关，但 $\sum e_i^2$ 与模型中出现的解释变量个数相关。直观上，显而易见，随着解释变量个数的增加，$\sum e_i^2$ 很可能减少(至少不会增大)，随之式(3.25)定义的可决系数也将增大。也就是说，解释变量的个数越多，计算出的可决系数必然会随之增大，而不管所增加的解释变量是否确实对改善模型有意义。因此，以这种可决系数为标准，一定会导致一味追求解释变量个数的错误倾向，从而导致回归分析的偏差。正是由于存在这种缺陷，上述可决系数在多元线性回归分析拟合度评价方面的作用受到了很大的限制。

因此，在多元回归模型之间比较拟合优度，R^2 就不是一个合适的指标，必须加以调整。克服这种缺陷的通常方法是采用下列公式计算：

$$\bar{R}^2 = 1 - \frac{\sum e_i^2/(n-k-1)}{\sum(\hat{Y}_i - \bar{Y})^2/(n-1)} \tag{3.26}$$

式中，$\bar{R}^2$ 称为校正的可决系数或调整的可决系数。所谓的校正或调整是指对式(3.25)中的平方和所涉及的自由度的校正：在一个涉及 k 个解释变量（或说 $k+1$ 个参数）的模型中残差平方和 $\sum e_i^2$ 有 $(n-k-1)$ 个自由度，而总离差平方和 $\sum(Y_i-\bar{Y})^2$ 有 $(n-1)$ 个自由度。显然，如果增加的解释变量对被解释变量没有解释能力，则对残差平方和 $\sum e_i^2$ 的减少没有太大的帮助，反而增加了待估参数的个数 k，从而使 $\bar{R}^2$ 有一定程度的下降。因此，用这个调整的可决系数作为评价多元线性回归拟合度的评价标准，就可以基本消除由于解释变量个数的差异所造成的影响，所以更具合理性和可行性。

容易看出调整的可决系数 $\bar{R}^2$ 与未经调整的可决系数 R^2 之间存在如下关系：

$$\bar{R}^2 = 1 - \frac{n-1}{n-k-1}(1-R^2) \tag{3.27}$$

从式(3.27)可以看出：① 对于 $k>1$，$\bar{R}^2 < R^2$。这意味着，随着解释变量个数的增加，校正的 $\bar{R}^2$ 比未校正的 R^2 增加得慢些。② 虽然 R^2 必定是非负的，但 $\bar{R}^2$ 可能是负值。在应用中，如果遇到 $\bar{R}^2$ 出现负值的情形，就把它的值取为零。事实上，当 n 较大和 k 相对较小时，$\bar{R}^2$ 与 R^2 的差别是很小的。

那么在实际应用中，$\bar{R}^2$ 达到多大才算模型通过了检验？没有绝对的标准，要视具体情况而定。另外，模型的拟合优度并不是判断模型质量的唯一标准，有时为了追求模型的经济意义，可以在拟合优度上做一些让步。在本章的后面将推导出 $\bar{R}^2$ 与另一个统计量 F 的关系，那时会让学生对 $\bar{R}^2$ 有一个新的认识。

【例3.2】 计算例3.1中线性回归模型的可决系数以及校正的可决系数。

解： 首先根据回归直线计算出 Y_i 的拟合值 $\hat{Y}_i$，进而由 $e_i = Y_i - \hat{Y}_i$ 计算出回归残差序列，见表3-2。

表3-2 消费支出观测值、拟合值和回归残差　　　　单位：元

消费支出的观测值(Y_i)	消费支出的拟合值($\hat{Y}_i$)	回归残差($e_i = Y_i - \hat{Y}_i$)
591.9	613.91	-22.01
654.5	648.23	6.27
623.6	617.88	5.72
647.0	628.09	18.91
674.0	662.09	11.91
644.4	662.01	-17.61
680.0	691.29	-11.29
724.0	704.36	19.64
757.1	753.64	3.46
706.8	721.82	-15.02

再根据表中数据计算出残差平方和

$$\sum e_i^2 = 2116.85$$

而

$$\sum (Y_i - \bar{Y})^2 = \sum Y_i^2 - n\bar{Y}^2 = 21648.74$$

把它们代入公式，可算出：

$$R^2 = 1 - \frac{\sum e_i^2}{\sum (Y_i - \bar{Y})^2} = 1 - \frac{2116.85}{21648.74} = 0.90$$

由题意知，$n=10, k=2$，因此，

$$\bar{R}^2 = 1 - \frac{\sum e_i^2/(n-k-1)}{\sum (\hat{Y}_i - \bar{Y})^2/(n-1)} = 1 - \frac{2116.85/(10-2-1)}{21648.74/(10-1)} = 0.87$$

3.3.2 回归参数的显著性检验：t 检验

与一元线性回归分析一样，在参数估计的基础上，对模型参数的置信区间、显著性等进行推断检验，并利用模型进行预测，不仅对进一步确定变量关系和经济规律很重要，而且是计量经济分析应用的重要方面。由于多元线性回归模型与一元线性回归模型的不同，统计推断和检验的范围和内容也有很大的不同。

1. 参数估计量的分布性质和统计量

根据前面对多元线性回归最小二乘估计量性质的讨论，可以知道参数估计量 $\hat{\beta}_0$，$\hat{\beta}_1$，$\hat{\beta}_2$，$\cdots$，$\hat{\beta}_k$ 服从以它们对应的真实值 β_0，β_1，β_2，$\cdots$，β_k 为均值，以随机干扰项方差 σ^2 的一定倍数为方差的正态分布，即

$$\hat{\beta}_j \sim N(\beta_j, \sigma^2 c_{jj}) \quad (j=0,1,\cdots,k)$$

式中，c_{jj} 表示矩阵 $(X'X)^{-1}$ 主对角线上的第 j 个元素。要利用 $\hat{\beta}_j$ 的分布进行统计推断，要对它们进行标准化处理，使之成为标准正态分布，转换方法为

$$Z_j = \frac{\hat{\beta}_j - \beta_j}{\sqrt{\sigma^2 c_{jj}}} \sim N(0,1) \tag{3.28}$$

在实际计算时，σ^2 是随机干扰项的方差，无法求得，只能用它的估计量 $\hat{\sigma}^2$ 代替，只不过这里 $\hat{\sigma}^2 = \frac{\sum e_i^2}{n-k-1}$，即残差平方和除以其自由度，这样做的目的是保证估计量的无偏性，这里不再给出具体证明。数学上能进一步证明代替之后的估计量服从 t 分布，自由度为 $(n-k-1)$，即

$$t_j = \frac{\hat{\beta}_j - \beta_j}{\sqrt{\hat{\sigma}^2 c_{jj}}} \sim t(n-k-1) \tag{3.29}$$

该统计量在下面的统计检验中会多次用到。

2. 回归参数的显著性检验：t 检验

这种检验与一元线性回归模型中的显著性检验完全类似，因此，在这里只做简

单介绍。

在变量显著性检验中设计的原假设和备择假设为：$H_0: \beta_j = 0$；$H_1: \beta_j \neq 0$。

给定一个显著性水平 α，得到临界值 $t_{\alpha/2}(n-k-1)$，若 $|t| > t_{\alpha/2}(n-k-1)$，则拒绝原假设 H_0，说明对应的解释变量对被解释变量有显著影响；若 $|t| < t_{\alpha/2}(n-k-1)$，则接受原假设 H_0，说明对应的解释变量对被解释变量没有显著影响。

【例 3.3】 检验例 3.1 中 3 个参数的显著性（显著性水平为 0.05）。

解：3 个参数的显著性检验程序是一样的，以商品单价前参数的检验为例加以说明。首先计算 σ^2 的估计值为

$$\hat{\sigma}^2 = \frac{\sum e_i^2}{n-k-1} = \frac{2116.85}{10-2-1} = 302.41$$

此时

$$t_1 = \frac{\hat{\beta}_1 - \beta_1}{\sqrt{\hat{\sigma}^2 c_{11}}} = \frac{-9.79 - 0}{\sqrt{302.41 \times 0.03}} = -3.06$$

显著性水平为 0.05，自由度为 $10-2-1=7$ 的 t 分布临界值为：$t_{0.025}(7) = 2.365$。

因为 $|t_1| > 2.365$，所以认为该参数显著，即商品单价对消费支出的线性影响是不可忽略的。

同理，可算出截距和收入前参数的 t 值，分别为

$$t_0 = 15.61, \quad t_2 = 4.90$$

因此，这两个参数也是显著不为零的。

3.3.3 回归模型总体显著性检验：F 检验

1. 模型总体显著性检验：F 检验

上面仅讨论了个别参数的显著性检验问题，但除了上述个别参数的显著性检验外，多元线性回归分析中还有另一项不同于一元线性回归分析的统计检验，那就是对模型总体的显著性，也就是对模型的全体解释变量总体上对被解释变量是否存在明显的影响进行判断和分析。这种模型总体显著性的检验也称为"回归显著性检验"。因此，这里检验的原假设和备择假设分别为

$$H_0: \beta_1 = \beta_2 = \cdots = \beta_k = 0$$
$$H_1: \beta_1, \beta_2, \cdots, \beta_k \text{ 不全为零} \tag{3.30}$$

能不能利用 3.3.2 小节中逐一检验 $\beta_1, \beta_2, \cdots, \beta_k$ 的显著性的方法来检验上述联合假设呢？答案是否定的，理由如下所述。

在 3.3.2 小节中检验一个偏回归系数的个别显著性时，本书隐含地假定每一个显著性检验都是根据一个不同的（即独立的）样本进行的。这样，在假定 $\beta_j = 0$ 下检验 $\hat{\beta}_j$ 的显著性时，本书隐含地假定了用于这一检验的样本不同于用来检验在假定 $\beta_i = 0$ 下检验 $\hat{\beta}_i$ 的显著性时的那个样本。但是，如果用同一样本数据去检验式(3.30)的联合假设，就违反了检验方法所依据的那个暗含的基本假定。以上解释的要点在于：对于一个给定的样本，只能做出一个显著性检验。式(3.30)表示的联合检验必须采用不同的方法。

联合检验的思想来自总离差平方和的分解式：
$$TSS = ESS + RSS$$

由于回归平方和 $ESS = \sum(\hat{Y}_i - \bar{Y})^2$ 是所有解释变量的联合体对应变量 Y 的线性作用的结果，考虑比值

$$\frac{ESS/k}{RSS/(n-k-1)}$$

如果这个比值较大，则所有解释变量的联合体对 Y 的解释程度高，可认为总体存在线性关系；反之，总体上可能不存在线性关系。因此，可通过该比值的大小对总体线性关系进行推断。

根据数理统计学中的知识，在原假设 H_0 成立的条件下，上述比值服从自由度为 $(k, n-k-1)$ 的 F 分布，即

$$F = \frac{ESS/k}{RSS/(n-k-1)} \sim F(k, n-k-1) \tag{3.31}$$

因此，给定显著性水平 α，查表得到临界值 $F_\alpha(k, n-k-1)$，根据样本数据求出 F 统计量的数值后，比较其与临界值 $F_\alpha(k, n-k-1)$ 的大小，就可做出相应的结论。如果 $F > F_\alpha(k, n-k-1)$，则拒绝原假设 H_0，说明回归模型总体显著；如果 $F < F_\alpha(k, n-k-1)$，则拒绝原假设 H_1，说明回归模型总体不显著，即所有解释变量与被解释变量之间不存在明显的线性关系。

【例 3.4】检验例 3.1 中所建立模型的总体显著性（显著性水平为 0.05）。

解：把 $RSS = 2116.85$，$ESS = TSS - RSS = 21648.74 - 2116.85 = 19531.89$，$k = 2$，$n = 10$，代入 F 统计量公式，得

$$F = \frac{19531.89/2}{2116.85/7} = 32.29$$

查两个自由度分别为 $k = 2$ 和 $n - k - 1 = 7$ 的 F 分布临界值表，当显著性水平为 0.05 时为 $F_{0.05}(2, 7) = 4.74$。因此，F 统计量的值大于临界值，表明模型的变量关系总体上是显著的。

2. R^2 与 F 之间的联系

拟合优度检验和模型总体显著性检验是从不同原理出发的两类检验，前者是从已经得到估计的模型出发，检验它对样本观测值的拟合程度，后者是从样本观测值出发检验模型总体线性关系的显著性。但是二者又是相互关联的，模型对样本观测值的拟合程度高，模型总体线性关系比较显著。因此，两者是互为验证的。事实上，由可决系数的定义式 (3.25) 及式 (3.31) 可以推导出下列关系式：

$$F = \frac{R^2/k}{(1-R^2)/(n-k)}$$

或

$$t_{\alpha/2} = 1 - \frac{n-k-1}{kF+n-k-1} \tag{3.32}$$

由式(3.32)可知，F 与 R^2 同方向变化：当 $R^2=0$ 时，$F=0$；R^2 越大，F 值也越大；当 R^2 接近 1 时，F 为无穷大。

3.3.4 多元线性回归模型的预测

在 2.3 节中，本书曾说明怎样能用一元线性回归模型做均值预测（即预测总体回归函数上的点）及个值预测（即对解释变量的特定值 $X=X_0$ 预测 Y 的个值）。

多元线性回归的估计结果也可做同样的预测，并且预测程序仅是一元情形的推广，只不过用于估计预测值的方差（标准误差）的公式更为复杂，所以适合用矩阵方法处理。

对于模型 $\hat{Y}=X\hat{\beta}$，如果给定解释变量的某一观测值 $X_0=(1,X_{10},X_{20},\cdots,X_{k0})$，将其代入模型就可以得到被解释变量的预测值（估计值）：

$$\hat{Y}_0 = X_0\hat{\beta}$$

当然这只是估计，为了进行科学预测，还需求出预测值的置信区间，包括均值 $E(Y_0)$ 和个值 Y_0 的置信区间。

1. $E(Y_0)$ 的置信区间

由参数估计的性质可知：

$$E(\hat{Y}_0) = E(X_0\hat{\beta}) = X_0 E(\hat{\beta}) = X_0\beta = E(Y_0)$$

$$\mathrm{Var}(\hat{Y}_0) = E[(X_0\hat{\beta} - X_0\beta)^2] = E[X_0(\hat{\beta}-\beta)X_0(\hat{\beta}-\beta)]$$

由于 X_0 为 $1\times(k+1)$ 阶矩阵（行向量），$(\hat{\beta}-\beta)$ 为 $(k+1)\times 1$ 阶矩阵（列向量），所以 $X_0(\hat{\beta}-\beta)$ 为 1×1 阶矩阵，即为标量。

$$\mathrm{Var}(\hat{Y}_0) = X_0 E[(\hat{\beta}-\beta)(\hat{\beta}-\beta)']X_0'$$
$$= \sigma^2 X_0(X'X)^{-1}X_0'$$

容易证明 $\hat{Y}_0$ 是服从正态分布的。因此，

$$\hat{Y}_0 \sim N(E(Y_0), \sigma^2 X_0(X'X)^{-1}X_0')$$

将随机干扰项的方差 σ^2 用其无偏估计量 $\hat{\sigma}^2$ 代替，可构造 t 统计量：

$$t = \frac{\hat{Y}_0 - E(Y_0)}{\hat{\sigma}\sqrt{X_0(X'X)^{-1}X_0'}} \sim t(n-k-1)$$

于是，得到置信度为 $1-\alpha$ 下的 $E(Y_0)$ 的置信区间：

$$\hat{Y}_0 - t_{\alpha/2}(n-k-1)\hat{\sigma}\sqrt{X_0(X'X)^{-1}X_0'} < E(Y_0) < \hat{Y}_0 + t_{\alpha/2}(n-k-1)\hat{\sigma}\sqrt{X_0(X'X)^{-1}X_0'}$$

【例 3.5】 试计算例 3.1 中 $X_0=(1,30,13000)$ 时，对该商品的消费需求的均值的置信区间（置信度为 95%）。

解： 把 $X_0=(1,30,13000)$ 代入回归直线，可以得到点预测值为

$$\hat{Y}_0 = 626.51 - 9.79\times 30 + 0.03\times 13000 = 704.83$$

在点预测的基础上，再构造置信度为 95% 的区间预测。$t_{\alpha/2}(n-k-1) = t_{0.025}(7) = 2.365$

$$X_0(X'X)^{-1}X_0' = \begin{bmatrix} 1 & 30 & 13000 \end{bmatrix} \times \begin{bmatrix} 5.24 & -0.36 & 0.00 \\ -0.36 & 0.03 & -0.00 \\ 0.00 & -0.00 & 0.00 \end{bmatrix} \times \begin{bmatrix} 1 \\ 30 \\ 13000 \end{bmatrix} = 0.55$$

将这些值代入置信区间公式，可得

$$704.83 - 2.365 \times \sqrt{2116.85} \times \sqrt{0.55} < E(Y_0) < 704.83 + 2.365 \times \sqrt{2116.85} \times \sqrt{0.55}$$

即

$$624.13 < E(Y_0) < 785.53$$

这就是根据回归方程所做的置信度为95%的区间预测。

2. Y_0 的置信区间

如果已经知道预测值 $\hat{Y}_0$ 对应的实际值 Y_0，那么

$$Y_0 = X_0\beta + \mu_0$$

预测误差为

$$e_0 = Y_0 - \hat{Y}_0$$

则

$$E(e_0) = E(Y_0 - \hat{Y}_0) = E(Y_0) - E(\hat{Y}_0) = 0$$

$$\begin{aligned}\text{Var}(e_0) &= \text{Var}[Y_0 - \hat{Y}_0] = \text{Var}(X_0\beta + \mu_0 - X_0\hat{\beta}) \\ &= \text{Var}[X_0(\beta - \hat{\beta}) + \mu_0] \\ &= \text{Var}[X_0(\beta - \hat{\beta})] + \text{Var}(\mu_0) \\ &= X_0[\sigma^2(X'X)^{-1}]X_0' + \sigma^2 \\ &= [1 + X_0(X'X)^{-1}X_0']\sigma^2\end{aligned}$$

e_0 服从正态分布，即

$$e_0 \sim N\{0, [1 + X_0(X'X)^{-1}X_0']\sigma^2\}$$

取随机干扰项方差的样本估计量 $\hat{\sigma}^2$，可得 e_0 方差的估计量：

$$\hat{\sigma}_{e_0}^2 = [1 + X_0(X'X)^{-1}X_0']\hat{\sigma}^2$$

于是可构造 t 统计量：

$$t = \frac{\hat{Y}_0 - Y_0}{\hat{\sigma}_{e_0}} \sim t(n-k-1)$$

式中，$\hat{\sigma}_{e_0} = \sqrt{[1 + X_0(X'X)^{-1}X_0']\hat{\sigma}^2}$。

于是，可得给定 $1-\alpha$ 的置信度下 Y_0 的置信区间为

$$\hat{Y}_0 - t_{\alpha/2}(n-k-1)\hat{\sigma}_{e_0} < Y_0 < \hat{Y}_0 + t_{\alpha/2}(n-k-1)\hat{\sigma}_{e_0}$$

【例3.6】试计算例3.1中 $X_0 = (1, 30, 13000)$ 时，对该商品的消费需求的个值的置信区间（置信度为95%）。

解：$1 + X_0(X'X)^{-1}X_0' = 1.55$。

因此，置信度为95%的个值的置信区间为

$$704.83 - 2.365 \times \sqrt{2116.85} \times \sqrt{1.55} < Y_0 < 704.83 + 2.365 \times \sqrt{2116.85} \times \sqrt{1.55}$$

即

$$569.36 < Y_0 < 840.30$$

3.3.5 可以化为线性的多元非线性回归模型

迄今为止，本书都假定总体回归函数是线性的，然而在现实的经济活动中，经济变量

的关系是复杂的，直接表现为线性关系的情况并不多见，更常见的变量关系是非线性的，如恩格尔曲线表现为幂函数的形式、菲利普斯曲线表现为双曲线的形式等。这时再将总体回归函数设定为线性函数就没有实际意义了。但是，曲线形式的总体回归函数在参数估计和模型检验方面都比线性回归模型困难得多，因此，在实际应用中，通常都是通过一些简单的数学处理，将非线性的总体回归函数化为数学上的线性关系，从而可以运用线性回归的方法建立和分析线性计量经济学模型。下面通过一些常见的非线性经济变量关系的例子说明常用的数学处理方法。

1. 倒数模型、多项式模型与变量的直接置换法

例如，如果某种商品的需求量是一种倒数曲线的形式，即商品需求量 Q 与商品价格 P 之间的关系表现为

$$\frac{1}{Q} = a + b \frac{1}{P} + \mu$$

这时只要令 $Y = \frac{1}{Q}$，$X = \frac{1}{P}$ 就可以把 Q 和 P 之间的非线性函数转换为 Y 和 X 之间的线性函数：

$$Y = a + bX + \mu$$

又如，描述税收 s 和税率 r 关系的著名的拉弗曲线是一种多项式的形式，即

$$s = a + br + cr^2 + \mu$$

在这种情况下，可以用 $X_1 = r$，$X_2 = r^2$ 进行置换，将上述模型变为线性形式，即

$$Y = a + bX_1 + cX_2 + \mu$$

2. 幂函数模型、指数函数模型与函数变换法

例如，宏观经济学中的 C – D（著名的柯布 – 道格拉斯，即 chales W. Cobb – Paul H. Dauglas）生产函数是将产出量 Q 表达为投入要素——资本(K)和劳动力(L)的幂函数形式：

$$Q = AK^a L^b e^\mu$$

这时可以将方程两边取对数：

$$\ln Q = \ln A + a\ln K + b\ln L + \mu$$

这个方程对于参数而言是线性形式的。

又如，产品生产中总成本 C 与产量 Q 的关系一般呈现指数形式：

$$C = ab^Q e^\mu$$

同样地，对方程两边取对数：

$$\ln C = \ln a + Q\ln b + \mu$$

令 $\ln a = \alpha$，$\ln b = \beta$，得

$$\ln C = \alpha + \beta Q + \mu$$

此方程对参数 α 和 β 而言是线性的。

3.4 案例分析

表 3 – 3 列出了中国某年按行业分类的全部制造业国有企业及规模以上非国有企业的

工业总产值(Y,单位:亿元),资产总额(K,单位:亿元)和职工人数(L,单位:万人)。

表3-3 工业总产值、资产总额和职工人数

序号	工业总产值/亿元	资产合计/亿元	职工人数/万人	序号	工业总产值/亿元	资产合计/亿元	职工人数/万人
1	3722.70	3078.22	113	17	812.70	1118.81	43
2	1442.52	1684.43	67	18	1899.70	2052.16	61
3	1752.37	2742.77	84	19	3692.85	6113.11	240
4	1451.29	1973.82	27	20	4732.90	9228.25	222
5	5149.30	5917.01	327	21	2180.23	2866.65	80
6	2291.16	1758.77	120	22	2539.76	2545.63	96
7	1345.17	939.10	58	23	3046.95	4787.90	222
8	656.77	694.94	31	24	2192.63	3255.29	163
9	370.18	363.48	16	25	5364.83	8129.68	244
10	1590.36	2511.99	66	26	4834.68	5260.20	145
11	616.71	973.73	58	27	7549.58	7518.79	138
12	617.94	516.01	28	28	867.91	984.52	46
13	4429.19	3785.91	61	29	4611.39	18626.94	218
14	5749.02	8688.03	254	30	170.30	610.91	19
15	1781.37	2798.90	83	31	325.53	1523.19	45
16	1243.07	1808.44	33				

本节将利用上表所列数据,建立工业总产值与资产总额和职工人数的回归模型。

1. 建立模型

关于工业总产值、资产总额和职工人数三者之间的关系,经济学上有不同的论述,有的认为它们之间的关系是线性的,有的认为它们之间的关系是C-D生产函数形式的,这里本书把它们之间的关系假定为线性的,因此,建立多元线性回归模型为

$$Y = \beta_0 + \beta_1 K + \beta_2 L + \mu$$

根据表中的样本数据,利用最小二乘法可得3个参数β_0、β_1、β_2的估计值分别为

$$\hat{\beta}_0 = 588.62, \hat{\beta}_1 = 0.20, \hat{\beta}_2 = 11.12$$

由此得到的回归方程为

$$\hat{Y} = 588.62 + 0.20K + 11.12L$$

这个方程说明在职工人数不变的前提下,资产总额每增加1亿元,平均来讲工业总产值增加0.2亿元;在资产总额不变的前提下,职工人数每增加1万人,工业总产值平均增加11.12亿元。

2. 模型检验

经计算此模型的可决系数 $R^2 = 0.67$，校正的可决系数 $\bar{R}^2 = 0.65$，表明模型在整体上拟合得比较好。再从 3 个参数的 t 检验值看，3 个参数的 t 值分别为：$t_0 = 1.73$，$t_1 = 2.43$，$t_2 = 3.07$，5% 显著性水平下自由度为 $n - k - 1 = 31 - 2 - 1 = 28$ 的 t 分布临界值为 $t_{0.025}(28) = 2.048$，因此，截距的 t 值小于临界值，说明截距与零没有显著差异，两个偏斜率参数则通过了显著性检验。最后从 F 检验来看，模型的 F 值为：$F = 28.62$，而 5% 显著性水平下自由度分别为 $k = 2$ 和 $n - k - 1 = 28$ 的 F 分布临界值为 $F_{0.05}(2, 28) = 2.95$，说明模型在总体上是高度显著的。

学生可以利用所得的回归方程进行预测分析，这里不再详述。

3. EViews 过程的实现

1）创建工作文件

打开 EViews 软件，在主菜单中选择 File → New → Workfile，在弹出的对话框中，在 Workfile structure type 中选择 Unstructured/Undated，因为表 3-3 中的数据是分行业数据而不是时间序列数据，在 Data range 中填入"31"，表示有 31 组观察值，单击 OK 按钮，创建工作文件。

2）录入样本数据

选择菜单中的 Objects → New Object，在弹出的"New Object"对话框中，在 Type of object（对象类型）选项中选择 Series，表示创建的是序列对象，在 Name for object（对象名称）中输入序列名称"Y"，用来表示工业总产值，单击 OK 按钮，即创建了工业总产值的序列对象 Y。双击工作文件中的序列对象 Y，打开"序列对象"窗口。单击"序列对象"窗口上的 Edit +/- 开关按钮，使序列对象 Y 处于可编辑状态，然后输入表 3-3 中各行业的工业总产值数据，完成后关闭该窗口，回到主程序窗口。重复这一过程两次，可分别创建资产总额的序列对象 K 和职工人数的序列对象 L，同时输入两者的样本数据。

3）参数估计

选择 Objects → New Object，弹出"New Object"对话框，在 Type of object 选项中选择 Equation（方程），在 Name for object 中输入序列名称"chanzhi"，单击 OK 按钮后显示"方程设定"对话框。选择 Quick → Estimate Equation，弹出"Estimate Equation"对话框，输入"Y C K L"，表示要建立的回归模型为：$Y = \beta_0 + \beta_1 K + \beta_2 L + \mu$；在 Method 中选择 LS，Least Squares(NLS-ARMA)，表示参数估计的方法是最小二乘法；在 Sample 后输入"1 31"，表示参与运算的是所有的样本数据，设定完成后，单击确定按钮，即将创建一个上述所要求的方程对象，并显示其估计结果，如图 3.2 所示。

由上述结果可以看出，所估计的回归模型为

$$\hat{Y} = 588.62 + 0.20K + 11.12L$$

与此模型相对应的相关检验统计量分别为

$$R^2 = 0.67, \quad \bar{R}^2 = 0.65$$
$$t_0 = 1.73, \quad t_1 = 2.43, \quad t_2 = 3.07$$
$$F = 28.62$$

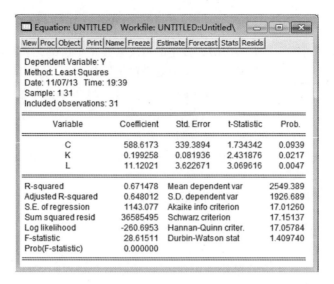

图 3.2 表 3-3 的回归分析结果

 本章小结

本章的重点是有多个解释变量的多元线性回归分析，首先介绍了多元线性回归模型，其与一元线性回归模型相似，但更复杂。

其次，介绍了普通最小二乘估计方法及矩阵表示方法，回归模型的矩阵表示和计算是本章的难点之一。

再次，介绍了回归拟合优度评价和可决系数，以及各种相关统计检验、推测和分析方法，主要是对拟合优度、回归参数的显著性、回归模型总体显著性等的检验。

最后，通过案例分析介绍了用 EViews 对模型进行检验的方法。

习　题

1. 按步骤解释下列过程。
（1）对单个多元回归系数的显著性检验。
（2）对所有的部分斜率系数的显著性检验。

2. 判断正误并说明理由。
（1）校正的判定系数和非校正的判定系数仅当非校正判定系数为 1 时才相等。
（2）判定所有解释变量是否对应变量有显著影响的方法是看每个解释变量是否都是显著的 t 统计量；如果不是，则解释变量整体是统计不显著的。
（3）当 $R^2=1$，$F=0$；当 $R^2=0$，$F=\infty$。
（4）如果说估计的回归系数在统计上是显著的，就是说它显著不为 1。
（5）要计算 t 临界值，仅仅需知道自由度。
（6）整个多元回归模型在统计上是显著的，意味着模型中任何一个单独的变量均是统计显著的。
（7）就估计和假设检验而言，单方程回归与多元回归没有什么区别。

(8) 无论模型中包括多少个解释变量,总离差平方和的自由度总为($n-1$)。

3. 表 3-4 给出了三变量模型的回归的结果:

表 3-4　三变量模型的回归结果

方差来源	平方和(SS)	自由度
来自回归(ESS)	65965	—
来自残差(RSS)	—	—
总离差(TSS)	66042	24

求:

(1) 样本容量是多少?

(2) 求 RSS?

(3) ESS 与 RSS 的自由度各是多少?

(4) 求 R^2 与 $\bar{R}^2$?

(5) 检验假设:X_1 和 X_2 对 Y 无影响。需用什么假设检验?为什么?

4. 多元线性回归模型的基本假定有哪些?

5. 在一项调查大学生一学期平均成绩(Y)与每周在学习(X_1)、睡觉(X_2)、娱乐(X_3)与其他(X_4)各种能够活动所用时间的关系的研究中,建立了如下的回归模型:

$$Y = \beta_0 + \beta_1 X_1 + \beta_2 X_2 + \beta_3 X_3 + \beta_4 X_4 + \mu_i$$

如果这些活动所用时间的总和为一周的总小时数 168。问:保持其他变量不变,而改变其中一个变量的说法是否有意义?该模型是否有违背基本假定的情况?如何修改此模型以使其更加合理?

6. 表 3-5 列出了某地区家庭人均鸡肉年消费量(Y)与家庭月平均收入(X)、鸡肉价格(P_1)、猪肉价格(P_2)的相关数据。

表 3-5　相关数据资料

年　份	Y/千克	X/元	P_1/(元/千克)	P_2/(元/千克)
1989	2.78	397	4.22	5.07
1990	2.99	413	3.81	5.2
1991	2.98	439	4.03	5.4
1992	3.08	459	3.95	5.53
1993	3.12	492	3.73	5.47
1994	3.33	528	3.81	6.37
1995	3.56	560	3.93	6.98
1996	3.64	624	3.78	6.59
1997	3.67	666	3.84	6.45
1998	3.84	717	4.01	7.00
1999	4.04	768	3.86	7.32
2000	4.03	843	3.98	6.78

续表

年 份	Y/千克	X/元	P_1/(元/千克)	P_2/(元/千克)
2001	4.18	911	3.97	7.91
2002	4.04	931	5.21	9.54
2003	4.07	1021	4.89	9.42
2004	4.01	1165	5.83	12.35
2005	4.27	1349	5.79	12.99
2006	4.41	1449	5.67	11.76
2007	4.67	1575	6.37	13.09
2008	5.06	1759	6.16	12.98
2009	5.01	1991	5.89	12.80
2010	5.17	2258	6.64	14.10

要求：利用上述资料，设定适当的模型进行回归分析。

第 4 章 多重共线性

教学目标

通过本章的学习,对多重共线性的定义、产生的原因、后果有一定的了解和认识,并能针对一般应用模型进行多重共线性的检验、修正的分析和说明。

教学要求

了解多重共线性的定义、产生原因和后果;理解并掌握多重共线性的检验和修正方法;掌握多重共线性的检验和修正方法在实际问题中的应用。

在第3章的多元回归模型的假设中，有一个针对解释变量之间相互关系的假设，它要求解释变量之间不存在多重共线性。所谓多重共线性，是指解释变量之间存在完全或近乎完全的线性相关关系。例如，以煤炭行业的企业为样本建立企业的生产函数模型，被解释变量是企业的产出，解释变量是劳动投入、资本投入、技术水平等要素。一般来说，企业的劳动投入和资本投入是高度相关的，如果企业的产出量高，资本和劳动的投入就会比较多，相反则投入会比较少，所以说二者有一个相关的共同趋势，即该模型产生多重共线性。

当出现多重线性时，从理论上讲，会出现回归系数的值估计不出来或者回归系数估计值的方差趋于无穷大，从而表现出假设检验均不能通过的现象。那么，如何准确定义多重共线性？回归模型中出现了多重共线性会有什么后果？如何判断解释变量之间是否存在多重共线性？出现了多重共线性该如何解决？下面就这几个方面进行讨论。

4.1 多重共线性的含义与其产生的原因

4.1.1 多重共线性的含义

从本义上讲，多重共线性是指多元线性回归模型的解释变量之间存在完全的线性关系。用数学语言来说就是对多元线性回归模型

$$Y = \beta_1 X_1 + \beta_2 X_2 + \cdots + \beta_k X_k + \mu \tag{4.1}$$

式中，

$$Y = \begin{bmatrix} Y_1 \\ Y_2 \\ \vdots \\ Y_n \end{bmatrix}; \quad X_j = \begin{bmatrix} X_{j1} \\ X_{j2} \\ \vdots \\ X_{jn} \end{bmatrix}, \quad j=2,3,\cdots,k; \quad X_1 = \begin{bmatrix} 1 \\ 1 \\ \vdots \\ 1 \end{bmatrix}; \quad \mu = \begin{bmatrix} \mu_1 \\ \mu_2 \\ \vdots \\ \mu_n \end{bmatrix}$$

若存在不全为零的常数 $\lambda_1, \lambda_2, \cdots, \lambda_k$，使

$$\lambda_1 X_1 + \lambda_2 X_2 + \cdots + \lambda_k X_k = 0 \tag{4.2}$$

则称多元线性回归模型(4.1)存在多重共线性。

本章讨论的是更广泛意义上的多重共线性。它不仅包括解释变量之间的精确线性关系，还包括解释变量之间的近似线性关系，即

$$\lambda_1 X_{1i} + \lambda_2 X_{2i} + \cdots + \lambda_k X_{ki} + v_i = 0, \quad (i=1,2,\cdots,n) \tag{4.3}$$

式中，v_i 是随机变量。式(4.2)表明，对于一个给定的样本，列向量 $X_1, X_2, \cdots, X_k$ 是线性相关的。式(4.3)表明，由于式中存在随机变量 v_i，列向量 $X_1, X_2, \cdots, X_k$ 不是完全线性相关的，而是近似线性相关的。

需要指出的是，多重共线性是指解释变量之间的线性关系，并不是指它们之间的非线性关系。例如，对于下述回归模型：

$$Y_i = \beta_0 + \beta_1 X_{1i} + \beta_2 X_{1i}^2 + \beta_3 X_{1i}^3 + u_i \tag{4.4}$$

式中，Y_i 为生产总成本，X_{1i} 为产量。变量 X_{1i}^2（产量的平方）和 X_{1i}^3（产量的立方）显然是 X_{1i}

的函数,但这仅是非线性关系。模型(4.4)并不违反无多重共线性假定。

4.1.2 多重共线性产生的原因

多重共线性产生的原因很多,主要的有以下几个方面。

(1) 经济变量之间的内在联系。例如,在农业生产函数中,影响农业产量 Y 的因素有耕地面积 X_1 和施肥量 X_2 等因素;其模型可写为 $Y_i = \beta_0 + \beta_1 X_{1i} + \beta_2 X_{2i} + u_i$。一般来说,土地面积与施肥量有密切关系,面积越大,施肥量越多,二者存在一定的线性依存关系。

(2) 经济变量相关的共同趋势。例如,在国民经济处于迅速增长的时期,国民收入、消费额、积累额、储蓄额等都会迅速增长;而在国民经济衰退时期,这些变量的增长速度又都会相应放慢,这时的时间序列数据很可能呈现一定程度的多重共线性。

(3) 模型中引进滞后变量。例如,在消费函数中,现在的收入水平与过去的收入水平往往有密切联系,当把本期收入(滞后变量)和过去收入同时引进模型时,很可能出现多重共线性。

(4) 多重共线性是经济分析中常遇到的问题,它不仅在时间序列资料中普遍存在,就是在截面数据中也可能存在。例如,在研究企业的生产量时,企业的资金和劳动力总是高度相关的,因为一般来说大型企业的资金和劳动力都较多,小型企业的资金和劳动力都较少。

(5) 样本资料的限制。在现有的数据条件下,无法收集到完全符合理论模型的样本数据,那么这些特定的样本可能就存在某种程度的相关性。

4.2 多重共线性产生的后果

4.2.1 完全多重共线性带来的后果

如果在模型中至少有一个解释变量与其他解释变量线性相关,如式(4.2)所示,或者有两个解释变量之间的相关系数 $r_{12} = \pm 1$,则称该模型存在完全多重共线性。在这种情况下,即使古典假定的其余假定均满足,模型也可能会出现参数无法唯一确定、错误的结论、参数的方差无穷大等问题。

例如,在农业生产函数中有

$$Y_i = \beta_0 + \beta_1 X_{1i} + \beta_2 X_{2i} + u_i \tag{4.5}$$

对于一个确定的样本,模型(4.5)中的参数应该被唯一确定。但是,如果耕地面积 X_{1i} 和施肥量 X_{2i} 之间存在完全的共线性,比如 $X_{2i} = kX_{1i}$(k 为一非零常数),则需再引入一个任意非零常数 β^*,代入模型中则

$$Y_i = \beta_0 + (\beta_1 - \beta^*) X_{1i} + (\beta_2 + \frac{1}{k}\beta^*) X_{2i} + u_i \tag{4.6}$$

式中,$\beta^* X_{1i} = \frac{1}{k} \beta^* X_{2i}$,式(4.5)和式(4.6)虽然完全等价,但回归系数显然不同。式(4.5)的参数决定后,式(4.6)的参数却可以随 β^* 的任意取值而变化,说明这时参数值的估计不

唯一确定。此外,从经济意义上讲,如果取 $\beta^* > \beta_1$,那么 $(\beta_1-\beta^*)<0$,则式(4.6)表明,随耕地面积的增加农产量将会减少,这显然是个十分荒谬的结论。

下面再用模型参数说明完全多重共线性的后果。对于上述二元线性回归模型:

$$\hat{\beta}_1 = \frac{\sum X_{1i}Y_i \sum X_{2i}^2 - \sum X_{2i}Y_i \sum X_{1i}X_{2i}}{\sum X_{1i}^2 \sum X_{2i}^2 - (\sum X_{1i}X_{2i})^2}$$

$$= \frac{k^2 \sum X_{1i}Y_i \sum X_{1i}^2 - k^2 \sum X_{1i}Y_i \sum X_{1i}^2}{k^2 \sum X_{1i}^2 \sum X_{1i}^2 - k^2 (\sum X_{1i}^2)^2} = \frac{0}{0}$$

$$\hat{\beta}_2 = \frac{\sum X_{2i}Y_i \sum X_{1i}^2 - \sum X_{1i}Y_i \sum X_{1i}X_{2i}}{\sum X_{1i}^2 \sum X_{2i}^2 - (\sum X_{1i}X_{2i})^2} = \frac{k \sum X_{1i}Y_i \sum X_{1i}^2 - k \sum X_{1i}Y_i \sum X_{1i}^2}{k^2 \sum X_{1i}^2 \sum X_{1i}^2 - k^2 (\sum X_{1i}^2)^2} = \frac{0}{0}$$

在此情况下,$\hat{\beta}_1$ 的方差为

$$\mathrm{Var}(\hat{\beta}_1) = \sigma^2 \frac{\sum X_{2i}^2}{\sum X_{1i}^2 \sum X_{2i}^2 - (\sum X_{1i}X_{2i})^2} = \frac{\sigma^2 \sum X_{2i}^2}{0} = \infty$$

对于 $\hat{\beta}_2$,类似地,也有

$$\mathrm{Var}(\hat{\beta}_2) = \frac{\sigma^2 \sum X_{1i}^2}{0} = \infty 。$$

从直观意义上理解,模型中的参数 β_1 表示在 X_2 保持不变的情况下,X_1 每变化一个单位时 Y 的平均变化率。由于模型中存在完全多重共线性,$X_2 = kX_1$,所以当 X_1 每变化一个单位时,X_2 也相应地变化 k 个单位,那么,就无法去确定在 X_2 保持不变的情况下,X_1 对 Y 的单独影响。

4.2.2 经济变量与经济参数

1. 经济变量

如果解释变量之间有一定的线性关系,但不是完全的线性相关,如式(4.4)所示,或者有两个解释变量之间的相关系数为 $-1<r<0$ 或 $0<r<1$,则称模型中存在不完全多重共线性,也称为近似共线性。不完全多重共线性主要会产生以下几个方面影响。

参数估计量的方差随多重共线性"严重程度"的增加而增大。

由 $\hat{\beta}_1$ 和 $\hat{\beta}_2$ 的方差可导出:

$$\mathrm{Var}(\hat{\beta}_1) = \frac{\sigma^2 \sum X_{2i}^2}{\sum X_{1i}^2 \sum X_{2i}^2 - (\sum X_{1i} \sum X_{2i})^2} = \frac{\sigma^2}{\sum X_{1i}^2} \cdot \frac{1}{1-r_{12}^2} \quad (4.7)$$

$$\mathrm{Var}(\hat{\beta}_2) = \frac{\sigma^2 \sum X_{1i}^2}{\sum X_{1i}^2 \sum X_{2i}^2 - (\sum X_{1i}X_{2i})^2} = \frac{\sigma^2}{\sum X_{2i}^2} \cdot \frac{1}{1-r_{12}^2} \quad (4.8)$$

式中,r_{12} 为 X_1 和 X_2 之间的相关系数。式(4.7)和式(4.8)中第二项因子称为方差膨胀因子(Variance Inflating Factor),记成 VIF。

$$\mathrm{VIF} = \frac{1}{1-r_{12}^2} \quad (4.9)$$

VIF 表明，OLS 估计量的方差随着多重共线性的增加而"膨胀"。当 X_1、X_2 高度相关时(即 $r_{12} \to 1$)，VIF $\to +\infty$。表 4-1 就反映了多重共线性对 VIF 的影响，也即对 OLS 估计量的方差的影响。

表 4-1 多重共线性对参数估计方差的影响

r_{12}^2	0	0.5	0.8	0.9	0.95	0.96	0.97	0.98	0.99	0.999
VIF	1	2	5	10	20	25	33	50	100	1000

由表 4-1 可以看出，当 $r_{12}^2=0.8$ 时，$\mathrm{Var}(\hat{\beta}_1)$ 5 倍于 $r_{12}=0$ 的方差；当 $r_{12}^2>0.9$ 时，方差便呈现急剧增大的趋势。

2. 经济参数

(1) 进行统计检验时，容易删除掉重要解释变量而造成模型设定误差。在对参数进行显著性检验时，检验统计量为

$$t = \frac{\hat{\beta}_j}{\mathrm{SE}(\hat{\beta}_j)} = \frac{\hat{\beta}_j}{\sqrt{\mathrm{Var}(\hat{\beta}_j)}}$$

当存在多重共线性时，由于 $\mathrm{Var}(\hat{\beta}_j)$ 随之增加，t 统计量将会减小。这样，很可能本应否定原假设 $H_0: \beta_j = 0$，却由于 t 值减小而错误地接受了原假设，即认为解释变量 X_j 对 Y 的影响不显著，而从模型中剔除掉。在这种情况下，将会造成剔除重要解释变量的设定误差。

(2) 参数的置信区间明显扩大。由于存在多重共线性，参数估计值有较大的标准差，所以参数真实值的置信区间也将增大。例如，当 σ^2 已知时，β_j 的 95% 置信区间为

$$\beta_j = \hat{\beta}_j \pm t_{0.025}(n-k)\mathrm{SE}(\hat{\beta}_j)$$

此置信区间将随 $\mathrm{SE}(\hat{\beta}_j)$ 的增大而增大。

(3) 参数估计量及其标准误差对于样本波动非常敏感。数据即使出现轻微变动，它们也将发生较大变化。由式(4.7)可以看出，当 $r_{12}^2 \to 1$ 时，则有 $1 - r_{12}^2 \to 0$，$1/(1 - r_{12}^2) \to \infty$。故当样本数据的轻微变动引起 r_{12}^2 的轻微变动时，$1/(1 - r_{12}^2)$ 将会发生较大的变动，从而 $\mathrm{Var}(\hat{\beta}_j)$ 也将会发生较大的变动。

由此可见，当模型中存在多重共线性时，会带来许多严重的后果。不过应当说明，在模型存在多重共线性时，OLS 估计仍然为最佳线性无偏估计(BLUE)。而且，人们的目的如果是预测 Y 值的未来值，且预计解释变量之间的多重共线关系在预测期不发生变化，则多重共线性对 Y 的预测没有明显影响。

4.3 多重共线性的检验

多重共线性程度较高时，会给 OLS 估计量带来一系列严重后果，所以必须将它检验出来，以便采取相应措施补救。

多重共线性检验的任务：检验多重共线性是否存在；估计存在多重共线性的范围；判明多重共线性的具体形式。

4.3.1 相关系数检验

利用相关系数可以分析解释变量之间的两两相关情况。在 EViews 软件中可以直接计算解释变量的相关系数矩阵：

如果线性回归模型中有 k 个解释变量，其两两简单相关系数矩阵为

$$\begin{array}{c} \\ X_2 \\ X_3 \\ X_4 \\ \vdots \\ X_k \end{array} \begin{array}{cccccc} X_2 & X_3 & X_4 & \cdots & X_k \\ \begin{bmatrix} r_{22} & r_{23} & r_{24} & \cdots & r_{2k} \\ r_{32} & r_{33} & r_{34} & \cdots & r_{3k} \\ r_{42} & r_{43} & r_{44} & \cdots & r_{4k} \\ \vdots & \vdots & \vdots & \vdots & \vdots \\ r_{k2} & r_{k3} & r_{k4} & \cdots & r_{kk} \end{bmatrix} \end{array} \qquad (4.10)$$

因为 $r_{ij} = r_{ji}$，所以以矩阵(4.10)是一对称阵。根据矩阵中主对角线上方（或下方）的 r_{ij}（或 r_{ji}）就可以判断 X_i 和 X_j 之间的相关性。但是，任意两个解释变量之间的简单相关系数实际隐含着其他变量变化的相关影响，因此，有时要通过偏相关系数来反映二者之间的真实相关程度。

4.3.2 辅助回归判定系数检验

由于多重共线性指的是解释变量之间的线性相关关系，所以可以对模型中的每个解释变量分别用其余的解释变量构成 $k-1$ 个线性回归方程。

$$X_2 = f_2(X_3, X_4, \cdots, X_k)$$
$$X_3 = f_3(X_2, X_4, \cdots, X_k)$$
$$\vdots$$
$$X_k = f_k(X_2, X_3, \cdots, X_{k-1})$$

并且，计算各个回归方程对应的可决系数 $R_2^2, R_3^2, \cdots, R_k^2$，然后对每一个 R_i^2 构造 F 统计量得

$$F_i = \frac{R_i^2/(k-1)}{(1-R_i^2)/(n-k)} \quad (i=1,2,\cdots,k) \qquad (4.11)$$

F_i 服从分子自由度为 $(k-1)$，分母自由度为 $(n-k)$ 的 F 分布。以 F_i 做检验统计量，检验总体拟合优度。如果结果不显著，就表明解释变量 X_i 与其余 $(k-1)$ 个解释变量的线性组合在整体上不相关，即 X_i 未受其余解释变量的共线影响；如果结果显著，则表明 X_i 与其余解释变量的线性组合在整体上相关，或 X_i 受其余解释变量的共线影响。

4.3.3 方差膨胀因子检验

对于多元线性回归模型，$\hat{\beta}_j$ 的方差可以表示成

$$\mathrm{Var}(\hat{\beta}_j) = \frac{\sigma^2}{\sum(X_{ij}-\overline{X}_j)^2} \frac{1}{(1-R_j^2)} = \frac{1}{\sum(X_{ij}-\overline{X}_j)^2}\mathrm{VIF}_j$$

$$\mathrm{VIF}_j = (1-R_j^2)^{-1}$$

式中，R_j^2 为 X_j 关于其他解释变量辅助回归模型的判定系数，VIF_j 为方差膨胀因子。随着多重共线性程度的增强，VIF 以及系数估计误差都在增大。因此，可以用 VIF 作为衡量多重共线性的一个指标：一般当 VIF > 10 时（此时 R_j^2 > 0.9），认为模型存在较严重的多重共线性。

另一个与 VIF 等价的指标是"容许度"（Tolerance），其定义为
$$TOL_j = (1 - R_j^2) = 1/VIF_j$$
显然，$0 \leq TOL \leq 1$；当 X_j 与其他解释变量高度相关时，TOL 无限趋近于 0。因此，一般当 TOL < 0.1 时，认为模型存在较严重的多重共线性。

4.3.4 正规方程组系数矩阵条件数检验

考察解释变量的样本数据矩阵

$$X = \begin{bmatrix} 1 & X_{11} & X_{21} & \cdots & X_{k1} \\ 1 & X_{12} & X_{22} & \cdots & X_{k2} \\ \vdots & \vdots & \vdots & & \vdots \\ 1 & X_{1n} & X_{2n} & \cdots & X_{kn} \end{bmatrix}$$

当模型存在完全多重共线性时，$Rank(X) < k+1$，$|X'X| = 0$；而当模型存在严重的多重共线性时，$|X'X| \approx 0$。根据矩阵代数知识，若 $\lambda_1, \lambda_2, \cdots, \lambda_{k+1}$ 为矩阵 $X'X$ 的 $k+1$ 个特征值，则有
$$|X'X| = \lambda_1 \lambda_2 \cdots \lambda_{k+1} \approx 0$$
这表明特征值 $\lambda_i (i=1, 2, \cdots, k+1)$ 中至少有一个近似地等于 0。因此，可以利用 $X'X$ 的特征值来检验模型的多重共线性。

特征根分析表明，当矩阵 $X'X$ 有一个特征根近似为 0 时，设计矩阵 X 的列向量间必存在多重共线性，并且 $X'X$ 有多少个特征根接近于 0，X 就有多少个多重共线性关系。那么，特征根近似为 0 的标准如何确定呢？这可以用下面介绍的条件数确定。记 $X'X$ 的最大特征根为 λ_m，一般称
$$k_i = \sqrt{\frac{\lambda_m}{\lambda_i}} \quad (i=0,1,2,\cdots,p)$$
为特征根 λ_i 的条件数（Condition Index）。

注意：在一些其他的书中，条件数定义为 $k_i = \lambda_m/\lambda_i$，没有开平方根。

条件数度量了矩阵 $X'X$ 的特征根散布程度，可以用它来判断多重共线性是否存在以及多重共线性的严重程度。通常在 $0 < k < 10$ 时，认为 X 矩阵没有多重共线性；在 $10 \leq k < 100$ 时，认为 X 存在较强的多重共线性；当 $k \geq 100$ 时，则认为存在严重的多重共线性。

4.4 多重共线性的修正方法

完全不存在多重共线性是一个很强的假定。在实际中，经济变量随着经济形势的起

伏，总要表现出某种程度的共同变化特征。当然，完全多重共线性在实际经济问题中很少见，所以多重共线性的一般表现形式是不完全多重共线性。当解释变量间存在不完全多重共线性时，主要是对回归系数的估计造成严重后果。尽管回归系数的普通最小二乘估计量仍具有无偏性，但由于回归系数估计量的方差变大，使回归系数估计量 $\hat{\beta}_j$ 的抽样精度下降，$\hat{\beta}_j$ 的值有可能远离真值 β_j，从而使回归系数估计值变得毫无意义。

4.4.1 删除不重要的解释变量

找出引起多重共线性的解释变量，将它排除出去，是最为有效地克服多重共线性问题的方法。上述的用于检验多重共线性的方法，也是克服多重共线性问题的方法，其中应用最广泛的是逐步回归法。

但是，排除了引起共线性的变量后，保留变量的参数估计量的经济意义发生了变化。它们不再仅仅反映自身与被解释变量的关系，也包含与它们成线性关系的、被排除的变量对被解释变量的影响。

这是一种简单处理方法。但是从模型中删去变量应该注意以下几个影响：从偏相关系数 t 检验证实为共线性原因的那些变量中删除；由实际经济分析确定变量的相对重要性，删除不太重要的变量；如删除不当，会产生模型设定调整，造成参数估计严重有误的后果。

4.4.2 利用已知信息

"已知信息"也称"先验信息"，是指根据经济理论及实际的统计资料所获得的解释变量之间的关系。如果已经知道模型存在着多重共线性，也知道解释变量之间的关系，就可以把这种关系考虑到模型中去，以消除多重共线性。

例如，消费函数模型为

$$Y_i = \beta_0 + \beta_1 X_{1i} + \beta_2 X_{2i} + u_i \tag{4.12}$$

其中，Y_i 为消费支出，X_{1i} 为收入，X_{2i} 为财产。收入 X_1 和财产 X_2 之间是高度相关的，所以式(4.12)存在多重共线性。

如果根据"先验信息"已经知道 β_2 大约是 β_1 的 $1/10$，即

$$\beta_2 = 0.1\beta_1 \tag{4.13}$$

利用这一信息，式(4.12)可转化为

$$Y_i = \beta_0 + \beta_1(X_{1i} + 0.1X_{2i}) + u_i \tag{4.14}$$

若令

$$Z_i = X_{1i} + 0.1X_{2i}$$

则有

$$Y_i = \beta_0 + \beta_1 Z_i + u_i \tag{4.15}$$

显然，式(4.15)已消除了多重共线性。这样，通过式(4.15)可以估计 β_1，然后由式(4.13)求出 β_2 的估计值。

又如，著名的 Cobb-Douglas 生产函数 $Y = AL^\alpha K^\beta$ 中劳动投入量 L 与资本投入量 K 之间通常是高度相关的，如果已知附加信息：

$$\alpha + \beta = 1$$

则

$$Y = AL^{1-\beta}K^{\beta} = AL\left(\frac{K}{L}\right)^{\beta}$$

或

$$\frac{Y}{L} = A\left(\frac{K}{L}\right)^{\beta} \tag{4.16}$$

记

$$y = Y/L,\ k = K/L$$

则 C-D 生产函数可以表示成：

$$y = Ak^{\beta}$$

此时二元模型转化成一元模型，当然不存在多重共线性的问题，可以利用 OLS 法估计 $\hat{A}$ 和 $\hat{\beta}$，进而得到 $\hat{\alpha} = 1 - \hat{\beta}$。

4.4.3 逐步回归

当模型中存在多重共线性时，可以用逐步分析法剔除那些引起多重共线性的、不重要的解释变量，从而消除多重共线性。

逐步分析法的步骤是，首先估计被解释变量对每一个解释变量的回归方程，然后依据显著性检验确定出对因变量贡献最大的解释变量所对应的回归方程，并以它为基础，逐个引入其余解释变量重新回归，并按以下原则决定新引入解释变量的保留与剔除。

（1）若新引入的解释变量对回归方程的可决系数 R^2 有明显改进，且回归系数的 t 检验在统计上是显著的，那么该解释变量在模型中予以保留。

（2）若新引入的解释变量未能明显地改进可决系数 R^2，且对其他回归系数的检验没有什么影响，则认为该解释变量是多余的，应该剔除。

（3）若引入的解释变量不仅改变了可决系数 R^2，还影响其他回归系数估计值的数值甚至符号，以致某些回归系数达到不能接受的地步，说明出现了多重共线性。则需找出与其相关的解释变量，保留两个中对因变量贡献大的那一个，剔除影响小的那一个。

4.4.4 主成分回归

主成分回归（Principal Components Regression，PCR）是根据多元统计分析中的主成分分析原理、用于处理多重共线性模型的一种新的参数估计方法。其基本原理：利用主成分分析将解释变量转换成若干个主成分，这些主成分从不同侧面反映了解释变量的综合影响，并且互不相关。因此，可以将被解释变量关于这些主成分进行回归，再根据主成分与解释变量之间的对应关系，求得原回归模型的估计方程。

主成分回归的具体步骤如下。

（1）对原始样本数据做标准化处理，这样矩阵 $X'X$ 即为解释变量的相关系数矩阵 R。

（2）计算 R 的 k 个特征值 $\lambda_1 > \lambda_2 > \cdots > \lambda_k$，以及相应的标准化特征向量 $u_1, u_2, \cdots, u_k$。

（3）利用特征值检验多重共线性。模型存在多重共线性时，至少一个特征值近似的等于零，不妨设 $\lambda_{m+1}, \lambda_{m+2}, \cdots, \lambda_k$ 近似为零，这表明解释变量之间存在着 $k-m$ 个线性相关关系。

（4）设解释变量（已标准化）$x_1, x_2, \cdots, x_k$ 的 k 个主成分为

$$p_1 = u_{11}x_1 + u_{12}x_2 + \cdots + u_{1k}x_k$$
$$p_2 = u_{21}x_1 + u_{22}x_2 + \cdots + u_{2k}x_k$$
$$\vdots$$
$$p_k = u_{k1}x_1 + u_{k2}x_2 + \cdots + u_{kk}x_k \tag{4.17}$$

式中，p_i 互不相关，并且 $p_{m+1}, p_{m+2}, \cdots, p_k$ 近似为零。将（标准化的）被解释变量 y 关于 m 个主成分 $p_1, p_2, \cdots, p_m$ 进行回归，得

$$\hat{y} = \hat{a}_1 p_1 + \hat{a}_2 p_2 + \cdots + \hat{a}_m p_m \tag{4.18}$$

（5）根据主成分与解释变量之间的关系（4.17），将其代入主成分回归方程式（4.18），求得标准化数据表示的 $x_1, x_2, \cdots, x_k$ 的回归方程为

$$\hat{y} = \hat{\beta}_1 x_1 + \hat{\beta}_2 x_2 + \cdots + \hat{\beta}_k x_k$$

系数 β_i 与原模型中参数 b_i 之间的关系为

$$b_i = \frac{s_y}{s_i} \beta_i \ (i = 1, 2, \cdots, k); \quad b_0 = \bar{y} - \sum_{i=1}^{k} b_i \bar{x}_i$$

式中，s_y、s_i 分别为 y 和 x_i 的标准差。

由此可以计算出原回归模型中的参数，进而得到

$$\hat{y} = \hat{b}_1 x_1 + \hat{b}_2 x_2 + \cdots + \hat{b}_k x_k$$

4.5 案例分析

【例 4.1】 中国 1991—2012 年进口额 Y、国内生产总值 X_1、国内消费 X_2 和存货额 X_3 数据见表 4-2。

表 4-2　中国 1991—2012 年的经济数据　　　　　　　单位：亿元

年　份	进口额（Y）	国内生产总值（X_1）	国内消费（X_2）	存货额（X_3）
1991	3398.7	22577.4	14091.9	1797.7
1992	4443.3	27565.2	17203.3	1572.6
1993	5986.2	36938.1	21899.9	2408.5
1994	9960.1	50217.4	29242.2	3028.4
1995	11048.1	63216.9	36748.2	4585.1
1996	11557.4	74163.6	43919.5	4736.8
1997	11806.5	81658.5	48140.6	4003.0
1998	11626.1	86531.6	51588.2	2745.2
1999	13736.4	91125.0	55636.9	2424.2

续表

年 份	进口额(Y)	国内生产总值(X_1)	国内消费(X_2)	存货额(X_3)
2000	18638.8	98749.0	61516.0	998.4
2001	20159.2	109028.0	66933.9	2014.9
2002	24430.3	120475.6	71816.5	1932.9
2003	34195.6	136613.4	77685.5	2472.3
2004	46435.8	160956.6	87552.6	4050.7
2005	54273.7	187423.4	99357.5	3624.0
2006	63376.9	222712.5	113103.8	5000.0
2007	73300.1	266599.2	132232.9	6994.6
2008	79526.5	315974.6	153422.5	10240.9
2009	68618.4	348775.1	169274.8	7783.4
2010	94699.3	402816.5	194115.0	9988.7
2011	113161.4	472619.2	232111.5	12662.3
2012	114801.0	529238.4	261832.8	11016.4

资料来源：《中国统计年鉴2013》。

4.5.1 多重共线性检验结果分析

利用OLS直接作回归模型有

$$\ln \hat{Y}_i = -1.404 + 4.816\ln X_{1i} - 3.778\ln X_{2i} - 0.346\ln X_{3i}$$
$$(-1.829)\quad(-4.827)\quad(-3.608)\quad(-3.213)$$
$$R^2 = 0.984 \quad \overline{R}^2 = 0.981 \quad F = 371.069$$

1. 相关系数检验

由图4.1得，$\ln X_1$与$\ln X_2$相关系数高达0.9984，两者高度正相关。

图4.1 相关系数检验

2. 辅助回归判定系数检验

将国内生产总值$\ln X_1$对国内消费$\ln X_3$进行回归，得结果

$$\ln \hat{X}_{1i} = -0.5382 + 1.1008\ln X_{3i}$$
$$(-3.5371)(80.8313)$$
$$R^2 = 0.9969 \quad D.W. = 0.2204 \quad F = 6533.702$$

因此，国内生产总值 $\ln X_1$ 对国内消费 $\ln X_3$ 之间存在显著的线性关系。

3. 方差膨胀因子检验

$$\text{VIF} = \frac{1}{1-R^2} = \frac{1}{1-0.984} = 62.5$$

因此，模型存在严重的多重共线性。

4.5.2 多重共线性修正结果分析

1. 运用 OLS 方法逐一求 Y 对各个解释变量的回归

结合经济意义和统计检验选出拟合效果最好的一元线性回归方程。

$$\ln \hat{Y}_i = -3.7737 + 1.1846\ln X_{1i}$$
$$(-7.1295)(26.3298)$$
$$R^2 = 0.9719 \quad \overline{R}^2 = 0.9706 \quad D.W. = 0.4764 \quad F = 693.257$$
$$\ln \hat{Y}_i = -4.3667 + 1.2999\ln X_{2i}$$
$$(-6.8622)(22.8298)$$
$$R^2 = 0.963 \quad \overline{R}^2 = 0.9612 \quad D.W. = 0.4077 \quad F = 521.198$$
$$\ln \hat{Y}_i = 0.5372 + 1.1621\ln X_{3i}$$
$$(-80.2846)(5.0955)$$
$$R^2 = 0.5648 \quad \overline{R}^2 = 0.5431 \quad D.W. = 0.3359 \quad F = 25.964$$

通过上述分析，得到中国进口额 Y 与国内生产总值 X_1 的线性关系最强，拟合程度较好。

2. 逐步回归

将其余变量逐一代入式 $\ln \hat{Y}_i = -3.7737 + 1.1846\ln X_{1i}$ 得如下几个模型：

$$\ln \hat{Y}_i = -3.0887 + 2.37431\ln X_{1i} - 1.3136\ln X_{2i}$$
$$(-4.5077) \quad (3.0069) \quad (-1.5089)$$
$$R^2 = 0.9749 \quad \overline{R}^2 = 0.9723 \quad D.W. = 0.5164 \quad F = 369.899$$
$$\ln \hat{Y}_i = -3.7029 + 1.2217\ln X_{1i} - 0.0614\ln X_{3i}$$
$$(-6.7601) \quad (16.8082) \quad (-0.656)$$
$$R^2 = 0.9725 \quad \overline{R}^2 = 0.9697 \quad D.W. = 0.4852 \quad F = 336.969$$

当把国内消费 X_2 加入到模型后，得出国内消费 X_2 对进口额 Y 的影响并不显著，因此，将国内消费 X_2 删除。在删除国内消费 X_2 后，模型再引入 X_3，得出存货额 X_3 对进口额 Y 的影响并不显著。经过上述逐步回归分析，表明进口额 Y 对国内生产总值 X_1 回归模型为较优，最终回归结果如下：

$$\ln \hat{Y}_i = -3.7737 + 1.1846\ln X_{1i}$$
$$(-7.1295)\ (26.3298)$$

$$R^2 = 0.9719 \quad \bar{R}^2 = 0.9706 \quad \text{D.W.} = 0.4764 \quad F = 693.257$$

4.5.3 EViews 过程的实现

1. 利用 OLS 直接做回归模型

具体步骤见第 3 章 EViews 过程的实现。

$$\ln \hat{Y}_i = -1.404 + 4.816\ln X_{1i} - 3.778\ln X_{2i} - 0.346\ln X_{3i}$$
$$(-1.829)(-4.827)\quad(-3.608)\quad(-3.213)$$
$$R^2 = 0.984 \quad \bar{R}^2 = 0.981 \quad F = 371.069$$

2. 相关系数检验

执行 Quick→Group Statistics→Correlations 命令，在出现"Series List"对话框时，直接输入 Y、X1、X2、X3 变量名，单击 OK 按钮即可出现结果。或在命令窗口输入"COR Y X1 X2 X3"按 Enter 键即可出现结果，如图 4.2 和图 4.3 所示。

图 4.2 "Series List"对话框

	LNX1	LNX2	LNX3
LNX1	1.000000	0.998473	0.778220
LNX2	0.998473	1.000000	0.751621
LNX3	0.778220	0.751621	1.000000

图 4.3 相关系数检验结果

3. 辅助回归判定系数检验

利用 EViews 建立每个解释变量与其余解释变量的辅助回归模型，通过辅助回归模型中的 $\bar{R}^2$、F 统计量的数值找出存在较为严重的多重共线性的解释变量。

4. 消除多重共线性

利用逐步回归法，将被解释变量 Y 对于每一解释变量 X_1、X_2、X_3 建立一元回归模型，根据理论分析，利用相关系数从所有解释变量中选取相关性最强的变量建立最基本的一元回归模型。

在一元回归模型中分别引入第二个变量，共建立 $(k-1)$ 个二元回归模型（共有 3 个解释变量），从这些模型中再选取一个较优的模型。选择是要求模型中每个解释变量影响显著，参数符号正确，$\bar{R}^2$ 值有所提高。

在选取的二元回归模型中以同样方式引入第三个变量；如此下去，直至无法引入新的变量为止。

最后将影响不显著的变量或多余变量删除，最终确定回归模型。

利用 EViews 建立一元或多元回归模型在第 2 章和第 3 章已经介绍，这里不再赘述。

本章小结

本章作为计量经济学主要内容，首先介绍了多重共线性定义及产生的原因。

其次，介绍了多重共线性的后果，从完全共线性和不完全共线性两方面进行了阐述。

再次，介绍了多重共线性的检验，即相关系数检验、辅助回归判定系数检验、方差膨胀因子检验、正规方程组系数矩阵条件数检验。

然后，介绍了多重共线性修正的方法，主要包括删除不重要的解释变量、利用已知信息、逐步回归、主成分回归等。

最后，通过案例分析介绍了 EViews 软件的应用。

习 题

1. 思考题。
   (1) 什么是多重共线性？多重共线性产生的原因是什么？
   (2) 多重共线性对经济模型产生的主要影响是什么？
   (3) 简述检验多重共线性的方法。
   (4) 简述修正多重共线性的方法。

2. 将下列函数用适当的方法消除多重共线。
   (1) 消费函数为 $C = \beta_0 + \beta_1 W + \beta_2 P + u$

其中，C、W、P 分别代表消费、工资收入和非工资收入，W 与 P 可能高度相关，但研究表明 $\beta_2 = \beta_1/2$。

   (2) 需求函数为 $Q = \beta_0 + \beta_1 Y + \beta_2 P + \beta_3 P_s + u$

其中，Q、Y、P、P_s 分别为需求量、收入水平、该商品价格水平及其替代品价格水平，P 与 P_s 可能高度相关。

3. 根据美国 1899—1922 制造业部门的年度数据，在研究生产函数时，得到以下两种结果：

$$\ln \hat{Y} = 2.81 - 0.53\ln K + 0.91\ln L + 0.047t \quad (a)$$
$$s = (1.38)\ (0.34)\ \ (0.14)\ \ (0.21)$$

$R^2 = 0.97 \quad F = 189.8$

$\ln(\hat{Y}/L) = -0.11 + 0.11\ln(K/L) + 0.006t$ (b)

$s = (0.03) \quad (0.15) \quad (0.006)$

$R^2 = 0.65 \quad F = 19.5$

式中，Y 代表实际产出指数，K 代表实际资本投入指数，L 代表实际劳动力投入指数，t 代表时间或趋势。请回答下列问题：

(1) 回归式(a)中有没有多重共线性？为什么？

(2) 回归式(a)中趋势变量 t 的作用如何？

(3) 估计回归式(b)有何道理？如果原先的回归式(a)存在多重共线性，是否已被回归式(b)减弱？

(4) 如果回归式(b)被看作回归式(a)的一个受约束回归形式，施加的约束条件是什么？如何知道这个约束是否正确？

(5) 两个回归中 R^2 值是可比的吗？如果它们现在的形式不可比，如何使得它们可比？

4. 经初步分析，认为影响中国电信业务总量 Y 变化的主要因素有邮政业务总量 X_1、中国人口数 X_2、市镇人口占总人口的比重 X_3、人均 GDP X_4、全国居民人均消费水平 X_5。所得 1991—1999 年数据见表 4-3。

表 4-3　1991—1999 年的数据

年份	电信业务总量 Y/百亿元	邮政业务总量 X_1/百亿元	中国人口数 X_2/亿人	市镇人口比重 X_3	人均 GDP X_4/千元	人均消费水平 X_5/千元
1991	1.5163	0.5275	11.5823	0.2637	1.879	0.896
1992	2.2657	0.6367	11.7171	0.2763	2.287	1.070
1993	3.8245	0.8026	11.8517	0.2814	2.939	1.331
1994	5.9230	0.9589	11.9850	0.2862	3.923	1.746
1995	8.7551	1.1334	12.1121	0.2904	4.854	2.236
1996	12.0875	1.3329	12.2389	0.2937	5.576	2.641
1997	12.6895	1.4434	12.3626	0.2992	6.053	2.834
1998	22.6494	1.6628	12.4810	0.3040	6.307	2.972
1999	31.3238	1.9844	12.5909	0.3089	6.534	3.143

(1) 试建立关于中国电信业务总量的多元线性回归模型。

(2) 检验模型是否存在多重共线性。

(3) 如果存在多重共线性，则对模型进行适当修正，给出一个比较合理的模型形式。

5. 某地区 2005—2014 年食品消费量 Y、居民可支配收入 X_1、食品价格指数 X_2、其他商品价格指数 X_3 和流动资产 X_4 的样本资料，具体见表 4-4。

表4-4 某地区2005—2014年的样本数据

年份	食品消费量 Y/万元	可支配收入 X_1/万元	食品价格指数 X_2(1990=100)	其他价格指数 X_3(1990=100)	流动资产 X_4/万元
2005	8.4	82.9	92	94	17.1
2006	9.6	88.0	93	96	21.3
2007	10.4	99.9	96	97	25.1
2008	11.4	105.3	94	97	29.0
2009	12.2	117.7	100	100	34.0
2010	14.2	131.0	101	101	40.0
2011	15.8	148.2	105	104	44.0
2012	17.9	161.8	112	109	49.0
2013	19.3	174.2	112	111	51.0
2014	20.8	184.7	112	111	53.0

(1) 试建立关于食品消费量 Y 的多元线性回归模型。
(2) 检验模型是否存在多重共线性。
(3) 如果存在多重共线性,则对模型进行适当修正,给出一个比较合理的模型形式。

6. 表4-5提供了中国粮食总产量以及主要影响因素的数据。其中 Y 为粮食总产出(万吨),X_1 为农业化肥施用量(万吨),X_2 为粮食播种面积(千公顷),X_3 为受灾面积(公顷),X_4 为农业机械动力(兆瓦,10^6 瓦),X_5 为农业劳动力(万人)。

表4-5 中国粮食总产量及主要影响因素

年 份	Y/万吨	X_1/万吨	X_2/千公顷	X_3/公顷	X_4/兆瓦
1990	44624.3	2590.3	113466	38474	287077
1991	43529.3	2805.1	112314	55472	293886
1992	44265.8	2930.2	110560	51332	303084
1993	45648.8	3151.9	110509	48827	318166
1994	44510.1	3317.9	109544	55046	338025
1995	46661.8	3593.7	110060	45824	361181
1996	50453.5	3827.9	112548	46991	385469
1997	49417.1	3980.7	112912	53427	420156
1998	51229.5	4083.7	113787	50145	452077
1999	50838.6	4124.3	113161	49980	489961
2000	46217.5	4146.4	108463	54688	525736
2001	45263.7	4253.8	106080	52215	551721
2002	45705.8	4339.4	103891	46946	579299

续表

年 份	Y/万吨	X_1/万吨	X_2/千公顷	X_3/公顷	X_4/兆瓦
2003	43069.53	4411.6	99410	54506	603865
2004	46946.95	4636.6	101606	37106	640279
2005	48402.19	4766.2	104278	38818	683978
2006	49804.23	4927.7	104958	41091	725221
2007	50160.28	5107.8	105638	48992	765896
2008	52870.92	5239.0	106793	39990	821904
2009	53082.08	5404.4	108986	47214	874961
2010	54647.71	5561.7	109876	37426	927805

(1) 估计模型

$$Y = \beta_0 + \beta_1 X_1 + \beta_2 X_2 + \beta_3 X_3 + \beta_4 X_4 + u$$

(2) 检验是否存在多重共线性。

(3) 如果存在多重共线性，则采用适当的方法进行修正。

(4) 根据表中有关数据预测 2011 年的粮食产量，并和实际产量进行对比分析。

7. 假设在模型 $y_i = b_0 + b_1 x_{1i} + b_2 x_{2i} + u_i$ 中解释变量 x_1 与 x_2 之间的相关系数 $r_{12} = 0$。现在进行如下回归模型：$y_i = \alpha_0 + \alpha_1 x_{1i} + u_i$

$$y_i = \beta_0 + \beta_2 x_{2i} + u_i$$

(1) 问是否存在 $\hat{\alpha}_1 = \hat{b}_1$，且 $\hat{\beta}_2 = \hat{b}_2$？为什么？

(2) $\hat{b}_0$ 会等于 $\hat{\alpha}_1$ 或 $\hat{\beta}_2$ 或两者的某个线性组合吗？

(3) 是否有 $\mathrm{Var}(\hat{b}_1) = \mathrm{Var}(\hat{\alpha}_1)$ 且 $\mathrm{Var}(\hat{b}_2) = \mathrm{Var}(\hat{\beta}_2)$？

第5章 异方差性

教学目标

通过本章的学习，对异方差以及它在经济计量学中的作用有所了解和认识，并能利用有关理论和方法对实际应用问题进行建模和分析说明。

教学要求

了解异方差概念和产生异方差的原因；掌握异方差模型的检验和修正方法；掌握异方差模型的应用。

第5章 异方差性

我们收集了2002年中国部分省市的数据,建立我国居民消费支出和收入关系的模型,应用最小二乘法对模型进行参数估计,发现结果并不是很理想,这似乎也符合我们的预期。一般来讲,高收入家庭就会拿出较多的钱来消费,而低收入的家庭除了基本需求外,其他的消费支出会少一些,这时随机干扰项的方差会随着收入的不同而发生变化,因此可以考虑,该模型是否会出现异方差。

在此之前,我们学过的线性模型都是在经典假设下对模型应用OLS法进行参数估计,但是很多情况是违背基本假设的,所以还要进行计量经济学检验,发现了违背OLS下的基本假设时,则不能直接应用OLS法进行参数估计,要采取其他估计方法。本章主要讨论随机干扰项出现异方差的情形,前提是满足其他基本假设。例如,以某一时间截面上不同收入家庭的数据为样本,研究家庭对某一消费品(如服装、食品等)的需求,在气候异常时,高收入家庭就会拿出较多的钱来购买衣服,而低收入的家庭购买衣服的支出就很有限,这时,随机干扰项的方差会随着收入的不同而发生变化,所以就产生了异方差。

5.1 异方差性的含义与产生的原因

5.1.1 异方差性的含义

在前面的单方程经济计量模型的基本假设中,条件之一是随着样本观察点X_i的变化,模型中随机干扰项μ_i具有相同的方差,即$\mathrm{Var}(\mu_i)=\sigma^2$(常数)

从而得协方差矩阵为

$$\mathrm{Cov}(\mu)=E(\mu\mu')=\begin{pmatrix}\sigma^2&0&\cdots&0\\0&\sigma^2&\cdots&0\\\vdots&\vdots&\vdots&\vdots\\0&0&\cdots&\sigma^2\end{pmatrix}=\sigma^2 I$$

但在实际问题中,经常存在与此假设相违背的情况。

对于线性模型

$$Y_i=\beta_0+\beta_1 X_{1i}+\beta_2 X_{2i}+\cdots+\beta_k X_{ki}+\mu_i \qquad i=1,2,\cdots,n$$

如果出现$\mathrm{Var}(\mu_i)=\sigma_i^2\neq$常数,即对于不同的样本点,随机干扰项的方差不等于常数,此时,则认为出现了异方差。

由于在异方差情形下,$\mathrm{Var}(\mu_i)=\sigma_i^2$,$\sigma_i^2$随着$X$的变化而变化,所以可以假定

$$\sigma_i^2=f(X_i)$$

此时,随机干扰项协方差矩阵$\mathrm{Cov}(\mu)$中主对角线上的元素不全相等。

$$\mathrm{Cov}(\mu)=E(\mu\mu')=\begin{pmatrix}\sigma_1^2&0&\cdots&0\\0&\sigma_2^2&\cdots&0\\\vdots&\vdots&\vdots&\vdots\\0&0&\cdots&\sigma_n^2\end{pmatrix}=\sigma^2\Omega,\ \Omega\neq I$$

5.1.2 异方差性产生的原因

异方差性在横截面数据与时间序列数据中都有可能发生，但是异方差性在横截面数据中比在时间序列数据中更常见。

【例 5.1】 在横截面数据下，储蓄函数估计的经典例子

$$S_i = \beta_0 + \beta_1 Y_i + \mu_i$$

式中，S_i 为第 i 个家庭的储蓄额，Y_i 为第 i 个家庭的可支配收入。高收入家庭间储蓄行为的差异远大于低收入家庭；低收入家庭没有多少钱用来储蓄，所以储蓄行为不可能有大的差异；相反，而对于高收入家庭，他们可以选择消费和储蓄的比例，所以，它们之间的差异性很大。因此，用横截面数据来估计上式不满足同方差的假设。

【例 5.2】 以某一时间截面上不同地区数据为样本，研究某行业产出与投入要素变化关系，建立生产函数模型

$$Y_i = f(K_i, L_i) + \mu_i$$

每个企业所处的外部环境不同，如地理环境、政策因素等，这些外部因素对产出量的影响被包含在随机干扰项 μ_i 中。由于外部环境的不同，对产出量的影响程度也不同，就出现了随机干扰项的异方差。

【例 5.3】 若以时间序列数据为样本建立生产函数模型

$$Y_t = f(K_t, L_t) + \mu_t$$

随机干扰项 μ_t 中包含观测误差。随着时间的推移，观测的技术水平在不断进步，这时，观测误差减少；另外，生产规模扩大了，即 $\mathrm{Var}(\mu_t)$ 随 K_t、L_t 的增加而减少，从而会产生异方差性。

5.2　异方差性产生的后果

如果模型存在异方差，仍采用 OLS 法进行估计则会产生一些不良后果。

1. 参数估计量非有效

OLS 法得到

$$\hat{\beta} = (X'X)^{-1}X'Y = \beta + (X'X)^{-1}X'\mu$$

$$E(\hat{\beta}) = \beta$$

$$\mathrm{Cov}(\hat{\beta}) = E(\hat{\beta} - \beta)(\hat{\beta} - \beta)' = E[(X'X)^{-1}X'\mu\mu'(X'X)^{-1}]$$

$$= \sigma^2(X'X)^{-1}(X'\Omega X)(X'X)^{-1} \neq \sigma^2(X'X)^{-1}$$

在异方差情形下，参数普通最小二乘估计仍是无偏估计量，但是协方差矩阵发生变化，已经不同于同方差条件下的普通最小二乘法（OLS）的方差矩阵，那么在异方差情形下，普通最小二乘估计量是否仍是最佳的呢？可考察一个具有异方差的一元线性回归模型：

$$Y_i = \beta X_i + \mu_i$$

假定 $\mathrm{Var}(\mu_i) = \sigma_i^2 = \sigma^2 Z_i^2$，使用最小二乘法得到 β 的估计量为：

第 5 章 异方差性

$$\hat{\beta} = \frac{\sum X_i Y_i}{\sum X_i^2} = \beta + \frac{\sum X_i \mu_i}{\sum X_i^2}$$

该估计量的数学期望和方差为：

$$E(\hat{\beta}) = \beta$$

$$\operatorname{Var}(\hat{\beta}) = \frac{\sum X_i^2 \operatorname{Var}(Y_i)}{(\sum X_i^2)^2} = \frac{\sum X_i^2 \operatorname{Var}(\mu_i)}{(\sum X_i^2)^2} = \frac{\sigma^2 \sum X_i^2 Z_i^2}{(\sum X_i^2)^2}$$

若各 Z_i 已知，用 Z_i 去除原模型的两边，原模型变为：

$$\frac{Y_i}{Z_i} = \beta \frac{X_i}{Z_i} + v_i$$

其中，$\operatorname{Var}(v_i) = \operatorname{Var}\left(\dfrac{\mu_i}{Z_i}\right) = \dfrac{\operatorname{Var}(\mu_i)}{Z_i^2} = \sigma^2$，此时变换后的模型满足同方差的假定，对变换后的模型使用最小二乘法进行估计，得到 β 的又一个估计量：

$$\hat{\beta}^* = \frac{\sum \left(\dfrac{X_i}{Z_i}\right)\left(\dfrac{Y_i}{Z_i}\right)}{\sum \left(\dfrac{X_i}{Z_i}\right)^2} = \beta + \frac{\sum \left(\dfrac{X_i}{Z_i}\right) v_i}{\sum \left(\dfrac{X_i}{Z_i}\right)^2}$$

该估计量的数学期望和方差为：

$$E(\hat{\beta}^*) = \beta$$

$$\operatorname{Var}(\hat{\beta}^*) = \frac{\sum \left(\dfrac{X_i}{Z_i}\right)^2 \operatorname{Var}\left(\dfrac{Y_i}{Z_i}\right)}{\left(\sum \left(\dfrac{X_i}{Z_i}\right)^2\right)^2} = \frac{\sum \left(\dfrac{X_i}{Z_i}\right)^2 \operatorname{Var}(v_i)}{\left(\sum \left(\dfrac{X_i}{Z_i}\right)^2\right)^2} = \frac{\sigma^2}{\sum \left(\dfrac{X_i}{Z_i}\right)^2}$$

显然 $\hat{\beta}$ 和 $\hat{\beta}^*$ 都是 β 的无偏估计量，接下来看一看方差的大小：

$$\frac{\operatorname{Var}(\hat{\beta}^*)}{\operatorname{Var}(\hat{\beta})} = \frac{(\sum X_i^2)^2}{\sum \left(\dfrac{X_i}{Z_i}\right)^2 \sum X_i^2 Z_i^2}$$

此比值可以看作变量 $\dfrac{X_i}{Z_i}$ 和变量 $X_i Z_i$ 的相似系数的平方，类似于相关系数的平方，其值小于或者等于 1，即

$$\operatorname{Var}(\hat{\beta}^*) > \operatorname{Var}(\hat{\beta})$$

因此，当随机干扰项存在异方差时，普通最小二乘估计量不再具有最小方差性，尽管它们仍然是线性无偏的。

2. 参数的显著性检验失去意义

在参数的显著性检验中，构造了统计量 $t = \dfrac{\hat{\beta}_j}{S_{\hat{\beta}_j}}$，它是建立在随机干扰项的同方差的假定的基础上。若出现了异方差性，估计的 $S_{\hat{\beta}_j}$ 就会出现偏误，t 检验也将失去意义。

3. 降低了预测精度

在存在异方差情形下，参数 OLS 估计的方差增大，若仍使用 OLS 法，将导致预测区间发生偏误，使预测误差变大，从而降低了预测精度。

5.3 异方差性的检验

异方差的检验是很重要的环节，否则在模型的应用中将失去意义。常用的处理如下：采用最小二乘法求得随机干扰项的估计量 $e_i=Y_i-\hat{Y}_i$，$\mathrm{Var}(\mu_i)\approx e_i^2$，用 e_i^2 来表示近似随机干扰项的方差。

5.3.1 图示法

可用 e_i^2-X 的散点图进行判断，如图 5.1 所示。

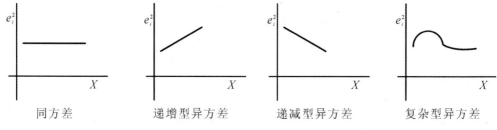

图 5.1 用 e_i^2-X 的散点图判断

用图示法检验，只是一个直观而粗略的判断，还要进行解析法的检验。

5.3.2 残差回归检验

帕克检验、戈里瑟检验的基本思想是：以 e_i^2 或 $|e_i|$ 为被解释变量，对某一解释变量 X_i 作回归。

1. 帕克检验

$$\sigma_i^2=\sigma^2 X_i^\alpha e^{\varepsilon_i}$$

两边取对数，$\ln\sigma_i^2=\ln\sigma^2+\alpha\ln X_i+\varepsilon_i$，由于 σ_i^2 未知，可用 e_i^2 代替 σ_i^2，作回归

$$\ln e_i^2=\ln\sigma^2+\alpha\ln X_i+\varepsilon_i$$

进行 t 检验，若 α 在统计上与零有显著差异，则表明存在异方差性。

【例 5.4】建立一个某连锁餐厅的模型，回归方程所要解释的是顾客数量，以模型中 33 个不同地区的连锁餐厅的营业额(Y)来衡量，方程中的解释变量有附近竞争者的数量(N)、周围居民人数(P)和当地家庭平均收入水平(I)。

$$\hat{Y}_i=102.192-9075N_i+0.355P_i+1.288I_i$$
$$(-4.42)\quad(4.88)\quad(2.37)$$
$$\bar{R}^2=0.579$$

由于这个模型是横截面模型，可能存在异方差，所以应用帕克检验来检验该模型是否存在异方差。因为一个地区的人口越密集，误差项的方差可能就越大，把残差平方的对数作为人口的对数的函数建立回归方程，得到：

$$\ln(e_i^2) = 21.05 - 0.2865\ln P_i$$
$$(-0.457)$$
$$\bar{R}^2 = 0.0067$$

从上面的计算得到的 t 值可以看出，人口与残差平方没有显著的相关关系，因此，我们不能拒绝同方差的原假设。

2. 戈里瑟检验

$$|e_i| = \alpha_0 + \alpha_1 X_i^k + \varepsilon_i \quad (k = 1, 2, -1, \frac{1}{2} \cdots)$$

经过拟合优度检验、t 检验、F 检验，确定回归形式。
如果存在某一种函数形式使方程显著成立，则说明原模型存在异方差。

5.3.3 G-Q 检验

G-Q 检验以 F 检验为基础，适用于样本容量较大的情况。

1) G-Q 检验基本思想

先将样本按某一解释变量排序，排序后去掉中间部分的样本后，将剩下的样本分为两个样本容量相同的子样本，分别作回归，然后利用两个子样的残差平方和之比构造 F 统计量，进行异方差检验。

2) G-Q 检验的具体步骤

（1）将 n 组样本观察值按可能会引起异方差的某一解释变量观察值的大小排序。

（2）将序列中间的 $c = \frac{1}{4}n$ 个观察值去掉，并将剩下的样本划分为大小相同的两个子样本，每个子样本的容量均为 $\frac{n-c}{2}$。

（3）对每个子样本分别进行 OLS 回归，求出各自的残差平方和，用 $RSS_1 = \sum e_{i_1}^2$ 表示较小的残差平方和，$RSS_2 = \sum e_{i_2}^2$ 表示较大的残差平方和。

（4）假设检验。

$$H_0: \sigma_1^2 = \sigma_2^2 \,;\, H_1: \sigma_1^2 \neq \sigma_2^2$$

σ_1^2、σ_2^2 分别为两个子样本的随机干扰项的方差。

构造统计量

$$F = \frac{\sum e_{i_2}^2}{\frac{n-c}{2} - k - 1} \bigg/ \frac{\sum e_{i_1}^2}{\frac{n-c}{2} - k - 1} \sim F\left(\frac{n-c}{2} - k - 1, \frac{n-c}{2} - k - 1\right)$$

（5）给定显著性水平 α，确定临界值 $F_\alpha(n_1, n_2)$，$n_1 = n_2 = \frac{n-c}{2} - k - 1$，若 $F > F_\alpha(n_1, n_2)$，则拒绝同方差的假设，表明存在异方差性。

5.4 异方差性的修正方法

如果模型被检验证明存在异方差性,则需要发展新的方法估计模型,最常用的方法是加权最小二乘法。

5.4.1 模型变换法

模型变换法是对存在异方差的回归模型做适当的变换,使之成为满足同方差的假定的模型,然后再运用 OLS 估计。模型变换的关键是对异方差 $\sigma_i^2 = f(X_i)$ 的形式有一个假设。一般来说,这个假设可以通过对具体的经济问题的经验分析或者可以通过上述的帕克检验、戈里瑟检验结果加以确定。

以一元回归模型为例,设原模型为

$$Y_i = \beta_0 + \beta_1 X_i + \mu_i \tag{5.1}$$

随机干扰项 μ_i 的方差形式为

$$\text{Var}(\mu_i) = \sigma_i^2 = \sigma^2 f(X_i), \quad (\sigma^2 \text{ 为常数}, f(X_i) > 0) \tag{5.2}$$

用 $\sqrt{f(X_i)}$ 去除式(5.1)两边,可得

$$\frac{Y_i}{\sqrt{f(X_i)}} = \beta_0 \left(\frac{1}{\sqrt{f(X_i)}}\right) + \beta_1 \frac{X_i}{\sqrt{f(X_i)}} + \frac{\mu_i}{\sqrt{f(X_i)}} \tag{5.3}$$

对于变换后的模型:

$$\text{Var}(\varepsilon_i) = \text{Var}\left(\frac{\mu_i}{\sqrt{f(X_i)}}\right) = \frac{1}{f(X_i)} \text{Var}(\mu_i) = \sigma^2$$

由此可见,ε_i 满足同方差的假定,可对(5.3)采用 OLS 法估计。

5.4.2 加权最小二乘法

加权最小二乘法(WLS)的基本思想:在采用 OLS 法时,对较小的残差平方 e_i^2 给予较大的权数,而将较大残差平方 e_i^2 给予较小的权数,对残差所提供的信息的重要程度做一番修正,以提高参数估计的精确度。

$$\sum W_i e_i^2 = \sum W_i (Y_i - \hat{\beta}_0 - \hat{\beta}_1 X_i)^2 \tag{5.4}$$

式中,W_i 为权数。

【例 5.5】 $Y_i = \beta_0 + \beta_1 X_i + \mu_i \quad \text{Var}(\mu_i) = \sigma_i^2$

取 $W_i = \dfrac{1}{\sigma_i^2}$,$\sigma_i^2$ 越大,W_i 越小。

W_i 是一个合适的权数,通过加权,残差平方和为

$$\sum W_i e_i^2 = \sum W_i (Y_i - \hat{\beta}_0 - \hat{\beta}_1 X_i)^2$$

运用 OLS 可得参数估计式:

$$\hat{\beta}_1 = \frac{\sum W_i x_i^* y_i^*}{\sum W_i x_i^{*2}}, \quad \hat{\beta}_0 = \overline{Y}^* - \hat{\beta}_1 \overline{X}^*$$

第5章 异方差性

式中，$\overline{X}^* = \dfrac{\sum W_i X_i}{\sum W_i}$；$\overline{Y}^* = \dfrac{\sum W_i Y_i}{\sum W_i}$。

$$x_i^* = X_i - \overline{X}^*, \quad y_i^* = Y_i - \overline{Y}^*$$

一般地，对于模型

$$Y = X\boldsymbol{\beta} + \boldsymbol{\mu} \tag{5.5}$$

$E(\boldsymbol{\mu}) = 0$，$\operatorname{Var}(\boldsymbol{\mu}) = \sigma^2 \boldsymbol{\Omega}$，并记 $\boldsymbol{\Omega} = \operatorname{diag}(w_1, \cdots, w_n)$。
即存在异方差。$\boldsymbol{\Omega}$ 是一对称正定矩阵，因此，存在一可逆阵 $\boldsymbol{D}$，使 $\boldsymbol{\Omega} = \boldsymbol{DD}'$，用 $\boldsymbol{D}^{-1}$ 乘式 (5.5) 两边，得到一个新模型：

$$\boldsymbol{D}^{-1}Y = \boldsymbol{D}^{-1}X\boldsymbol{\beta} + \boldsymbol{D}^{-1}\boldsymbol{\mu}$$

即

$$Y^* = X^*\boldsymbol{\beta} + \boldsymbol{\mu}^* \tag{5.6}$$

$$\begin{aligned}\operatorname{Var}(\boldsymbol{\mu}^*) &= E(\boldsymbol{\mu}^*\boldsymbol{\mu}^{*\prime}) = E[\boldsymbol{D}^{-1}\boldsymbol{\mu}\boldsymbol{\mu}'(\boldsymbol{D}^{-1})'] \\ &= \boldsymbol{D}^{-1}E(\boldsymbol{\mu}\boldsymbol{\mu}')(\boldsymbol{D}^{-1})' = \boldsymbol{D}^{-1}(\sigma^2\boldsymbol{\Omega})(\boldsymbol{D}^{-1})' \\ &= \sigma^2\boldsymbol{D}^{-1}\boldsymbol{DD}'(\boldsymbol{D}')^{-1} = \sigma^2 I\end{aligned}$$

因此，模型 (5.6) 满足同方差的假定。

此时的加权最小二乘法估计量为

$$\hat{\boldsymbol{\beta}}^* = (X^{*\prime}X^*)^{-1}X^{*\prime}Y^* = (X'\boldsymbol{\Omega}^{-1}X)^{-1}X'\boldsymbol{\Omega}^{-1}Y$$

它是无偏、有效的估计量。

对于权矩阵 $\boldsymbol{D}^{-1}$，可直接以 $\boldsymbol{D}^{-1} = \operatorname{diag}\left(\dfrac{1}{|e_1|}, \dfrac{1}{|e_2|}, \cdots, \dfrac{1}{|e_n|}\right)$ 为权矩阵。

需要注意的是，在同方差假定下，加权最小二乘法与普通最小二乘法是一致的。

5.5 案例分析

2002年中国部分省市全年平均居民消费支出与可支配收入的数据见表 5-1。

表 5-1 2002年中国部分省市全年平均居民消费与收入情况 　　　　单位：元

省 市	可支配收入(X)	消费支出(Y)	省 市	可支配收入(X)	消费支出(Y)
北京	10349.69	8493.49	浙江	9279.16	7020.22
天津	8140.50	6121.04	山东	6489.97	5022.00
河北	5661.16	4348.47	河南	4766.26	3830.71
山西	4724.11	3941.87	湖北	5524.54	4644.50
内蒙古	5129.05	3927.75	湖南	6218.73	5218.79
辽宁	5357.79	4356.06	广东	9761.57	8016.91
吉林	4810.00	4020.87	陕西	5124.24	4276.67
黑龙江	4912.88	3824.44	甘肃	4916.25	4126.47
上海	11718.01	8868.19	青海	5169.96	4185.73
江苏	6800.23	5323.18	新疆	5644.86	4422.93

5.5.1 异方差性检验结果分析

OLS 法的估计结果：$\hat{Y} = 272.36 + 0.76X$
$$(1.71)\quad(32.39)$$
$$R^2 = 0.9831 \quad D.W. = 1.30 \quad F = 1048.912$$

由 G-Q 检验，对样本按 X 由大到小排序，去除中间 4 个样本，剩余 16 个样本，再分成两个样本容量为 8 的子样本，对两个子样本分别用 OLS 法作回归。

子样本 1：$\hat{Y} = 212.21 + 0.76X$
$$(0.39)\quad(12.63)$$
$$R^2 = 0.963 \quad RSS_1 = \sum e_{i1}^2 = 615472.0$$

子样本 2：$\hat{Y} = 1277.16 + 0.55X$
$$(0.83)\quad(1.78)$$
$$R^2 = 0.34 \quad RSS_2 = \sum e_{i2}^2 = 126528.3$$

计算 F 统计量：$F = \dfrac{RSS_1}{8-1-1} \div \dfrac{RSS_2}{8-1-1} = 4.86$

在 5% 的显著性水平下，自由度为 $(6,6)$ 的 F 分布临界值为 $F_{0.05}(6,6) = 4.28$，所以拒绝同方差的假设，表明原模型存在异方差。

接下来对上述数据，运用戈里瑟检验，可得如下所示的残差回归方程：

$$|e| = -67.9346 + 0.0376X$$
$$(-1.2623)\quad(4.7821)$$

$$|e| = -347.2134 + 6.5659\sqrt{X}$$
$$(-3.2017)\quad(4.8907)$$

$$|e| = 500.7513 - 1949783\dfrac{1}{X}$$
$$(7.4230)\quad(-4.9373)$$

括号里的为 t 检验值，通过对参数的显著性检验，可以看出各个参数是显著的，由此可以判断模型存在异方差。

5.5.2 异方差性修正结果分析

可采用加权最小二乘法进行估计。

以 $\dfrac{1}{|e_i|}$ 为权重进行加权最小二乘法，则有

$$\hat{Y} = 415.66 + 0.73X$$
$$(3.55)\quad(32.50)$$
$$R^2 = 0.9998 \quad D.W. = 1.545 \quad F = 1056.48$$

从结果来看，拟合优度提高了，t 统计量也有了改进。此时，模型已不存在异方差。

5.5.3 EViews 过程的实现

1. G-Q 检验

将 X 排序，并对两个子样本（$n_1 = n_2 = 8$）分别进行回归，求出残差平方和 RSS_1 和 RSS_2。

排序：单击 Sort 按钮，在出现的对话框中选择 Primary 中的 X 和 Descending，单击 OK 按钮，如图 5.2 所示。

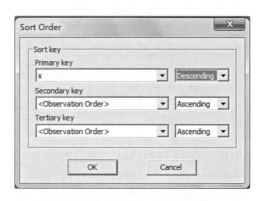

图 5.2 "Sort Order" 对话框

子样 1：选取排序后的 X 和 Y，选中 Quick→Estimate Equation 后，在出现的对话框中输入 "Y C X"，选择 "Sample：1 8"，单击 OK 按钮，结果如图 5.3 所示。

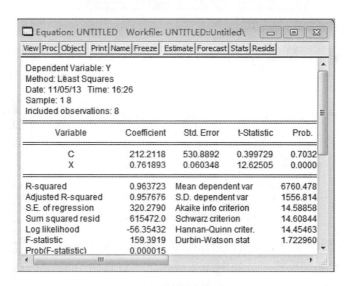

图 5.3 OLS 法的输出结果(1)

子样 2：再次选取排序后 X 和 Y，选中 Quick→Estimate Equation 后，在出现的对话框中输入 "Y C X"，选择 "Sample：13 20"，单击 OK 按钮，结果如图 5.4 所示。

Equation: UNTITLED Workfile: UNTITLED::Untitled\

View | Proc | Object | Print | Name | Freeze | Estimate | Forecast | Stats | Resids

Dependent Variable: Y
Method: Least Squares
Date: 11/05/13 Time: 16:36
Sample: 13 20
Included observations: 8

Variable	Coefficient	Std. Error	t-Statistic	Prob.
C	1277.161	1540.604	0.829000	0.4388
X	0.554126	0.311432	1.779287	0.1255

R-squared	0.345397	Mean dependent var	4016.814
Adjusted R-squared	0.236296	S.D. dependent var	166.1712
S.E. of regression	145.2172	Akaike info criterion	13.00666
Sum squared resid	126528.3	Schwarz criterion	13.02652
Log likelihood	-50.02663	Hannan-Quinn criter.	12.87271
F-statistic	3.165861	Durbin-Watson stat	3.004532
Prob(F-statistic)	0.125501		

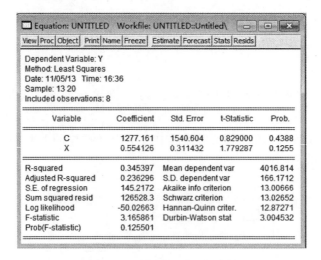

图 5.4　OLS 法的输出结果(2)

2. 戈里瑟检验

在 EViews 中，首先对原模型进行 OLS 估计，结果如图 5.5 所示，然后选择 Quick→Generate Series，在出现的对话框中输入“e =abs(resid)”，单击 OK 按钮，结果如图 5.6 所示。在戈里瑟检验的 3 个方程中，第一个方程是在选中 Quick→Estimate Equation 后，在出现的对话框中输入“e　C　X”。

Equation: UNTITLED Workfile: UNTITLED::Untitled\

View | Proc | Object | Print | Name | Freeze | Estimate | Forecast | Stats | Resids

Dependent Variable: Y
Method: Least Squares
Date: 08/30/11 Time: 14:29
Sample: 1 20
Included observations: 20

Variable	Coefficient	Std. Error	t-Statistic	Prob.
C	272.3635	159.6773	1.705713	0.1053
X	0.755125	0.023316	32.38690	0.0000

R-squared	0.983129	Mean dependent var	5199.515
Adjusted R-squared	0.982192	S.D. dependent var	1625.275
S.E. of regression	216.8900	Akaike info criterion	13.69130
Sum squared resid	846743.0	Schwarz criterion	13.79087
Log likelihood	-134.9130	Hannan-Quinn criter.	13.71073
F-statistic	1048.912	Durbin-Watson stat	1.301684
Prob(F-statistic)	0.000000		

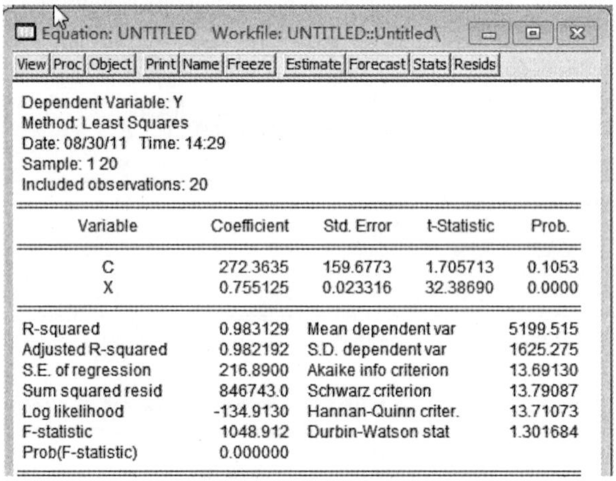

图 5.5　原模型 OLS 法的输出结果

第二个方程需要定义一个变量，选择 Quick→Generate Series，在出现的对话框中输入“X1 = sqr(X)”，单击 OK 按钮，如图 5.7 所示，然后选中 Quick→Estimate Equation 后，在出现的对话框中输入“e　C　X1”，结果如图 5.8 所示。第三个方程类似，不再赘述。

3. 加权最小二乘法

在 EViews 中，在对原模型进行 OLS 估计后，选择 Quick→Generate Series，在出现的对话框中输入“ e1 = resid”，单击 OK 按钮，同上操作。

第 5 章 异方差性

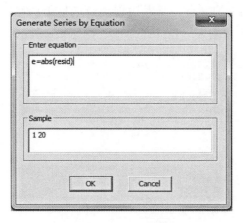

图 5.6 定义变量

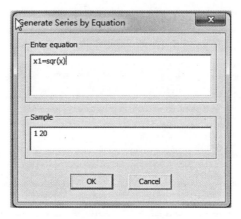

图 5.7 定义变量

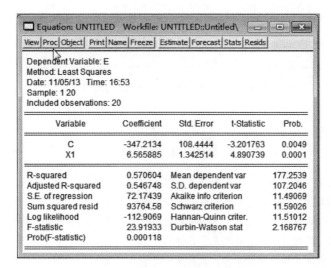

图 5.8 OLS 法的输出结果

再选择 Quick→Estimate Equation，在出现的对话框中选择 Options 选项卡，在出现的画面中 Weighted LS/TSLS 内输入"1/abs(e1)"，如图5.9所示。

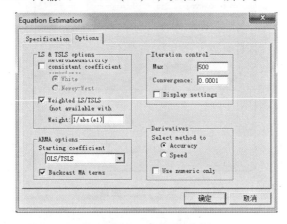

图5.9　Options 选项卡

然后单击确定按钮，出现如图5.10所示的结果。

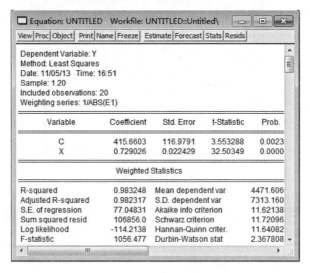

图5.10　加权最小二乘法输出结果

本章小结

本章讨论了在违背同方差假定，但仍满足其他假定条件下的一些情况，首先介绍了异方差性的含义及其产生的原因，了解这些对更好地建立经济模型有着重要意义。

其次，介绍了异方差性产生的后果，如使参数估计量非有效，使参数的显著性检验失去意义，还会降低预测精度，因此，应尽量避免异方差性的产生。

再次，介绍了异方差性的检验方法，主要包括图示法、残差回归检验法、G-Q检验法等。

最后，介绍了异方差性的修正方法，主要有模型变换法和加权最小二乘法。

习 题

1. 什么是异方差性？举例说明经济现象中的异方差性。
2. 检验异方差性的方法思路是什么？
3. 产生异方差性的原因及异方差性对模型的OLS(普通最小二乘法)估计有何影响？
4. 样本分段法检验(戈德菲尔特-匡特检验，G-Q)异方差性的基本原理及其适用条件。
5. 下列哪种情况是异方差性造成的结果？
(1) OLS估计量是有偏的；
(2) 通常的t检验不再服从t分布；
(3) OLS估计量不再具有最佳线性无偏性。
6. 已知模型

$$Y_t = \beta_0 + \beta_1 X_{1t} + \beta_2 X_{2t} + u_t$$

$$\text{Var}(u_t) = \sigma_t^2 = \sigma^2 Z_t^2$$

式中，Y、X_1、X_2和Z的数据已知。假设给定权数w_t，加权最小二乘法就是求下式中的各β，以使得该式最小：

$$\text{RSS} = \sum (w_t u_t)^2 = \sum (w_t Y_t - \beta_0 w_t - \beta_1 w_t X_{1t} - \beta_2 w_t X_{2t})^2$$

(1) 求RSS对β_1、β_2和β_0的偏微分并写出正规方程；
(2) 用Z去除原模型，写出所得新模型的正规方程组；
(3) 把$w_t = 1/Z_t$代入(1)中的正规方程，并证明它们和在(2)中推导的结果一样。
7. 已知消费模型：$y_t = \alpha_0 + \alpha_1 x_{1t} + \alpha_2 x_{2t} + u_t$

式中，y_t为消费支出，x_{1t}为个人可支配收入，x_{2t}为消费者的流动资产。

$$E(u_t) = 0$$

$$\text{Var}(u_t) = \sigma^2 x_{1t}^2 \quad (\text{其中}\sigma^2\text{为常数})$$

要求：
(1) 进行适当变换消除异方差，并对其进行证明。
(2) 写出消除异方差后模型的参数估计量的表达式。
8. 中国1990—2011年居民收入与储蓄额数据见表5-2。

表5-2 某地区22年来居民收入与储蓄额数据

年 份	居民收入/元	储蓄存款/亿元	年 份	居民收入/元	储蓄存款/亿元
1990	1510.2	7119.6	1997	5160.3	46279.8
1991	1700.6	9244.9	1998	5425.1	53407.47
1992	2026.6	11757.3	1999	5854.0	59621.83
1993	2577.4	15203.5	2000	6280.0	64332.38
1994	3496.2	21518.8	2001	6859.6	73762.4
1995	4283.0	29662.3	2002	7702.8	86910.7
1996	4838.9	38520.8	2003	8472.2	103617.8

续表

年 份	居民收入/元	储蓄存款/亿元	年 份	居民收入/元	储蓄存款/亿元
2004	9421.6	119555.4	2008	15780.8	217885.4
2005	10493.0	141050.9	2009	17174.7	260771.7
2006	11759.5	161587.3	2010	19109.4	303302.5
2007	13785.8	172534.2	2011	21809.8	343635.9

资料来源:《中国统计年鉴(2012年)》。

检验是否存在异方差？若存在异方差，如何估计模型？

第 6 章 自相关性

教学目标

通过本章的学习，对自相关内容以及它在经济计量学中的作用有所了解和认识，并能利用有关理论和方法对实际应用问题进行建模和分析说明。

教学要求

了解自相关的含义和产生自相关的原因；掌握自相关的检验和自相关的修正方法；能够进行模型的应用。

多元线性回归模型基本假设之一是随机干扰项相互独立，若违背此假设则称为存在自相关性。本章将讨论自相关的有关问题，仍假设其他基本假设成立。

6.1 自相关性的含义与其产生的原因

6.1.1 自相关性的含义

多元线性回归模型的一般形式为

$$Y_i = \beta_0 + \beta_1 X_{1i} + \beta_2 X_{2i} + \cdots + \beta_k X_{ki} + \mu_i \quad (i = 1, 2, \cdots, n) \tag{6.1}$$

在其他假设成立的情况下，随机干扰项自相关意味着：

$$\text{Cov}(\mu_i, \mu_j) = E(\mu_i \mu_j) \neq 0 \quad (i \neq j)$$

或

$$\text{Cov}(\mu) = E(\mu\mu') = \begin{pmatrix} \sigma^2 & \cdots & E(\mu_1\mu_n) \\ \vdots & \vdots & \vdots \\ E(\mu_n\mu_1) & \cdots & \sigma^2 \end{pmatrix}$$

$$= \begin{pmatrix} \sigma^2 & \cdots & \sigma_{1n} \\ & \vdots & \\ \sigma_{n1} & \cdots & \sigma^2 \end{pmatrix} = \sigma^2 W \neq \sigma^2 I$$

若 $\mu_i = f(\mu_{i-1}, \mu_{i-2}, \cdots, \mu_{i-s})$，则称为 s 阶自回归形式。

在计量经济学对自相关问题的分析中，自回归形式通常限于线性函数。

最常见的一阶线性自回归形式为

$$\mu_i = \rho \mu_{i-1} + \varepsilon_i \quad (-1 < \rho < 1) \tag{6.2}$$

其中，ρ 称为一阶自相关系数或自协方差系数，ε_i 满足：

$$E(\varepsilon_i) = 0, \text{Var}(\varepsilon_i) = \sigma^2, \text{Cov}(\varepsilon_i, \varepsilon_{i-s}) \neq 0 \quad (s \neq 0)$$

自相关经常出现在时间序列中，为明确起见，用 t 代替下标 i。

6.1.2 自相关性产生的原因

1. 经济变量固有的惯性

自相关主要产生于时间序列样本，许多经济变量前后期是相互关联的，例如，当年的投资，与前期投资有关；由于消费惯性，本期消费会受到前期消费的影响；而企业的第 t 期的产量总是与第 $t-1$ 期、第 $t-2$ 期，乃至更前期的产量有关，这样建立模型时，随机干扰项则会出现自相关。

2. 模型设定偏误

模型设定偏误，包括模型数学形式设定不当、模型丢掉了重要的解释变量。

例如，模型为 $Y_t = \beta_0 + \beta_1 x_{1t} + \beta_2 x_{1t}^2 + \mu_t$，随机干扰项无自相关，但如果采用数学形式为 $Y_t = \beta_0 + \beta_1 x_{1t} + v_t$，式中 $v_t = \beta_2 x_{1t}^2 + \mu_t$，$v_t$ 随 x_{1t}^2 系统变化，这种模型设定的偏误会导致随机干

扰项 v_t 出现自相关，模型中遗漏重要的解释变量，也会导致自相关。

例如，消费函数模型正确的设定：$C_t = \beta_0 + \beta_1 Y_t + \beta_2 Y_{t-1} + \beta_3 C_{t-1} + \mu_t$

式中，C_t 表示第 t 期消费，Y_t 表示第 t 期可支配收入。

若忽略消费支出的滞后作用，把模型设定为 $C_t = \beta_0 + \beta_1 Y_t + \beta_2 Y_{t-1} + v_t$，则随机干扰项 v_t 很可能是自相关的。

3. 数据处理造成自相关

在实际研究中，有些数据是由已知数据经处理得到的，因此，新生成的数据与原数据间有了内在联系，则会表现出自相关。例如，季度数据来自月度数据的简单平均，这种平均的计算减弱了每月数据的波动而引进了数据中的匀滑性。因此，用季度数据描绘的图形要比用月度数据看来匀滑得多。这种数据的处理很容易表现出自相关。

6.2 自相关性产生的后果

计量经济学模型出现自相关，若仍采用 OLS 法估计模型参数，则会产生许多不良后果。

1. 参数估计非有效

用 OLS 法得到 $\hat{\beta} = (X'X)^{-1} X'Y = \beta + (X'X)^{-1} X'\mu \quad E(\hat{\beta}) = \beta$

$$\mathrm{Cov}(\hat{\beta}) = E(\hat{\beta} - \beta)(\hat{\beta} - \beta)' = E[(X'X)^{-1} X'\mu\mu' X (X'X)^{-1}]$$

因为 $\quad E(\mu\mu') = \sigma^2 W \neq \sigma^2 I$

所以 $\quad \mathrm{Cov}(\hat{\beta}) = \sigma^2 (X'X)^{-1} (X'WX)(X'X)^{-1} \neq \sigma^2 (X'X)^{-1}$

在自相关情况下，普通最小二乘估计仍是线性无偏估计量，但协方差矩阵发生了变化，已经不同于无自相关条件下的普通最小二乘法的方差矩阵，那么，在自相关情形下，普通最小二乘估计量是否仍是最佳的呢？下面考察一个具有一阶自相关的一元线性回归模型：

$$Y_t = \beta_0 + \beta_1 X_t + \mu_t$$
$$\mu_t = \rho \mu_{t-1} + \varepsilon_t$$

应用普通最小二乘法得到 β_1 的估计量：

$$\beta_1^* = \beta_1 + \frac{\sum x_t \mu_t}{\sum x_t^2} \qquad E(\beta_1^*) = \beta_1$$

计算 β_1^* 的方差：

$$\mathrm{Var}(\beta_1^*) = E(\beta_1^* - \beta_1)^2 = E\left(\frac{\sum x_t \mu_t}{\sum x_t^2}\right)^2$$

$$= \frac{1}{(\sum x_t^2)^2} E\left(\sum x_t^2 \mu_t^2 + 2 \sum_{s<t} x_t x_s \mu_t \mu_s\right)$$

$$= \frac{1}{(\sum x_t^2)^2} \left[\sum x_t^2 E(\mu_t^2) + 2 \sum_{s<t} x_t x_s E(\mu_t \mu_s)\right]$$

可以证明

$$E(\mu_t\mu_s) = \rho^{t-s}\sigma^2, \quad E(\mu_t^2) = \sigma^2$$

$$\text{Var}(\beta_1^*) = \frac{\sigma^2}{\sum x_t^2} + 2\sigma^2 \frac{\sum_{s<t} x_t x_s}{\sum x_t^2} \rho^{t-s} \neq \frac{\sigma^2}{\sum x_t^2}$$

上式中右边第一项是无自相关时 β_1^* 的方差，右边第二项包含两个因素：一个因素是随机干扰项的自相关系数 ρ 和 X 的序列相关系数 $\dfrac{\sum_{s<t} x_t x_s}{\sum x_t^2}$；另一个因素是当随机干扰项存在自相关的时候，OLS 估计量的方差出现了偏误，一般来说较无自相关时候是增大的。

2. 参数的显著性检验失效

在参数的显著性检验时，构造 t 统计量 $t = \hat{\beta}_j / S_{\hat{\beta}_j}$，$t$ 统计量是建立在参数方差正确估计的基础上的，若存在自相关，$\hat{\beta}_j$ 的方差就会出现偏误，容易让人做出错误判断，进行使 t 检验失效。

3. 降低预测精度

区间预测与参数估计量方差有关，在方差估计有偏误的时候，预测区间不准确，降低了预测精度。所以，当模型存在自相关时，它的预测功能就会失效。

6.3 自相关性的检验

模型一旦出现了自相关，若仍用 OLS 法估计，则会产生许多不良的后果，因此，在模型估计之前，必须对模型进行自相关的检验。检验方法虽然很多，但基本思想大致相同。

6.3.1 图示法

采用 OLS 法估计模型，得到 $e_t = Y_t - (\hat{Y})_{OLS}$，$e_t$ 作为 μ_t 的估计，若 μ_t 存在自相关，必然由 e_t 反映出来，因此，可利用 e_t 随时间变化的图形来判断随机干扰项的自相关性，如图 6.1 所示。

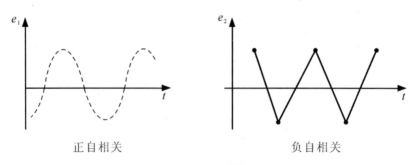

图 6.1　e_t 随时间变化的图形

6.3.2 杜宾-瓦森(D-W)检验

D-W 检验是杜宾(J. Durbin)和瓦森(G. S. Watson)于 1951 年提出的一种检验自相关的方法。

1. 假定条件

(1) 解释变量 X 非随机。

(2) 随机干扰项 μ_t 一阶自相关，$\mu_t = \rho \mu_{t-1} + \varepsilon_t$。

(3) 回归模型不包含滞后的被解释变量作为解释变量，例如，不应有形式：$Y_t = \beta_0 + \beta_1 X_t + \beta_2 Y_{t-1} + \mu_t$。

(4) 回归模型含有截距项。

(5) 样本容量比较大。

2. 检验步骤

原假设 $H_0: \rho = 0$；$H_1: \rho \neq 0$

构造统计量 $d = \dfrac{\sum\limits_{t=2}^{n}(e_t - e_{t-1})^2}{\sum\limits_{t=1}^{n} e_t^2} = \dfrac{\sum\limits_{t=2}^{n} e_t^2 - 2\sum\limits_{t=2}^{n} e_t e_{t-1} + \sum\limits_{t=2}^{n} e_{t-1}^2}{\sum\limits_{t=1}^{n} e_t^2}$

对于大样本 $\sum\limits_{t=2}^{n} e_t^2 \approx \sum\limits_{t=2}^{n} e_{t-1}^2 \approx \sum\limits_{t=1}^{n} e_t^2$

因此 $\quad d \approx 2\left(1 - \dfrac{\sum e_t e_{t-1}}{\sum e_{t-1}^2}\right)$

其中 $\quad \rho = \dfrac{\sum e_t e_{t-1}}{\sum e_{t-1}^2} \quad d \approx 2(1-\rho)$

因为 $|\rho| \leq 1$，所以 $0 \leq d \leq 4$

杜宾和瓦森由此导出了临界值上限 d_U 与下限 d_L，且上、下限只与样本容量 n 和解释变量个数 k 有关。

(1) 若 $0 < d < d_L$，则存在正自相关。

(2) 若 $d_L < d < d_U$，则不能确定。

(3) 若 $d_U < d < 4 - d_U$，则无自相关。

(4) 若 $4 - d_U < d < 4 - d_L$，则不能确定。

(5) 若 $4 - d_L < d < 4$，则存在负自相关。

结果具体如图 6.2 所示。

3. 局限性

(1) 只适用于一阶，不适合高阶。

(2) 有不能确定的区域。

(3) 对存在滞后被解释变量模型无法检验。

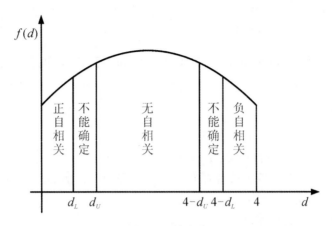

图6.2 结果图

6.4 自相关性的修正方法

当模型被检验出存在自相关时，须采用一些修正的方法进行模型的参数估计。

6.4.1 广义差分法（ρ已知）

以一元线性回归模型为例：

$$Y_t = \beta_0 + \beta_1 X_t + \mu_t \quad (t=1,2,\cdots,n) \tag{6.3}$$

随机干扰项 μ_t 存在一阶自相关：

$$\mu_t = \rho \mu_{t-1} + \varepsilon_t \tag{6.4}$$

ε_t 满足基本假定：$E(\varepsilon_t)=0 \quad \mathrm{Var}(\varepsilon_t)=\sigma_\varepsilon^2 \quad \mathrm{Cov}(\varepsilon_t,\varepsilon_{t-s}) \neq 0 \quad (s \neq 0)$

将式(6.3)滞后一期

$$Y_{t-1} = \beta_0 + \beta_1 X_{t-1} + \mu_{t-1} \tag{6.5}$$

将式(6.5)两边乘以 ρ

$$\rho Y_{t-1} = \rho \beta_0 + \rho \beta_1 X_{t-1} + \rho \mu_{t-1} \tag{6.6}$$

式(6.3)减去式(6.6)，得

$$Y_t - \rho Y_{t-1} = \beta_0(1-\rho) + \beta_1(X_t - \rho X_{t-1}) + (\mu_t - \rho \mu_{t-1}) \tag{6.7}$$

做广义差分变换

$$Y_t^* = Y_t - \rho Y_{t-1}$$
$$X_t^* = X_t - \rho X_{t-1}$$
$$\varepsilon_t = \mu_t - \rho \mu_{t-1}$$

式(6.7)变为

$$Y_t^* = \beta_0^* + \beta_1 X_t^* + \varepsilon_t \tag{6.8}$$

式(6.8)称为广义差分模型，随机干扰 ε_t 项满足基本假定。

对广义差分模型应用OLS法估计，可求得参数估计量 $\hat{\beta}_0 = \dfrac{\hat{\beta}_0^*}{1-\rho}$ 和 $\hat{\beta}_1$。

在做广义差分时损失了第一次观测值,为了避免这一损失,将 Y_1 与 X_1 第一次观测值变换为

$$Y_1^* = \sqrt{1-\rho^2}\, Y_1 \qquad X_1^* = \sqrt{1-\rho^2}\, X_1$$

此时

$$Y^* = \begin{pmatrix} \sqrt{1-\rho^2}\, Y_1 \\ Y_2 - \rho Y_1 \\ \vdots \\ Y_n - \rho Y_{n-1} \end{pmatrix} \qquad X^* = \begin{pmatrix} \sqrt{1-\rho^2}\, X_1 \\ X_2 - \rho X_1 \\ \vdots \\ X_n - \rho X_{n-1} \end{pmatrix}$$

广义差分法在 EViews 软件中的实现如下所示。

在 EViews 计量经济学软件包中,可以采用很简单的方法实现广义差分法参数估计。原模型可以改写为

$$Y_t = \beta_0 + \beta_1 X_{t1} + \cdots + \beta_k X_{tk} + \\ \rho_1(Y_{t-1} - \beta_0 - \beta_1 X_{t-1,1} - \cdots - \beta_k X_{t-1,k}) + \cdots + \\ \rho_p(Y_{t-p} - \beta_0 - \beta_1 X_{t-p,1} - \cdots - \beta_k X_{t-p,k}) + \varepsilon_t \\ t = 1+p, 2+p, \cdots, n$$

即

$$Y_t = \beta_0 + \beta_1 X_{t1} + \cdots + \beta_k X_{tk} + \rho_1 \mu_{t-1} + \rho_2 \mu_{t-2} + \cdots + \rho_p \mu_{t-p} + \varepsilon_t \\ t = 1+p, 2+p, \cdots, n$$

当选择普通最小二乘法估计参数时,如果同时选择常数项和 X_1,X_2,$\cdots$,X_k,AR(1),AR(2),$\cdots$,AR(p)作为解释变量,即可得到参数 β_0,β_1,$\cdots$,β_k,ρ_1,ρ_2,$\cdots$,ρ_p 的估计值,其中 AR(p)表示随机干扰项的 p 阶自回归。在估计过程中自动完成了 ρ_1,ρ_2,$\cdots$,ρ_p 的迭代,并显示总迭代次数。

至于选择几阶随机干扰项的自回归项作为解释变量,主要判断依据是 D.W. 统计量. 所以,一般是先不引入自回归项,采用普通最小二乘法估计参数;根据显示的 D.W. 统计量,逐次引入 AR(1),AR(2)⋯⋯一直到满意为止。

6.4.2 科克兰内 - 奥克特法

广义差分法要求 ρ 已知,但实际上在模型估计之前 ρ 是未知的,所以关键是要求出 ρ,可考虑用 ρ 的估计值 $\hat{\rho}$ 来代替,但 $\hat{\rho}$ 的求法有很多,科克兰内 - 奥克特法就是其中一种,这种方法也叫迭代法。

以一元线性回归模型为例:

$$Y_t = \beta_0 + \beta_1 X_t + \mu_t \tag{6.9}$$

μ_t 存在一阶线性自相关:

$$\mu_t = \rho \mu_{t-1} + \varepsilon_t \tag{6.10}$$

具体步骤如下:

(1) 用 OLS 法估计模型,并计算出残差 $e_t^{(1)}$:$e_t^{(1)} = Y_t - (\hat{Y}_t)_{\text{OLS}}$,$e_t^{(1)}$ 作为 μ_t 的一个估计。

(2) 针对 $e_t^{(1)} = \rho e_{t-1}^{(1)} + \varepsilon_t^{(1)}$,应用 OLS 法求出第一次估计值 $\hat{\rho}_1$。

(3) 利用 $\hat{\rho}_1$ 对原模型做广义差分变换，变换后：

$$Y_t^{(1)} = \beta_0^* + \beta_1 X_t^{(1)} + \varepsilon_t^{(1)} \tag{6.11}$$

此时
$$Y_t^{(1)} = Y_t - \hat{\rho}_1 Y_{t-1}$$
$$X_t^{(1)} = X_t - \hat{\rho}_1 X_{t-1}$$
$$\varepsilon_t^{(1)} = \mu_t - \hat{\rho}_1 \mu_{t-1}$$

对式(6.11)应用 OLS 法估计，得 $\hat{\beta}_0$ 和 $\hat{\beta}_1$，其中 $\hat{\beta}_0 = \dfrac{\hat{\beta}_0^*}{1-\hat{\rho}_1}$。

将 $\hat{\beta}_0$ 和 $\hat{\beta}_1$ 代回式(6.9)，求出式(6.9)的随机干扰项的新的估计值 $e_t^{(2)}$。$e_t^{(2)} = \rho e_{t-1}^{(2)} + \varepsilon_t^{(2)}$，应用 OLS 法求出第二次的估计值 $\hat{\rho}_2$，重复上述过程，可得 ρ 的多次迭代值。

关于迭代次数，可根据具体问题而定，一般是先给出一个精度，当相邻两次的 ρ 的估计值之差小于这个精度时，迭代结束。在实际中，有时只要迭代两次就可停止迭代过程，因此又称为二步迭代法。

6.4.3 杜宾两步法

该方法还是先估计 ρ，再做广义差分变换，对广义差分模型进行 OLS 估计。

以一元线性回归模型为例：

$$Y_t = \beta_0 + \beta_1 X_t + \mu_t \tag{6.12}$$

存在一阶自回归：

$$\mu_t = \rho \mu_{t-1} + \varepsilon_t$$

具体步骤如下：

(1) 将式(6.7)改写成 $Y_t = \beta_0(1-\rho) + \beta_1 X_t - \beta_1 \rho X_{t-1} + \rho Y_{t-1} + \varepsilon_t$，用 OLS 法估计出 $\hat{\rho}$。

(2) 对式(6.12)进行差分变换，得到 $Y_t^* = Y_t - \hat{\rho} Y_{t-1}$，$X_t^* = X_t - \hat{\rho} X_{t-1}$。

(3) 广义差分模型为 $Y_t^* = \beta_0^* + \beta_1 X_t^* + \varepsilon_t$，用 OLS 法，估计出 $\hat{\beta}_0$ 和 $\hat{\beta}_1$，其中 $\hat{\beta}_0 = \dfrac{\hat{\beta}_0^*}{1-\hat{\rho}}$。

杜宾两步法可以运用于高阶自回归模型，但是该方法 $\hat{\rho}$ 估计的精度较低。

6.5 案例分析

6.5.1 自相关性检验结果分析

某上市公司的子公司年销售额 Y 与其总公司年销售额 X 的观测数见表 6-1。

表 6-1 某上市公司的子公司年销售额 Y 与其总公司年销售额 X 的观测数

X	Y	X	Y
127.30	20.96	132.70	21.96
130.00	21.40	129.40	21.52

X	Y	X	Y
135.00	22.39	150.20	25.00
137.10	22.76	153.10	25.64
141.20	23.48	157.30	26.36
142.80	23.66	160.70	26.98
145.50	24.10	164.20	27.52
145.30	24.01	165.60	27.78
148.30	24.54	168.70	28.24
146.40	24.30	171.70	28.78

利用 EViews 软件，用 OLS 法，得到如下回归方程：

$$\hat{Y}_t = -1.455 + 0.176 X_t$$
$$(0.214) \quad (0.001)$$
$$R^2 = 0.998 \quad \text{D.W.} = 0.735$$

在 $\alpha = 5\%$ 的显著性水平下，样本容量为 n，D.W. 的临界值 $d_L = 1.201$，$d_U = 1.411$，因为 D.W. $= 0.735 < d_L$，所以该模型存在一阶正自相关。

6.5.2 自相关性修正结果分析

用杜宾两步法估计模型，$Y_t = \beta_0 + \beta_1 X_t + \mu_t \quad \mu_t = \rho \mu_{t-1} + \varepsilon_t$

第一步，对模型进行广义差分变换有

$$Y_t - \rho Y_{t-1} = \beta_0 (1-\rho) + \beta_1 (X_t - \rho X_{t-1}) + \varepsilon_t$$

把该模型变形为 $Y_t = \beta_0(1-\rho) + \beta_1 X_t - \beta_1 \rho X_{t-1} + \rho Y_{t-1} + \varepsilon_t$

对此模型用 OLS 法，结果如下：

$$Y_t = -0.256 + 0.163 X_t - 0.125 X_{t-1} + 0.781 Y_{t-1}$$
$$(-0.72) \quad (19.54) \quad (-3.71) \quad (3.79)$$
$$R^2 = 0.999$$

第二步，将估计的 $\hat{\rho} = 0.781$ 代入下面的模型：

$$Y_t - \hat{\rho} Y_{t-1} = \beta_0(1-\hat{\rho}) + \beta_1 (X_t - \hat{\rho} X_{t-1}) + \varepsilon_t$$

令　　$Y_1 = Y_t - \hat{\rho} Y_{t-1} \quad a = \beta_0(1-\hat{\rho}) \quad X_1 = X_t - \hat{\rho} X_{t-1}$

模型变为 $Y_1 = a + \beta_1 X_1 + \varepsilon_t$

并对它进行 OLS 法估计，得

$$Y_1 = -0.123 + 0.171 X_1$$
$$(-0.833) \quad (40.00)$$
$$R^2 = 0.989 \quad F = 1600 \quad \text{D.W.} = 1.735$$

在 5% 的显著性水平下，$n = 20$，D.W. 检验的临界值为 $d_L = 1.201$，$d_U = 1.411$。显然对于 D.W. $= 1.735$ 有 $d_U <$ D.W. $< 4 - d_U$。

故可判断已不存在一阶自相关性。

估计的原回归模型为 $\hat{Y}_t = \dfrac{-0.123}{1-0.781} + 0.176X_t = -0.561 + 0.176X_t$

6.5.3　EViews 过程的实现

若利用 EViews 软件对原模型进行 OLS 估计，选择 Quick→Estimate Equation 命令后，在出现的对话框中输入“Y　C　X”，单击 OK 按钮，如图 6.3 所示。

Equation: UNTITLED　Workfile: UNTITLED::Untitled\

View | Proc | Object | Print | Name | Freeze | Estimate | Forecast | Stats | Resids

Dependent Variable: Y
Method: Least Squares
Date: 11/05/13　Time: 17:12
Sample: 1 20
Included observations: 20

Variable	Coefficient	Std. Error	t-Statistic	Prob.
C	-1.454750	0.214146	-6.793261	0.0000
X	0.176283	0.001445	122.0170	0.0000

R-squared	0.998792	Mean dependent var	24.56900
Adjusted R-squared	0.998725	S.D. dependent var	2.410396
S.E. of regression	0.086056	Akaike info criterion	-1.972991
Sum squared resid	0.133302	Schwarz criterion	-1.873418
Log likelihood	21.72991	Hannan-Quinn criter.	-1.953553
F-statistic	14888.14	Durbin-Watson stat	0.734726
Prob(F-statistic)	0.000000		

图 6.3　OLS 法的输出结果

用杜宾两步法估计模型：

第一步，选择 Quick→Estimate Equation 后，在出现的对话框中输入“Y　C　X　X(-1)　Y(-1)”，单击 OK 按钮，结果如图 6.4 所示。

Equation: UNTITLED　Workfile: UNTITLED::Untitled\

View | Proc | Object | Print | Name | Freeze | Estimate | Forecast | Stats | Resids

Dependent Variable: Y
Method: Least Squares
Date: 11/05/13　Time: 17:10
Sample (adjusted): 2 20
Included observations: 19 after adjustments

Variable	Coefficient	Std. Error	t-Statistic	Prob.
C	-0.256352	0.358161	-0.715746	0.4851
X	0.162814	0.008331	19.54350	0.0000
X(-1)	-0.124452	0.033576	-3.706541	0.0021
Y(-1)	0.781203	0.206330	3.786182	0.0018

R-squared	0.999299	Mean dependent var	24.75895
Adjusted R-squared	0.999159	S.D. dependent var	2.317563
S.E. of regression	0.067194	Akaike info criterion	-2.377795
Sum squared resid	0.067726	Schwarz criterion	-2.178966
Log likelihood	26.58905	Hannan-Quinn criter.	-2.344145
F-statistic	7132.571	Durbin-Watson stat	1.535228
Prob(F-statistic)	0.000000		

图 6.4　OLS 法的输出结果

第6章 自相关性

第二步，设定新变量：Y_1 选择 Quick → Generate Series 命令后在出现的对话框中输入"$y1 = y - 0.781 * y(-1)$"，单击 OK 按钮，结果如图 6.5 所示。

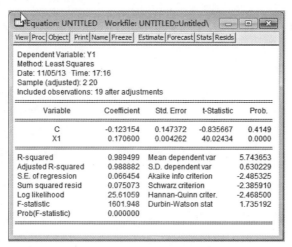

图 6.5 定义变量

设定新变量 X_1 同上。

然后，选择 Quick → Estimate Equation 命令后在出现的对话框中输入"Y1　C　X1"，单击 OK 按钮，结果如图 6.6 所示。

图 6.6 OLS 法的输出结果

 本章小结

本章讨论了在随机干扰项出现相关情形下的一些情况，首先介绍了自相关性的含义和产生的原因，其原因主要包括经济变量固有的惯性、模型设定偏误及数据处理偏误等。

其次，介绍了自相关性产生的后果，其不仅导致参数估计非有效、参数的显著性检验失效，还会降低预测精度。

再次，介绍了有关自相关性的检验方法，如图示法、杜宾－瓦森(D－W)检验法等。

最后，介绍了有关自相关性的修正方法，主要有广义差分法、科克兰内－奥克特法和杜宾两步法。

习 题

1. 什么是自相关性？举例说明经济现象中序列相关性的存在。
2. 经济模型中产生自相关的原因和后果是什么？
3. 检验自相关性的方法思路是什么？
4. 对于有 5 个解释变量的多元线性回归模型，用容量为 93 的样本数据进行回归分析。若根据回归残差序列计算的 D.W. 值为 1.1，应得出什么结论？若 D.W. 值为 2.35 呢？
5. 下面的回归方程是由 OLS 法估计得到的，样本点 24 个：$\hat{Y}_t = 1.3 + 9.27 x_t$，D.W.=1.31，判断该模型是否存在自相关。
6. 利用以下给定的 D.W. 统计数据进行自相关检验（k=自变量数目，n=样本容量）。

（1）D.W.=0.81，$k=3$，$n=21$，显著水平 $\alpha=0.05$
（2）D.W.=3.48，$k=2$，$n=15$，显著水平 $\alpha=0.05$
（3）D.W.=1.56，$k=5$，$n=30$，显著水平 $\alpha=0.05$
（4）D.W.=2.64，$k=4$，$n=30$，显著水平 $\alpha=0.05$
（5）D.W.=1.75，$k=1$，$n=45$，显著水平 $\alpha=0.05$
（6）D.W.=0.91，$k=2$，$n=28$，显著水平 $\alpha=0.05$
（7）D.W.=1.03，$k=5$，$n=26$，显著水平 $\alpha=0.05$

7. 线性回归模型：$Y_t = \beta_0 + \beta_1 X_t + u_t$，已知 u 为一阶自回归形式：$u_t = \rho u_{t-1} + \varepsilon_t$。

要求：证明 ρ 的估计值为 $\hat{\rho} \approx \dfrac{\sum_{t=2}^{n} e_t e_{t-1}}{\sum_{t=2}^{n} e_{t-1}^2}$。

8. 家庭消费支出（Y）、可支配收入（X_1）、个人的财富（X_2），设定模型如下：

$$Y_i = \beta_0 + \beta_1 X_{1i} + \beta_2 X_{2i} + \mu_i$$

回归分析结果为

LS // Dependent Variable is Y
Date：18/4/02 Time：15：18
Sample：1 20
Included observations：20
相关数据列于表 6-2。

表 6-2 相关数据

Variable	Coefficient	Std. Error	T-Statistic	Prob.
C	24.4070	6.9973	_____	0.0101
X_1	-0.3401	0.4785	_____	0.5002
X_2	0.0823	0.0458	_____	0.1152
R-squared	_____	Mean dependent var		111.1256
Adjusted R-squared	_____	S. D. dependent var		31.4289
S. E. of regression	_____	Akaike info criterion		4.1338
Sum squared resid	342.5486	Schwartz criterion		4.2246
Log likelihood	-31.8585	F-statistic		_____
Durbin-Watson stat	2.4382	Prob(F-statistic)		0.0001

回答下列问题:
(1) 根据表 6-2 中已知数据,填写表中画线处缺失结果并给出计算步骤。
(2) 模型中是否存在自相关?为什么?
在 0.05 显著性水平下,d_L 和 d_U 的显著性点见表 6-3。

表 6-3 显著水平为 0.05,d_L 和 d_U 的显著性点

n	k=1		k=2	
	d_L	d_U	d_L	d_U
9	0.824	1.32	0.629	1.699
10	0.879	1.32	0.697	1.641
11	0.927	1.324	0.658	1.604

9. 表 6-4 是中国 1978—2013 年各项税收 T 与国民生产总值 Y 的数据。

表 6-4 中国 1978—2013 年的税收与国民生产总值　　　　单位:亿元

年　份	国民生产总值	各项税收	年　份	国民生产总值	各项税收
1978	3645.22	519.28	1996	70142.49	6909.82
1979	4062.58	537.82	1997	78060.85	8234.04
1980	4545.62	571.7	1998	83024.33	9262.8
1981	4889.46	629.89	1999	88479.16	10682.58
1982	5330.45	700.02	2000	98000.48	12581.51
1983	5985.55	775.59	2001	108068.20	15301.38
1984	7243.75	947.35	2002	119095.68	17636.45
1985	9040.74	2040.79	2003	134976.97	20017.31
1986	10274.38	2090.73	2004	159453.60	24165.68
1987	12050.62	2140.36	2005	183617.37	28778.54
1988	15036.82	2390.47	2006	215904.41	34804.35
1989	17000.92	2727.4	2007	266422.00	45621.97
1990	18718.32	2821.86	2008	316030.34	54223.79
1991	21826.20	2990.17	2009	340319.95	59521.59
1992	26937.28	3296.91	2010	399759.54	73210.79
1993	35260.02	4255.3	2011	468562.38	89738.39
1994	48108.46	5126.88	2012	518214.75	100614.28
1995	59810.53	6038.04	2013	566130.18	110530.7

资料来源:《中国统计年鉴(2014 年)》。

(1) 对下面的回归模型进行 OLS 估计,并计算 t 值、R^2 及 D.W.。

$$T_t = \alpha + \beta Y_t + u_t$$

(2) 检验是否存在自相关。

第7章 虚拟变量与随机解释变量模型

教学目标

通过本章的学习,对虚拟变量和随机解释变量的使用背景以及它们在计量经济学中的作用有所了解和认识,并能利用有关理论和方法对实际应用问题进行建模和分析说明。

教学要求

了解虚拟变量和随机解释变量的概念;了解使用虚拟变量和随机解释变量的意义;掌握两个虚拟解释变量模型——方差分析模型和协方差分析模型的应用;掌握一个虚拟因变量模型——对数单位模型(Logit Model)的应用;了解随机解释变量模型的应用。

第 7 章 虚拟变量与随机解释变量模型

到目前为止,我们在回归模型中所遇到的变量都是定量变量(Quantitative Variables),就是说这些变量具有可度量的特性,如消费和收入等。但是在回归分析中,被解释变量不仅会受这些定量变量的影响,也会受到一些在本质上不可度量的变量影响,例如性别、学历、季节及政府经济政策变动等。我们把这样的变量称为定性变量(Qualitative Variables),那么,如何在回归模型中体现定性变量的作用呢?可将它们进行二值量化,并将其定义为虚拟变量(Dummy Variables)。所以,很有必要学习加入虚拟变量的模型在参数估计以及假设检验方面的理论和方法。本章的 7.1 节和 7.2 节就将讨论在回归模型中加入虚拟自变量的情形,而在 7.3 节将介绍在回归模型中加入虚拟因变量的情形。

实际经济问题中的经济变量往往具有很大的随机性,在回归分析中另外一种更加复杂的情形是回归模型中解释变量并非如前所假定的确定性变量,而是随机变量,这显然违背了回归模型的古典假设,因此,必须要用特殊的方法进行估计和检验,本章 7.5 节将介绍这方面的内容。

7.1 虚拟变量模型

7.1.1 非数量因素的二值量化

所谓对非数量因素(定性因素)的二值量化就是用 1 和 0 分别表示一个定性变量的两个截然不同的特性,比如,可以用 1 代表变量性别中的男性,0 则代表女性(当然反过来也可以),这个量化了的变量称为虚拟变量,通常用 D 表示。这样一来,就可以用前面学到的模型和方法来分析诸如性别对公司职工工资的影响这样的实际问题了。例如,假设 Y_i 是某公司第 i 名职工的月薪,而且这里只考虑性别因素对工资的影响而忽略掉其他因素,于是就定义一个虚拟变量 D_i 来表示第 i 名职工的性别,因此若该名职工是男性职工时,D_i 的取值是 1;若该名职工是女性职工时,D_i 的取值是 0。这样就以 D_i 的值为界限将全体职工分为了两组,把 D_i 取值为 0 的一组叫作控制组(在这个例子里是全体女性职工)。这样就可以将虚拟变量 D_i 作为解释变量来建立和估计如下模型:

$$Y_i = \alpha + \beta D_i + \mu_i \tag{7.1}$$

显然模型(7.1)和第 2 章的一元回归模型形式上相似,唯一的区别就是用一个虚拟变量来代替了原来的定量解释变量。表 7-1 给出了该例子的横截面数据。

表 7-1 某公司职工月薪和性别数据

序号(i)	性别(D)	月薪(Y)	序号(i)	性别(D)	月薪(Y)	序号(i)	性别(D)	月薪(Y)
1	0	1566	6	1	1402	11	0	1234
2	0	1187	7	1	2115	12	1	1926
3	0	1345	8	1	2218	13	0	2165
4	0	1345	9	1	3575	14	0	2365
5	1	2167	10	1	1972	15	0	1345

续表

序号(i)	性别(D)	月薪(Y)	序号(i)	性别(D)	月薪(Y)	序号(i)	性别(D)	月薪(Y)
16	0	1839	28	0	1234	40	1	1461
17	1	2613	29	0	1345	41	1	3307
18	0	1345	30	0	1345	42	1	3833
19	1	2435	31	1	3389	43	1	1839
20	1	1715	32	1	1839	44	0	1461
21	1	1461	33	1	981	45	1	1433
22	1	1639	34	0	1345	46	1	2115
23	0	1345	35	1	2533	47	1	1839
24	0	1602	36	0	1602	48	1	1288
25	0	1144	37	0	1839	49	0	1288
26	1	1566	38	1	2218			
27	1	1496	39	0	1529			

7.1.2 模型中引入虚拟变量的作用

如前所述,在模型中引入虚拟变量的主要作用就是测度某些定性因素对所观察经济变量的影响,除此之外,也可以通过在模型中引入虚拟变量的方法来估计季节因素对经济变量的影响,例如,已知某类服装的销售量和人们收入的关系为 $S=\alpha+\beta I+\mu$。但是随着季节的转换,人们对该类服装的需求就会发生变化,假设该类服装是春夏服装,则到了秋冬季节人们对它们的需求量就会显著减少。那么,如何在模型中反映出这个特点呢?方法就是引入3个虚拟变量作为季节虚拟变量。假如把春季作为控制季节,则

$$D_1 = \begin{cases} 1 & 代表夏季 \\ 0 & 其他季节 \end{cases}$$

$$D_2 = \begin{cases} 1 & 代表秋季 \\ 0 & 其他季节 \end{cases}$$

$$D_3 = \begin{cases} 1 & 代表冬季 \\ 0 & 其他季节 \end{cases}$$

由此可以设定一个模型:

$$S = \alpha_0 + \alpha_1 D_1 + \alpha_2 D_2 + \alpha_3 D_3 + \beta_0 I + \beta_1 D_1 I + \beta_2 D_2 I + \beta_3 D_3 I + \mu \tag{7.2}$$

式中,DI 是季节虚拟变量和收入变量的交互作用项。

虚拟变量的另外一个作用就是用来检验模型的结构性变化。所谓模型的结构性变化,是指模型中解释变量和被解释变量的关系可能会随着时间的不同而发生变化,导致模型结构的不稳定性。例如,我国城镇居民的消费行为模式很可能在1978年改革开放前后发生比较大的变化,为此可以考虑在消费模型中加入一个阶段虚拟变量进行检验。

7.1.3 引入虚拟变量的规则

尽管虚拟变量的作用很大,但是使用起来也要小心谨慎,一般要遵循3个规则:

(1) 如果回归模型中有常数项，那么每一个定性变量所需的虚拟变量的个数要比该定性变量的"属性"少 1，即如果该定性变量有 m 种属性或者说特征，那么对该定性变量需引入 $m-1$ 个虚拟变量，否则就会陷入所谓的虚拟变量陷阱之中，造成变量之间的多重共线性，例如，在模型(7.2)中定性变量季节因素有 4 种属性，春、夏、秋、冬，那么就需要引入 3 个虚拟变量。

(2) 虚拟变量的系数要和控制组(即虚拟变量取值为 0 的组)的系数联合起来进行模型解释和分析，例如，模型(7.2)的夏季估计模型是 $\hat{S}=(\hat{\alpha}_0+\hat{\alpha}_1)+(\hat{\beta}_0+\hat{\beta}_1)I$。

(3) 如果一个模型中有若干个定性变量，而每个定性变量又有若干个属性，则引入如此众多的虚拟变量会消耗掉大量的自由度(Degree of Freedom)，从而降低参数估计的精度，因此，在引入虚拟变量的数量时一定要注意。

7.2 虚拟解释变量模型

7.2.1 方差分析模型

虚拟变量可以像定量变量一样加入回归模型。如果一个回归模型所包含的所有解释变量都是虚拟或定性变量，那么这种模型被称为方差分析(ANOVA)模型，例如，7.1 节的模型(7.1)就是一个最简单的方差分析模型，下面就先从分析该模型入手，然后逐渐对该模型进行扩展分析。

注意到模型(7.1)在形式上和前面的一元回归模型完全一样，唯一的区别是将一元回归模型中的定量变量 X 换成了定性变量 D。如前所述，模型(7.1)能够揭示出性别因素是否会显著影响职工的工资，当然前提条件是忽略掉职工其他因素诸如学历、工龄和工种等对工资的影响。假设模型(7.1)的随机扰动项满足经典线性回归模型的基本假设条件，则可得

女性职工工资期望值：$E(Y_i|D_i=0)=\alpha$

男性职工工资期望值：$E(Y_i|D_i=1)=\alpha+\beta$

因此，模型(7.1)的截距项 α 给出的是女性职工工资的平均值，而 $\alpha+\beta$ 是男性职工工资的平均值，斜率 β 则反映了男性职工工资的平均值与女性职工工资的平均值的差别。

根据表 7-1 中的数据并利用第 2 章学到的知识用 OLS 法对模型(7.1)进行参数估计，并根据 t 统计值判断估计出的 β 值是否统计显著，结果如下(括号内是对应的 t 统计值)：

$$\hat{Y}_i = 1518.69 + 568.22 D_i$$
$$(12.40) \quad (3.38) \quad\quad\quad (7.3)$$
$$R^2 = 0.1782$$

结果显示，回归估计得到的女性职工工资的平均值是 1518.69 元($=\hat{\alpha}$)，而男性职工工资的平均值是 2086.91 元($\hat{\beta}=568.22$)(注意，拟合优度 R^2 的值很低，对此不要太在意，因为模型中并没有放入诸如工龄等其他变量，所以估计结果可能是有偏差的)。根据表 7-1 很容易计算出，女性职工工资的平均值恰好是 1518.69 元，男性职工工资的平均值也正是 2086.91 元，这说明加入虚拟变量的回归法等价于把样本拆分为女性和男性两组，再分别计算他们的平均工资。这是否能说明加入虚拟变量的回归法没有任何优势呢？答案当然

是否定的,因为假如还要确认工作经验或教育程度是否对工资有显著影响时,分组法就显得力不从心,而计量经济学分析才是强大的分析工具。

注意到 $\hat{\beta}$ 是统计显著的,这说明男性职工工资和女性职工工资是有差别的:事实上女性平均工资较男性低。假如职工的其他因素诸如学历、工龄和工种等对工资没影响的话(这是个强假设),那么,该公司在工资方面显然存在着性别歧视。现在放松这个假设,认为除了性别外,工种也对工资有影响,而工种本身也是定性变量,因此也需要引入虚拟变量。假设工种只有两类:工人和办公室职员,那么只需要在增加一个虚拟变量就能将其二值量化。用虚拟变量 D_{1i} 表示第 i 名职工的性别($D_{1i}=0$ 代表女性),用虚拟变量 D_{2i} 表示第 i 名职工的工种($D_{2i}=0$ 代表职员),于是控制组为女性职员。该方差分析模型为

$$Y_i = \alpha + \beta_1 D_{1i} + \beta_2 D_{2i} + \mu_i \tag{7.4}$$

同样,对上述模型进行 OLS 估计(相应数据见表 7-1 和表 7-2,其中表 7-2 的工龄数据在后面的分析中用到),结果为

$$\hat{Y}_i = 1546.75 + 788.34 D_{1i} - 645.24 D_{2i}$$
$$(13.77) \quad (4.68) \quad (-3.20) \tag{7.5}$$
$$R^2 = 0.34$$

结果表明各项系数在统计上都很显著,而且拟合优度有所增加,表明增加的虚拟变量起到了较好的解释作用,但拟合优度依然偏低,总体回归效果并不理想。工种虚拟变量前面的系数是负值,表明该公司职工中工人的工资要比办公室职员的工资低。

表 7-2 某公司职工的工种和工龄数据

序号(i)	工种	工龄	序号(i)	工种	工龄	序号(i)	工种	工龄
1	0	4	18	0	2	35	0	3
2	0	1	19	0	18	36	0	5
3	0	10	20	1	4	37	0	18
4	0	2	21	0	4	38	0	1
5	1	17	22	0	3	39	0	10
6	0	2	23	0	8	40	0	10
7	0	15	24	0	6	41	0	22
8	0	11	25	1	3	42	0	3
9	0	1	26	1	23	43	1	14
10	0	1	27	1	15	44	0	5
11	0	2	28	0	9	45	0	3
12	1	9	29	0	3	46	0	15
13	0	15	30	0	14	47	1	13
14	0	12	31	0	16	48	1	9
15	0	5	32	1	20	49	0	4
16	0	14	33	1	5			
17	0	14	34	0	10			

需要注意的是，尽管形式如模型(7.1)和模型(7.4)的单纯方差分析模型在社会学及心理学等领域的应用较为广泛，但它在经济学的实证分析上并不多见。在经济学的实证分析上比较常见的是下面将要讲到的协方差分析模型，该类模型的特点就是在解释变量中既包含定性变量又包含定量变量。

7.2.2 协方差分析模型

所谓协方差分析(ANCOVA)模型，就是在回归模型的解释变量中既有定量变量又有定性变量的一类模型，最简单的协方差分析模型是只有一个定性解释变量和一个定量解释变量的模型：

$$Y_i = \alpha + \beta D_i + \gamma X_i + \mu_i \tag{7.6}$$

显然这是模型(7.1)的一个扩展。下面仍然用前面的例子来进行说明，假设在模型(7.6)中虚拟变量 D 代表的是职工性别，而定量变量 X 代表的是可以度量的职工工龄，Y 依然代表职工的月薪工资，则在随机扰动项 μ_i 的期望均值为 0 的假设下可得到

女性职工工资期望值：$E(Y_i | X_i, D_i = 0) = \alpha + \gamma X_i$ (7.7)

男性职工工资期望值：$E(Y_i | X_i, D_i = 1) = (\alpha + \beta) + \gamma X_i$ (7.8)

因此，通过让 Y 对常量、虚拟变量 D 和工龄变量 X 做回归估计即可获得各系数的估计值 $\hat{\alpha}$、$\hat{\beta}$ 和 $\hat{\gamma}$，假如 $\hat{\beta}$ 显著不为 0（根据它的 t 统计值进行检验），那么式(7.7)和式(7.8)的区别表现在图形上就是回归直线的截距项的不同。根据上面的式(7.7)和式(7.8)，就可得到两组估计关系式为

女性：$\hat{Y} = \hat{\alpha} + \hat{\gamma} X$ (7.9)

男性：$\hat{Y} = (\hat{\alpha} + \hat{\beta}) + \hat{\gamma} X$ (7.10)

在 $\hat{\alpha}$ 和 $\hat{\beta}$ 都为正值的情形下式(7.9)和式(7.10)的图形，如图 7.1 所示。

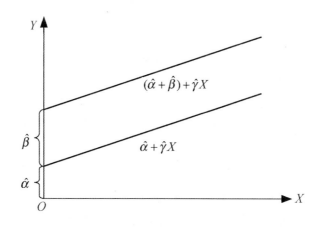

图 7.1 虚拟解释变量可使回归直线的截距发生位移

因此，在式(7.7)和式(7.8)具有相同斜率的假设之下，通过对式(7.6)进行 OLS 估计，即可得到参数 $\hat{\beta}$ 的 t 统计值，从而判断出式(7.7)和式(7.8)是否在截距项上存在着显著不同，从而得出在工龄的变化对男女职工影响相同的前提下，性别是否是影响工资不同

的一个重要因素这样一个结论。

根据表 7-1 和表 7-2 中的数据，利用 EViews 软件很容易得到模型(7.6)的 OLS 估计结果：

$$\hat{Y}_i = 1366.27 + 525.63 D_i + 19.81 X_i$$
$$(8.53) \quad (3.11) \quad (1.46)$$
$$R^2 = 0.23$$

结果表明，性别虚拟变量前面的系数在统计上是显著的，但作为工龄变量前面的系数则没有通过显著性检验，而且拟合优度的值偏低，因此总体回归结果不理想，需要进一步改善模型(7.6)的设定。于是可考虑再将代表工种的虚拟变量 D_2 加进模型(7.6)中，得到如下模型设定：

$$Y_i = \alpha + \beta_1 D_{1i} + \beta_2 D_{2i} + \gamma X_i + \mu_i \tag{7.11}$$

式中，两个虚拟变量所表征的意义和模型(7.4)完全一样，同样根据表 7-1 和表 7-2 中的数据，利用 EViews 软件很容易得到模型(7.11)的 OLS 估计结果：

$$\hat{Y}_i = 1316.61 + 760.54 D_{1i} - 756.21 D_{2i} + 30.53 X_i$$
$$(9.34) \quad (4.75) \quad (-3.86) \quad (2.49)$$
$$R^2 = 0.42$$

回归结果得到了很大的改善，各项系数都很显著，拟合优度也有大幅度的提高，不过如果想得到更加理想的回归结果还必须加入其他定量变量或定性变量，比如，职工受教育的年限等，作为学习的例子这里不在做进一步的深入探讨。

上面讨论的是较为简单的协方差分析模型，即增加的虚拟变量只改变了截距，其实还有两种比较复杂的情形，一种是虚拟变量改变了斜率；另一种就是虚拟变量既改变了截距又改变了斜率。在前面已经简单地介绍了这样的模型，如模型(7.2)，下面就较为详细地进行探讨。

首先，考虑一元线性回归模型 $Y = \alpha + \beta X + \mu$ 中 β 含定性变量对斜率的影响。以职工工资和工龄关系为例，设想 β 可能受性别的影响而有所变化（假设截距 α 不变），那么如何检验这一设想呢？设 $\beta = \beta_1 + \beta_2 D$，其中，$D$ 是性别虚拟变量，$D = 0$ 代表女性，$D = 1$ 代表男性，于是标准的一元线性回归模型变为

$$Y = \alpha + (\beta_1 + \beta_2 D)X + \mu = \alpha + \beta_1 X + \beta_2 DX + \mu \tag{7.12}$$

式中，DX 称为这两个变量的交互作用项。为了用 OLS 法估计该模型，可构造一个新变量 $Z = DX$，然后让 Y 对常量、X 和 Z 回归估计出以下两个关系式。

女性：$\hat{Y} = \hat{\alpha} + \hat{\beta}_1 X$ \hfill (7.13)

男性：$\hat{Y} = \hat{\alpha} + (\hat{\beta}_1 + \hat{\beta}_2)X$ \hfill (7.14)

不难发现，如果系数 β_2 的估计值 $\hat{\beta}_2$ 显著不为 0，则由式(7.13)和式(7.14)决定的两条回归直线截距相同但斜率不同。式(7.13)和式(7.14)说明女性职工的工作经验每多出一年则其平均月薪工资将增加 $\hat{\beta}_1$，而男性职工的工作经验每多出一年则其平均月薪工资将增加 $(\hat{\beta}_1 + \hat{\beta}_2)$（至于男性增加的多还是女性增加的多要视 $\hat{\beta}_2$ 的正负而定）。因此，受虚拟变量 D 影响的 $\hat{\beta}_2$ 就可以度量出斜率的差异，如图 7.2 所示。

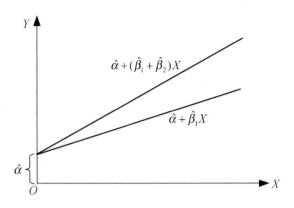

图 7.2　虚拟解释变量导致斜率变化

以表 7-1 和表 7-2 给出的数据为例来估计模型(7.12)，取 D 为性别虚拟变量，X 为工龄变量，于是用 OLS 估计结果如下(此时需在 EViews 的"Equation Specification"对话框里输入"Y C X D * X")：

$$\hat{Y} = 1639.71 + 1.89X + 31.34D*X$$
$$\quad\quad (10.40)\quad (0.09)\quad (1.77)$$
$$R^2 = 0.13$$

回归结果极不理想，$\hat{\beta}_1$ 和 $\hat{\beta}_2$ 都没有通过显著性检验，因此，可以认为本例中性别因素对职工的边际工资没有影响。

现在考虑虚拟变量同时影响截距和斜率的情况。设 $\alpha = \alpha_1 + \alpha_2 D$ 代入模型(7.12)可得如下所示的非约束模型：

$$Y = \alpha_1 + \alpha_2 D + (\beta_1 + \beta_2 D)X + \mu = \alpha_1 + \alpha_2 D + \beta_1 X + \beta_2 DX + \mu \quad (7.15)$$

因为这里重点检查的是虚拟变量的影响，此时的零假设为 $H_0: \alpha_2 = \beta_2 = 0$，所以约束模型为

$$Y = \alpha_1 + \beta_1 X + \mu \quad (7.16)$$

然后让 Y 对常量、虚拟变量 D、定量变量 X 和它们的交互项 DX 回归估计出以下两个关系式。

女性：$\hat{Y} = \hat{\alpha} + \hat{\beta}_1 X$ \quad (7.17)

男性：$\hat{Y} = \hat{\alpha}_1 + \hat{\alpha}_2 + (\hat{\beta}_1 + \hat{\beta}_2)X$ \quad (7.18)

如果 $\hat{\alpha}_2$ 和 $\hat{\beta}_2$ 不同时显著为 0(利用瓦尔德联合检验法)，则得到的两条回归线式 (7.17) 和式 (7.18) 有着不同的截距和斜率。

7.3　二元因变量回归——Logit 模型

在前面讨论的模型中都是把虚拟变量作为解释变量加入回归模型，而被解释变量都是可度量的定量变量，但实际上现实生活中也存在着因变量是定性变量的情况，例如，大学生们毕业后可以根据当前就业市场和自身的情况选择就业或读研继续深造，那么大学生们做出的这种选择就不能用某种数量集合来度量的定性因变量。因此，本节将探讨回归模型

中因变量具备这类性质时模型的设定和估计方法。

和定性解释变量的处理方法类似，把因变量具有非此即彼式的性质进行二元量化，例如，把大学生毕业后的状态作为因变量，那么就可以规定相应的虚拟变量取值为 1 或 0，假如取值为 1 代表就业的话，那么取值为 0 就代表读研(假定大学生毕业后只有这两种选择)。我们把因变量取值为 1 或 0 的回归模型称为二元因变量回归模型，这种模型在经济学和社会学上都有着广泛的应用。

计量经济学处理这种二元因变量回归模型的方法常见的有 3 种：线性概率模型(LPM)、概率单位模型(Probit Model)和对数单位模型(Logit Model)。本章只重点介绍最后一种，即 Logit 模型。

考虑如下一个简单的线性回归模型：

$$Y = \alpha + \beta X + \mu \tag{7.19}$$

这里解释变量 X 是代表家庭收入的定量变量，而被解释变量 Y 则是一个代表相应家庭购车状况的虚拟变量，具体来说，当家庭已经购车则 Y 值为 1，否则 Y 值为 0。模型(7.19)就是一个二元因变量模型。假定模型(7.19)的随机扰动项期望值为 0，即 $E(\mu) = 0$，则可得到：

$$E(Y|X) = \alpha + \beta X \tag{7.20}$$

现在令 $Y = 1$ 的概率为 P，则 $Y = 0$ 的概率为 $1 - P$，则可得到 Y 的数学期望：

$$E(Y) = 1 * P + 0 * (1 - P) = P \tag{7.21}$$

比较模型(7.21)和模型(7.20)则可得到：

$$E(Y|X) = \alpha + \beta X = P \tag{7.22}$$

因此，模型(7.19)的条件期望其实可以被理解为就是 Y 的条件概率，在这里它描述的就是给定家庭收入 X 的情况下家庭购车的条件概率，即 $E(Y|X) = \Pr(Y = 1|X)$。

模型(7.19)就是典型的线性概率模型(LPM)，但由于不能保证模型(7.22)的预测值位于 0 和 1 之间，所以这种方法用得越来越少，接下来讨论 logit 模型。

为了解决线性概率模型的预测值不一定落在区间[0,1]的问题，可考虑如下关于 Y 的条件概率表达式：

$$P = E(Y = 1|X) = \frac{1}{1 + e^{-(\alpha + \beta X)}} \tag{7.23}$$

令 $Z = \alpha + \beta X$，则上式变为

$$P = \frac{1}{1 + e^{-Z}} \tag{7.24}$$

显然无论 Z 值如何变动，P 值始终为 0～1。既然 P 是家庭购车的概率，那么 $1 - P$ 自然就是不买车的概率。

$$1 - P = \frac{1}{1 + e^{Z}} \tag{7.25}$$

于是 P 和 $(1 - P)$ 的比例反映的就是家庭购车的机会比率(Odds Ratio)：

$$\frac{P}{1 - P} = \frac{1 + e^{Z}}{1 + e^{-Z}} = e^{Z} \tag{7.26}$$

比如当 $P = 0.8$ 时，此比率就是 4∶1。下面对式(7.26)做一重要变换，两边取自然对

数,得

$$L = \ln\left(\frac{P}{1-P}\right) = Z = \alpha + \beta X \tag{7.27}$$

显然 L 就是机会比率的自然对数值,称之为对数单位(logit),而像式(7.27)这样的模型就称为 logit 模型,形式上它已经成为了一个 L 对 X 的线性函数。可以这样理解该模型:当解释变量 X 发生一个单位变化时,对数单位 L 的变化就是 β。因此,只要估计出 α 和 β 的值,对于一个给定的 X 就可计算出相应的概率值 P。

把式(7.27)写回到如下回归模型的形式:

$$L = \ln\left(\frac{P}{1-P}\right) = \alpha + \beta X + \mu \tag{7.28}$$

看上去只要样本数据提供了 X 值和 P 值,似乎可以用前面学过的标准普通最小二乘法 OLS 来估计式(7.28)中的 α 和 β,但其实不然,因为假如有了类似表 7-3 所列的调查数据,那么对数单位 L 的计算显然会出现以下两种无意义的情况:

$$L = \ln\left(\frac{1}{0}\right) \text{——若某家庭购车}$$

$$L = \ln\left(\frac{0}{1}\right) \text{——若某家庭不购车}$$

这样就根本不能估计出系数 α 和 β。

表 7-3 家庭收入(用 X 表示)和购车情况(家庭已购车用 $Y=1$ 表示,否则 $Y=0$)统计表

家 庭	购车与否(Y)	收入(X)/千克	家 庭	购车与否(Y)	收入(X)/千克
1	0	8	11	1	22
2	1	16	12	1	16
3	1	18	13	0	12
4	0	11	14	0	11
5	0	12	15	1	16
6	1	19	16	0	11
7	1	20	17	1	20
8	0	13	18	1	18
9	0	9	19	0	11
10	0	10	20	0	10

不过假如根据表 7-3 中的数据进行分类汇总,情况就会有所不同。分类汇总的基本思路是,把具有相同收入水平 X 的家庭归到一组中,然后分别计算出该组家庭数量 N 及其中购车家庭的数量 n,这样一来就可以得到类似表 7-4(注意该表数据并非从表 7-3 得来)中的数据。接下来计算该组家庭购车的比例值

$$\hat{P} = \frac{n}{N} \tag{7.29}$$

并把它作为 P 的一个估计值,如果 N 足够大,则这种替代是合理的,于是式(7.28)就可以重新写成如下形式:

$$\hat{L} = \ln\left(\frac{\hat{P}}{1-\hat{P}}\right) = \alpha + \beta X + \mu \tag{7.30}$$

表 7-4 家庭收入和购车情况分组数据表

收入水平(X)/千元	总家庭数(N)	购车家庭数(n)
6	40	8
8	50	12
10	60	18
13	80	28
15	100	45
20	70	36
25	65	39
30	50	33
35	40	30
40	25	20

尽管如此,仍然不能用标准普通最小二乘法 OLS 来估计式(7.30)中的 α 和 β,原因是式(7.30)中的随机扰动项可能并不具备同方差的良好性质。概率论知识告诉我们,假如当 N 相当大的时候,如果每个对应于一给定收入水平 X 的观察值服从独立二元分布,则有

$$\mu \sim N\left[0, \frac{1}{NP(1-P)}\right] \tag{7.31}$$

因此,Logit 模型的随机扰动项具有异方差的性质,于是就可以用第 5 章学到的消除异方差的加权最小二乘法(WLS)来对形式如式(7.30)中的 Logit 模型进行参数估计了。为此,下面用 P 的估计值 $\hat{P}$ 来代替式(7.31)中方差公式里 P 的真值,从而得到方差的一个估计值:

$$\hat{\sigma}^2 = \frac{1}{N\hat{P}(1-\hat{P})} \tag{7.32}$$

于是,针对上面的例子可分 4 步估计 logit 模型(7.30)。

第一步,对每一收入水平 X_i,计算出该收入水平组内家庭购车概率的估计值 $\hat{P}_i = \frac{n_i}{N_i}$,其中 N_i 是该组内家庭的总数量,n_i 是该组内购车家庭的数量。

第二步,对每一收入水平 X_i,计算对数单位 logit 值:

$$\hat{L}_i = \ln\left(\frac{\hat{P}_i}{1-\hat{P}_i}\right) \tag{7.33}$$

第7章 虚拟变量与随机解释变量模型

第三步,计算加权最小二乘法中的权重 $w_i = N_i \hat{P}_i (1-\hat{P}_i)$,并用它对模型(7.30)做如下所示的变换:

$$\sqrt{w_i} L_i = \alpha \sqrt{w_i} + \beta \sqrt{w_i} X_i + \sqrt{w_i} \mu_i \tag{7.34}$$

令 $L_i^* = \sqrt{w_i} L_i$、$X_i^* = \sqrt{w_i} X_i$ 及 $v_i^* = \sqrt{w_i} \mu_i$,则式(7.34)变为

$$L_i^* = \alpha \sqrt{w_i} + \beta X_i^* + v_i \tag{7.35}$$

注意,此时式(7.35)中的 v_i 已经变成了同方差的随机扰动项。

第四步,用经过加权处理后的数据对式(7.35)进行 OLS 估计,并对结果进行检验和分析。

7.4 案例分析

1. 模型估计

下面仍用家庭购车数据表 7-4 以及前面估计 logit 模型的 4 个步骤,使用 EViews 软件。

首先,把表 7-4 中的原始数据输入 EViews 的一个工作文件,得到 3 个原始数据列,分别用变量 X、NT 和 n 来表示收入水平、对应该收入水平的家庭总数以及其中购车家庭数,然后在 EViews 的命令窗口中输入命令"series P=n/NT"创建一个代表频率的数列 P,随后再在 EViews 的命令窗口中输入"series L=log(P/(1-P))"创建一个代表对数单位 logit 的数列,接着创建一个方程对象(Equation Object),不妨将其命名为"logiteq",在 Equation Specification(方程设定)对话框里输入"L C X",结果如图 7.3 所示。

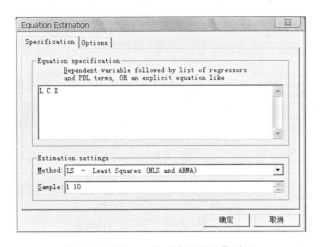

图 7.3　EViews 的"方程设定"窗口

注意,因为要用 WLS 法进行估计,所以此时选择"Equation Specification"(方程设定)窗口里的 Options 选项,在随后弹出的"Estimation Options"(估计选项)对话框中,选中 Weighted LS/TSLS(加权线性回归)后,在 Weight 输入框(权重)中输入"SQR(NT*P*(1-P))",如图 7.4 所示;单击确定按钮返回"Equation Specification"(方程设定)对话

框，最后单击该窗口确定按钮便得到最终回归结果，如图7.5所示。

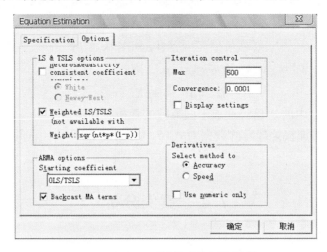

图7.4　EViews的"估计选项"对话框

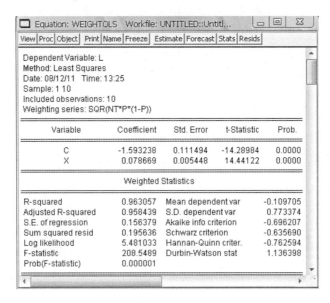

图7.5　EViews的回归结果窗口

2. 结果解释

根据图7.5显示的回归结果，得到模型(7.35)的WLS估计式：

$$L_i^* = -1.5932\sqrt{w_i} + 0.0786X_i^*$$
$$(-14.289) \quad (14.441) \tag{7.36}$$
$$R^2 = 0.9630$$

式(7.36)表明，估计得到的斜率系数为0.0786，这意味着家庭收入水平每增加一个单位（这里是1000元），则家庭购车比率的自然对数值L就会增加大约0.08，那么，据此即可计算出给定收入水平下家庭购车的概率。例如，要计算出收入水平为20000的家庭购车概

率,可先把 $X=20$ 代入式(7.36)或直接利用 EViews 的拟合值(由于计算误差,二者会稍微不同),得到:

$$\hat{L}_i|(X=20)=-0.0212$$

根据式(7.33)算出 $\hat{P}_i=0.4947$,因此可以说,收入水平为 20000 的家庭购车概率大约是 0.49,比较接近于 0.51 的购车频数(即 n/NT)。

另外,式(7.36)中的各系数在 1% 的显著水平下都是统计显著的,但是只有在大样本的情况下这种统计检验才是有意义的——这里的大样本是指对应于每一收入水平的总家庭数量(即表 7-4 中的 N),而不是收入水平的分组数量(例子里该数量是 10)。在这个例子里,表 7-4 中的总家庭数量尽管还不是足够大,但也足以说明问题了。

7.5 随机解释变量模型

单方程线性计量经济学模型假设解释变量是确定性变量,并且与随机干扰项不相关。违背这一基本假设的问题被称为随机解释变量问题。

7.5.1 随机解释变量问题

对于模型

$$Y_i=\beta_0+\beta_1X_{1i}+\beta_2X_{2i}+\cdots+\beta_kX_{ki}+\mu_i,\ i=1,2,\cdots,n \tag{7.37}$$

其基本假设之一是解释变量 X_1,X_2,$\cdots X_k$ 是确定性变量。如果存在一个或多个随机变量作为解释变量,则称原模型存在随机解释变量问题。为了讨论方便,假设(7.37)式中 X_2 为随机解释变量。对于随机解释变量问题,又分为 3 种不同情况:

(1) 随机解释变量与随机干扰项独立。
即

$$\mathrm{Cov}(X_2,\mu)=E(x_2\mu)=E(x_2)E(\mu)=0 \tag{7.38}$$

(2) 随机解释变量与随机扰动项同期无关但异期相关。
即

$$\mathrm{Cov}(X_{2i},\mu_i)=E(x_{2i}\mu_i)=0,\ i=1,2,\cdots,n \tag{7.39}$$

$$\mathrm{Cov}(X_{2i},\mu_{i-s})=E(x_{2i}\mu_{i-s})\neq 0,\ s\neq 0 \tag{7.40}$$

(3) 随机变量与随机干扰项同期相关。
即

$$\mathrm{Cov}(X_{2i},\mu_i)=E(x_{2i}\mu_i)\neq 0 \tag{7.41}$$

7.5.2 实际经济问题中的随机解释变量问题

在实际经济问题中,经济变量往往都具有随机性。但是在单方程计量经济学模型中,凡是外生变量都被认为是确定性的。于是,随机解释变量问题主要表现于用滞后被解释变量作为模型的解释变量的情况。由于经济活动具有连续性,使得这类模型在以时间序列数据作为样本的模型中占据较大份额。例如,消费不仅受到收入的影响,还受到前期消费水平的影响；投资不仅受收入的影响，还受前期投资水平的影响。但是，并不是所有包含滞后被解释变量的模型都带来"随机解释变量问题"，下面通过两个例子简单予以说明，详细建立模型的过程将在第 8 章中讨论。

著名的"耐用品存量调整模型"可表示为

$$Q_t = \beta_0 + \beta_1 Y_t + \beta_2 Q_{t-1} + \mu_t, \quad t = 1, 2, \cdots, T \tag{7.42}$$

该模型表示，耐用品的存量由前一个时期的存量和当期收入共同决定。这是一个滞后被解释变量作为解释变量的模型。但是，如果模型不存在随机干扰项的序列相关性，那么随机解释变量 Q_{t-1} 只与 μ_{t-1} 相关，与 μ_t 不相关，属于随机解释变量与随机干扰项同期无关但异期相关的情况。

著名的"合理预期消费函数模型"认为消费 C_t 是由对收入的预期 Y_t^e 所决定的：

$$C_t = \beta_0 + \beta_1 Y_1^e + \mu_t \tag{7.43}$$

在预期收入 Y_t^e 与实际收入 Y 之间存在假设

$$Y_t^e = (1-\lambda) Y_t + \lambda Y_{t-1}^e \tag{7.44}$$

的情况下，容易推出合理预期消费函数模型：

$$\begin{aligned} C_t &= \beta_0 + \beta_1 (1-\lambda) Y_t + \beta_1 \lambda Y_{t-1}^e + \mu_t \\ &= \beta_0 + \beta_1 (1-\lambda) Y_t + \lambda (C_{t-1} - \beta_0 - \mu_{t-1}) + \mu_t \\ &= \beta_0 (1-\lambda) + \beta_1 (1-\lambda) Y_t + \lambda C_{t-1} + \mu_t - \lambda \mu_{t-1} \end{aligned} \tag{7.45}$$

在该模型中，作为解释变量的 C_{t-1} 不仅是一个随机解释变量，而且与模型的随机干扰项 $\mu_t - \lambda \mu_{t-1}$ 高度相关（因为 C_{t-1} 与 μ_{t-1} 高度相关），属于随机解释变量与随机干扰项同期相关的情况。

7.5.3 随机解释变量的后果

计量经济学模型一旦出现随机解释变量，而且与随机扰动项相关的话，如果仍采用普通最小二乘法估计模型参数，不同性质的随机变量会产生不同的后果。下面以一元线性回归模型为例进行说明。

如果随机解释变量与随机干扰项正相关，则在抽取样本时容易出现 X 值较大的点在总体回归线上方的情况，因此，拟合的样本回归线则可能会低估（Underestimate）截距项，而高估（Overestimate）斜率项；反之，如果随机解释变量与随机干扰项负相关，则往往导致拟合的样本回归线高估截距项，而低估斜率项。

对于一元线性回归模型

$$Y_t = \beta_0 + \beta_1 X_i + \mu_i \tag{7.46}$$

前面曾得到如下最小二乘估计量：

$$\hat{\beta}_1 = \frac{\sum x_i y_i}{\sum x_i^2} = \beta_1 + \frac{\sum x_i \mu_i}{\sum x_i^2} \tag{7.47}$$

随机解释变量 X 与随机扰动项 μ 的关系不同，参数 OLS 估计量的统计性质也会不同。也分 3 种不同的情况：

（1）如果 X 与 μ 相互独立，得到的参数估计量仍然是无偏一致估计量。

(2) 如果 X 与 μ 同期不相关而异期相关，得到的参数估计量有偏，但是一致的。

$$E(\hat{\beta}_1) = \beta_1 + \frac{\sum x_i \mu_i}{\sum x_i^2} = \beta_1 + E\left(\sum \frac{x_i}{\sum x_i^2}\mu_i\right) = \beta_1 + \sum E(k_i \mu_i) \qquad (7.48)$$

尽管 X_i 与 μ_i 同期无关，但对任一 μ_i、k_i 的分母中一定包含不同时期的 X；由异期相关性知 k_i 与 μ_i 相关，导致 $E(\hat{\beta}_1) \neq \hat{\beta}_1$，即参数估计量是有偏的。但是

$$\underset{n \to \infty}{\text{Plim}}\left(\beta_1 + \frac{\sum x_i \mu_i}{\sum x_i^2}\right) = \beta_1 + \frac{\text{Plim}\left(\frac{1}{n}\sum x_i \mu_i\right)}{\text{Plim}\left(\frac{1}{n}\sum x_i^2\right)} \qquad (7.49)$$

$$= \beta_1 + \frac{\text{Cov}(X_i, \mu_i)}{\text{Var}(X_i)} = \beta_1$$

即 $\hat{\beta}_1$ 是 β_1 的一致估计。

(3) 如果 X 与 μ 同期相关，得到的参数估计量有偏且非一致。这在上面已证明得比较清楚。

需要说明的是，如果模型中带有滞后被解释变量作为解释变量，则当该滞后被解释变量与随机干扰项同期相关时，普通最小二乘估计量是有偏的且非一致的。即使同期无关，其普通最小二乘估计量也是有偏的，因为，此时肯定会出现异期相关。

7.5.4 工具变量法

当模型中出现随机解释变量并且与随机扰动项相关时，普通最小二乘估计量是有偏的。如果随机解释变量与随机扰动项异期相关，则可以通过增大样本容量的办法来得到一致的估计量；但如果是同期相关，即使增大样本容量也无济于事。这时，最常用的估计方法是工具变量(Instrument Variables)法。

1. 工具变量的选取

工具变量，顾名思义是在模型估计过程中被作为工具使用，以替代与随机干扰项相关的随机解释变量。被选中为工具变量的变量必须满足以下条件：与所替代的随机解释变量高度相关；与随机扰动项不相关；与模型中其他解释变量不相关，以避免出现多重共线性。

2. 工具变量的应用

工具变量法是克服解释变量与随机扰动项相关影响的一种参数估计方法。下面仍以一元回归模型为例说明。

记一元线性回归模型如下：

$$Y_i = \beta_0 + \beta_1 X_i + \mu_i \qquad (7.50)$$

用普通最小二乘法估计模型(7.50)式，相当于分别用 1 与 X_i 去乘模型两边，对 i 求和，再略去 $\sum \mu_i$ 与 $\sum X_i \mu_i$ 项后得到一个关于参数估计量的正规方程组：

$$\begin{cases} \sum Y_i = n\beta_0 + \beta_1 \sum X_i \\ \sum X_i Y_i = \beta_0 \sum X_i + \beta_1 \sum X_i^2 \end{cases} \qquad (7.51)$$

求解该正规方程组，得到

$$\hat{\beta}_1 = \frac{\sum x_i y_i}{\sum x_i^2}, \quad \hat{\beta}_0 = \overline{Y} - \hat{\beta}_1 \overline{X} \tag{7.52}$$

由于

$$E(\mu_i) = 0, \quad \text{Cov}(X_i, \mu_i) = E(x_i \mu_i) = 0 \tag{7.53}$$

意味着在大样本下

$$\frac{1}{n}\sum \mu_i \to 0, \quad \frac{1}{n}\sum x_i \mu_i \to 0 \tag{7.54}$$

因此，式(7.51)在大样本下是成立的。然而，如果 X_i 与 μ_i 相关，即使在大样本下，也不存在

$$\frac{1}{n}\sum x_i \mu_i \to 0 \tag{7.55}$$

即式(7.51)在大样本下也不成立，OLS 估计量不具有一致性。

如果按照工具变量的选择条件选择 Z 为 X 的工具变量，那么在上述估计过程中不用 X 而改用 Z 乘以模型的两边，并对 i 求和。利用工具变量与随机干扰项不相关的性质，在大样本下可略去 $\sum \mu_i$ 与 $\sum Z_i \mu_i$，得到如下正规方程组：

$$\begin{cases} \sum Y_i = n\beta_0 + \beta_1 \sum X_i \\ \sum Z_i Y_i = \beta_0 \sum Z_i + \beta_1 \sum Z_i X_i \end{cases} \tag{7.56}$$

于是可得

$$\tilde{\beta}_1 = \frac{\sum z_i y_i}{\sum z_i x_i}, \quad \tilde{\beta}_0 = \overline{Y} - \tilde{\beta}_1 \overline{X} \tag{7.57}$$

这种求模型参数估计量的方法称为工具变量法(Instrumental Variable Method)，$\tilde{\beta}_0$ 和 $\tilde{\beta}_1$ 称为工具变量法估计量(Instrumental Variable Estimator)。

对于多元线性回归模型，其矩阵形式为

$$Y = XB + U \tag{7.58}$$

式中，$Y = \begin{pmatrix} y_1 \\ y_2 \\ \vdots \\ y_n \end{pmatrix}$，$X = \begin{pmatrix} 1 & x_{11} & \cdots & x_{k1} \\ 1 & x_{12} & \cdots & x_{k2} \\ \vdots & \vdots & \vdots & \vdots \\ 1 & x_{1n} & \cdots & x_{kn} \end{pmatrix}$，$B = (\beta_0, \beta_1 \cdots, \beta_k)$，$U = \begin{pmatrix} \mu_1 \\ \mu_2 \\ \vdots \\ \mu_n \end{pmatrix}$，若将 X 中的随机解释变量各元素 $x_{1i}(i = 1, 2, \cdots, n)$ 替换为相应工具变量各元素 $z_{1i}(i = 1, 2, \cdots, n)$，得到如下所示的工具变量矩阵

$$Z = \begin{pmatrix} 1 & z_{11} & \cdots & x_{k1} \\ 1 & z_{12} & \cdots & x_{k2} \\ \vdots & \vdots & \vdots & \vdots \\ 1 & z_{1n} & \cdots & x_{kn} \end{pmatrix} \tag{7.59}$$

由此可见，对于没有选择另外的变量作为工具变量的解释变量，可以用自身作为工具

变量(特别地,常量也用本身作为工具变量)。于是,采用工具变量法得到的正规方程组为

$$Z^T Y = Z^T X \hat{B} \quad (7.60)$$

式中,Z^T 是 Z 的转置矩阵。最后得到参数估计向量

$$\hat{B} = (Z^T X)^{-1} Z^T Y \quad (7.61)$$

可以证明采用工具变量法得到的估计量是无偏估计量。对式(7.61)取期望值,得

$$\begin{aligned} E(\hat{B}) &= E((Z^T X)^{-1} Z^T Y) \\ &= (Z^T X)^{-1} E(Z^T(XB+U)) \\ &= B + E(Z^T U) = B \end{aligned}$$

3. 工具变量法估计量是一致估计量

用工具变量法所求的参数估计量 $\tilde{\beta}_1$ 与总体参数真值 β_1 之间的关系为

$$\begin{aligned} \tilde{\beta}_1 &= \frac{\sum z_i y_i}{\sum z_i x_i} = \frac{\sum z_i Y_i}{\sum z_i x_i} = \frac{\sum z_i (\beta_0 + \beta_1 X_i + \mu_i)}{\sum z_i x_i} \\ &= \frac{\beta_1 \sum z_i x_i}{\sum z_i x_i} + \frac{\sum z_i \mu_i}{\sum z_i x_i} = \beta_1 + \frac{\sum z_i \mu_i}{\sum z_i x_i} \end{aligned} \quad (7.62)$$

两边取概率极限,得

$$Plim(\tilde{\beta}_1) = \beta_1 + \frac{Plim\left(\frac{1}{n}\sum z_i \mu_i\right)}{Plim\left(\frac{1}{n}\sum z_i x_i\right)} \quad (7.63)$$

如果工具变量 Z 选取恰当,则有

$$Plim\left(\frac{1}{n}\sum z_i \mu_i\right) = Cov(Z_i, \mu_i) = 0 \quad (7.64)$$

$$Plim\left(\frac{1}{n}\sum z_i x_i\right) = Cov(Z_i, X_i) \neq 0 \quad (7.65)$$

因此,尽管工具变量法估计量在大样本下具有一致性,但容易验证在小样本下,由于

$$E\left(\frac{1}{\sum z_i x_i}\sum z_i \mu_i\right) \neq E\left(\frac{1}{\sum z_i x_i}\right) E\left(\sum z_i \mu_i\right) = 0 \quad (7.66)$$

工具变量法估计量仍是有偏的。

对工具变量法,有以下3点需要特别指出:

(1) 经常产生一种误解,以为采用工具变量法是将原模型中的随机解释变量换成工具变量,即改变了原来的模型。实际上,从上面一元线性回归模型的例子中可以看出,工具变量法并没有改变原模型,只是在原模型的参数估计过程中用工具变量"替代"随机解释变量。或者说,上述工具变量法估计过程可等价地分解成下面的两步 OLS 回归。

第一步,用 OLS 法进行 X 关于工具变量 Z 的回归:

$$\hat{X}_i = \hat{\alpha}_0 + \hat{\alpha}_1 Z_i \quad (7.67)$$

第二步,以第一步得到的 $\hat{X}_i$ 为解释变量,进行如下所示的 OLS 回归:

$$\hat{Y}_i = \tilde{\beta}_0 + \tilde{\beta}_1 \hat{X}_i \tag{7.68}$$

容易验证,式(7.68)中的参数 $\tilde{\beta}_1$ 与(7.57)式相同。式(7.68)表明,工具变量法仍是 Y 对 X 的回归,而不是对 Z 的回归。

(2)如果一个随机解释变量可以找到多个相互独立的工具变量,人们希望充分利用这些工具变量的信息,就形成了广义矩方法(Generalized Method of Moments, GMM)。在 GMM 中,矩条件大于待估参数的数量,于是,如何求解成为它的核心问题。GMM 是近20年计量经济学理论方法发展的重要方向之一。工具变量法是 GMM 的一个特例,同样,OLS 法也可以看作工具变量法的特例。

(3)要找到与随机干扰项不相关而又与随机解释变量相关的工具变量并不是一件很容易的事,但如果考虑到随机解释变量与随机干扰项相关的主要来源是由于同期测量误差引起的,就可以用滞后一期的随机解释变量作为原解释变量的工具变量。

7.6 随机变量模型案例分析

本节将利用工具变量法估计随机解释变量模型,使用的计量经济学软件是 EViews,例子如下所示。

【例7.1】某经济学家想要估计消费函数:

$$C_t = \beta_0 + \beta_1 Y_t + \mu_t \tag{7.69}$$

式中,C 为消费,Y 为收入。已知收入指标有测量误差,收入的真值可由投资 Z 来解释,即投资与收入高度相关,收入与随机项相关,投资与随机项无关。有关观测数据见表7-5,试用工具变量法估计消费函数。

表7-5 收入、消费和投资数据

观测值	收入(Y)	消费(C)	投资(Z)	观测值	收入(Y)	消费(C)	投资(Z)
1	2	15.3	17.3	11	3	21.9	24.9
2	2	19.91	21.91	12	3	20.5	23.5
3	2.2	20.94	22.96	13	3.2	22.83	26.05
4	2.2	19.66	21.86	14	3.2	23.49	26.69
5	2.4	21.32	23.72	15	3.4	24.2	27.6
6	2.4	18.33	20.73	16	3.4	23.05	26.45
7	2.6	19.59	22.19	17	3.6	24.01	27.61
8	2.6	21.3	23.9	18	3.6	25.83	29.43
9	2.8	20.93	23.73	19	3.8	25.15	28.95
10	2.8	21.64	24.44	20	3.8	25.06	28.86

分析 根据7.5节的讨论,本例的式(7.69)显然就是一个随机解释变量模型。因为作为解释变量的收入 Y 存在着测量误差,所以和随机误差项相关,不能直接用最小二乘法估

第 7 章 虚拟变量与随机解释变量模型

计,那么,选择一个工具变量来代替收入 Y 就成了一个首选方案。从例 7.1 给出的信息得知,投资变量 Z 和收入变量 Y 密切相关,且和随机误差项无关,完全符合工具变量的选取条件,因此,这里选取投资变量 Z 作为随机解释变量 Y 的工具变量。

估计 用 EViews 进行估计模型(7.69)。先将表 7-5 中的数据输入进 EViews,为此创建 3 个数列:消费数列 CC(注意,数列 C 是 EViews 保留的常数对象,因此 EViews 里不能用 C 表示消费变量)、收入数列 Y 及投资数列 Z。在 EViews 里建立新方程对象,之后出现"Equation Specification"(方程设定)窗口,由于工具变量法包含在 EViews 里的 TSLS 中,所以在"方程设定"窗口中选择 TSLS 方法,在上面的 Equation Specification 输入框里输入"CC C Y",在下面的 Instrument list 输入框里输入"C Z",如图 7.6 所示。最后单击方程设定窗口中的确定按钮便得到工具变量法最终回归结果,如图 7.7 所示。

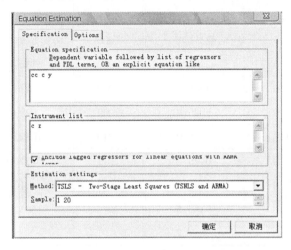

图 7.6 EViews 的工具变量"方程设定"窗口

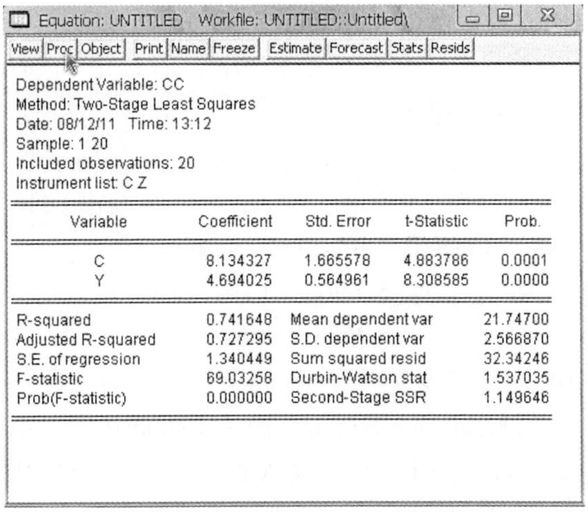

图 7.7 EViews 的工具变量法估计结果

【例 7.2】 中国居民人均消费函数的估计中，采用普通最小二乘法估计下面的模型：

$$CONSP = \beta_0 + \beta_1 GDPP + \mu \tag{7.70}$$

式中，CONSP 为人均居民消费支出，GDPP 为人均 GDP。有关观测数据见表 7-6。

表 7-6 中国居民人均消费支出与人均 GDP

年 份	CONSP	GDPP	年 份	CONSP	GDPP
1987	550.0	1112.4	2001	3886.9	8621.7
1988	693.0	1365.5	2002	4143.7	9398.1
1989	762.0	1519.0	2003	4474.5	10542.0
1990	803.0	1644.5	2004	5032.0	12335.6
1991	896.0	1892.8	2005	5596.2	14185.4
1992	1070.0	2311.1	2006	6298.6	16499.7
1993	1331.0	2998.4	2007	7309.6	20169.5
1994	1746.0	4044.0	2008	8430.1	23707.7
1995	2236.0	5045.7	2009	9283.3	25607.5
1996	2641.0	5845.9	2010	10522.4	30015.0
1997	2834.0	6420.2	2011	12570.0	35197.8
1998	2972.0	6796.0	2012	14110.1	38459.5
1999	3143.0	7158.5	2013	15632.1	41907.6
2000	3632.0	7857.7			

资源来源：根据《中国统计年鉴(2000—2014 年)》整理。

如果考虑到居民人均消费支出由人均国民生产总值决定的同时，人均 GDP 又反过来受同期居民人均消费支出的影响，因此，可判断出人均 GDP 与随机干扰项同期相关，从而普通最小二乘估计量有偏并且是不一致的。由于测量误差等原因，可知人均 GDP 与随机干扰项 μ 往往呈现正相关，即随着人均 GDP 的增加，μ 倾向于增大。这样，普通最小二乘估计量可能会低估截距项而高估斜率项。为了比较，先写出 OLS 估计结果：

$$CONSP = 435.81 + 0.35263\ GDPP$$
$$(5.696)\quad (80.328)$$
$$R^2 = 0.9961$$

用滞后一期人均 GDP 为工具变量，在 EViews 里建立新方程对象，之后出现"Equation Specification"窗口，在 Estimation Settings 中的 Method 选定 TSLS，TSLS 表示二阶段最小二乘法，在上面的 Equation Specification 输入框里输入"CONSP C GDPP"，在下面的 Instrument list 输入框里输入"C GDP(-1)"，如图 7.9 所示。最后单击方程设定窗口中的确定按钮可得到如下工具变量法估计结果，如图 7.10 所示。

$$CONSP = 448.67 + 0.35247\ GDPP$$
$$(5.656)\quad (78.845)$$

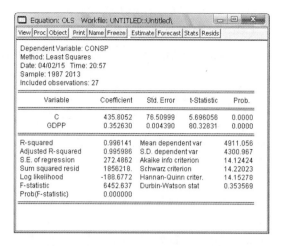

图 7.8　EViews 的 OLS 法估计结果

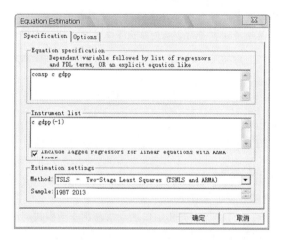

图 7.9　EViews 的工具变量"方程设定"窗口

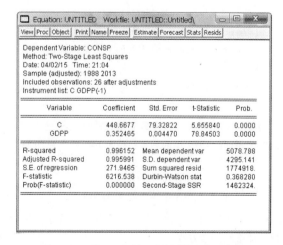

图 7.10　EViews 的工具变量法估计结果

$$R^2 = 0.9962$$

尽管不知道中国居民人均消费函数的真实参数，但正如所预期的那样，工具变量法估计量对普通最小二乘估计量和截距项的低估与斜率项的高估做出了修正，而且各项检验指标也都有进一步的改进。

本章小结

本章主要内容为虚拟变量模型与随机解释变量模型常见的几种形式以及估计方法，首先介绍了虚拟变量的基本概念、虚拟变量在计量经济模型中的作用，以及使用虚拟变量时需要注意的问题等。

其次，介绍了虚拟变量作为解释变量的两类常见模型——方差分析模型和协方差分析模型，并结合案例给出了它们的估计方法。

再次，介绍了虚拟变量作为被解释变量的一类常见模型——Logit 模型及其估计步骤并用案例加以说明。

最后，介绍了随机解释变量的概念以及产生随机解释变量的原因，以及估计随机解释变量模型的一种重要方法——工具变量法，并结合案例给出了工具变量法的实现步骤。

习 题

1. 试述对有些经济问题在建立线性回归模型时为什么要引入虚拟变量，并根据虚拟变量的引入方式说明它在模型中的作用。

2. 利用月度数据资料，为了检验下面的假设，应引入多少个虚拟解释变量？
   (1) 一年里的 12 个月全部表现出季节模式。
   (2) 只有 2 月份、6 月份、8 月份、10 月份、12 月份表现出季节模式。

3. 已知春秋两季中，购买新汽车的数量较多。现设其模型为

$$A = \beta_0 + \beta_1 Y + \beta_2 P + \varepsilon$$

式中，A 为购买汽车的数量，Y 为可支配收入，P 为汽车价格。如果该模型是用季度资料估计的，若考虑季节变动对购买汽车的影响，试确定一个虚拟变量，建立所需要的模型。

4. 根据某种商品销售量和个人收入的季度数据建立如下所示的模型：

$$Y_t = \beta_0 + \beta_1 D_{1t} + \beta_2 D_{2t} + \beta_3 D_{3t} + \beta_4 D_{4t} + \beta_5 X_t + \mu_t$$

式中，定义虚拟变量 D_{it} 为第 i 季度时其数值取 1，其余为 0。这时会发生什么问题，参数是否能够用最小二乘法进行估计？

5. 在经济发展发生转折时期，可以通过引入虚拟变量方法来表示这种变化。例如，研究进口消费品的数量 Y 与国民收入 X 的模型关系时，1979 年前后，Y 对 X 的回归关系明显不同。现以 1979 年为转折时期，设虚拟变量

$$D = \begin{cases} 0 & (1979 \text{ 年之前}) \\ 1 & (1979 \text{ 年之后})（包括 1979 年）\end{cases}$$

数据散点图显示进口消费函数发生了结构性变化：基本消费部分下降了，边际消费倾向变大了。试写出该进口消费品线性消费函数的计量经济学方程。

6. 表 7-7 给出了 2009—2012 年服装季度销售额的原始数据。

表 7-7　2009—2012 年服装季度销售额的原始数据　　单位：百万元

年　份	一季度	二季度	三季度	四季度
2009	4190	4927	6843	6912
2010	4521	5522	5350	7204
2011	4902	5912	5972	7987
2012	5458	6359	6501	8607

现考虑如下模型：

$$S_t = \beta_1 + \beta_2 D_{2t} + \beta_3 D_{3t} + \beta_4 D_{4t} + \mu_t$$

式中，$D_2 = 1$：第二季度；$D_3 = 1$：第三季度；$D_4 = 1$：第四季度；$S =$ 销售额。

回答以下问题：

（1）估计此模型。

（2）解释 β_1、β_2、β_3、β_4。

（3）如何消除数据的季节性影响？

7. 什么是工具变量法？为什么说它是克服随机解释变量问题的有效方法？

8. 在如下多元线性回归模型中，

$$y = \beta_0 + \beta_1 x_1 + \beta_2 x_2 + \cdots + \beta_k x_k + \mu$$

如果 x_2 是随机解释变量并且与随机误差项相关，选择变量 Z 作为它的工具变量：

（1）变量 Z 应满足什么条件？

（2）分别用非矩阵形式和矩阵形式写出关于工具变量法参数估计量的正规方程组。

9. 利用工具变量法估计模型参数的基本步骤是什么？

10. 对于多元线性回归模型：

$$Y = XB + U$$

设 X 为随机矩阵，X 与 U 相关，若选 Z 作工具变量（Z 为 $n \times (k+1)$ 阶矩阵），试用工具变量法求参数估计量矩阵 $\hat{B}$。

11. 证明第 10 题工具变量法求出的参数估计量 $\hat{B}$ 是 B 的无偏估计量。

第 8 章

滞后变量模型

教学目标

通过本章的学习，了解和认识滞后变量模型的类型以及估计检验方法，并能在解决实际问题中辨别何时必须使用滞后变量模型以及何时可以甚至不能使用滞后变量模型。

教学要求

了解滞后变量模型的概念并认识产生滞后变量的原因；熟悉两类常见的滞后变量模型——分布滞后模型和自回归模型；掌握分布滞后模型的几种估计方法和检验方法；掌握自回归模型的几种估计方法和检验方法；掌握滞后变量模型的应用。

在以时间序列为变量的计量经济模型中,往往需要在模型右边加入滞后的解释变量或被解释变量,这是因为一个经济变量对其他经济变量的影响很少是即刻产生又即刻消失的,而是持续一段时间后才逐渐消失。例如,根据莫迪利安尼的生命周期理论和弗里德曼的持久收入理论可以建立如下的消费函数模型:

$$C_t = \beta_0 + \beta_1 Y_t + \beta_2 Y_{t-1} + \mu_t \tag{8.1}$$

在该模型中,因变量 C_t 代表的是当期消费,自变量 Y_t 代表的是当期收入,而自变量 Y_t 的滞后一期变量 Y_{t-1} 则代表的是上期收入。模型(8.1)表明当期消费行为不但取决于当期收入,还取决于上期收入的影响。类似(8.1)这样在时间序列回归模型中不但包含解释变量的当期值还包括解释变量过去(或称为滞后)值的模型称为分布滞后模型(Distributed-lag Model)。

假如消费者的消费行为不仅受当期收入影响,而且还受上期消费行为的影响,则上面的消费函数就可以变为如下所示的形式:

$$C_t = \beta_0 + \beta_1 Y_t + \beta_2 C_{t-1} + \mu_t \tag{8.2}$$

类似式(8.2)这样在时间序列回归模型中包括被解释变量过去(或称为滞后)值的模型称为自回归模型(Autoregressive Model)。自回归模型有时也被称为动态模型(Dynamic Model),因为该类模型描述了因变量和其过去值关系的时间路径。

分布滞后模型和自回归模型在计量经济分析中的应用非常广泛,但回归模型中放入滞后变量也会产生一些问题,如多重共线性及序列相关等,本章将对这些问题进行深入探讨。

8.1 滞后变量的含义及其产生的原因

8.1.1 滞后变量的含义

如前所述,一个经济变量 X(解释变量)对另外一个经济变量 Y(被解释变量)的影响很少是即时完成的,更加常见的情形是 Y 对 X 的反应可能需要一定的时间间隔才能消除,这种时间间隔称为滞后期(Lag),而相应的变量称为滞后变量(Lagged Variable)。为了进一步更加直观地说明滞后期以及滞后变量,下面举两个简单的例子。

【例 8.1】假设某职工的年薪增加了 2000 元,并假定由于工资刚性而使这种增加是永久性的,那么工资的增加将对他(她)的年均消费支出产生什么影响呢?一般来说,他(她)不会把所有增加的工资马上就消费掉,而是很可能逐年地花掉,比如说第一年花去其中的 800 元,第二年花去其中的 600 元,第三年则花掉 400 元,因此到第三年年末该职工的累计消费额增加量是 1800 元。将其消费行为归纳成如下的一个消费函数形式:

$$Y_t = \alpha + 0.4X_t + 0.3X_{t-1} + 0.2X_{t-2} + \mu_t \tag{8.3}$$

式中,Y 代表消费,X 代表收入,显然 X 作为滞后变量出现在了消费函数(8.3)的右边,滞后期为 2。

【例 8.2】宏观经济理论告诉我们,平衡的国民生产总值(Y)受大量外生变量的制约,尤其是政府支出(G)、税收(T)、货币供给(M)、出口(X)等。由于是否平衡需要经过一段时间才能感觉得到，所以利用时间序列数据建立如下滞后变量模型：

$$Y_t = \alpha + \beta_0 G_t + \beta_1 G_{t-1} + \gamma_0 M_t + \gamma_1 M_{t-1} + \lambda_0 T_t + \lambda_1 T_{t-1} + \delta_0 X_t + \delta_1 X_{t-1} + \mu_t \tag{8.4}$$

可见这个模型有不止一个滞后变量，而是有 4 个——G、T、M 和 X，它们的滞后期都是 1。

8.1.2 滞后变量产生的原因

之所以在时间序列回归模型中会出现滞后变量，主要有以下 3 个原因。

1. 心理上的原因

由于习惯的力量在起作用，人们并不会因为收入增加或物价降低而立即改变消费行为，这也许是出于对消费模式的改变可能会导致负效用的顾虑。因此，那些因买彩票而一夜暴富的人们也许不会立即改变他们的生活方式，因为他们已经习惯了固有的生活方式，而对天上掉下的馅饼不知所措，所以中国有句俗话叫"乍富不知新受用，乍贫难改旧家风"。当然，过了一段时间之后，人们会逐渐改变消费习惯以享受新增加的财富。另外一个可能的原因，就是人们难以确定财富的增加是暂时性的还是永久性的，因此人们对财富的突然增加是持谨慎态度的。

2. 技术上的原因

假设相对于劳动力的价格而言，资本价格出现下降，那么资本替代劳动力在经济上就是可行的。但是假如资本价格的下降是临时性的，则工厂并不急于用资本去替代劳动力，尤其是当工厂预期资本价格经过短暂下跌后会加速反弹时更是如此。例如，工业生产中，当年的产出会依赖于过去若干期内投资形成的固定资产。又如，当年农产品产量主要取决于过去一年价格的高低。

3. 制度上的原因

例如，受合同约束的公司就不能随时更换劳动力资源或原材料，又如那些有固定期限（如 3 年期限或 7 年期限等）的投资基金不能及时更换投资项目和投资区域，即使其他地方的货币市场的投资回报率更高。同样，人们一旦选择了某项保险计划就不能随意撤换。

基于以上讨论的理由，滞后现象在经济学中占据了重要地位。这就是为什么经济学方法论中有短期（Short-run）和长期（Long-run）之分。

8.2 滞后变量模型分类

8.2.1 分布滞后模型

下面将例 8.1 中的模型（8.3）化为如下形式：

$$\begin{aligned} Y_t &= \alpha + \beta_0 X_t + \beta_1 X_{t-1} + \beta_2 X_{t-2} + \cdots + \beta_k X_{t-k} + \mu_t \\ &= \alpha + \sum_{i=0}^{k} \beta_i X_{t-i} \end{aligned} \tag{8.5}$$

第8章　滞后变量模型

上面既包含解释变量的现期值又包含解释变量的滞后值的回归模型称为分布滞后模型，式(8.5)是滞后期限为 k 的有限分布滞后模型，称为 k 阶分布滞后模型，简记为 ADL(k, 0)（ADL——自回归分布滞后的英文缩写）。显然 k 阶分布滞后模型中的滞后变量 X 对因变量 Y 的影响会分布在 k 之内的各个时期。式(8.5)中的系数 β_0 称为短期乘数(Short-run Multiplier)或短期影响乘数(Impact Multiplier)，因为它反映的是 X 的单位变化所引起的同期 Y 的均值变化，即同一时期里 X 对 Y 的边际影响。如果前期的 X 也发生了单位变化，($\beta_0 + \beta_1$)则反映了这两期 X 的单位变化所引起的 Y 的均值变化，同理($\beta_0 + \beta_1 + \beta_2$)反映的是前三期 X 的变化所引起的 Y 的均值变化，以此类推。我们称这些部分系数之和为中期乘数(Intermediate Multiplier)。最后，经过 k 期之后可得到：

$$\sum_{i=0}^{k} \beta_i = \beta_0 + \beta_1 + \beta_2 + \cdots + \beta_k = \beta \tag{8.6}$$

式(8.6)称为长期分布滞后乘数(Long-run Distributed-lag Multiplier)或总分布滞后乘数(Total Distributed-lag Multiplier)。如果定义

$$\beta_i^* = \frac{\beta_i}{\sum \beta_i} = \frac{\beta_i}{\beta} \tag{8.7}$$

则得到标准化的 β_i，即 β_i^*，因此，标准化后的部分 β_i^* 之和(即 $\sum_{i=0}^{j} \beta_i^*$)反映的是中(短)期影响在长期影响中所占的比重。以消费模型(8.3)为例，可发现其短期乘数 0.4 实际上就是边际消费倾向(MPC)，而长期乘数(0.4+0.3+0.2)=0.9 就是长期边际消费倾向。其含义是，消费者每增加 1 元的收入，其当年消费水平将增加 0.4 元，来年消费水平将增加 0.3 元，后年消费水平将增加 0.2 元。因此，1 元的收入增加将导致增加 0.9 元的长期消费。如果用各系数 β_i 去除以长期乘数 0.9，则分别得到 0.44、0.33 和 0.23，这说明 X 的单位变化对 Y 的影响有 44% 在当期就体现出来，一年后的总影响达到 77%，而在第二年年末将达到 100%。

对于无限分布滞后模型(即 $k \to \infty$)，由于其包含无限多个参数，无法用最小二乘法直接对其估计，但因其可经过特殊数学变换转为有限自回归模型，所以在计量经济模型中也会用到。

对于有限分布滞后模型，即使假设它满足经典假定条件，对它应用最小二乘估计也存在以下几个困难。

(1) 产生多重共线性问题。对于时间序列 X_t 的各期变量之间往往是高度相关的，因而分布滞后模型常常产生多重共线性问题。

(2) 损失自由度问题。由于样本容量有限，当滞后变量数目增加时，必然使得自由度减少。由于经济数据的收集常常受到各种条件的限制，估计这类模型时经常会遇到数据不足的困难。

(3) 对于有限分布滞后模型，最大滞后期 k 较难确定。

(4) 分布滞后模型中的随机误差项往往是严重自相关的。

8.3 节将对上述问题进行深入探讨。

8.2.2 自回归模型

将模型(8.2)化为如下所示的形式：

$$Y_t = \alpha + \beta_0 X_t + \beta_1 Y_{t-1} + \beta_2 Y_{t-2} + \cdots + \beta_k Y_{t-k} + \mu_t \qquad (8.8)$$
$$= \alpha + \beta_0 X_t + \sum_{i=1}^{k} \beta_i Y_{t-i}$$

显然，模型(8.8)的特点是右边仅含有当期解释变量 X_t，其余的是被解释变量的滞后值 Y_{t-i}。

上面既包含解释变量的现期值又包含被解释变量的滞后值的回归模型称为自回归模型，模型(8.8)是滞后期限为 k 的自回归模型，称为 k 阶自回归模型，简记为 ADL$(0, k)$。分布滞后模型经过适当变换可以转化为 1 阶自回归模型，所以 1 阶自回归模型将是下面讨论的重点。

关于自回归模型估计存在的问题及解决方法将在 8.5 节深入分析。

如果将模型(8.5)和模型(8.8)结合起来就会得到形式更加复杂的模型，在这种模型里既含有滞后解释变量又含有滞后被解释变量，基本形式如下：

$$Y_t = \alpha + \beta_0 X_t + \sum_{i=1}^{k} \beta_i X_{t-i} + \sum_{j=1}^{s} \gamma_j Y_{t-j} \qquad (8.9)$$

上述模型称为自回归分布滞后模型，记为 ADL(k, s)。显然如果滞后期数越大，则损失的自由度越多，并不利于模型的估计，所以滞后期数的确定也是该类模型估计的难点。

8.3 分布滞后模型的参数估计

8.3.1 经验权数法

对于式(8.5)这样的有限分布滞后模型，可以用经验权数法来估计滞后解释变量的系数 β_i。经验权数法的基本思想：可先验性地对滞后变量赋予一定的权数，利用这些权数构成滞后变量的线性组合，以形成一个新的变量 Z，将该新变量代入模型(8.5)，得到如下所示的新模型：

$$Y_t = \alpha + \beta Z_t + \mu_t \qquad (8.10)$$

显然上述模型在形式上和线性回归模型没有什么区别，于是再用最小二乘法估计模型(8.10)，得到参数 β 的估计值 $\hat{\beta}$，最后根据先验性地赋予滞后变量的权数关系计算出各系数 β_i 的估计值 $\hat{\beta}_i$。

由此可见，经验权数法的关键就是确定滞后变量的权数关系，一般可以根据实际情况的不同选择不同的权数结构，其中最常见的是递减结构，即当期的系数最大，上期的系数次之，上上期的系数更小，以此类推。例如，要估计以下某 3 阶分布滞后消费收入模型：

$$Y_t = \alpha + \beta_0 X_t + \beta_1 X_{t-1} + \beta_2 X_{t-2} + \beta_3 X_{t-3} + u_t \qquad (8.11)$$

根据经验，判断收入变量对消费的影响呈现递减特征，可选择权数递减结构，设定权数分别为 1/2、1/4、1/6 和 1/8，则新的线性组合变量为

$$Z_t = \frac{1}{2}X_t + \frac{1}{4}X_{t-1} + \frac{1}{6}X_{t-2} + \frac{1}{8}X_{t-3} \qquad (8.12)$$

于是模型(8.11)就变为

$$Y_t = \alpha + \beta Z_t + u_t \qquad (8.13)$$

用最小二乘法估计式(8.13)即可得到参数 β 的估计值 $\hat{\beta}$,从而通过设定的权数关系得到系数 β_i 的估计值 $\hat{\beta}_i$。假如 $\hat{\beta}=0.24$,则 $\hat{\beta}_0=0.12$,$\hat{\beta}_1=0.06$,$\hat{\beta}_2=0.04$,$\hat{\beta}_3=0.03$。经验权数法简单方便,但是由于权数的选择有很大的主观随意性,所以实用性并不强。

8.3.2 阿尔蒙法

针对式(8.5)这样的有限滞后分布模型,阿尔蒙(Almon)提出了用滞后期 i 的多项式来近似获得系数 β_i 的多项式法,其理论依据是数学分析中的维斯特拉斯(Weierstrass)定理,即用多项式可以逼近各种形式的函数。假如系数 β_i 呈现一定的规律变动,如图8.1(a)先增加后减少或如图8.1(b)周期性波动,都可以用 i 的多项式来进行拟合,如图8.1中的拟合曲线。

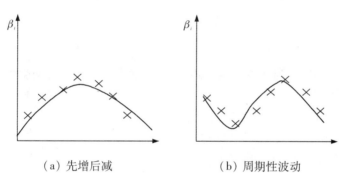

(a) 先增后减　　　　(b) 周期性波动

图8.1　多项式拟合滞后变量系数

因此,对于图8.1(a)的系数 β_i,可以用如下的二次多项式来表示:

$$\beta_i = \alpha_0 + \alpha_1 i + \alpha_2 i^2 \qquad (8.14)$$

而对于图8.1(b)的系数 β_i,可以用如下的3次多项式来表示:

$$\beta_i = \alpha_0 + \alpha_1 i + \alpha_2 i^2 + \alpha_3 i^3 \qquad (8.15)$$

一般地,用 m 次多项式来表示系数 β_i:

$$\beta_i = \alpha_0 + \alpha_1 i + \alpha_2 i^2 + \cdots + \alpha_m i^m \qquad (8.16)$$

这里假定多项式的最高次数 m 要小于滞后变量的阶数 k。通常取 m 为2、3或4进行试验。

下面用例子来说明阿尔蒙法的工作原理。取模型(8.5)中的 $k=3$,系数多项式表达式(8.16)中的 $m=2$,则分布滞后模型为

$$Y_t = \alpha + \beta_0 X_t + \beta_1 X_{t-1} + \beta_2 X_{t-2} + \beta_3 X_{t-3} + u_t \qquad (8.17)$$

系数多项式表达式为

$$\beta_i = \alpha_0 + \alpha_1 i + \alpha_2 i^2 \quad (i=0,1,2,3) \qquad (8.18)$$

式中,α_0、α_1、α_2 是待估计的参数。把式(8.18)代入模型(8.17)得到如下所示的模型:

$$Y_t = \alpha + \alpha_0(X_t + X_{t-1} + X_{t-2} + X_{t-3}) + \alpha_1(X_{t-1} + 2X_{t-2} + 3X_{t-3}) + \\ \alpha_2(X_{t-1} + 4X_{t-2} + 9X_{t-3}) + u_t \tag{8.19}$$

如果定义如下所示的辅助变量：

$$\begin{aligned} Z_{0t} &= X_t + X_{t-1} + X_{t-2} + X_{t-3} \\ Z_{1t} &= X_{t-1} + 2X_{t-2} + 3X_{t-3} \\ Z_{2t} &= X_{t-1} + 4X_{t-2} + 9X_{t-3} \end{aligned} \tag{8.20}$$

则模型(8.19)可变换为

$$Y_t = \alpha + \alpha_0 Z_{0t} + \alpha_1 Z_{1t} + \alpha_2 Z_{2t} + u_t \tag{8.21}$$

利用样本数据计算出 Z_{0t}、Z_{1t} 和 Z_{2t}，并对式(8.21)进行最小二乘估计，可得到式中各个参数的估计值，分别记为 $\hat{\alpha}$、$\hat{\alpha}_0$、$\hat{\alpha}_1$、$\hat{\alpha}_2$，利用式(8.18)可得原模型参数的估计值为

$$\begin{aligned} \hat{\beta}_0 &= \hat{\alpha}_0 \\ \hat{\beta}_1 &= \hat{\alpha}_0 + \hat{\alpha}_1 + \hat{\alpha}_2 \\ \hat{\beta}_2 &= \hat{\alpha}_0 + 2\hat{\alpha}_1 + 4\hat{\alpha}_2 \\ \hat{\beta}_3 &= \hat{\alpha}_0 + 3\hat{\alpha}_1 + 9\hat{\alpha}_2 \end{aligned} \tag{8.22}$$

1. 阿尔蒙估计法的优点

(1) 和权数法相比，阿尔蒙变换具有充分的弹性，它不需要先验性地给定各系数的权重。

(2) 和库伊克方法相比，阿尔蒙估计法不需要担心滞后因变量会出现在变换后的模型中，从而避免由此带来的诸多问题(如序列相关等)。

(3) 如果选择低阶次的多项式就可以解决问题，则阿尔蒙估计法所需要估计的参数数量($m+2$)要大大少于原模型的参数数量($k+2$)。

2. 阿尔蒙估计法的缺点

(1) 原模型滞后阶数 k 必须事先人为设定，这是阿尔蒙估计法的一大弱点。实践中，人们希望 k 越小越好，因此在 10 年的季度数据模型中，最大滞后期不能超过 8 个或 10 个季度，但是在 10 年期的年度数据模型中，最大滞后期也许就不能超过 2 年或 3 年。

(2) 多项式阶数 m 必须事先确定，而 m 的实际确定往往带有很大的主观性。一般而言，多项式次数应该比系数 β_i 构成拟合曲线的拐点数多一位，比如图 8.1(a)的拐点只有一个，因此，用一个二次多项式来拟合系数就比较合适。但问题是，事前人们并不知道拐点数量，导致 m 的确定往往带有很大的主观性。

(3) 辅助变量的构造方式[如式(8.20)]决定了模型(8.21)很可能存在着多重共线性。如同第 4 章指出的那样，严重的多重共线性会使得估计参数的显著性检验失效，因此需要利用第 4 章所学到的知识首先判断经阿尔蒙变换得到的类似模型(8.21)不会出现严重的多重共线性。在消除了多重共线性的顾虑后，可以通过检验估计模型(8.21)系数 α_i 的统计显著性来确定多项式的次数。

8.3.3 库伊克法

库伊克(Koyck)方法基本思想是将无限分布滞后模型通过数学变换转换成自回归模型,然后间接地加以估计。

对于如下所示的无限分布滞后模型:

$$Y_t = \alpha + \beta_0 X_t + \beta_1 X_{t-1} + \cdots + u_t \tag{8.23}$$

是没有办法估计其参数的,因为系数数量有无穷多个。为此库伊克提出了两个假设。

(1) 模型中所有参数的符号都是相同的。
(2) 模型中的参数是按几何数列衰减的。即

$$\beta_j = \beta_0 \lambda^j \quad (j = 0, 1, 2, \cdots) \tag{8.24}$$

式中,$0 < \lambda < 1$,λ 称为分布滞后的衰减率(Rate of Decline),而$(1-\lambda)$称为调整速率(Speed of Adjustment)。λ 越小,衰减速度就越快,X 滞后的远期值(过去值)对当期 Y 值的影响就越小。

将式(8.24)代入式(8.23),得到如下形式的滞后模型:

$$\begin{aligned} Y_t &= \alpha + \beta_0 X_t + \beta_0 \lambda X_{t-1} + \beta_0 \lambda^2 X_{t-2} + \cdots + \beta_0 \lambda^j X_{t-j} + \cdots + u_t \\ &= \alpha + \sum_{i=0}^{\infty} \beta_0 \lambda^i X_{t-i} + u_t \end{aligned} \tag{8.25}$$

式(8.25)称为几何分布滞后模型。

为了形象地说明几何衰减的含义,下面给出了 λ 分别取两个值的情形,见表 8-1。

表 8-1 λ 分别取两个值的情形

λ	β_0	β_1	β_2	β_3	β_4	β_5	$\cdots$	β_{10}
0.75	β_0	$0.75\beta_0$	$0.56\beta_0$	$0.42\beta_0$	$0.32\beta_0$	$0.24\beta_0$	$\cdots$	$0.06\beta_0$
0.25	β_0	$0.25\beta_0$	$0.06\beta_0$	$0.02\beta_0$	$0.004\beta_0$	$0.001\beta_0$	$\cdots$	$0.0\beta_0$

用几何图形表示的系数衰减情况如图 8.2 所示。

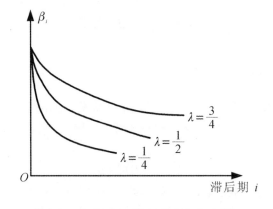

图 8.2 用几何图形表示的系数衰减情况

根据式(8.25)可得到 Y 的一期滞后：

$$Y_{t-1} = \alpha + \sum_{i=1}^{\infty} \beta_0 \lambda^{i-1} X_{t-i} + u_{t-1} \tag{8.26}$$

然后用 λ 乘以式(8.26)，得：

$$\lambda Y_{t-1} = \lambda\alpha + \lambda \sum_{i=1}^{\infty} \beta_0 \lambda^{i-1} X_{t-i} + \lambda u_{t-1} \tag{8.27}$$

两式相减，得：

$$Y_t - \lambda Y_{t-1} = \alpha(1-\lambda) + \beta_0 X_t + (u_t - \lambda u_{t-1}) \tag{8.28}$$

最后整理，得：

$$Y_t = \alpha(1-\lambda) + \beta_0 X_t + \lambda Y_{t-1} + (u_t - \lambda u_{t-1}) \tag{8.29}$$

或者变换为如下所示的标准形式：

$$Y_t = \alpha^* + \beta_0^* X_t + \beta_1^* Y_{t-1} + u_t^* \tag{8.30}$$

由模型(8.25)变换到模型(8.30)的这一过程称为库伊克变换(Koyck Transformation)。比较模型(8.23)和模型(8.30)，可以发现经过库伊克变换后，无限滞后模型得到大大简化，原来需要估计无数个参数(其实是不可能做到的)，现在只需估计3个参数：α、β_0 和 λ，因此滞后解释变量之间可能存在的多重共线性被消除了，但是库伊克变换相应地会产生以下几个问题。

（1）经过变换最终得到的是一个自回归模型，因为 Y_{t-1} 作为解释变量出现在了模型右边，这自然就会带来一些统计问题，如随机解释变量问题等。

（2）在初始模型(8.23)中，随机扰动项是 μ_t，而在变换后的模型(8.29)中，随机扰动项变成了 $\mu_t^* = (\mu_t - \lambda\mu_{t-1})$，因此，假设初始随机扰动项 μ_t 序列无关，那么经变换后的随机扰动项 μ_t^* 却是序列相关的了，所以还要面对模型(8.29)或模型(8.30)的自相关问题。

（3）滞后被解释变量的出现违背了1阶自相关 D-W 检验的前提条件，因此，必须找到另外的替代方法来检验模型(8.29)或模型(8.30)的自相关问题。

关于上述3个问题的解决方法将在8.5节进行详细讨论。

8.4 期望模型

8.4.1 自适应期望模型

库伊克变换是纯粹的数学运算结果，虽然形式优美，但缺乏坚实的经济理论依据。但是如果从另外一个角度来看待模型(8.29)或模型(8.30)，则这一缺陷将会得到弥补。现在假定有如下形式的模型：

$$Y_t = \alpha + \beta X_t^* + \mu_t \tag{8.31}$$

式中，Y_t 为消费；X_t^* 为期望收入(可视为长期均衡收入)；X_t 为实际收入，则模型(8.31)意味着消费是期望收入的函数；β 就是期望收入的边际消费倾向。但是由于期望收入 X_t^* 是不可观测的，所以模型(8.31)是无法直接进行估计的。不过可以假设期望收入 X_t^* 能够根据上期的实际收入 X_{t-1} 和上期的期望收入 X_{t-1}^* 联合决定，即假设消费者根据其早期的期望收入和已经实现了的上期实际收入对现在的期望收入进行修正：

$$X_t^* - X_{t-1}^* = \lambda(X_{t-1} - X_{t-1}^*),\ 0 \leq \lambda \leq 1 \tag{8.32}$$

式中，λ 被称为期望系数（Coefficient of Expectation），而假设条件式（8.32）则被称为自适应期望（Adaptive Expectation，AE）假设。该假设意味着，理性经济人（Economic Agent）将会根据其以往的经验教训来调整他们的期望收入，即本期期望收入与上期期望收入之差将在上期实际收入和期望收入之差的基础上做一个系数为 λ 的调整。如果期间 $t-1$ 的实际收入超过期望值，则可认为消费者将会提升期间 t 的收入期望值。

对式（8.32）进行数学变换，得到如下所示的形式：

$$X_t^* = \lambda X_{t-1} + (1-\lambda) X_{t-1}^* \tag{8.33}$$

式（8.33）说明，期间 t 的收入期望值是前期实际收入和期望收入的加权平均，权重分别为 λ 和 $1-\lambda$。如果 $\lambda = 1$，则有 $X_t^* = X_{t-1}$，说明本期期望收入等于上期实际收入；如果 $\lambda = 0$，则有 $X_t^* = X_{t-1}^*$，说明本期期望收入等于上期期望收入，即期望收入没有发生变化。

将式（8.33）代入模型（8.31），得到

$$\begin{aligned}Y_t &= \alpha + \beta[\lambda X_{t-1} + (1-\lambda) X_{t-1}^*] + \mu_t \\ &= \alpha + \beta\lambda X_{t-1} + \beta(1-\lambda) X_{t-1}^* + \mu_t\end{aligned} \tag{8.34}$$

需要注意的是，模型（8.31）的一期滞后方程是 $Y_{t-1} = \alpha + \beta X_{t-1}^* + \mu_{t-1}$，由此得到 $\beta X_{t-1}^* = Y_{t-1} - \alpha - \mu_{t-1}$，代入模型（8.34）并整理，得到

$$\begin{aligned}Y_t &= \lambda\alpha + (1-\lambda)Y_{t-1} + \lambda\beta X_{t-1} + \mu_t - (1-\lambda)\mu_{t-1} \\ &= \alpha_1 + \beta_1 Y_{t-1} + \beta_2 X_{t-1} + \upsilon_t\end{aligned} \tag{8.35}$$

式中，$\alpha_1 = \lambda\alpha$；$\beta_1 = 1 - \lambda$；$\beta_2 = \lambda\beta$；$\upsilon_t = \mu_t - (1-\lambda)\mu_{t-1}$。因此，一旦得到了模型（8.35）中 α_1、β_1 和 β_2 的估计值，就可以计算出模型（8.31）和模型（8.32）中的 α、β 和 λ 的估计值。模型（8.35）称为自适应期望模型，因为它是根据自适应期望条件式（8.32）变换而得到的。显然，从形式上看自适应期望模型（8.35）也和库伊克变换后的模型（8.30）一样是自回归模型，其随机误差项存在着和库伊克模型相类似的问题，所以有时自适应期望模型也被看作把库伊克模型合理化的一种方式。关于它的估计和检验问题也将在 8.5 节里一并讨论。这里需要注意的是，尽管自适应期望模型看上去比库伊克模型更加有吸引力，但是也招来理性预期（Rational Expectation，RE）学派的批评，他们认为把 AE 模型建立在完全依赖变量的过去值的假设条件上是不充分的，而应该在形成预期时更注重当前的相关信息。

8.4.2 局部调整模型

如果说自适应期望模型是把库伊克模型合理化的一种途径的话，那么局部调整（Partial Adjustment）模型则是把库伊克模型合理化的另一种途径。为了说明局部调整模型的原理机制，则可考虑经济理论中灵活的加速模型（Flexible Accelerator Model），该模型假定在给定技术状态和利率条件下，一个产出数量对应着一个长期均衡的最优资本存量。假定最优资本存量 Y_t^* 是产出 X 的线性函数，形式如下：

$$Y_t^* = \alpha + \beta X_t + \mu_t \tag{8.36}$$

因为最优资本存量是不可观测的，因此可再做如下假设：

$$Y_t - Y_{t-1} = \delta(Y_t^* - Y_{t-1}) \tag{8.37}$$

式(8.37)称为局部调整假设,其中的 δ 称为调整系数(Coefficient of Adjustment),它的取值范围在 $0 \sim 1$ 之间,$1/\delta$ 被称为调整速度。因此,$Y_t - Y_{t-1}$ 就是两期资本存量的实际变动(等于期间投资),而 $Y_t^* - Y_{t-1}$ 就是理想的资本存量变动。

按照式(8.37)的假设,在时期 t 的资本存量实际变动(即投资)就等于同期理想资本存量变动的一个部分。对于两种特殊情况而言,如果 $\delta=1$,则意味着实际资本存量等于理想资本存量,因此,实际资本存量调整到理想状态的过程是即时完成的(即当期完成);而如果 $\delta=0$,则意味着实际资本存量没有发生任何变化。不过 δ 的典型值应该在特殊值 $0 \sim 1$ 之间,因为一般而言,实际值向理想值的调整不是一蹴而就的,而是受价格刚性、习惯惰性或者合同约束等因素的影响有个完善过程,由此得到的模型称为局部调整模型。注意式(8.37)的调整机制也可以变换成如下所示的形式:

$$Y_t = \delta Y_t^* + (1-\delta) Y_{t-1} \tag{8.38}$$

说明时期 t 的可观测资本存量是同期理想资本存量和前期观测资本存量的可加权平均,权重分别是 δ 和 $(1-\delta)$。把式(8.36)代入到式(8.38)后,便可得到

$$\begin{aligned} Y_t &= \delta(\alpha + \beta X_t + \mu_t) + (1-\delta) Y_{t-1} \\ &= \delta\alpha + \delta\beta X_t + (1-\delta) Y_{t-1} + \delta\mu_t \end{aligned} \tag{8.39}$$

该模型就是局部调整模型。

假如模型(8.36)代表的是资本存量的长期均衡需求的话,那么模型(8.39)就应该被视为资本存量的短期需求函数。一旦估计出短期函数模型(8.39)的调整系数 δ(由 Y_{t-1} 前的系数得到),只需通过简单的数学运算就可以得到长期函数模型(8.36)的系数($\delta\alpha$ 的估计值除以 δ 的估计值得到 α 的估计值,$\delta\beta$ 的估计值除以 δ 的估计值得到 β 的估计值)。

很显然,局部调整模型(8.39)和前面介绍的库伊克模型(8.30)和自适应期望模型(8.35)一样最终演变成了一个自回归模型,所以对它的估计和检验同样在 8.5 节中讨论,不过这里需要指出的是,尽管这三个模型在形式上是相似的,但它们所依赖的理论依据各不相同。自适应期望模型是基于人们对未来不确定性(如价格和利率变化等)的理解,局部调整模型是人们考虑制度或技术刚性以及惯性等因素而建立的,而库伊克模型则完全是数学推导,没有太强的经济理论依据。

8.5 自回归模型的估计

8.5.1 自回归模型中的估计问题

从前面的分析中不难看到,无论是库伊克模型、自适应期望模型还是局部调整模型,它们最终都变换成了一个包含滞后被解释变量的自回归模型,因此有必要先探讨在估计该类模型时可能会遇到的一些问题,因为未必可以直接应用经典的最小二乘法来估计它们:一是随机被解释变量的滞后项作为解释变量出现在了模型右边,二是随机误差项可能导致存在严重的序列相关性。

首先考虑如下形式的自回归模型:

第8章 滞后变量模型

$$Y_t = \alpha + \beta_1 X_t + \beta_2 Y_{t-1} + v_t \tag{8.40}$$

由前面所述可知,如果应用最小二乘法来估计上述模型,则随机解释变量 Y_{t-1}(这里随机被解释变量的滞后项作为了解释变量)和随机误差项 v_t 的关系必须是彼此独立分布的。为此,有必要先弄清楚随机误差项 v_t 的一些特性。假设库伊克模型、自适应期望模型和局部调整模型的初始模型[分别是模型(8.23)、模型(8.31)和模型(8.36)]中的随机误差项 μ_t 满足第2章和第3章提出的有关线性回归模型随机误差项的所有假设条件,比如期望均值为 $0[E(\mu_t)=0]$、同方差 $[\text{Var}(\mu_t)=\sigma^2]$ 以及无自相关 $[\text{Cov}(\mu_t,\mu_{t+s})=0,s\neq 0]$,但是经过系列变换之后得到的随机误差项 v_t 未能继承下来这些优良性质。以库伊克变换为例,根据式(8.29)不难发现,$v_t=(\mu_t-\lambda\mu_{t-1})$,于是尽管 $E(v_t)=0$,但 $\text{Cov}(v_t,v_{t-1})=E(v_t v_{t-1})=E(\mu_t-\lambda\mu_{t-1})(\mu_{t-1}-\lambda\mu_{t-2})=-\lambda E(\mu_{t-1}^2)=-\lambda\sigma^2\neq 0$(除非 λ 碰巧为0),因此,v_t 是序列相关的。同样,计算 Y_{t-1} 和 v_t 的协方差为 $\text{Cov}(Y_{t-1},v_t)=\text{Cov}[Y_{t-1},(\mu_t-\lambda\mu_{t-1})]=-\lambda\sigma^2\neq 0$,因此,二者之间也是相关的。类似的情况也会出现在自适应期望模型中。

正如在7.5节中指出的那样,假如随机解释变量是由滞后被解释变量产生且与随机误差项相关,则用OLS估计出的参数估计量不仅是有偏的,而且在大样本下不具有渐近无偏性。因此,此时普通最小二乘法完全失效,需要新的估计方法来估计模型。而且自回归模型还有另外一个特点,即随机误差项极有可能具有自相关性,而且此时D—W检验失效,就是说无论D.W.数值多大或多小均不能确定模型是否存在自相关性,所以需要发展新的检验方法。下面分别就自回归模型的估计和检验进行讨论。

8.5.2 工具变量法

有若干方法可以用于自回归模型的估计,具体使用哪种方法取决于随机扰动项的性质。这里只讨论工具变量法,这种方法适用于滞后被解释变量与随机误差项相关的自回归模型。

工具变量法的思想就是想方设法把模型(8.40)中滞后被解释变量 Y_{t-1} 与随机误差项 v_t 的相关性去除掉,之后便可以用OLS对模型进行估计了。为此,假设找到一个 Y_{t-1} 的"代理变量"(Proxy),该变量和 Y_{t-1} 高度相关,而和随机误差项 v_t 不相关。这种"代理变量"称为工具变量(Instrumental Variable, IV),相应地,用工具变量进行模型估计的方法称为工具变量法。

因此,接下来的问题显然就是如何找到 Y_{t-1} 的一个好的工具变量。对此仁者见仁,智者见智。Liviatan建议将 X_{t-1} 作为 Y_{t-1} 的一个代理变量,并通过求解下面的正规方程得到模型(8.40)的参数估计值:

$$\begin{cases} \sum Y_t = N\hat{\alpha} + \hat{\beta}_1 \sum X_t + \hat{\beta}_2 \sum Y_{t-1} \\ \sum Y_t X_t = \hat{\alpha} \sum X_t + \hat{\beta}_1 \sum X_t^2 + \hat{\beta}_2 \sum Y_{t-1} X_t \\ \sum Y_t X_{t-1} = \hat{\alpha} \sum X_{t-1} + \hat{\beta}_1 \sum X_t X_{t-1} + \hat{\beta}_2 \sum Y_{t-1} X_{t-1} \end{cases} \tag{8.41}$$

而如果直接应用OLS对模型(8.40)进行估计,则要求解的正规方程为

$$\sum Y_t = N\hat{\alpha} + \hat{\beta}_1 \sum X_t + \hat{\beta}_2 \sum Y_{t-1}$$
$$\sum Y_t X_t = \hat{\alpha} \sum X_t + \hat{\beta}_1 \sum X_t^2 + \hat{\beta}_2 \sum Y_{t-1} X_t \qquad (8.42)$$
$$\sum Y_t Y_{t-1} = \hat{\alpha} \sum Y_{t-1} + \hat{\beta}_1 \sum X_t Y_{t-1} + \hat{\beta}_2 \sum Y_{t-1}^2$$

方程组(8.41)和(8.42)的区别是显而易见的。Liviatan 证明了由方程组(8.41)得到的参数估计值是一致的，而由方程组(8.42)得到的参数估计值则可能是不一致的。

一旦找到合适的工具变量，对模型的估计似乎就是一件水到渠成的事情(参见 7.5 节)，但是问题并非如此简单。以上面 Liviatan 给出的方法为例，如果用 X_{t-1} 作为 Y_{t-1} 的一个代理变量，则模型中会同时出现 X_t 和 X_{t-1}，这样又会产生共线性问题，这意味着尽管用 Liviatan 方法得到的参数估计量是一致估计，但是很可能也是无效的估计。

如果找不到合适的工具变量，则对自回归模型的估计必须求助于其他方法，如极大似然估计等，对此有兴趣的读者请参考有关书籍。

8.5.3 自相关的检验：杜宾-h 检验

如前所述，自回归模型的随机误差项极有可能存在自相关性，而且 D-W 检验失效，因为此时计算出的 D.W. 值非常接近于 2，因此，杜宾(1970)提出了一种检验自相关模型中一阶序列相关存在性的大样本检验方法，称为杜宾-h 检验。杜宾-h 检验的公式为

$$h = \hat{\rho} \sqrt{\frac{N}{1 - N[\text{Var}(\hat{\beta}_2)]}} \qquad (8.43)$$

式中，N 为样本容量；$\text{Var}(\hat{\beta}_2)$ 为滞后项 Y_{t-1} 系数方差的估计值；$\hat{\rho}$ 为一阶序列相关系数 ρ 的估计值。其计算公式为

$$\hat{\rho} = \frac{\sum e_t e_{t-1}}{\sum e_t^2} \qquad (8.44)$$

杜宾指出，当样本容量相当大时，由式(8.42)给出的统计量 h 呈渐近标准正态分布，因此，可从标准正态分布表中查得该统计量的统计显著性。

实际计算中无须计算 $\hat{\rho}$，因为它可由通常的 D.W. 统计值 d 近似得到，即

$$\hat{\rho} \approx 1 - \frac{1}{2} d \qquad (8.45)$$

因此，式(8.43)可以写成

$$h = \left(1 - \frac{1}{2} d\right) \sqrt{\frac{N}{1 - N[\text{Var}(\hat{\beta}_2)]}} \qquad (8.46)$$

杜宾-h 检验步骤具体如下所示。

(1) 使用 OLS 法估计模型(8.40)，得到滞后项 Y_{t-1} 系数方差的估计值以及参差序列 e_t。

(2) 根据式(8.44)计算一阶自相关系数的估计值 $\hat{\rho}$，或者根据式(8.45)计算。

(3) 根据式(8.43)或式(8.46)建立杜宾-h 统计值，在样本值 N 较大的情况下，h 服从渐近标准正态分布，即 $h \sim AN(0,1)$。

(4) 判断模型(8.40)是否存在一阶自相关。因为 h 服从渐近标准正态分布,所以 h 值在 $-1.96 \sim 1.96$ 之间的概率大约为 95%,据此得到如下判别规则。

① 如果 $h > 1.96$,则拒绝不存在一阶正自相关的零假设。
② 如果 $h < -1.96$,则拒绝不存在一阶负自相关的零假设。
③ 如果 h 在 $-1.96 \sim 1.96$ 之间,则不拒绝不存在一阶自相关的零假设。

例如,假如有 100 个观察值,估计得到 D.W. 统计值 $d = 1.9$,滞后项 Y_{t-1} 系数方差的估计值 $\text{Var}(\hat{\beta}_2) = 0.005$,则

$$h = (1 - \frac{1}{2}d)\sqrt{\frac{N}{1 - N[\text{Var}(\hat{\beta}_2)]}} = (1 - \frac{1}{2} \times 1.9)\sqrt{\frac{100}{1 - 100 \times 0.005}} = 0.7071,$$

因此,在 5% 的显著水平下不能拒绝原模型不存在一阶自相关的零假设。

8.5.4 格兰杰因果关系检验

自回归分布滞后模型旨在揭示某变量的变化受其自身及其他变量过去行为的影响。然而,许多经济变量有着相互的影响关系。例如,GDP 的增长能够促进消费的增长,而反过来,消费的变化又是 GDP 变化的一个组成部分,因此,消费增加又能促进 GDP 的增加。现在的问题是,当两个变量间在时间上有先导—滞后关系时,能否从统计上考察这种关系是单向的还是双向的?即主要是一个变量过去的行为在影响另一个变量的当前行为呢,还是双方的过去行为在相互影响着对方的当前行为?格兰杰(Granger)提出了一个简单的检验程序,习惯上称为格兰杰因果关系检验(Granger of causality)。

对两变量 Y 与 X,格兰杰因果关系检验要求估计以下回归:

$$Y_t = \sum_{i=1}^{m} \alpha_i X_{t-i} + \sum_{i=1}^{m} \beta_i Y_{t-i} + \mu_{1t} \tag{8.47}$$

$$X_t = \sum_{i=1}^{m} \lambda_i Y_{t-i} + \sum_{i=1}^{m} \delta_i X_{t-i} + \mu_{2t} \tag{8.48}$$

用该方法检验可能存在以下 4 种检验结果。

(1) X 对 Y 有单向影响,表现为 (8.47) 式 X 各滞后项前的参数整体不为零,而 (8.48) 式 Y 各滞后项前的参数整体为零;

(2) Y 对 X 有单向影响,表现为 (8.48) 式 Y 各滞后项前的参数整体不为零,而 (8.47) 式 X 各滞后项前的参数整体为零;

(3) Y 与 X 间存在双向影响,表现为 Y 与 X 各滞后项前的参数整体不为零;

(4) Y 与 X 间不存在影响,表现为 Y 与 X 各滞后项前的参数整体为零。

格兰杰检验是通过受约束的 F 检验完成的。如针对 X 不是 Y 的格兰杰原因这一假设,即针对 (8.47) 式中 X 滞后项前的参数整体为零的假设,分别做包含与不包含 X 滞后项的回归,记前者的残差平方和为 RSS_U,后者的残差平方和为 RSS_R;再计算 F 统计量:

$$F = \frac{(\text{RSS}_R - \text{RSS}_U)/m}{\text{RSS}_U/(n-k)} \tag{8.49}$$

式中,m 为 X 的滞后项的个数,n 为样本容量,k 为包含可能存在的常数项及其他变量在内的无约束回归模型的待估参数的个数。

如果计算的 F 值大于给定显著性水平 α 下 F 分布的相应的临界值 $F(m, n-k)$，则拒绝原假设，认为 X 是 Y 的格兰杰原因。

需要指出的是，格兰杰因果关系检验对滞后期长度的选择有时很敏感。不同的滞后期可能会得到完全不同的检验结果。因此，一般而言，常常需要进行不同滞后期长度的检验，以检验模型中随机干扰项不存在序列相关的滞后期长度来选取滞后期。

由于假设检验的零假设是不存在因果关系，在该假设下 F 统计量服从 F 分布，因此，严格地说，该检验应该称为格兰杰非因果关系检验。

8.6 案例分析

本章将给出 3 个在 EViews 上实现的例子来说明如何对滞后自变量和因变量模型进行估计和检验。

【例 8.3】 表 8-2 给出了某企业 1995—2014 年库存额（Y）及销售额（X）的数据资料，下面将利用分布滞后模型 $Y_t = \alpha + \beta_0 X_t + \beta_1 X_{t-1} + \beta_2 X_{t-2} + \beta_3 X_{t-3} + \mu_t$ 建立库存函数（用二阶有限多项式变换估计这个模型）。

表 8-2 某企业 1995—2014 年库存额（Y）和销售额（X）的资料　　单位：万元

年份	X	Y	年份	X	Y
1995	26.480	45.069	2005	41.003	68.221
1996	27.740	50.642	2006	44.869	77.965
1997	28.236	51.871	2007	46.449	84.655
1998	27.280	52.070	2008	50.282	90.815
1999	30.219	52.709	2009	53.555	97.074
2000	30.796	53.814	2010	52.859	101.640
2001	30.896	54.939	2011	55.917	102.440
2002	33.113	58.123	2012	62.017	107.710
2003	35.032	60.043	2013	71.398	120.870
2004	37.335	63.383	2014	82.078	147.130

解：根据 8.2 节的内容不难看出，本例题的模型和模型(8.17)完全一样，是包含三阶滞后自变量模型，可用二阶阿尔蒙多项式变换估计这个模型，因此，可以首先利用式(8.20)得到辅助变量 Z_{0t}、Z_{1t} 和 Z_{2t}，然后估计变换后的模型(8.21)的参数，最后根据公式(8.22)得到原模型参数的估计。

1）方法一

用 EViews 进行估计模型(8.17)。先将表 8-1 中的数据输入 EViews，分别得到两个原始数据序列：库存额数列 X 以及销售额 Y；然后根据这两个序列建立辅助变量序列，方法是在 EViews 的命令窗口里分别输入以下命令："series z0 = z0 = x + x(-1) + x(-2) + x(-3)" "z1 =

第8章 滞后变量模型

x(-1)+2*x(-2)+3*x(-3)" 和 "z2 = x(-1)+4*x(-2)+9*x(-3)";接着在 EViews 里建立新方程对象 eq01,之后在 Equation Specification(方程设定)窗口中的输入框里输入 "Y C Z0 Z1 Z2",最后单击"方程设定"窗口中的 OK 按钮便得到初步回归结果,如图 8.3 所示。

图 8.3 EViews 的辅助变量方程估计结果

显然 $\hat{\alpha}_0 = 0.6302$, $\hat{\alpha}_1 = 0.9874$, $\hat{\alpha}_2 = -0.4608$,于是根据式(8.22)得到原模型参数的估计值如下:

$$\hat{\beta}_0 = \hat{\alpha}_0 = 0.6302$$

$$\hat{\beta}_1 = (\hat{\alpha}_0 + \hat{\alpha}_1 + \hat{\alpha}_2) = (0.6302 + 0.9874 - 0.4608) = 1.1568$$

$$\hat{\beta}_2 = (\hat{\alpha}_0 + 2\hat{\alpha}_1 + 4\hat{\alpha}_2) = (0.6302 + 2 \times 0.9874 - 4 \times 0.4608) = 0.7618$$

$$\hat{\beta}_2 = (\hat{\alpha}_0 + 3\hat{\alpha}_1 + 9\hat{\alpha}_2) = (0.6302 + 3 \times 0.9874 - 9 \times 0.4608) = -0.5548$$

再根据下面的方差计算公式求得估计参数的方差,从而得到相应的 t 统计值,最后即可得到所需要的库存函数模型[$\hat{\alpha}_j$ 和 $\hat{\alpha}_p$ 的协方差 $\mathrm{Cov}(\hat{\alpha}_j, \hat{\alpha}_p)$ 可通过选择 EViews 的菜单项 View→Covariance Matrix 查到]:

$$\mathrm{Var}(\hat{\beta}_i) = \mathrm{Var}(\hat{\alpha}_0 + \hat{\alpha}_1 i + \hat{\alpha}_2 i^2 + \cdots + \hat{\alpha}_m i^m)$$

$$= \sum_{j=0}^{m} i^{2j} \mathrm{Var}(\hat{\alpha}_j) + 2\sum_{j<p} i^{(j+p)} \mathrm{Cov}(\hat{\alpha}_j, \hat{\alpha}_p)$$

$$Y_t = -6.4196 + 0.6302 X_t + 1.1568 X_{t-1} + 0.7618 X_{t-2} - 0.5548 X_{t-3}$$

2) 方法二

也可以用更简单的方法求得库存函数模型的估计,在输入原始序列 X 和 Y 数据之后在 EViews 里建立新方程对象 eq02,之后在"方程设定"窗口中的输入框里输入"Y C PDL (X, 3, 2)"[注意这里的 PDL(X, 3, 2)是 EViews 内置的函数,意思是取变量 X 的三阶滞后,而阿尔蒙转换则取二阶多项式],最后单击方程设定窗口中的 OK 按钮便得到回归结果,如图 8.4 所示。

结果的上半部分其实是对辅助变量模型的估计结果,下半部分则是初始库存模型的估计结果(注意,因为 EViews 对辅助变量及其系数的计算公式在形式上和前面介绍的稍有不

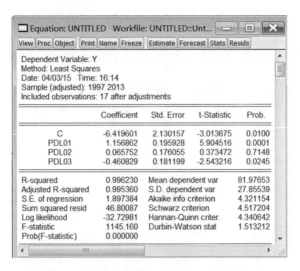

图 8.4 EViews 的阿尔蒙变换方程估计结果

同,所以中间结果不一样,但最终结果是完全相同的)。

【例 8.4】表 8-3 给出了某国家 1996—2012 年名义货币存量(M)、名义国民收入(Y)、物价指数(P)以及长期利率(R)的数据资料,我们将利用局部调整模型建立一个长期货币需求函数。

表 8-3 某国家 1996—2012 年名义货币存量及相关数据

年 份	名义货币(M)	名义国民收入(Y)	物价指数(P)	长期利率(R)/(%)
1996	1898.69	86.5	100	3.03
1997	1880.29	90.1	102.15	3.07
1998	1979.49	95.3	107.68	3.15
1999	1803.79	99.7	109.56	3.41
2000	1764.71	98.2	103.81	3.66
2001	1793.97	104.8	104.49	3.64
2002	1920.63	96.1	93.48	3.7
2003	2216.95	99.8	95.23	3.74
2004	2341.89	113.1	102.82	3.99
2005	2413.16	113.9	104.59	4.18
2006	2526.02	126.9	108.15	4.13
2007	2720.22	129.5	109.19	4.05
2008	2868.61	141.4	111.19	4.06
2009	3045.82	148	113.32	4.16
2010	3309.98	154	115.7	4.49
2011	3752.12	172.1	123.19	4.66
2012	4080.06	200.1	132.96	4.8

解：假设货币需求和国民收入以及利率服从下面的关系：
$$M_t^* = \beta_0 R_t^{\beta_1} Y_t^{\beta_2} e^{\mu_t} \tag{8.50}$$
式中，M_t^* 代表长期货币需求量，R_t 代表长期利率，Y_t 代表国民收入。对式（8.50）两边取对数，得如下所示的模型：
$$\ln M_t^* = \ln\beta_0 + \beta_1 \ln R_t + \beta_2 \ln Y_t + \mu_t \tag{8.51}$$
根据前面 8.4 节对于局部调整（Partial adjustment）模型的讨论，无法得到 M_t^* 观察值，但可以假设如下局部调整公式：
$$\ln M_t - \ln M_{t-1} = \delta(\ln M_t^* - \ln M_{t-1}) \tag{8.52}$$
将公式（8.51）代入式（8.52）并整理，得
$$\ln M_t = \delta\ln\beta_0 + \delta\beta_1 \ln R_t + \delta\beta_2 \ln Y_t + (1-\delta)\ln M_{t-1} + \delta\mu_t \tag{8.53}$$
该模型反映的是短期货币需求的关系。在模型（8.51）随机误差项 μ_t 满足 OLS 假设条件下，局部调整模型的随机误差项也满足 OLS 假设条件，因此可以用 OLS 对模型（8.53）进行估计。

下面用 EViews 估计模型（8.53）。先将表 8-2 中的数据输入 EViews，分别得到 4 个原始数据序列：名义货币存量（M）、名义国民收入（Y）、物价指数（P）以及长期利率（R）；然后在 EViews 里建立新方程对象 eq01，之后在"方程设定"窗口中的输入框里输入"LOG(M/P) C LOG(R) LOG(Y/P) LOG(M(-1)/P(-1))"，最后单击方程设定窗口中的OK 按钮便得到回归结果，如图 8.5 所示。

因此，估计得到的短期货币需求函数模型如下：
$$\ln \hat{M}_t = 1.5483 - 0.1041\ln R_t + 0.6859\ln Y_t + 0.5297\ln M_{t-1} \tag{8.54}$$

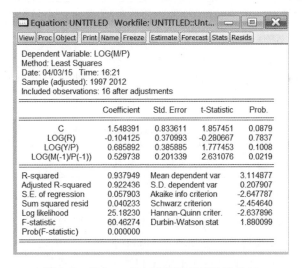

图 8.5　EViews 的局部调整模型估计结果

从图 8.5 显示的估计结果看，短期货币需求函数的利率弹性并不显著，而收入弹性在 5% 的显著水平下是统计显著的，另外调整系数 $\delta = 1 - 0.5297 = 0.4703$，说明约 47% 理想货币存量和实际货币存量的差距可在一年内消除掉。为了得到长期货币需求函数（8.51）的估计，只需把式（8.54）右边的 $\ln M_{t-1}$ 去掉并用 δ 去除即可，结果如下所示：
$$\ln M_t^* = 3.2921 - 0.2213\ln R_t + 1.4584\ln Y_t \tag{8.55}$$

由此可见，长期货币需求函数的收入弹性远远大于短期货币需求函数的收入弹性。

从图 8.5 显示的估计结果可以看到，D.W. 统计值是 1.88，非常接近 2，这如前面指出的那样，是因为模型中含有滞后被解释变量，因此，不能根据 D.W. 统计值接近 2 就判断模型中是否存在一阶自相关，为此可借助于杜宾 $-h$ 检验。根据式(8.46)计算得到：

$$h = (1 - \frac{1}{2} \times 1.88) \times \sqrt{\frac{16}{1 - 16 \times 0.2013^2}} = 0.06 \times 6.7453 = 0.4047$$

根据 8.5 节给出的判断准则，h 为 $-1.96 \sim 1.96$，因此，不拒绝模型不存在一阶自相关的零假设，不过因为样本容量较小，所以应慎重对待这个结论。

【例 8.5】表 8-4 给出了中国 1987—2013 年按当年测度的 GDP 与居民消费 CONS 数据，检验两者的因果关系。

表 8-4 中国 GDP 与消费支出　　　　　　　　　单位：亿元

年　份	CONS	GDP	年　份	CONS	GDP
1987	550	12059	2001	3887	109655
1988	693	15043	2002	4144	120333
1989	762	16992	2003	4475	135823
1990	803	18668	2004	5032	159878
1991	896	21781	2005	5596	184937
1992	1070	26923	2006	6299	216314
1993	1331	35334	2007	7310	265810
1994	1746	48198	2008	8430	314045
1995	2236	60794	2009	9283	340903
1996	2641	71177	2010	10522	401513
1997	2834	78973	2011	12570	473104
1998	2972	84402	2012	14110	519470
1999	3143	89677	2013	15632	568845
2000	3632	99215			

资料来源：根据《中国统计年鉴(1999—2014 年)》整理。

在 EViews 中把数据输入后，然后选择 CONS 和 GDP 这两列，单击鼠标右键，选择 open，然后以 as Group 方式打开，在出现的 Group 窗口中，单击 View，选择其中的 Granger Causality，如图 8.6 所示，在随后的弹出的窗口中选取 2 阶滞后，单击 OK 按钮，得到结果，如图 8.7 所示。

由相伴概率知，在 5% 的显著性水平下，拒绝"GDP 不是 CONS 的格兰杰原因"的假设，同时拒绝"CONS 不是 GDP 的格兰杰原因"的假设。因此，从 2 阶滞后的情况看，GDP 的增长是居民消费增长的原因，相反居民消费增长也是 GDP 的增长的原因。但是在 2 阶滞后时，检验的模型存在 1 阶自相关。当然，也可以用 EViews 做出 2~6 阶滞后的检验结果，过程同上。

第 8 章 滞后变量模型

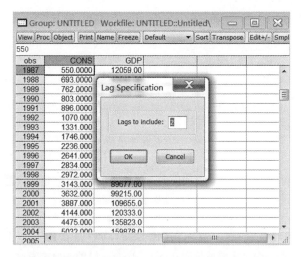

图 8.6　EViews 的格兰杰因果检验中选择 2 阶滞后

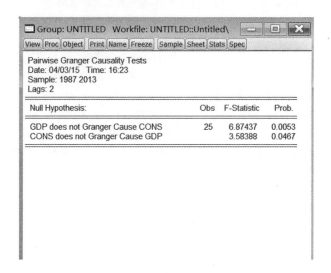

图 8.7　EViews 的格兰杰因果检验结果

 本章小结

　　本章的重点是滞后变量模型,首先介绍了滞后变量的含义与产生的原因,介绍了滞后变量的两种类型——分布滞后模型和自回归模型,并指出了这两类模型在进行回归估计时可能面临的问题。

　　其次,介绍了分布滞后模型的 3 种估计方法——经验权数法、阿尔蒙(Almon)法及库伊克(Koyck)法的基本思想及各自的优缺点。

　　再次,介绍了自适应期望模型和局部调整模型,这两种模型是对库伊克变换模型的理论补充。

　　最后,介绍了自回归模型的估计可能产生的问题以及一种估计方法——工具变量法,并给出了一种检验自回归模型中的一阶自相关性存在与否的检验方法——杜宾 $-h$ 检验。

习 题

1. 单项选择题。

(1) 消费函数模型 $\hat{C}_t = 400 + 0.5I_t + 0.3I_{t-1} + 0.1I_{t-2}$，其中 I 为收入，则当期收入 I_t 对未来消费 C_{t+2} 的影响：I 增加 1 单位，C_{t+2} 增加(　　)。

A. 0.5 单位　　　　　　　　　　B. 0.3 单位

C. 0.1 单位　　　　　　　　　　D. 0.9 单位

(2) 在分布滞后模型的估计中，使用时间序列资料可能存在的序列相关问题表现为(　　)。

A. 异方差问题　　　　　　　　　B. 自相关问题

C. 多重共线性问题　　　　　　　D. 随机解释变量问题

(3) 对于有限分布滞后模型 $Y_t = \alpha + \beta_0 X_t + \beta_1 Y_{t-1} + \beta_2 Y_{t-2} + \cdots + \beta_k Y_{t-k} + \mu_t$ 中，如果其中参数 b_i ($i = 1, 2, \cdots, k$) 可以近似地用一个关于滞后长度 i ($i = 1, 2, \cdots, k$) 的多项式表示，则称此模型为(　　)。

A. 有限多项式滞后模型　　　　　B. 无限多项式滞后模型

C. 库伊克变换模型　　　　　　　D. 自适应期望模型

(4) 下列哪一个模型不是几何分布滞后模型的变换模型(　　)。

A. 库伊克变换模型　　　　　　　B. 自适应期望模型

C. 局部调整模型　　　　　　　　D. 有限多项式滞后模型

(5) 下列哪个模型的一阶线性自相关问题可用 D.W. 检验(　　)。

A. 有限多项式分布滞后模型　　　B. 自适应期望模型

C. 库伊克变换模型　　　　　　　D. 局部调整模型

(6) 有限多项式分布滞后模型中，通过将原分布滞后模型中的参数表示为滞后期 i 的有限多项式，从而克服了原分布滞后模型估计中的(　　)。

A. 异方差问题　　　　　　　　　B. 序列相关问题

C. 多重共线性问题　　　　　　　D. 随机解释变量问题

2. 考察以下分布滞后模型：

$$Y_t = \alpha + \beta_0 X_t + \beta_1 Y_{t-1} + \beta_2 Y_{t-2} + \beta_3 Y_{t-3} + \beta_4 Y_{t-4} + \beta_5 Y_{t-5} + \mu_t$$

假如用二阶有限多项式变换估计这个模型后得

$$\hat{Y}_t = 0.85 + 0.50Z_{0t} + 0.45Z_{1t} - 0.10Z_{2t}$$

式中，$Z_{0t} = \sum_{i=0}^{3} X_{t-i}$；$Z_{1t} = \sum_{i=0}^{3} iX_{t-i}$；$Z_{2t} = \sum_{i=0}^{3} i^2 X_{t-i}$。

(1) 求原模型中各参数的估计值。

(2) 试估计 x 对 y 的短期影响乘数和长期影响乘数。

3. 对于下列估计模型：

投资函数 $\hat{I}_t = 120 + 0.6Y_t + 0.8Y_{t-1} + 0.4Y_{t-2} + 0.2Y_{t-3}$

消费函数 $\hat{C}_t = 280 + 0.58Y_t + 0.12C_{t-1}$

式中，I 为投资，Y 为收入，C 为消费。试分别计算投资、消费的短期影响乘数和长期影响乘数，并解释其经济含义。

4. 表 8-5 给出了某国 1997—2014 年间个人消费支出(C)与个人可支配收入(I)的数据。

第8章 滞后变量模型

表 8-5 某国 1995—2014 年个人消费支出（C）与个人可支配收入（I）的数据

单位：10 亿美元

年 份	C	I	年 份	C	I
1997	1492.0	1668.1	2006	2004.4	2212.6
1998	1538.8	1728.4	2007	2004.4	2214.3
1999	1621.9	1797.4	2008	2024.2	2248.6
2000	1689.6	1916.3	2009	2050.7	2261.5
2001	1674.0	1896.6	2010	2146.0	2331.9
2002	1711.9	1931.7	2011	2249.3	2469.8
2003	1803.9	2001.0	2012	2354.8	2542.8
2004	1883.8	2066.6	2013	2455.2	2640.9
2005	1961.0	2167.4	2014	2521.0	2686.3

考虑以下模型：

$$C_t = \alpha_1 + \alpha_2 I_t + \mu_t$$

$$C_t = \beta_1 + \beta_2 I_t + \beta_3 C_{t-1} + \mu_t$$

回答以下问题：

（1）估计以上两模型。

（2）估计边际消费倾向（MPC）。

5. 表 8-6 给出某地区 1993—2014 年固定资产投资（y）与销售额（x）的资料。

表 8-6 某地区 1991—2012 年固定资产投资（y）与销售额（x）的资料 单位：亿元

年 份	y	x	年 份	y	x
1993	36.99	52.805	2004	128.68	168.129
1994	33.60	55.906	2005	123.97	163.351
1995	35.42	63.027	2006	117.35	172.547
1996	42.35	72.931	2007	139.61	190.682
1997	52.48	84.790	2008	152.88	194.538
1998	53.66	86.589	2009	137.95	194.657
1999	58.53	98.797	2010	141.06	206.326
2000	67.48	113.201	2011	163.45	223.541
2001	78.13	126.905	2012	183.80	232.724
2002	95.13	143.936	2013	192.61	239.459
2003	112.60	154.391	2014	182.81	235.142

试就下列模型，按照一定的处理方法估计模型参数，并解释模型的经济意义，检验模型随机误差项的一阶自相关性。

（1）设定模型：$Y_t^* = \alpha + \beta X_t + \mu_t$，运用局部调整假定。

（2）设定模型：$Y_t = \alpha + \beta X_t^* + \mu_t$，运用自适应期望假定。

（3）运用阿尔蒙多项式变换法，估计分布滞后模型为

$$Y_t = \alpha + \beta_0 X_t + \beta_1 Y_{t-1} + \beta_2 Y_{t-2} + \beta_3 Y_{t-3} + \beta_4 Y_{t-4} + \mu_t$$

第9章 联立方程模型

教学目标

通过本章的学习，了解联立方程模型中结构式模型、简化式模型、不可识别、恰好识别和过度识别的概念，明确模型识别的方法，掌握模型识别的阶条件和秩条件，并能在此基础上对简单的应用模型进行分析和说明。

教学要求

了解联立方程模型的类型；了解不可识别、恰好识别和过度识别模型判别方法；掌握模型识别的阶条件和秩条件。

前面所讨论的单方程计量经济学模型是用单一方程来描述某一经济变量与影响该变量变化的诸因素之间的数量关系，所以，它仅适用于对单个经济现象进行研究，揭示现象的单向因果关系。但在现实中，经济现象是错综复杂的，许多经济变量间存在着多向因果关系。为了揭示经济变量之间的这种复杂关系，就需要建立由多个单一方程组成的联立方程计量经济学模型，才能正确地描述经济现象。

9.1 联立方程模型的基本概念

9.1.1 联立方程模型的含义

联立方程模型就是描述某一个经济系统时，由两个或两个以上相互联系的单一方程组成的模型系统。它能够比较全面地反映经济系统的运行情况，因而，成为用于经济系统预测分析和评价的重要依据。

【例9.1】一个小型宏观计量经济模型。

$$\begin{cases} C_t = \alpha_0 + \alpha_1 Y_t + \mu_{1t} & (9.1) \\ I_t = \beta_0 + \beta_1 Y_t + \beta_2 Y_{t-1} + \mu_{2t} & (9.2) \\ Y_t = C_t + I_t + G_t & (9.3) \end{cases}$$

式中，C 为消费支出，I 为投资额，Y 为国民生产总值，G 为政府购买支出，μ 为随机项。这个小型宏观计量经济模型除随机项外，共包含 4 个经济变量，把它们作为一个经济系统中的变量，会发现它们之间复杂的因果关系。其中，国民生产总值 Y 影响消费 C，C 又影响 Y，Y 又影响 I，I 又影响 Y。经济变量之间这种复杂的相互影响关系只有在联立方程计量经济学模型中才能表现出来。

【例9.2】克莱因模型。

下面介绍的宏观计量经济模型，是由美国著名经济学家克莱因教授于1950年建立的。

$$\begin{cases} C_t = a_0 + a_1 P_t + a_2 P_{t-1} + a_3 (W_t^p + W_t) + \mu_{1t} & (9.4) \\ I_t = \beta_0 + \beta_1 P_t + \beta_2 P_{t-1} + \beta_3 K_{t-1} + \mu_{2t} & (9.5) \\ W_t^p = \gamma_0 + \gamma_1 Y_t + \gamma_2 Y_{t-1} + \gamma_3 A_t + \mu_{3t} & (9.6) \\ Y_t = C_t + I_t + G_t & (9.7) \\ P_t = Y_t - T_t - W_t^p & (9.8) \\ K_t = K_{t-1} + I_t & (9.9) \end{cases}$$

式中，C 为消费支出，I 为投资额，P 为利润，W^p 为私人企业工资总额，W 为政府及政府企业工资总额，K 为期末资本存量，Y 为国民生产总值，A 为时间变量，G 为政府购买支出，T 为间接税。

克莱因教授利用美国1921—1941年的有关资料估计了上述模型中的参数，取得了令人满意的效果。

9.1.2 联立方程模型的变量

联立方程计量经济学模型的变量可以分为内生变量、外生变量和前定变量。

1. 内生变量

内生变量又称为联合决定变量,是具有一定概率分布的随机变量,是由整个模型系统决定的变量。也就是说,内生变量受模型中其他内生变量和前定变量的影响,同时又影响其他内生变量。内生变量在有些方程中作为被解释变量,在其他方程中又作为解释变量。例如,例 9.1 中的投资额 I 是一个内生变量,因为 I 既受国民生产总值 Y 的影响,同时又影响着 Y。同理可知,Y 和 C 也是内生变量。在例 9.2 中,C、I、W^p、Y、P 和 K 都是内生变量。通过例 9.1 和例 9.2 可以得知,方程左边的变量都是内生变量,它们都直接或间接地受随机项的影响。所以,内生变量都是随机变量。

2. 外生变量

外生变量不是由系统内决定的,而是由系统外的因素决定的变量。外生变量在模型中作为解释变量,它对模型中的内生变量有影响,而不受模型体系中任何变量的影响。例如,例 9.1 中的 G 是外生变量,例 9.2 中的 G、T、W 和 A 是外生变量。

3. 前定变量(或先决变量、预定变量)

外生变量和滞后内生变量统称为前定变量。内生变量的滞后值叫滞后内生变量。例如,例 9.1 中的 Y_{t-1} 与例 9.2 中的 P_{t-1}、K_{t-1}、Y_{t-1} 等都是滞后内生变量。在联立方程计量经济学模型中,前定变量都是解释变量,在时间 t 一定时它们的数值都是已知的。

9.1.3 联立方程模型中方程式类型

构成联立方程计量经济学模型的方程式有行为方程式、技术方程式、制度方程式和恒等式。

1. 行为方程式

行为方程式就是指描述和反映政府、企业或居民经济行为的行为方程式。例如,消费函数反映消费者行为,供给函数反映生产者行为。例 9.1 中的(9.1)和(9.2)两个方程和例 9.2 中的(9.4)、(9.5)和(9.6)三个方程式都是行为方程式。

2. 技术方程式

技术方程式是指反映要素投入与产出之间生产技术上关系的方程式。例如,生产函数就是资金、劳动力等生产要素的投入与产出之间的技术关系。

3. 制度方程式

制度方程式是指由法律、政策法令、规章制度等决定的经济数量关系。例如,根据税收制度建立的税收方程式就是制度方程式。

4. 恒等式

在联立方程计量经济学模型中恒等式有两种:一种叫定义方程式(或会计恒等式),

是由经济学或经济统计学的定义决定的恒等式。例如，例 9.1 中的方程(9.3)就是定义方程式，它表示国民生产总值等于消费支出、投资额和政府购买支出三者之和；例 9.2 中的方程(9.7)、(9.8)和(9.9)也是定义方程式。另一种叫平衡方程，表示经济变量之间的平衡关系，例如，供给等于需求、居民消费等于消费总额减去政府消费等都属于平衡方程。

在联立方程计量经济学模型中，行为方程式、技术方程式和制度方程式一般都有随机项，是一种随机方程式，并含有未知参数；而恒等式是非随机方程式，且系数都是已知的。

9.2 联立方程模型的类型

9.2.1 结构式模型

根据经济理论建立描述经济变量之间关系结构的计量经济学方程系统，称为结构式模型。如例 9.1 就是一个小型的宏观计量经济模型，属于一个有三个方程的结构式模型，其中的每一个方程都称为结构式方程。在结构式方程中，解释变量可以是前定变量，也可以是内生变量。例如，上述模型中的 Y_t 是内生变量，在前两个方程中又是解释变量。

各个结构方程的系数叫结构系数或结构参数。结构参数表示每个解释变量对被解释变量的直接影响，而解释变量对被解释变量的间接影响只能通过求解整个联立方程模型才可以取得，不能由个别参数得到。

结构式方程常常把内生变量表示为其他内生变量、预定变量(包括外生变量与滞后内生变量)和随机项的形式，这种形式称为结构式方程的正规形式。

为了简单起见，以后所涉及的结构模型都略去常数项，如需保留的话，只要在解释变量组中引入一个虚拟变量 X，并让它恒取值为 1 即可。于是，简单的宏观计量经济模型(例 9.1)写作：

$$\begin{cases} C_t = a_1 Y_t + \mu_{1t} \\ I_t = b_1 Y_t + b_2 Y_{t-1} + \mu_{2t} \\ Y_t = C_t + I_t + G_t \end{cases} \quad (9.10)$$

为了以后讨论方便起见，把结构式方程中所有观测变量的项移到左边，用 Y 表示内生变量，β 表示其结构参数，X 表示前定变量，γ 表示其结构参数，则结构式模型的一般形式可以写成：

$$\begin{cases} b_{11}Y_{1t} + b_{12}Y_{2t} + \cdots + b_{1g}Y_{gt} + \gamma_{11}X_{1t} + \gamma_{12}X_{2t} + \cdots + \gamma_{1k}X_{kt} = \mu_{1t} \\ b_{21}Y_{1t} + b_{22}Y_{2t} + \cdots + b_{2g}Y_{gt} + \gamma_{21}X_{1t} + \gamma_{22}X_{2t} + \cdots + \gamma_{2k}X_{kt} = \mu_{2t} \\ \vdots \\ b_{g1}Y_{1t} + b_{g2}Y_{2t} + \cdots + b_{gg}Y_{gt} + \gamma_{g1}X_{1t} + \gamma_{g2}X_{2t} + \cdots + \gamma_{gk}X_{kt} = \mu_{gt} \end{cases} \quad (9.11)$$

上述模型中有 g 个内生变量 $Y_{1t}, Y_{2t}, \cdots, Y_{gt}$；$k$ 个前定变量 $X_{1t}, X_{2t}, \cdots, X_{kt}$；$g$ 个结构方程。对于每一个结构方程，它的随机项 $u_{it}(i=1,2,\cdots,g)$ 都满足单方程线性回归模型的古典假定，但相互间呈同期相关，不同期则不相关。像这样模型中结构方程的个数等于内生变量的个数,这种模型称为完备模型。

上述模型用矩阵表示:

$$\begin{bmatrix} b_{11} & b_{12} & \cdots & b_{1g} \\ b_{21} & b_{22} & \cdots & b_{2g} \\ \vdots & \vdots & & \vdots \\ b_{g1} & b_{g2} & \cdots & b_{gg} \end{bmatrix} \begin{bmatrix} Y_{1t} \\ Y_{2t} \\ \vdots \\ Y_{gt} \end{bmatrix} + \begin{bmatrix} \gamma_{11} & \gamma_{12} & \cdots & \gamma_{1k} \\ \gamma_{21} & \gamma_{22} & \cdots & \gamma_{2k} \\ \vdots & \vdots & & \vdots \\ \gamma_{g1} & \gamma_{g2} & \cdots & \gamma_{gk} \end{bmatrix} \begin{bmatrix} X_{1t} \\ X_{2t} \\ \vdots \\ X_{kt} \end{bmatrix} = \begin{bmatrix} \mu_{1t} \\ \mu_{2t} \\ \vdots \\ \mu_{gt} \end{bmatrix}, \quad (t=1,2,\cdots,n)$$

(9.12)

记 $\underset{g \times g}{\boldsymbol{B}} = \begin{bmatrix} b_{11} & b_{12} & \cdots & b_{1g} \\ b_{21} & b_{22} & \cdots & b_{2g} \\ \vdots & \vdots & & \vdots \\ b_{g1} & b_{g2} & \cdots & b_{gg} \end{bmatrix}, \underset{g \times k}{\boldsymbol{\Gamma}} = \begin{bmatrix} \gamma_{11} & \gamma_{12} & \cdots & \gamma_{1k} \\ \gamma_{21} & \gamma_{22} & \cdots & \gamma_{2k} \\ \vdots & \vdots & & \vdots \\ \gamma_{g1} & \gamma_{g2} & \cdots & \gamma_{gk} \end{bmatrix},$

$$\boldsymbol{Y}_t = \begin{bmatrix} Y_{1t} \\ Y_{2t} \\ \vdots \\ Y_{gt} \end{bmatrix}, \boldsymbol{X}_t = \begin{bmatrix} X_{1t} \\ X_{2t} \\ \vdots \\ X_{kt} \end{bmatrix}, \boldsymbol{U}_t = \begin{bmatrix} \mu_{1t} \\ \mu_{2t} \\ \vdots \\ \mu_{gt} \end{bmatrix}$$

则矩阵又可写作:

$$\boldsymbol{B}\boldsymbol{Y}_t + \boldsymbol{\Gamma}\boldsymbol{X}_t = \boldsymbol{U}_t \tag{9.13}$$

或

$$(\boldsymbol{B} \quad \boldsymbol{\Gamma}) \begin{bmatrix} \boldsymbol{Y}_t \\ \boldsymbol{X}_t \end{bmatrix} = \boldsymbol{U}_t$$

矩阵$(\boldsymbol{B} \quad \boldsymbol{\Gamma})$叫作结构参数矩阵。前面已有讲述,结构参数表示每个解释变量对被解释变量的直接影响。

结构式模型虽然表示经济变量之间关系的结构,但对模型参数的估计是不利的,这主要是因为在联立方程模型中,内生变量作为结构方程的解释变量与随机项相关,对结构方程直接利用 OLS 进行估计,所得估计量是有偏的和非一致的。这就说明,OLS 仅仅适用于单一方程式,对于联立方程模型的结构方程应用 OLS 失效。那么,如何解决这个问题,可以将内生变量表示为前定变量的形式,也就是引出了下面将要讨论的简化式模型。

9.2.2 简化式模型

$$\begin{cases} C_t = \dfrac{a_2 b_2}{1-a_1-b_1} Y_{t-1} + \dfrac{a_1}{1-a_1-b_1} G_t + \dfrac{\mu_{1t}+a_1\mu_{2t}-b_1\mu_{1t}}{1-a_1-b_1} \\ I_t = \dfrac{b_2(1-a_1)}{1-a_1-b_1} Y_{t-1} + \dfrac{b_1}{1-a_1-b_1} G_t + \dfrac{\mu_{2t}+b_1\mu_{1t}-a_1\mu_{2t}}{1-a_1-b_1} \\ Y_t = \dfrac{b_2}{1-a_1-b_1} Y_{t-1} + \dfrac{1}{1-a_1-b_1} G_t + \dfrac{\mu_{1t}+\mu_{2t}}{1-a_1-b_1} \end{cases} \tag{9.14}$$

对于 9.2.1 小节给出的模型(9.10),把 3 个内生变量 C_t、Y_t 和 I_t 分别表示为前定变

量 G_t、Y_{t-1} 与随机项 u_t 的函数形式。

上述 3 个方程(9.14)叫作简化式方程,组成的模型叫作结构式模型所对应的简化式模型。

由此可见,结构式模型的简化式是把模型中的内生变量表示为前定变量和随机项的函数形式。其中,简化式方程中各前定变量的系数称为简化式参数。对于简化式方程,由于解释变量是外生变量,与随机项无关,因此,可以应用 OLS 估计参数。

对于简化式模型(9.14),直接把内生变量表示为前定变量和随机项的函数形式,简化式模型可写成:

$$\begin{cases} C_t = \pi_{11} Y_{t-1} + \pi_{12} G_t + v_{1t} \\ I_t = \pi_{21} Y_{t-1} + \pi_{22} G_t + v_{2t} \\ Y_t = \pi_{31} Y_{t-1} + \pi_{32} G_t + v_{3t} \end{cases} \quad (9.15)$$

将结构式模型通过变量代换方法推导出简化式模型(9.15),进而得到参数关系式体系:

$$\pi_{11} = \frac{a_1 b_1}{1 - a_1 - b_1}, \quad \pi_{12} = \frac{a_1}{1 - a_1 - b_1}, \quad \pi_{21} = \frac{b_2(1-a_1)}{1 - a_1 - b_1}$$

$$\pi_{22} = \frac{b_1}{1 - a_1 - b_1}, \quad \pi_{31} = \frac{b_2}{1 - a_1 - b_1}, \quad \pi_{32} = \frac{1}{1 - a_1 - b_1}$$

由简化式模型(9.15)可以看出,简化式参数反映前定变量变化时对内生变量的总影响,而结构式参数只表明一个单一方程内前定变量的直接影响。

例如:

$$\pi_{21} = \frac{b_2(1-a_1)}{1 - a_1 - b_1} = b_2 \left(1 + \frac{b_1}{1 - a_1 - b_1}\right) = b_2 + \frac{b_1 b_2}{1 - a_1 - b_1}$$

参数 $\dfrac{b_2(1-a_1)}{1-a_1-b_1}$ 表示前定变量 Y_{t-1} 对内生变量 I_t 的总影响,而式子分解后,其中 b_2 表示 Y_{t-1} 对内生变量 I_t 的直接影响,它是结构模型的消费方程中预定变量 Y_{t-1} 的系数。 $\dfrac{b_1 b_2}{1-a_1-b_1} = b_1 \times \dfrac{b_2}{1-a_1-b_1}$ 是 Y_{t-1} 对内生变量 I_t 的间接影响,因为 $\pi_{31} = \dfrac{b_2}{1-a_1-b_1}$ 是 Y_{t-1} 对 Y_t 的总影响,而另一因子 b_1 是 Y_t 对 I_t 的直接影响。所以,第二项反映了 Y_{t-1} 通过 Y_t 的作用对 I_t 的间接影响。正是因为简化式参数反映了前定变量(解释变量)对内生变量(被解释变量)的总影响,所以,简化式模型常常用于经济预测与经济结构分析。

9.2.3 递归系统模型

如果在结构式方程中,第一个方程右边只包含外生变量;第二个方程右边只包含外生变量与第一个内生变量(第一个方程中的被解释变量);一般地,第 g 个方程的右边只包含外生变量和前面 $g-1$ 个方程的内生变量 Y_1 到 Y_{g-1},则称这种模型为递归系统模型。包含有 g 个内生变量和 k 个外生变量的递归系统模型的一般形式为

$$\begin{cases} Y_1 = f(X_1, X_2, \cdots, X_k; \mu_1) \\ Y_2 = f(X_1, X_2, \cdots, X_k; Y_1; \mu_2) \\ Y_3 = f(X_1, X_2, \cdots, X_k; Y_1, Y_2; \mu_3) \\ \vdots \\ Y_g = f(X_1, X_2, \cdots, X_k; Y_1, Y_2, \cdots, Y_{g-1}; \mu_g) \end{cases}$$

式中，假定随机变量 $u_j(j=1, 2, \cdots, g)$ 是相互独立的。设每一个方程都是线性的，则递归系统模型为

$$\begin{cases} Y_1 = \gamma_{11}X_1 + \gamma_{12}X_2 + \cdots + \gamma_{1k}X_k + \mu_1 \\ Y_2 = \gamma_{21}X_1 + \gamma_{22}X_2 + \cdots + \gamma_{2k}X_k + b_{21}Y_1 + \mu_2 \\ Y_3 = \gamma_{31}X_1 + \gamma_{32}X_2 + \cdots + \gamma_{3k}X_k + b_{31}Y_1 + b_{32}Y_2 + \mu_3 \\ \vdots \\ Y_g = \gamma_{g1}X_1 + \gamma_{g2}X_2 + \cdots + \gamma_{gk}X_k + b_{g1}Y_1 + b_{g2}Y_2 + \cdots + b_{gg-1}Y_{g-1} + \mu_g \end{cases} \quad (9.16)$$

下面将就递归系统模型的参数估计进行讨论。

对于第一个方程，因为它只包含外生变量与随机项 u_1，且随机项与解释变量无关，则此方程满足普通最小二乘法的假定，因此可用 OLS 进行参数估计。对于第二个方程，解释变量中包含外生变量与内生变量和随机项 u_2，由于假定 u_1 和 u_2 无关，所以 Y_1 与 u_2 也无关。在这个方程中，实际上 Y_1 作为一个前定变量，对方程可应用普通最小二乘法。与此类似，根据假定 $u_j(j=1, 2, \cdots, g)$ 互不相关，所以对递归系统模型中没有联立方程的问题，即并不存在内生变量之间的相互依赖关系。例如，Y_1 影响 Y_2，但 Y_2 并不影响 Y_1，Y_1 与 Y_2 影响 Y_3，但 Y_3 并不影响 Y_1 与 Y_2，因此可以对递归系统模型中的每一个方程应用 OLS。由此所获得的参数估计量具有线性、无偏性和最小方差性（即 BLUE 性质）。

递归系统模型也称三角形模型，因为内生变量的系数矩阵形成一个下三角矩阵，即

$$\underset{g \times g}{\boldsymbol{B}} = \begin{bmatrix} 1 & 0 & 0 & \cdots & 0 \\ -b_{21} & 1 & 0 & \cdots & 0 \\ -b_{31} & -b_{32} & 1 & \cdots & 0 \\ \vdots & \vdots & \vdots & \vdots & \vdots \\ -b_{g1} & -b_{g2} & -b_{g3} & \cdots & 1 \end{bmatrix} \quad (9.17)$$

因此，在实际中判断一个模型是否为递归模型，只要判断内生变量的系数矩阵 B 是否具有式 (9.17) 的形式，也就是是否为下三角矩阵即可。

9.3 模型识别的概念

所谓识别，就是指能否从模型的简化式参数得出结构式参数，如果能够得出，则模型可识别；如果不能够得出，则模型不可识别。在可识别中，又分为恰好识别和过度识别，所谓恰好识别，就是能从简化式参数中获得唯一的结构式参数；所谓过度识别，就是从简化式参数中获得的结构式参数不止一个，或者说通过简化式参数求出的某个或几个结构式参数的解不是唯一的。

9.3.1 不可识别

如果通过简化式模型参数的估计值和参数关系式得不到结构式方程的参数估计值，则称该结构方程不可识别。如果结构模型中存在方程式不可识别，则称该结构模型不可识别。如方程(9.18)和方程(9.19)组成的结构模型是不可识别的。

假设某种商品的供求关系如下：

$$\begin{cases} Q^d = \alpha_0 + \alpha_1 P + \mu_1 & (\alpha_1 < 0) \\ Q^s = \beta_0 + \beta_1 P + \mu_2 & (\beta_1 > 0) \\ Q^d = Q^s \end{cases} \quad (9.18) \\ (9.19)$$

式中，Q^d 为需求量，Q^s 为供给量，P 是商品价格，方程(9.18)是需求方程，方程(9.19)是供给方程，$Q^d = Q^s$ 为均衡条件。Q^d、Q^s 和 P 是模型中3个内生变量。由于 $Q^d = Q^s$，上述模型还可表示为

$$\begin{cases} Q = \alpha_0 + \alpha_1 P + \mu_1 \\ Q = \beta_0 + \beta_1 P + \mu_2 \end{cases} \quad (9.20) \\ (9.21)$$

式(9.20)减去式(9.21)，可得

$$P = \pi_0 + v_1 \quad (9.22)$$

式中，

$$\pi_0 = \frac{\beta_0 - \alpha_0}{\alpha_1 - \beta_1}, \quad v_1 = \frac{\mu_2 - \mu_1}{\alpha_1 - \beta_1}$$

再将式(9.22)代入式(9.21)，得

$$Q = \pi_1 + v_2 \quad (9.23)$$

式中，

$$\pi_1 = \frac{\alpha_1 \beta_0 - \alpha_0 \beta_1}{\alpha_1 - \beta_1}, \quad v_2 = \frac{\alpha_1 \mu_2 - \beta_1 \mu_1}{\alpha_1 - \beta_1}$$

以上结构式模型有4个参数，即 α_0、α_1、β_0 和 β_1，而简化式模型仅有2个参数，即 π_0 和 π_1。很明显，我们不能通过2个简化式参数得出4个结构式参数。因此，结构式模型中的结构方程(9.20)和方程(9.21)是不可识别的。

上述模型不可识别的原因很简单，就是需求方程和供给方程具有相同的统计形式。两个方程的解释变量都是价格 p，被解释变量都是成交量 Q。所不同的仅仅是各自方程中相应参数所用的字母。因此，对于这两个除了参数字母不同之外没有任何区别的方程，不能够确定所估计的方程是需求方程还是供给方程。

以上的分析使我们可以从另一个角度来理解识别问题，即如果一个方程与模型中的其他方程具有相同的统计形式，则这个方程是不可识别的。更严格地说，如果一个方程没有唯一的统计形式，那么这个方程是不可识别的。

9.3.2 恰好识别

若通过简化式模型的参数估计值和参数关系式可以得到结构方程的参数估计值的唯一解，则称这个结构方程恰好识别。如果结构模型中的每个方程都是恰好识别的，则称该结

构模型恰好识别。

若仍以式(9.20)和式(9.21)形成的模型为例,且将式(9.20)增加消费者收入变量 I,则商品供求关系模型为

$$\begin{cases} Q = \alpha_0 + \alpha_1 P + \alpha_2 I + \mu_1 & (\alpha_1 < 0, \ \alpha_2 > 0) \\ Q = \beta_0 + \beta_1 P + \mu_2 & (\beta_1 > 0) \end{cases} \quad (9.24)$$
$$(9.25)$$

则模型的简化式为

$$\begin{cases} P = \pi_0 + \pi_1 I + v_1 \\ Q = \pi_2 + \pi_3 I + v_2 \end{cases} \quad (9.26)$$
$$(9.27)$$

式中,

$$\pi_0 = \frac{\beta_0 - \alpha_0}{\alpha_1 - \beta_1}, \quad \pi_1 = \frac{\alpha_2}{\alpha_1 - \beta_1}, \quad v_1 = \frac{\mu_2 - \mu_1}{\alpha_1 - \beta_1}$$

$$\pi_2 = \frac{\alpha_1 \beta_0 - \alpha_0 \beta_1}{\alpha_1 - \beta_1}, \quad \pi_3 = \frac{\alpha_2 \beta_1}{\alpha_1 - \beta_1}, \quad v_2 = \frac{\alpha_1 \mu_2 - \beta_1 \mu_1}{\alpha_1 - \beta_1}$$

由于模型中有5个结构式参数,而简化式参数仅有4个,因而模型不能识别。但这个模型中有一个方程是可识别的,即供给方程(9.25)是可识别的,因为它的参数可由简化式参数得到:

$$\beta_1 = \frac{\pi_3}{\pi_1}, \quad \beta_0 = \pi_2 - \beta_1 \pi_0$$

另外,可以从方程的统计形式上来理解识别问题。

对式(9.24)和式(9.25)分别乘以权数 $\lambda(0 < \lambda \leq 1)$ 和 $(1-\lambda)$,然后相加,可得到一个混合方程

$$Q = \gamma_0 + \gamma_1 P + \gamma_2 I + W \quad (9.28)$$

式中,

$$\gamma_0 = \lambda \alpha_0 + (1-\lambda) \beta_0$$
$$\gamma_1 = \lambda \alpha_1 + (1-\lambda) \beta_1$$
$$\gamma_2 = \lambda \alpha_2$$
$$W = \lambda \mu_1 + (1-\lambda) \mu_2$$

方程(9.28)既不是需求函数,也不是供给函数,而是两者的混合,但它与方程(9.24)有相同的统计形式。由于需求函数的统计形式不是唯一的,无法判断其所估计的是需求函数还是需求函数与供给函数的混合形式。因此,需求函数是不可识别的。而供给函数方程(9.25)与方程(9.24)有着不同的统计形式,因此,供给方程是可以识别的。

通过上述分析可知,在需求方程中增加一个变量,就能够用简化式参数得到供给函数的结构参数,也就是供给函数有唯一的统计形式。就是说,在模型中一个方程能否识别,依赖于模型中其他方程所包含变量的个数。依据这个启示,下面进一步研究下面模型的识别情况。

$$\begin{cases} Q_t = \alpha_0 + \alpha_1 P_t + \alpha_2 I_t + \mu_{1t} & (\alpha_1 < 0, \ \alpha_2 > 0) \\ Q_t = \beta_0 + \beta_1 P_t + \beta_2 P_{t-1} + \mu_{2t} & (\beta_1 > 0, \ \beta_2 > 0) \end{cases} \quad (9.29)$$
$$(9.30)$$

该模型中的需求方程保持不变,在供给方程中出现了一个价格滞后变量 P_{t-1}。这个模

型的简化式为

$$\begin{cases} P_t = \pi_0 + \pi_1 I_t + \pi_2 P_{t-1} + v_{1t} & (9.31) \\ Q_t = \pi_3 + \pi_4 I_t + \pi_5 P_{t-1} + v_{2t} & (9.32) \end{cases}$$

式中,

$$\pi_0 = \frac{\beta_0 - \alpha_0}{\alpha_1 - \beta_1}, \quad \pi_1 = \frac{\alpha_2}{\alpha_1 - \beta_1}, \quad \pi_2 = \frac{\beta_2}{\alpha_1 - \beta_1}$$

$$\pi_3 = \frac{\alpha_1 \beta_0 - \alpha_0 \beta_1}{\alpha_1 - \beta_1}, \quad \pi_4 = \frac{-\alpha_2 \beta_1}{\alpha_1 - \beta_1}, \quad \pi_5 = \frac{\alpha_1 \beta_2}{\alpha_1 - \beta_1}$$

$$v_1 = \frac{\mu_{2t} - \mu_{1t}}{\alpha_1 - \beta_1}, \quad v_2 = \frac{\alpha_1 \mu_{2t} - \beta_1 \mu_{1t}}{\alpha_1 - \beta_1}$$

由于这个模型有6个结构参数,而简化式参数也恰好是6个,所以,结构式参数可以通过简化式参数唯一确定。因此,这个模型是恰好识别。

由此可推导出式(9.29)和式(9.30)的混合方程为

$$Q_t = \gamma_0 + \gamma_1 P_t + \gamma_2 I_t + \gamma_3 P_{t-1} + W_t \tag{9.33}$$

式中,

$$\gamma_0 = \lambda \alpha_0 + (1-\lambda) \beta_0$$

$$\gamma_1 = \lambda \alpha_1 + (1-\lambda) \beta_1$$

$$\gamma_2 = \lambda \alpha_2$$

$$\gamma_3 = (1-\lambda) \beta_2$$

$$W_t = \lambda \mu_{1t} + (1-\lambda) \mu_{2t}$$

可见,式(9.29)和式(9.30)的统计形式都是唯一的,因而也说明了需求函数和供给函数都是可识别的。

总之,通过两种方法,即结构式参数和简化式参数相等,以及方程的统计形式是唯一的,可以得出结论是模型中的方程都是可识别的。

9.3.3 过度识别

由于居民家庭财产也是影响消费需求的一个重要变量,因此,把该变量引入需求函数(9.29),同时保持供给函数(9.30)不变。于是有

$$\begin{cases} Q_t = a_0 + a_1 P_t + a_2 I_t + a_3 R_t + \mu_{1t} & (9.34) \\ Q_t = b_0 + b_1 P_t + b_2 P_{t-1} + \mu_{2t} & (9.35) \end{cases}$$

式中,R 为居民家庭财产,该模型简化式方程为

$$\begin{cases} P_t = \pi_0 + \pi_1 I_t + \pi_2 R_t + \pi_3 P_{t-1} + v_{1t} & (9.36) \\ Q_t = \pi_4 + \pi_5 I_t + \pi_6 R_t + \pi_7 P_{t-1} + v_{2t} & (9.37) \end{cases}$$

式中,

$$\pi_0 = \frac{\beta_0 - a_0}{a_1 - \beta_1}, \quad \pi_1 = \frac{-a_2}{a_1 - \beta_1}, \quad \pi_2 = \frac{-a_3}{a_1 - \beta_1}, \quad \pi_3 = \frac{\beta_2}{a_1 - \beta_1}, \quad \pi_4 = \frac{a_1 \beta_0 + a_0 \beta_1}{a_1 - \beta_1}$$

$$\pi_5 = \frac{-a_2 \beta_1}{a_1 - \beta_2}, \quad \pi_6 = \frac{-a_3 \beta_1}{a_1 - \beta_1}, \quad \pi_7 = \frac{a_1 \beta_2}{a_1 - \beta_1}, \quad v_{1t} = \frac{a_1 u_{2t} - \beta_1 u_{1t}}{a_1 - \beta_1}, \quad v_{2t} = \frac{u_{2t} - u_{1t}}{a_1 - \beta_1}$$

由于模型中有7个结构参数,而简化式参数有8个,结构参数的值不能唯一确定。此例中,有

$$\beta_1 = \frac{\pi_6}{\pi_2}, \quad \beta_1 = \frac{\pi_5}{\pi_1}$$

以上分析了有关识别的几个概念。为了判断模型是否识别,可以首先把结构方程转化成简化式方程,然后再分析能否通过简化式参数得出结构式参数,或者也可以直接分析结构方程是否具有唯一的统计形式。然而,当模型中方程个数很多时,使用这种方法很费力。因此,在9.4节中将给出判断模型能否被识别的规则——识别条件。

9.4 模型识别的条件

由9.3节的讨论可以看出,一个结构方程能否被识别,取决于该方程是否具有唯一的统计形式。从这个方面出发,进而可以得出模型识别的必要条件和充分必要条件,也就是识别的阶条件和识别的秩条件。

9.4.1 识别的阶条件(必要条件)

由式(9.24)和式(9.25)两个方程构成的模型可以得知,假如一个结构方程式包含了模型中全部变量,则这个方程是不可识别的。这是因为该方程与模型中任何一个结构方程所构成的混合方程与该方程具有相同的统计形式。例如,式(9.24)包含了模型中全部变量(Q, P, I),它与式(9.25)构成的混合方程(9.28)在统计形式上和式(9.24)相同。从该例中可以看出,如果一个方程能够被识别,则这个方程不包含模型中的全部变量。换言之,一定有若干个变量被排除在这个方程之外。由此,可以给出方程识别的阶条件:如果一个方程能被识别,则这个方程不包含的变量总数应大于或等于模型系统中方程个数减1。

令g为模型系统中内生变量的个数,也即模型中方程的个数。M为模型系统中变量(含内生变量和前定变量)的个数。H_i为模型系统中某个方程中变量(含内生变量和预定变量)的个数$(i=1, 2, \cdots, k)$。

由此识别的阶条件可以表述如下。

(1) $M - H_i = g - 1$。即第i个方程中不包含的变量的个数等于模型系统中方程个数减1,则第i个方程恰好识别。

(2) $M - H_i > g - 1$。即第i个方程中不包含的变量的个数大于模型系统中方程个数减1,则第i个方程过度识别。

(3) $M - H_i < g - 1$。即第i个方程中不包含的变量的个数小于模型系统中方程个数减1,则第i个方程不可识别。

例如,在由式(9.24)和式(9.25)构成的模型中,系统中变量个数$M=3$,方程个数$g=2$,需求方程(9.24)所包含的变量(Q, P, I)个数为3,即$H_1=3$,$M-H_1=0$,$g-1=1$,故需求方程不能被识别。但是供给方程(9.25)中包含的变量(Q, P)个数为2,即$H_2=2$,$M-H_2=g-1$,所以供给方程是恰好识别的。

又如,在模型(9.34)和(9.35)中,$M=5$,$g=2$,$H_1=4$,$H_2=3$,$M-H_1=1$,$M-H_2=2$,

$g-1=1$，所以方程(9.34)是恰好识别的，而方程(9.35)是过度识别的。需要说明的是，识别的阶条件仅仅是一个必要条件，也就是说，模型中某个方程不满足阶条件就不能被识别，但满足阶条件的方程也有可能是不可识别的。

9.4.2 识别的秩条件（充要条件）

识别的阶条件要求某个特定方程不包含的变量个数大于或等于方程个数减1，以保证该方程在统计形式上区别于模型中其他方程。在阶条件并不能保证模型中另一个方程不包含完全相同的变量，如果存在这种情况，则需要识别的这个方程就不具有唯一的统计形式，阶条件下的结论因而是错误的。识别的秩条件则是一个充分必要条件，它要求某个特定方程中不包含的变量出现在其他 $k-1$ 个方程中，以保证模型中的其他方程或这些方程构成的混合方程与这个特定方程在统计形式上不同。下面给出识别的秩条件：在一个具有 g 个方程的模型系统中，任何一个方程被识别的充分必要条件是所有不包含在这个方程中变量的参数的秩为 $g-1$（或这些参数能够构成至少一个 $g-1$ 阶的非零行列式）。联立方程计量经济学模型的结构式

$$BY + \Gamma X = N$$

其中的第 i 个方程中包含 g_i 个内生变量（含被解释变量）和 k_i 个前定变量（含常数项），模型系统中内生变量和前定变量的数目仍用 g 和 k 表示，矩阵 $\mathbf{B}_0\mathbf{\Gamma}_0$ 表示第 i 个方程中未包含的变量（包括内生变量和前定变量）在其他 $g-1$ 个方程中对应系数所组成的矩阵。于是，判断第 i 个结构方程识别状态的结构式条件为

如果 $R(\mathbf{B}_0\mathbf{\Gamma}_0) < g-1$，则第 i 个结构方程不可识别。

如果 $R(\mathbf{B}_0\mathbf{\Gamma}_0) = g-1$，则第 i 个结构方程可以识别，并且如果 $k-k_i = g_i - 1$，则第 i 个结构方程恰好识别；如果 $k-k_i > g_i - 1$，则第 i 个结构方程过度识别。

其中符号 R 表示矩阵的秩。一般该条件的前一部分为秩条件（Rank Condition），用以判断结构方程是否识别；后一部分称为阶条件（Order Condition），用以判断结构方程恰好识别或者过度识别。这个是阶条件的另外一种表达方式，由前所述可知，当第 i 个方程可以识别的情况下，那么它一定满足阶条件 $M - H_i \geq g-1$，即 $(g+k) - (g_i + k_i) \geq g-1$，进一步化简可得 $k - k_i \geq g_i - 1$。

例：一个结构式模型为

$$\begin{cases} C_t = \alpha_0 + \alpha_1 Y_t + \alpha_2 C_{t-1} + \alpha_3 P_{t-1} + \mu_{1t} & (9.38) \\ I_t = \beta_0 + \beta_1 Y_t + \beta_2 Y_{t-1} + \mu_{2t} & (9.39) \\ Y_t = C_t + I_t & (9.40) \end{cases}$$

显然内生变量 $\mathbf{Y} = \begin{pmatrix} C_t \\ I_t \\ Y_t \end{pmatrix}$，内生变量数目 $g=3$；前定变量 $\mathbf{X} = \begin{pmatrix} 1 \\ Y_{t-1} \\ C_{t-1} \\ P_{t-1} \end{pmatrix}$，前定变量 $k=4$。

结构参数矩阵为

$$\mathbf{B\Gamma} = \begin{pmatrix} 1 & 0 & -\alpha_1 & -\alpha_0 & 0 & -\alpha_2 & -\alpha_3 \\ 0 & 1 & -\beta_1 & -\beta_0 & -\beta_2 & 0 & 0 \\ -1 & -1 & 1 & 0 & 0 & 0 & 0 \end{pmatrix}$$

首先判断第 1 个机构方程的识别状态。对于第 1 个方程，有

$$\mathbf{B}_0\mathbf{\Gamma}_0 = \begin{pmatrix} 1 & -\beta_2 \\ -1 & 0 \end{pmatrix}$$

$$R(\mathbf{B}_0\mathbf{\Gamma}_0) = 2 = g-1$$

所以，该方程可以识别。由此可以看到，矩阵 $\mathbf{B}_0\mathbf{\Gamma}_0$ 实际上就是矩阵 $\mathbf{B\Gamma}$ 除去第 1 个结构方程参数所在的行（第 1 行）和第一行中非 0 元素（对应于第 1 个结构方程包含的元素）所在的列之后剩下的元素按照原次序排列而得到的。先写出矩阵 $\mathbf{B\Gamma}$，然后再从中得到与所判断的方程对应的矩阵 $\mathbf{B}_0\mathbf{\Gamma}_0$，既简单又不容易出错。又因为有

$$k - k_1 = 1 = g_1 - 1$$

所以，第 1 个结构方程为恰好识别的结构方程。

再看第 2 个结构方程，有

$$\mathbf{B}_0\mathbf{\Gamma}_0 = \begin{pmatrix} 1 & -\alpha_2 & -\alpha_3 \\ -1 & 0 & 0 \end{pmatrix}$$

$$R(\mathbf{B}_0\mathbf{\Gamma}_0) = 2 = g-1$$

所以，该方程可以识别。并且

$$k - k_2 = 2 > g_2 - 1$$

所以，第 2 个结构方程为过度识别的结构方程。

第 3 个方程式平衡方程，不存在识别问题。

综合以上结果，该联立方程计量经济学模型是可以识别的。

例：一个结构式模型为

$$\begin{cases} C_t = \alpha_0 + \alpha_1 Y_t + \mu_{1t} & (9.41) \\ I_t = \beta_0 + \beta_1 Y_t + \beta_2 Y_{t-1} + \mu_{2t} & (9.42) \\ Y_t = C_t + I_t & (9.43) \end{cases}$$

结构参数矩阵为

$$\mathbf{B\Gamma} = \begin{pmatrix} 1 & 0 & -\alpha_1 & -\alpha_0 & 0 \\ 0 & 1 & -\beta_1 & -\beta_0 & -\beta_2 \\ -1 & -1 & 1 & 0 & 0 \end{pmatrix}$$

首先判断第 1 个结构方程的识别状态。对于第 1 个方程，有

$$\mathbf{B}_0\mathbf{\Gamma}_0 = \begin{pmatrix} 1 & -\beta_0 \\ -1 & 0 \end{pmatrix}$$

$$R(\mathbf{B}_0\mathbf{\Gamma}_0) = 2 = g-1$$

所以，该方程可以识别。并且

$$k - k_1 = 1 = g_1 - 1$$

所以，第 1 个结构方程为恰好识别的结构方程。

再看第 2 个结构方程，有

$$\mathbf{B}_0 \mathbf{\Gamma}_0 = \begin{pmatrix} 1 \\ -1 \end{pmatrix}$$

$$R(\mathbf{B}_0 \mathbf{\Gamma}_0) = 1 < g - 1$$

所以，该方程不可以识别。

综合以上结果，该联立方程计量经济学模型不可以识别。

9.4.3 其他识别规则

当结构式模型系统中的方程较多时，应用秩条件识别就显得相当麻烦。下面这些由阶条件和秩条件得出的识别规则在实际应用中常常是有用的。

（1）如果一个方程包含一个内生变量和模型系统中的全部前定变量，则该方程是恰好识别的，这是因为，这个方程的内生变量完全取决于前定变量和随机项，并不受其他内生变量影响。

（2）如果一个方程中包含了模型系统中的全部变量（即全部内生变量和全部前定变量），则该方程是不可识别的。如式（9.24）包含了模型系统中的全部变量，则该方程是不可识别的。

（3）如果第 i 个方程不包含的变量在第 j 个方程中也不包含，则第 i 个方程是不可识别的。如式（9.41）和式（9.42）两个方程都不包含 Y_2 和 X_2 变量，则第一个方程是不可识别的。

（4）如果两个方程都包含有相同的变量，或者说两方程的统计形式相同，则这两个方程均不可识别，如式（9.20）和式（9.21）。

9.5　联立方程模型的估计

9.5.1　单方程估计法——间接最小二乘法和工具变量法

1. 间接最小二乘法（ILS）

1）间接最小二乘法的步骤

对于联立方程计量经济学模型中恰好识别的结构方程，由于包含着作为解释变量的内生变量，不能直接采用最小二乘法估计模型参数，但可以采用间接最小二乘法。间接最小二乘法的基本思想：把被估计的结构方程所包含的内生变量表示为模型中全部前定变量和随机项的函数，即导出相应的简化式方程。从而可以采用最小二乘法（OLS）求得简化式参数的估计值，然后借助于参数关系体系，间接求得结构式参数的估计值。

在实际应用中，间接最小二乘法的步骤如下所示。

（1）将结构式模型转化为简化式模型，并求出相应的参数关系体系。

（2）利用样本观测资料，对各个简化式方程应用 OLS 求出简化式参数的估计量。

（3）将简化式参数估计量，代入参数关系式体系，求得结构式参数估计量。

第 9 章 联立方程模型

【例9.3】 给定某一商品的市场局部均衡模型

$$\begin{cases} D_t = a_0 + a_1 P_t + a_2 I_t + \mu_{1t} & (9.44) \\ S_t = b_0 + b_1 P_t + b_2 W_t + \mu_{2t} & (9.45) \\ D_t = S_t & (9.46) \end{cases}$$

式中，D 为需求量，S 为供给量，P 为价格，I 为收入，W 为天气条件指数，模型中 D、S、P 均为内生变量，I、W 是外生变量。由 9.4 节可知，该模型是恰好识别的。

对于需求方程(9.44)，相应的简化式方程为

$$\begin{cases} D_t = \pi_{10} + \pi_{11} I_t + \pi_{12} W_t + v_{1t} \\ P_t = \pi_{20} + \pi_{21} I_t + \pi_{22} W_t + v_{2t} \end{cases} \quad (9.47)$$

这里 $B_1 = (1, -a_1)$，$\Gamma_1 = (-a_0, -a_2)$

$$\Pi_1 = \begin{bmatrix} \pi_{10} & \pi_{11} \\ \pi_{20} & \pi_{21} \end{bmatrix}, \quad \Pi_2 = \begin{bmatrix} \pi_{12} \\ \pi_{22} \end{bmatrix}$$

方程(9.44)与方程(9.45)的参数关系式体系为

$$B_1 \Pi_1 = \Gamma_1 \quad (9.48)$$
$$-B_1 \Pi_2 = 0 \quad (9.49)$$

利用样本观测值对简化式方程(9.47)的两个方程应用 OLS，求得 π_{ij}（$i=1,2$; $j=1,2,3$）的估计值，将其估计值代入式(9.48)与式(9.49)得

$$\begin{aligned} -\hat{\pi}_{12} + a_1 \hat{\pi}_{22} &= 0 \\ -\hat{\pi}_{10} + a_1 \hat{\pi}_{20} &= -a_0 \end{aligned} \quad (9.50)$$

求得 α_0，α_1 和 α_2 的估计值：

$$a_0 = \hat{\pi}_{20}\left[\frac{\hat{\pi}_{10}}{\hat{\pi}_{20}} - \frac{\hat{\pi}_{12}}{\hat{\pi}_{22}}\right], \quad a_1 = \frac{\hat{\pi}_{12}}{\hat{\pi}_{22}}, \quad a_2 = \hat{\pi}_{21}\left[\frac{\hat{\pi}_{11}}{\hat{\pi}_{21}} - \frac{\hat{\pi}_{12}}{\hat{\pi}_{22}}\right]$$

对于供给方程(9.45)，相应的简化式方程为

$$\begin{cases} S_t = \pi_{10} + \pi_{11} I_t + \pi_{12} W_t + v_{1t} \\ P_t = \pi_{20} + \pi_{21} I_t + \pi_{22} W_t + v_{2t} \end{cases} \quad (9.51)$$

这里 $B_1 = (1, -b_1)$，$\Gamma_1 = (-b_0, b_2)$

$$\Pi_1 = \begin{bmatrix} \pi_{10} & \pi_{12} \\ \pi_{20} & \pi_{22} \end{bmatrix}, \quad \Pi_2 = \begin{bmatrix} \pi_{11} \\ \pi_{21} \end{bmatrix}$$

与前面类似，求得参数关系式体系：

$$-\hat{\pi}_{11} + b_1 \hat{\pi}_{21} = 0$$
$$-\hat{\pi}_{10} + b_1 \hat{\pi}_{20} = -b_0$$
$$-\hat{\pi}_{12} + b_1 \hat{\pi}_{22} = -b_2$$

进而得到参数 β_0，β_1，β_2 的估计值：

$$b_0 = \hat{\pi}_{20}\left[\frac{\hat{\pi}_{10}}{\hat{\pi}_{20}} - \frac{\hat{\pi}_{11}}{\hat{\pi}_{21}}\right], \quad b_1 = \frac{\hat{\pi}_{11}}{\hat{\pi}_{21}}, \quad b_2 = \hat{\pi}_{22}\left[\frac{\hat{\pi}_{12}}{\hat{\pi}_{22}} - \frac{\hat{\pi}_{11}}{\hat{\pi}_{21}}\right]$$

2）间接最小二乘法估计量的性质

对于恰好识别的结构式方程，利用间接最小二乘法求得的估计量对于小样本是有偏的，但对于大样本是一致的。下面，利用例9.3的结构式方程(9.44)验证。

对于简化式方程(9.47)，利用OLS求得的简化式参数估计量是无偏的和一致的，则

$$E(\hat{\pi}_{ij}) = \pi_{ij} \quad (i=1,2; j=0,1,2)$$

$$P\lim \hat{\pi}_{ij} = \pi_{ij} \quad (i=1,2; j=0,1,2)$$

由于

$$a_1 = \frac{\hat{\pi}_{12}}{\hat{\pi}_{22}}$$

一般来说

$$E(a_1) = E\left(\frac{\hat{\pi}_{12}}{\hat{\pi}_{22}}\right) \neq \frac{E(\hat{\pi}_{12})}{E(\hat{\pi}_{22})} = \frac{\pi_{12}}{\pi_{22}} \neq \alpha_1$$

即 $E(a_1) \neq a_1$。

说明结构式参数 α_1 的间接最小二乘估计量是有偏估计量。

$$P\lim_{n \to \infty} a_1 = P\lim_{n \to \infty} \frac{\hat{\pi}_{12}}{\hat{\pi}_{22}} = \frac{P\lim_{n \to \infty} \hat{\pi}_{12}}{P\lim_{n \to \infty} \hat{\pi}_{22}} = \frac{\pi_{12}}{\pi_{22}} = \alpha_1$$

这表明结构式参数 a_1 的间接最小二乘估计量是一致估计量。同理，对结构式参数 α_0 和 α_2 的间接最小二乘估计量也有同样的性质。

2. 工具变量法(IV)

对于联立方程模型，工具变量法是以适当的前定变量为工具代替结构方程中作为解释变量的内生变量，以减少随机项 μ 与解释变量之间的相关性。通过工具变量法所求得的参数估计量对于小样本是有偏的，但对于大样本是一致的。

工具变量法是一种单方程估计方法，每次只使用模型中的一个结构方程。

工具变量法的步骤如下所示。

1）第一步

选择适当的工具变量，代替结构方程右边出现的作为解释变量的内生变量。在联立方程模型中，选择作为工具变量的前定变量必须满足以下条件。

（1）它必须与结构方程中的内生变量高度相关。

（2）它必须是真正的前定变量，因而与结构方程中的随机项 u 不相关。

（3）它必须与结构方程中的其他前定变量相关性很小，以避免多重共线性发生。

（4）如果在同一个结构方程中采用一个以上的工具变量，这些工具变量之间的相关性也必须很小，以避免产生多重共线性。

需要注意的是，在此过程中选择工具变量的个数必须与所需估计的结构式方程中的内生变量个数相等。如果在结构式方程中含有前定变量，则将这些前定变量作为自己的工具变量。

2）第二步

分别用每个工具变量去乘结构方程，并对所有的样本观测值求和，可以得到与未知参数一样多的线性方程。解这些线性方程组成的方程组，即可求得结构参数估计量。

（1）关于工具变量法参数估计量的统计性质。统计小样本时估计量是有偏的；统计大

样本时估计量是一致的。下面对工具变量法的有效性进行讨论。

（2）对于方程。

$$Y_{1t} = \beta_{12}Y_{2t} + \beta_{13}Y_{3t} + \cdots + \beta_{1g1}Y_{g1t} + \gamma_{11}X_{1t} + \gamma_{12}X_{2t} + \cdots + \gamma_{1k1}X_{k1t} + \mu_{1t} \quad (t=1,2,\cdots,n)$$

① 若方程为恰好识别，则有 $k-k_1 = g_1-1$。即方程中所不含的前定变量 X_{k_1+1}，…，X_k 的个数恰好等于方程中作为解释变量的内生变量 Y_2，…，Y_{g1} 的个数。于是选取 X_{k_1+1}，…，X_k 作为 Y_2，…，Y_{g1} 的工具变量，同时，Y_2，…，Y_{g1} 本身作为自己的工具变量作拟正规方程，可求得结构参数唯一的工具变量法估计值。因此，工具变量法对于恰好识别的结构方程是适宜的，是一种有效的估计方法。

② 若方程是过度识别，则有 $k-k_1 > g_1-1$。这说明模型中有 $k-k_1$ 个前定变量 X_{k_1+1}，…，X_k 可供选作工具变量。从 $k-k_1$ 个前定变量中选择 g_1-1 个作为工具变量，这样选择就有了任意性。由于估计量与所选的工具变量有关，使得估计量不是唯一的，这就产生了估计量的优劣问题。并且，若选择了某 g_1-1 个前定变量作为工具变量，则就有 $(k-k_1)-(g_1-1)$ 个前定变量未被利用，估计参数时就失去了这部分经济变量所提供的信息。即对于过度识别方程，工具变量法不是一种有效的估计方法。

由此可见，工具变量法对于恰好识别方程是一种有效的估计方程；而对于过度识别方程不是一种有效的估计方法。同时可以看出工具变量法还有以下不足之处。第一，从模型中选择前定变量作工具变量需要满足工具变量的条件。由于模型中内生变量间因果关系的交错，内生变量与许多前定变量都是相关的，因此，选择合适的前定变量作为某一个内生变量的工具变量是相当困难的。第二，由于随机项 μ 不可观测，这就很难确定工具变量与 μ 无关。由于上述原因，在实际应用中，人们很少用工具变量法对结构参数进行估计。但是掌握了工具变量有助于人们理解其他比较好的经济计量方法，如二阶段最小二乘法。

9.5.2 过度识别条件下的单方程估计法——二阶段最小二乘法

前面所介绍的单方程估计的两种方法为间接最小二乘法（ILS）和工具变量法（IV）。间接最小二乘法只适合于恰好识别的结构方程，而对过度识别的结构方程就不再适用。工具变量法虽然对过度识别的结构方程能求得参数估计量，但该方法由于选择工具变量的任意性等问题而使得工具变量法不是有效的。因此，可以利用间接最小二乘法对简化式方程的估计式作为工具变量，进而对过度识别方程的参数进行估计，即本节所要介绍的二阶段最小二乘法（2SLS）。

1. 二阶段最小二乘法的步骤

二阶段最小二乘法可以看作间接最小二乘法和工具变量法的推广，是一种单一方程的估计方法，对于过度识别的方程的估计方法而言，二阶段最小二乘法是最重要的一种方法。下面将结合结构方程阐明这种方法。

设要估计的联立方程模型中的第一个结构方程为

$$Y_1 = b_{12}Y_2 + \cdots + b_{1g1}Y_{g1} + r_{11}X_1 + \cdots + r_{1k1}X_{k1} + \mu_1 \tag{9.52}$$

该方程的解释变量中含有模型的内生变量 Y_2，…，Y_{g1}，含有模型的前定变量 X_1，…，

X_{k1}，假设随机项 μ_1 满足零均值、常数方差和零协方差。$Y_2, \cdots, Y_{g1}$ 相应的简化式方程为

$$Y_2 = \pi_{21}X_1 + \pi_{22}X_2 + \cdots + \pi_{2k}X_k + \mu_2$$
$$\vdots \tag{9.53}$$
$$Y_{g1} = \pi_{g1,1}X_1 + \pi_{g1,2}X_2 + \cdots + \pi_{g1,k}X_k + \mu_{g1}$$

首先，对简化式(9.52)的每一个方程应用 OLS，求得其估计式：

$$\hat{Y}_i = \hat{\pi}_{i1}X_1 + \hat{\pi}_{i2}X_2 + \cdots + \hat{\pi}_{ik}X_k \quad (i = 2, \cdots, g_1)$$

式中，$\hat{\pi}_{ij}$ 是 $\pi_{ij}(i=2,\cdots,g_1; j=1,2,\cdots,k)$ 的 OLS 估计量。

于是有

$$Y_i = \hat{Y}_i + e_i \quad (i = 2, \cdots, g_i)$$

这里 e_i 为 OLS 的残差。然后将

$$Y_i = \hat{Y}_i + e_i$$

代换结构方程(9.52)右边的内生变量，得方程

$$Y_i = b_{12}\hat{Y}_2 + \cdots + b_{1g_1}\hat{Y}_{g_1} + \gamma_{11}X_1 + \cdots + \gamma_{1k_1}X_{k_1} + \mu_1^* \tag{9.54}$$

式中，$\mu_1^* = u_1 + b_{12}e_2 + \cdots + b_{1g_1}e_{g_1}$。

显然 μ_1^* 仍满足零期望等方差零协方差。

对变换后的方程(9.54)应用 OLS，求得结构参数的估计量，这就是二阶段最小二乘法(2SLS)估计量。由此可见，二阶段最小二乘法是分两个阶段应用 OLS 法的。

第一阶段，对简化式方程应用 OLS，求出内生变量 Y_i 的估计量。

第二阶段，用上式 Y_i 代换被估计的结构方程右边的内生变量，再一次应用 OLS，求出结构参数的估计值。

由于上述两个阶段分别应用了 OLS，因此叫作二阶段最小二乘法。

从上述内容介绍中可以看出，二阶段最小二乘法实质上也是一种工具变量法，是用 Y_i 的估计量作为工具变量代换 Y_i，因此，二阶段最小二乘估计量具有工具变量法估计量相同的性质：在小样本下是有偏的，在大样本下是一致的。

2. 举例

设给定一个简单的 Keynesian 模型

$$\begin{cases} C_t = a_0 + a_1 Y_t + \mu_{1t} \\ I_t = b_0 + b_1 Y_t + b_2 Y_{t-1} + \mu_{2t} \\ Y_t = C_t + I_t + G_t \end{cases}$$

式中，消费 C_t、投资 I_t、收入 Y_t 均为内生变量，收入滞后变量 Y_{t-1} 和政府支出 G_t 是前定变量。样本观测资料如表9-1所示。可以证明这个模型是可以识别的，且第一个方程是过度识别的。利用 2SLS 求第一个方程的参数估计量，第一个方程的右边含有内生变量 Y_t，对方程

$$Y_t = \pi_0 + \pi_1 G_t + \pi_2 Y_{t-1} v_t$$

表 9-1　Keynesian 模型样本观测资料　　　　　　单位：元

年	Y_t	C_t	I_t	G_t	Y_{t-1}
1	3617.0	1759.1	1377.9	480.0	3201.9
2	4093.6	2005.4	1474.2	614.0	3617.0
3	4566.1	2317.1	1590.0	659.0	4093.6
4	4890.1	2604.1	1581.0	705.0	4566.1
5	5398.1	2867.9	1760.2	770.0	4890.1
6	6025.5	3182.5	2005.0	838.0	5398.1
7	7163.1	3674.5	2468.6	1020.0	6025.5
8	9159.0	4589.0	3386.0	1184.0	7163.1
9	10388.0	5175.0	3846.0	1367.0	9159.0
10	11773.2	5961.2	4322.0	1490.0	10388.0
11	14855.1	7633.1	5495.0	1727.0	11773.2
12	16651.5	8523.5	6095.0	2033.0	14855.1
13	17809.2	9113.2	6444.0	2252.0	16651.5
14	20662.9	10315.9	7517.0	2830.0	17809.2
15	25588.1	12459.8	9636.0	3492.3	20662.9
16	35180.1	15682.4	14998.0	4499.7	25588.1
17	46476.8	21230.0	19260.6	5986.2	35180.1
18	58406.4	27838.9	23877.0	6690.5	46476.8
19	67906.7	33187.9	26867.2	7851.6	58406.4
20	73332.2	36117.8	28564.0	8650.4	67906.7

如图 9.1 所示，采用 OLS 求得参数估计量，得估计方程为

$$\hat{Y}_t = -894.119 + 5.754G_t + 0.387Y_{t-1}$$

将 $\hat{Y}_t$ 代替第一个结构式方程右边的 Y_t，对

$$C_t = b_0 + b_1\hat{Y}_t$$

如图 9.2 所示，设定 2 阶段最小二乘法的方程设定，注意，采用方法选定 TSLS，单击"确定"按钮。如图 9.3 所示，应用 2 阶段最小二乘法求得第一个结构方程的估计模型：

$$C_t = 183.197 + 0.479Y_t$$

9.5.3　联立方程模型的系统估计法——三阶段最小二乘法

1. 问题的提出

单一方程估计方法是在联立方程模型估计中得到广泛应用的方法，该方法解决了被估

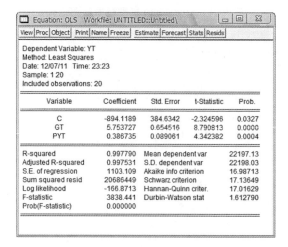

图 9.1　EViews 的 OLS 法估计结果

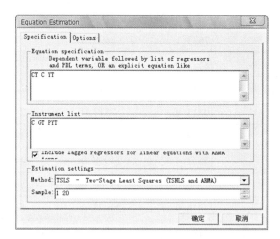

图 9.2　EViews 的二阶段最小二乘法(2SLS)方程设定窗口

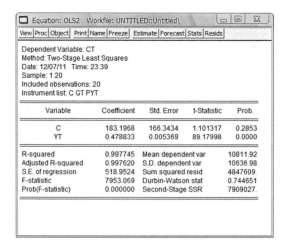

图 9.3　EViews 的二阶段最小二乘法(2SLS)估计结果

计结构方程中内生解释变量与随机项相关的问题。同时，单一方程估计方法可以直接对可识别的第i个结构方程进行参数估计，而且不需要知道其他结构方程的信息。单一方程估计法的一个假定条件是，各个结构方程的随机项μ_i之间不存在同期相关性。因此，单一方程估计法以没有充分利用联立方程模型提供的结构信息为代价来获得单一方程的估计，并产生一致性参数估计。但一般而言，单一方程估计法不可能产生参数的有效估计。其原因有2个：一是单一方程估计方法忽略了模型整体结构提供的所有信息以及整体结构所反映的变量之间的全部联系；二是单一方程估计法没有考虑各结构方程随机项μ_i之间的相关性信息，而是假定这些随机项间不存在同期相关性。

为了克服单一方程估计法的参数估计不是有效估计的不足，也为了充分利用模型结构信息，计量经济学家们提出了在一个估计过程中同时确定所有结构方程参数的系统估计方法。常用的系统估计方法有三阶段最小二乘法和完全信息最大似然法。下面只介绍三阶段最小二乘法。

2. 三阶段最小二乘法的基本思想

三阶段最小二乘法（3SLS）是由 Zellner 和 Theil 于 1962 年提出的一种系统估计方法，该方法被认为是能克服各个结构型方程随机项同期相关问题的估计方法。其基本思想是在二阶段最小二乘法的基础上加以推广，即先完成二阶段最小二乘估计后，再进行广义最小二乘估计。

根据前面有关章节讨论，克服异方差或自相关问题都可以用广义最小乘法，当随机项μ_i的方差和协方差是未知时，可用样本方差和协方差代替。因此，问题就转换为首先求μ_i方差和协方差的估计量，然后用 GLS 估计新构成的模型，获得全部参数的渐进有效估计。

3. 三阶段最小二乘法的基本步骤

第一阶段：用 OLS 估计结构式模型中每个内生解释变量的简化式方程，得到每个内生变量精确部分的估计。

第二阶段：再一次应用 OLS 估计变量替换后的结构式模型，即把第一阶段所得的各内生解释变量的精确部分替换结构式模型中的内生解释变量，采用 OLS 得到结构式参数的估计量。由此获得结构式模型中各方程随机项的方差和协方差的估计。至此，三阶段最小二乘法只是在重复二阶段最小二乘法的步骤。

第三阶段：采用 GLS 对以单一方程形式表现的转换后的联立方程模型进行估计。即首先将原始联立方程模型结构，按前述方法转换为单一方程形式表示；其次为克服转换后单一方程随机项的异方差和自相关问题，用各方程随机项方差和协方差的估计值对单一方程表现形式进行变换，使其随机项满足 OLS 假定，最后用 OLS 估计变换后模型，得三阶段最小二乘法的参数估计量。

4. 三阶段最小二乘估计量的特征

（1）三阶段最小二乘法适用于过度识别模型，其估计量对于小样本而言是有偏的，对于大样本而言是一致的。这是因为 3SLS 是在 2SLS 的基础上再应用一次 GLS，由于 2SLS 估计量对小样本是有偏的、对大样本是一致的，因此，可得 3SLS 估计量对小样本是有偏的、对大样本是一致的。

(2) 3SLS 估计量比 2SLS 估计量更有效，因为 3SLS 在估计过程中应用的信息比 2SLS 更多。3SLS 计算过程比较复杂，如果各个结构式的随机项相互独立，3SLS 就简化为 2SLS。因此，在实际应用中，如果对模型中所有结构方程能够根据经济理论确定随机项间不是严重地相互依赖，则一般采用 2SLS 而不采用 3SLS。

本章小结

本章作为计量经济学有关知识的扩展，首先介绍了联立方程模型涉及的变量类型，主要以一个模型为例，就内生变量、外生变量和预定变量的含义进行了讲解。

其次，介绍了构成联立方程模型的方程式种类，即行为方程式、技术方程式、制度方程式和恒等式方程。

再次，介绍了联立方程模型种类，即从形式上分为结构式、简化式和递归式 3 种，其中重点介绍了结构式模型和简化式模型。

然后，介绍了结构模型识别，包括不可识别、恰好识别与过度识别 3 种情况，并指出了结构模型的识别规则有阶条件和秩条件。

最后，介绍了联立方程模型参数估计的常用方法：ILS 和 IV 适合于估计恰好识别的结构式方程，求得的估计量对于小样本是有偏的、对于大样本是一致的。2SLS 法实质上也是一种工具变量法，适合于估计恰好识别及过度识别的结构方程，是用 Y_i 的估计量作为工具变量代换 Y_i，具有与工具变量法估计量相同的性质。3SLS 法是一种系统估计法，为 "2SLS + GLS" 法。3SLS 估计量比 2SLS 估计量更有效，因为 3SLS 在估计过程中应用的信息比 2SLS 更多。

习　题

1. 联立方程计量经济学模型有关的重要概念：内生变量、外生变量、预定变量、结构式模型、简化式模型和参数关系体系。
2. 联立方程计量经济学模型的方程类型有几种？
3. 什么是递归系统模型？其模型如何进行参数估计？此类模型的判断标准是什么？
4. 如何从定义出发判断模型的识别状态？
5. 联立方程计量经济学模型中方程识别的阶条件和秩条件是什么？
6. 简述间接最小二乘法(ILS)、工具变量法(IV)、二阶段最小二乘法(3SLS)和三阶段最小二乘法(2SLS)的适用对象。
7. 3SLS 的步骤是什么？为什么说 3SLS 的参数估计量比 2SLS 的参数估计量更有效？
8. 为什么说 ILS、IV、2SLS 方法都可以认为是工具变量法？它们在工具变量的选取上有什么不同？
9. 已知某一商品市场的局部均衡模型：

$$Q^d = \alpha_0 + \alpha_1 P + \alpha_2 I + \mu_1$$
$$Q^s = \beta_0 + \beta_1 P + \beta_2 W + \mu_2$$
$$Q^d = Q^s$$

其中，Q^d 为需求量，Q^s 为供给量，P 为价格，I 为消费者收入，W 为天气条件指数。

试指出：(1) 该模型中哪些是内生变量？哪些是外生变量？

(2) 对模型中的方程进行分类。

10. 下列模型为一完备的联立方程计量经济学模型。

$$M = \alpha_0 + \alpha_1 G + \alpha_2 P + \mu_1$$
$$G = \beta_0 + \beta_1 M + \mu_2$$

式中，M 为货币供给量，G 为国内生产总值，P 为价格总指数。

要求：(1) 导出简化式模型，并给出结构式参数与简化式参数之间的关系体系。

(2) 根据方程之间的关系确定模型的识别状态。

(3) 根据识别条件确定模型识别状态。

第10章 计量经济模型的应用

教学目标

通过本章的学习，了解计量经济模型应用中生产函数、需求函数、消费函数和投资函数的含义，明确几种函数的基本模型形式，掌握模型估计方法，并能在此基础上应用几个函数模型解决现实中的经济问题。

教学要求

了解计量经济模型应用中生产函数、需求函数、消费函数和投资函数的基本概念；掌握生产函数模型、需求函数中扩展的线性支出系统模型和消费函数模型等参数的估计方法。

10.1 生产函数模型

10.1.1 生产函数

生产函数是指在一定的时期和生产技术条件下,描述生产过程中投入的生产要素的某种组合与其可能的最大产出量之间的依存关系的数学表达式,其函数形式是

$$Y = f(A, K, L, \cdots) \tag{10.1}$$

式中,Y 为产出量,A、K、L 分别为技术、资本、劳动等投入要素。

这里的 Y 是各种要素组合应该形成的产出量,而不一定是实际产出量。生产要素是在生产过程中发挥作用,对产出量产生贡献的要素。生产要素对产出量的作用和影响,主要是由一定的技术条件决定的,所以,从本质上讲,生产函数反映了生产过程中投入要素与产出量之间的技术关系。

10.1.2 生产函数中的基本概念

1. 规模报酬

规模报酬是指在技术水平和要素价格等其他条件不变的情况下,企业内部各种生产投入要素按相同比例变化时所带来的产量变化。所有要素按同一比例变动相当于生产的规模在变动,生产的规模变动必然会引起产量的变动,规模报酬就是研究生产规模变动与产量变动之间的关系,对于生产函数式(10.1),可以将规模报酬分成以下 3 种类型。

(1)规模报酬不变。即

$$f(\lambda A, \lambda K, \lambda L, \cdots) = \lambda f(A, K, L, \cdots)$$

式中,λ 为常数。表明投入各个要素扩大 λ 倍,产出 Y 也扩大相应的 λ 倍。

(2)规模报酬递增。即

$$f(\lambda A, \lambda K, \lambda L, \cdots) > \lambda f(A, K, L, \cdots)$$

由于利用更先进的技术、设备或是内部分工更加合理和专业化,使得技术、资本和劳动扩大很小的倍数就可以导致产出扩大很大的倍数。

(3)规模报酬递减。即

$$f(\lambda A, \lambda K, \lambda L, \cdots) < \lambda f(A, K, L, \cdots)$$

由于规模过大,使得生产的各个方面难以协调,降低生产效率或是技术和管理水平的限制使得投入技术、资本和劳动扩大很大的倍数也只能导致产出扩大很小的倍数。

2. 齐次生产函数

设一个生产函数为 $f(A, K, L, \cdots)$,如果对于所有的正实数 λ,下面的关系都能成立:

$$f(\lambda A, \lambda K, \lambda L, \cdots) = \lambda^r f(A, K, L, \cdots) \tag{10.2}$$

式中,r 为常数,λ 为任意正实数。该函数就称为 r 阶齐次函数。换言之,如果当每个解释变量都乘以正实数 λ 时,函数值乘以 λ^r,则函数(10.2)就称为 r 阶齐次函数。

经济学中通常所讨论的生产函数是齐次生产函数。若 $r=1$，则该函数称为一阶齐次生产函数（或线性齐次生产函数）。事实上，当 $r=1$ 时，规模报酬不变；当 $r>1$ 时，规模报酬递增；当 $r<1$ 时，规模报酬递减。

3. 要素边际产量

要素边际产量是指在其他条件不变时，某一种投入要素每增加一个单位时导致总产出量的变动，用于描述投入要素对产出量的影响程度。边际产量可以表示为

$$MP_K = \frac{\partial Y}{\partial K}$$

$$MP_L = \frac{\partial Y}{\partial L}$$

一般情况下，边际产量满足

$$MP_K \geq 0, \quad MP_L \geq 0$$

即边际产量不为负。在大多数的情况下，边际产量还满足

$$\frac{\partial(MP_K)}{\partial K} = \frac{\partial^2 Y}{\partial K^2} \leq 0$$

$$\frac{\partial(MP_L)}{\partial L} = \frac{\partial^2 Y}{\partial L^2} \leq 0$$

即边际产量递减规律。

4. 要素边际技术替代率

边际技术替代率指在产量和技术水平不变的条件下，一种要素增加与另一种要素减少之间的数量之比。该指标衡量了生产要素之间替代的程度。

若用资本 K 替代劳动 L，则边际技术替代率表示为 MRS_{KL}，即在保持产量不变的情况下，替代一个单位 L 所需要增加的 K 的数量。于是有

$$MRS_{KL} = \frac{\Delta K}{\Delta L}$$

因为边际产量可以表示为

$$MP_K = \frac{\Delta Y}{\Delta K}$$

$$MP_L = \frac{\Delta Y}{\Delta L}$$

所以有

$$\frac{MP_L}{MP_K} = \frac{\Delta Y}{\Delta L} \bigg/ \frac{\Delta Y}{\Delta K} = \frac{\Delta K}{\Delta L}$$

于是要素的边际替代率可以表示为要素的边际产量之比，即

$$MRS_{KL} = \frac{MP_L}{MP_K}$$

$$MRS_{LK} = \frac{MP_K}{MP_L}$$

5. 要素替代弹性

要素替代弹性是投入比例的变动率与要素边际技术替代率的变动率之比，一般用 η 表示，则有

$$\eta = \frac{d(K/L)}{(K/L)} \bigg/ \frac{d(MP_L/MP_K)}{(MP_L/MP_K)}$$

一般情况下，要素替代弹性 η 是一个正数。如果用 K 替代 L，则上式分子大于 0；由于 L 减少，其边际产量 MP_L 增大，而由于 K 增加，其边际产量 MP_K 减小，于是上式分母也大于 0，所以替代弹性 η 大于 0，表明要素之间具有有限可替代性。在特殊情况下，要素之间不可替代，此时 K/L 不变，则上式分子等于 0，所以替代弹性 η 等于 0。另一种极端情况是，无论要素的数量增加或减少，其边际产量不变，此时上式分母等于 0，替代弹性 η 为 ∞，表明要素之间具有无限可替代性。

6. 要素的产出弹性

某投入要素的产出弹性被定义为，当其他投入要素不变时，该要素增加 1% 所引起的产出量的变化率。它是从动态变化的角度衡量生产要素对产出量的影响的指标。如果用 E_K 表示资本的产出弹性，用 E_L 表示劳动的产出弹性，则有

$$E_K = \frac{\Delta Y}{Y} \bigg/ \frac{\Delta K}{K} = \frac{\partial f}{\partial K} \cdot \frac{K}{Y}$$

$$E_L = \frac{\Delta Y}{Y} \bigg/ \frac{\Delta L}{L} = \frac{\partial f}{\partial L} \cdot \frac{L}{Y}$$

一般情况下，要素的产出弹性大于 0 小于 1。

10.1.3 生产函数的设定

1. 线性生产函数模型设定

线性生产函数可用如下形式表示：

$$Y = a_0 + a_1 K + a_2 L \tag{10.3}$$

对于该模型，为常数规模报酬。边际产量 $MP_L = dY/dL = a_2$，$MP_K = dY/dK = a_1$，边际替代率 $MRS_{LK} = MP_K/MP_L = a_1/a_2$，$d(MP_K/MP_L) = 0$，从而替代弹性 $\eta = \infty$，要素之间具有完全替代性。

2. 投入产出生产函数模型设定

如果各种投入要素之间的比例固定不变，且要素之间完全不能替代，这时称之为投入产出生产函数。其通常是规模报酬不变的，其具体的函数形式为

$$Y = \min\left(\frac{K}{a_1}, \frac{L}{a_2}\right)$$

其含义是，产量取决于具有各种固定比例的诸投入要素中的最小者。

式中，a_1 和 a_2 是生产 1 单位的产出所必须投入的资本 K 和劳动 L 的数量。由于 a_1 和 a_2 为常数，所以产出 Y 所必须的 $K = a_1 Y$，$L = a_2 Y$，则 $K/L = a_1/a_2$ 为常数，$d(K/L) = 0$，可得其替代弹性 $\eta = 0$，表明资本 K 与劳动 L 之间完全不可替代。

3. C-D生产函数模型设定

著名的柯布-道格拉斯生产函数,是以美国两位著名经济学家柯布(Chales W. Cobb)与道格拉斯(Paul H. Dauglas)的名字命名的,简称C-D生产函数。由于其具有许多经济学上所需要的性质,因此在经济分析中应用较为广泛。其一般形式为

$$Y = AL^\alpha K^\beta \tag{10.4}$$

式中,Y为产出,L为劳动投入量,K为资本投入量,A表示广义的技术进步,α和β为劳动和资本的产出弹性。A、α和β都属于待估参数。该函数具有以下几个特点。

边际产量为

$$MP_L = \frac{dY}{dL} = \alpha AL^{\alpha-1}K^\beta = \frac{\alpha Y}{L}$$

$$MP_K = \frac{dY}{dK} = \beta AL^\alpha K^{\beta-1} = \frac{\beta Y}{K}$$

边际技术替代率为

$$MRS_{LK} = \frac{MP_L}{MP_K} = \frac{\alpha K}{\beta L}$$

替代弹性为

$$\eta = \frac{d\ln(K/L)}{d(\ln MRS_{LK})} = 1$$

在式(10.4)中,当劳动量与资本量增加λ倍时,产出增加$\lambda^{\alpha+\beta}$倍,为

$$A(\lambda L)^\alpha (\lambda K)^\beta = \lambda^{\alpha+\beta} AL^\alpha K^\beta = \lambda^{\alpha+\beta} Y \tag{10.5}$$

其规模报酬与参数α、β的取值有关:若$\alpha+\beta>1$,则规模报酬递增;若$\alpha+\beta=1$,为线性齐次生产函数,则规模报酬不变;若$\alpha+\beta<1$,则规模报酬递减。

正是由于C-D生产函数(10.4)具备了上述九个方面的特点,才使其在生产活动分析中得到了广泛应用,特别是对那些生产规模报酬近似不变、产出弹性相对稳定、技术进步速度不快的部门比较适用。

4. CES生产函数模型设定

C-D生产函数式替代弹性为1的生产函数。还有一种广泛应用的生产函数是不变替代弹性(Constant Elasticity Substitution)生产函数,简称CES生产函数,其表达形式为

$$Y = A[\delta_1 K^{-\rho} + \delta_2 L^{-\rho}]^{-\frac{v}{\rho}} \tag{10.6}$$

式中,Y为产出,L为劳动投入量,K为资本投入量,A为效率参数,$A>0$,反映技术发达程度;δ_1、δ_2($0<\delta_1<1$,$0<\delta_2<1$,$\delta_1+\delta_2=1$)为分布参数,反映资本密集程度;ρ是替代参数,$\rho \geq -1$;v是规模报酬参数,当$v=1(>1,<1)$时,生产为规模报酬不变(递增,递减)。A、δ_1、δ_2、ρ、v都属于待估参数。该函数具有以下几个特点。

边际产量为

$$MP_L = \frac{dY}{dL} = A\delta_2(\delta_1 K^{-\rho} + \delta_2 L^{-\rho})^{-\frac{v}{\rho}-1} L^{-\rho-1}$$

$$MP_K = \frac{dY}{dK} = A\delta_1(\delta_1 K^{-\rho} + \delta_2 L^{-\rho})^{-\frac{v}{\rho}-1} K^{-\rho-1}$$

边际技术替代率为

$$MRS_{LK} = \frac{MP_L}{MP_K} = \frac{\delta_2}{\delta_1}\left(\frac{K}{L}\right)^{1+\rho}$$

替代弹性为

$$\eta = \frac{d\ln(K/L)}{d(\ln MRS_{LK})} = \frac{d\ln(K/L)}{d[\ln(\delta_2/\delta_1) + (1+\rho)\ln(K/L)]} = \frac{1}{1+\rho}$$

CES 生产函数是个函数族：当 $\rho = -1$，$v = 1$ 时，CES 生产函数转化为线性生产函数；当 $\rho \to 0$ 时，CES 生产函数趋近 C-D 生产函数；当 $\rho \to \infty$ 时，CES 生产函数趋近投入产出生产函数。

5. 前沿生产函数模型设定

前面所介绍的生产函数是理论上的函数。在实际应用中，通常无法得到最大产出量的样本观测值，只能用实际产出量代替最大产出量来估计生产函数模型，因而得到的生产函数仅能描述一定的投入要素组合与平均产出量之间的关系。人们习惯上将用实际产出量估计得到函数称为生产函数。而严格意义上的生产函数是指在既定的技术状况和给定的生产要素组合条件下，反映某一生产系统的投入要素与其可能的最大产出量之间的函数关系。为了区别起见，把严格定义上的生产函数称为前沿生产函数。正是因为这一点，前沿生产函数在比较不同样本点的技术效率方面具有重要的应用价值。

若将前沿生产函数表示为 C-D 生产函数的形式，则有：

$$Q = AL^\alpha K^\beta \tag{10.7}$$

其对数形式为

$$\ln Q = \ln A + \alpha \ln L + \beta \ln K \tag{10.8}$$

式中，Q 反映的是理论上的最大产出量。

若对数形式的生产函数模型(10.7)考虑了产出的效率损失，则由 $Q' = AL^\alpha K^\beta e^{-v}$ 得其对数形式为

$$\ln Q' = (\ln A - v) + \alpha \ln L + \beta \ln K \tag{10.9}$$

式(10.9)实质上就是所谓的平均生产函数形式，式中 v 为效率损失。由此可见，前沿生产函数实际上就是将平均生产函数向上平移了 v 个单位。

要估计出式(10.7)，首先利用 OLS 法估计出平均生产函数式(10.9)，然后计算所有样本点的实际产出观察值与利用平均生产函数得出的产出的估计值之差，最后取其最大项（相当于 v 的估计值），加到平均生产函数的常数项上，即得到前沿生产函数的常数项 A，进而得到前沿生产函数。

10.1.4 生产函数模型的估计

1. C-D 生产函数估计方法

1）方法一

对于 C-D 生产函数：

$$Y = AL^\alpha K^\beta e^\mu \tag{10.10}$$

两端取对数，可得：

$$\ln Y = \ln A + \alpha \ln L + \beta \ln K + \mu$$

式中，μ 为随机误差项。式中令 $a = \ln A$，$Y_1 = \ln Y$，$L_1 = \ln L$，$K_1 = \ln K$，则有

$$Y_1 = a + \alpha L_1 + \beta K_1 + \mu \tag{10.11}$$

此模型是一个线性函数，这样，就有可能利用截面数据或时间序列数据，将原始数据转化成相应对数形式，并直接用 OLS 法对模型参数 a、α、β 进行估计。该方法不要求假设实际生产过程为规模报酬不变。

该方法的不足之处有以下几个：$\ln L$、$\ln K$ 都是内生变量，它们与随机误差项不相互独立，因此，参数估计中会产生联立性偏误；L 与 K 之间往往也不独立，参数估计中会出现多重共线性问题；随机误差项的方差可能不是常数，可能存在异方差问题。

2) 方法二

设定规模报酬不变，即 $\alpha + \beta = 1$，则 C-D 生产函数可以写成

$$\frac{Y}{L} = A\left(\frac{K}{L}\right)^{1-\alpha} e^{\mu} \tag{10.12}$$

将两端取对数，得

$$\ln\left(\frac{Y}{L}\right) = \ln A + (1-\alpha)\ln\left(\frac{K}{L}\right) + \mu \tag{10.13}$$

式(10.13)称为生产函数的"强度形式"，它反映两个强度指标劳动生产率(Y/L)和技术装备率(K/L)之间的关系。同样，此形式为线性函数，可以用 OLS 法对模型参数 A、α 和 β 进行估计。此模型可以消除多重共线性和减少异方差性的影响，但它要求的生产过程是规模报酬不变，同时存在解释变量是内生变量的问题。

3) 方法三

设 p、w 和 r 分别为产出量 Y、投入要素 L 和 K 的价格，则对于生产函数有

$$Y = f(K, L)$$

按照完全竞争和利润最大化原则，有

$$\frac{\mathrm{d}Y}{\mathrm{d}L} = \frac{w}{p}, \quad \frac{\mathrm{d}Y}{\mathrm{d}K} = \frac{r}{p}$$

同时有劳动的边际产量为

$$\frac{\mathrm{d}Y}{\mathrm{d}L} = \alpha A L^{\alpha-1} K^{\beta} = \alpha \frac{Y}{L}$$

设定生产满足规模报酬不变，$\beta = 1 - \alpha$，则有

$$\frac{\alpha Y}{L} = \frac{w}{p}$$

$$\alpha = \frac{wL}{pY}$$

式中，pY 为总产出值；wL 为劳动投入值；α 可以理解为总产出值中的劳动的份额，在宏观经济中就是国民收入中的劳动份额。因此，由 pY 和 wL 的数据可以直接得到模型参数 α 的估计值，进而可求得 β 的估计值。

2. CES 生产函数估计方法

CES 生产函数的参数估计比较复杂。下面介绍 Kmenta 近似估计方法。将式(10.6)两

边取自然对数为

$$\ln Y = \ln A - \frac{v}{\rho}\ln[\delta_1 K^{-\rho} + \delta_2 L^{-\rho}]$$

将 $\ln[\delta_1 K^{-\rho} + \delta_2 L^{-\rho}]$ 在 $\rho=0$ 附近作泰勒级数展开，略去高阶项，得

$$\ln Y = \ln A + \delta_1 v \ln K + \delta_2 v \ln L - \frac{1}{2}\rho v \delta_1 \delta_2 \left(\ln \frac{K}{L}\right)^2 \tag{10.14}$$

对式(10.14)可运用 OLS 法估计参数。

10.1.5 生产函数在技术进步分析中的应用

生产函数模型是对生产活动进行数量分析的有效工具，其应用十分广泛。通过模型参数可用于生产活动的结构分析，也可用于生产预测。生产函数模型在技术进步分析中的应用，更具有显著的功能，下面进行具体说明。

技术进步的定量分析，主要包括两方面内容：一是从纵向方面，测算技术进步速度及其对经济增长的贡献；二是从横向方面，对部门之间、企业之间技术进步水平的比较研究。

1. 技术进步速度的测定

技术进步速度，是一项反映在一定时期内技术进步快慢的综合指标。通常用下式表示：

$$\gamma = Y - \alpha k - \beta l$$

式中，γ 为技术进步速度；α 和 β 为资本与劳动的产出弹性；Y、k 和 l 分别为产出、资本和劳动数量的增长速度。

式中的 α 和 β 可以通过生产函数模型估计得到，Y、k 和 l 由样本观测值计算得到，然后依据上式即可求得技术进步速度 γ。清华大学的李子奈教授曾经利用 1963—1984 年我国全民所有制工业的数据为样本，估计修正的生产函数模型，进而得到下面估计结果：

$$Y = 0.6479 e^{0.0128t} K^{0.3608} L^{0.6756}$$

由样本数据计算得到我国 1963—1984 年间全民所有制工业不变价工业总产值、不变价固定资产原值和劳动力人数的平均增长速度分别为

$$Y = 10.5\%, k = 8.74\%, l = 5.71\%$$

再由 $\alpha = 0.3608$，$\beta = 0.6765$ 计算得到该期间我国全民所有制工业平均技术进步速度为 $\gamma = 3.49\%$。

2. 技术进步对增长的贡献

技术进步对增长的贡献，是一项直接反映技术进步对增长影响的综合指标。其具体公式通常表示为

$$E_A = \frac{\gamma}{Y} \times 100\%$$

它是由技术进步速度式子两端同时除以 Y 后得到的，即

$$\frac{\gamma}{Y} = 1 - \frac{\alpha k}{Y} - \frac{\beta l}{Y}$$

对于 1963—1984 年间我国全民所有制工业，技术进步对增长的贡献为

$$E_A = \frac{\gamma}{Y} \times 100\% = \frac{3.49\%}{10.5\%} \times 100\% = 33.2\%$$

据测算，在近年来我国的经济增长中，技术进步的贡献一直为 30%~40%，而一些发达国家该项指标已达 60% 以上。

10.1.6 案例分析

某企业资料如表 10-1 所示。

表 10-1 某企业 2000—2014 年资料表

年 份	总产值(Y)/万元	总资本(K)/万元	职工人数(L)/人
2000	3197.82	281.5	120753
2001	3233.35	284.4	122242
2002	3296.62	289.0	125263
2003	3904.50	375.8	128539
2004	3931.56	375.2	131427
2005	4136.28	402.5	134267
2006	4651.09	478.0	139038
2007	5185.61	553.4	146450
2008	5648.00	616.7	153714
2009	6237.09	695.7	164783
2010	6926.71	790.3	176864
2011	7237.55	816.0	188146
2012	7755.37	848.4	205841
2013	8048.34	873.1	221748
2014	9003.81	999.2	239715

解：

首先，估计线性函数

$$Y = b_0 + b_1 K + b_2 L + \mu$$

其 OLS 估计结果为

$$\hat{Y} = -26.47 + 0.0131 K + 5.9153 L$$
$$(-0.42)\quad (16.04)\quad (46.02)$$
$$\overline{R}^2 = 0.9997, \quad D.W. = 1.50, \quad F = 26581$$

其次，估计 C-D 生产函数

$$\ln Y = b_0 + b_1 \ln K + b_2 \ln L + \mu$$

OLS 估计结果为

$$\ln \hat{Y} = -0.0421 + 0.4039 \ln L + 0.6005 \ln K$$
$$(-0.48)\quad (41.81)\quad (122.60)$$
$$\overline{R}^2 = 0.9999, \quad D.W. = 2.46, \quad F = 132353$$

再次，假定 C－D 生产函数具有规模报酬不变特性，即 $b_1+b_2=1$，则 C－D 生产函数可变换为如下强度形式的函数：

$$\ln\frac{Y}{L}=b_0+b\ln\frac{K}{L}+\mu$$

OLS 估计结果为

$$\ln\frac{\hat{Y}}{L}=0.0281+0.3963\ln\frac{K}{L}$$

$$(1.75)\quad(140.69)$$

$$\overline{R^2}=0.9993,\ D.W.=2.32,\ F=19792$$

最后，估计 CES 形式的生产函数

$$\ln Y=\ln A+\delta_1 v\ln K+\delta_2 v\ln L-\frac{1}{2}\rho v\delta_1\delta_2\left(\ln\frac{K}{L}\right)^2+\mu$$

OLS 估计结果为

$$\ln Y=-0.183+0.4515\ln K+0.5531\ln L-0.0041\delta_1\delta_2\left(\ln\frac{K}{L}\right)^2$$

$$(-0.28)\quad(2.03)\quad(2.51)\quad(-0.22)$$

$$\overline{R^2}=0.9999,\ D.W.=2.45,\ F=81231$$

由此可以计算出该模型各参数值：

$$v=1.005,\ \delta_1=0.4497,\ \delta_2=0.5502,\ \rho=0.033$$

讨论：如果仅从估计的显著性来看，线性生产函数、C－D 生产函数、规模报酬不变的 C－D 生产函数均在 5% 的显著性水平下是显著的，且具有较高的拟合优度。但 CES 生产函数的平方项 t 检验不显著。

从计量经济检验来看（表 10-2），4 种估计都不存在序列相关，也不存在异方差，但模型 1、模型 2、模型 4 的解释变量存在较高的多重共线性。模型 3 是在模型 2 施加规模报酬不变约束后的 C－D 生产函数，已不存在多重共线性问题。

表 10-2　回归方程结果

	异方差怀特检验(nR^2)	伴随概率(p)	解释变量间相关系数(r)	D.W.
方程 1	5.20	0.27	K 与 L：0.96	1.50
方程 2	9.26	1.16	$\ln K$ 与 $\ln L$：0.95	2.46
方程 3	1.03	0.60		2.32
方程 4	9.26	0.16	$\ln K$ 与 $\ln L$：0.95 $\ln K$ 与 $\left(\ln\frac{K}{L}\right)^2$：$-0.81$ $\ln L$ 与 $\left(\ln\frac{K}{L}\right)^2$：$-0.95$	2.45

由模型 2 估计的参数得 $b_1+b_2=1.0044$，表明 C－D 生产函数可能存在规模报酬不变的情形。方程 4 的各参数经济意义正确，$\delta_1+\delta_2=0.9946$，满足分配系数之和为 1。$v=1.005$，表

明存在规模报酬不变性。$\rho=0.033$，计算出要素之间的替代弹性为 $\sigma=\dfrac{1}{1+0.033}=0.968$，表明替代弹性接近1。从 ρ 与 σ 的值看，该CES生产函数可以退化到C－D生产函数。

综合上述讨论，可以选取施加规模报酬不变约束的C－D生产函数作为最终模型。

10.1.7 EViews 过程的实现

下面用EViews完成表10－1中的估计结果。首先，将表10－1中的数据输入EViews，分别得到 Y、K、L 原始数据序列。然后，在EViews的命令窗口里分别输入以下命令："LS Y C K L"和"LS LOG(Y) C LOG(K) LOG(L)"，按Enter键即可得到如图10.1和图10.2所示的回归结果，其显示的是总产值(Y)与总资本(K)、职工人数(L)之间的回归结果，C－D生产函数、强度形式的函数以及CES形式的生产函数的回归结果依此法均可以得到，不再赘述。

Equation: UNTITLED   Workfile: UNTITLED::Unt...
View Proc Object Print Name Freeze Estimate Forecast Stats Resids

Dependent Variable: Y
Method: Least Squares
Date: 04/03/15   Time: 16:33
Sample: 2000 2014
Included observations: 15

	Coefficient	Std. Error	t-Statistic	Prob.
C	-26.48067	62.81871	-0.421541	0.6808
K	5.915320	0.128547	46.01692	0.0000
L	0.013111	0.000817	16.04107	0.0000

R-squared	0.999774	Mean dependent var	5492.913
Adjusted R-squared	0.999737	S.D. dependent var	1935.642
S.E. of regression	31.40818	Akaike info criterion	9.908870
Sum squared resid	11837.69	Schwarz criterion	10.05048
Log likelihood	-71.31653	Hannan-Quinn criter.	9.907362
F-statistic	26580.57	Durbin-Watson stat	1.497865
Prob(F-statistic)	0.000000		

图10.1　线性函数回归结果

Equation: UNTITLED   Workfile: UNTITLED::Unt...
View Proc Object Print Name Freeze Estimate Forecast Stats Resids

Dependent Variable: LOG(Y)
Method: Least Squares
Date: 04/03/15   Time: 16:33
Sample: 2000 2014
Included observations: 15

	Coefficient	Std. Error	t-Statistic	Prob.
C	-0.042097	0.086918	-0.484336	0.6369
LOG(K)	0.600458	0.004898	122.5964	0.0000
LOG(L)	0.403854	0.009660	41.80786	0.0000

R-squared	0.999955	Mean dependent var	8.552477
Adjusted R-squared	0.999947	S.D. dependent var	0.356384
S.E. of regression	0.002592	Akaike info criterion	-8.896121
Sum squared resid	8.06E-05	Schwarz criterion	-8.754511
Log likelihood	69.72091	Hannan-Quinn criter.	-8.897630
F-statistic	132353.1	Durbin-Watson stat	2.457037
Prob(F-statistic)	0.000000		

图10.2　双对数函数回归结果

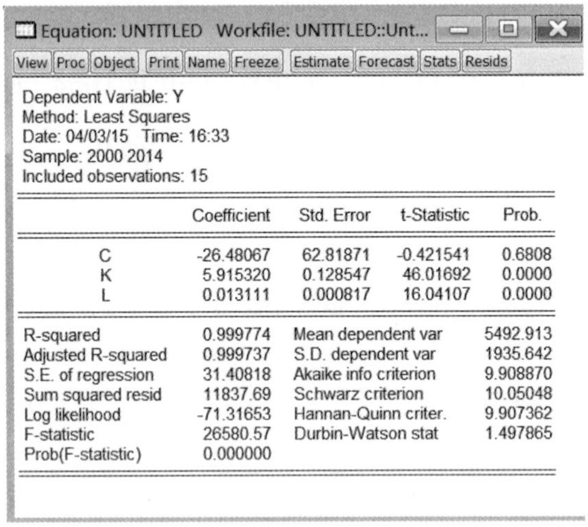

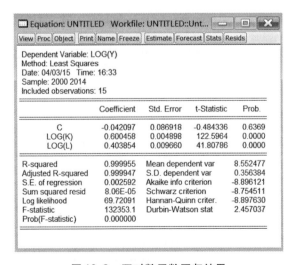

10.2 需求函数模型

需求函数与生产函数一样，是微观经济学理论体系中的重要组成部分。需求函数模型也是计量经济学中一个主要的研究领域。在市场经济体制下，需求对生产发挥着引导作用，因此，对需求的研究具有极为重要的意义。与生产函数模型一样，在本节中，重点讲述的不是需求函数本身，而是建立与应用需求函数模型的方法。

10.2.1 需求函数

需求函数是描述商品的需求量及其影响因素（如收入、价格、其他商品价格等）之间关系的数学表达式，即

$$q_i = f(I, p_1, \cdots, p_i, \cdots, p_n) \tag{10.15}$$

式中，q_i 为对第 i 种商品的需求量；I 为收入；p_1，$\cdots$，p_i，$\cdots$，p_n 为各种商品的价格；n 为商品数目。一般而言，影响商品需求量的因素主要是收入与价格。对于一些特殊的商品和特定的情况，也会在需求函数中引入其他的解释变量，如耐用消费品的存量、居民身份、消费偏好等。总之，需求函数反映了商品需求行为和需求规律，反映了解释变量与被解释变量之间的因果关系，所以可以用于需求的结构分析和预测分析。

10.2.2 需求函数中的基本概念

1. 需求的收入弹性

需求的收入弹性是指当所有商品的价格不变时，收入变化1%所引起的第 i 种商品需求量的变化百分比，即

$$\eta_i = \frac{\Delta q_i}{q_i} \bigg/ \frac{\Delta I}{I} \to \frac{\partial q_i}{\partial I} \times \frac{I}{q_i} \tag{10.16}$$

一般来说，对于生活必需品，如食品、生活必需品、燃料等，随着收入的增加，对这些商品的需求量将增加，但在总收入中用于购买这些商品的支出将下降。也就是说，收入增加1%，对这些商品的需求量的增加小于1%，所以 $0 < \eta < 1$。对于高档消费品，可能会出现 $\eta_i > 0$ 的情况。但对于某些低质商品，可能会出现 $\eta_i < 0$ 的情况，即随着收入的增加，对这类商品的需求量将下降。

2. 需求的自价格弹性

需求的自价格弹性是指当收入和其他商品的价格不变时，第 i 种商品价格变化1%所引起的第 i 种商品需求量的变化百分比，即

$$\varepsilon_{ii} = \frac{\Delta q_i}{q_i} \bigg/ \frac{\Delta p_i}{p_i} \to \frac{\partial q_i}{\partial p_i} \times \frac{p_i}{q_i} \tag{10.17}$$

一般来说，对于生活必需品，如食品、生活必需品、燃料等，随着自身价格的上升，对这些商品的需求量将减少，但减少得很有限，于是在总收入中用于购买这些商品的支出将上升。也就是说，自身价格上升1%，对这些商品的需求量的下降小于1%，所以 $-1 < \varepsilon_{ii} < 0$。

对于高档消费品，可能会出现 $\varepsilon_{ii} < -1$ 的情况。而对于某些特殊商品，可能会出现 $\varepsilon_{ii} > 0$ 的情况，即随着自身价格上升，对这些商品的需求量将上升，这就是经济学中的"吉芬品之谜"。

3. 需求的互价格弹性

需求的互价格弹性是指当收入和其他商品的价格不变时，第 j 种商品价格变化 1% 所引起的第 i 种商品需求量的变化百分比，即

$$\varepsilon_{ij} = \frac{\Delta q_i}{q_i} \Big/ \frac{\Delta p_j}{p_j} \rightarrow \frac{\partial q_i}{\partial p_j} \times \frac{p_j}{q_i} \qquad (10.18)$$

一般来说，对于替代品，如鱼和蛋，随着鱼的价格的上升，对其需求量将减少，导致对蛋的需求量的增加。也就是说，第 j 种商品价格上升 1%，引起第 i 种商品的需求量的上升，所以 $\varepsilon_{ij} > 0$。对于互补品，如西装和领带，随着西装价格的上升，对它的需求量将减少，导致对领带的需求量减少，所以 $\varepsilon_{ij} < 0$。而对于相互无关商品，ε_{ij} 应该等于 0。但如果第 j 商品是必需品（如食品），随着价格上升，对这些商品需求量的减少是有限的，导致在总收入中该种商品的支出增加，迫使其他商品的需求量下降，即 $\varepsilon_{ij} < 0$。

4. 需求函数的零阶齐次性条件

当收入、价格其他商品的价格等都增长 λ 倍时，对商品的需求量没有影响。即

$$f(\lambda I, \lambda p_1, \cdots, \lambda p_i, \cdots, \lambda p_n) = \lambda^0 f(I, p_1, \cdots, p_i, \cdots, p_n) \qquad (10.19)$$

这就是需求函数的零阶齐次性条件，也是需求函数的一个重要特征。在具体应用中，可以用该条件检验实际建立的需求函数模型是否正确。

5. 效用函数与需求函数

西方国家发展的需求函数模型，尤其是联立方程计量经济学模型系统，并不是经验的产物，即不是由样本观测值拟合得到的，而是在效用函数最大化的条件下导出的。

效用函数分为直接效用函数和间接效用函数两大类。

直接效用函数将效用表示为商品需求量的函数，即：

$$U = U(q_1, q_2, \cdots, q_n) \qquad (10.20)$$

在预算约束 $\sum_{i=1}^{n} p_i q_i = I$ 下，构造拉格朗日函数：

$$L(q_1, q_2, \cdots, q_n, \lambda) = U(q_1, q_2, \cdots, q_n) + \lambda \left(I - \sum_{i=1}^{n} p_i q_i \right) \qquad (10.21)$$

根据取极值的必要条件，求解方程组即可得到所求的需求函数。

间接效用函数是将效用表示为收入和商品价格的函数，即

$$V = V(p_1, p_2, \cdots, p_n, I) \qquad (10.22)$$

利用公式

$$q_i = -\frac{\partial V}{\partial p_i} \Big/ \frac{\partial V}{\partial I} \qquad (10.23)$$

也可以得到使效用函数最大化的商品需求函数。

10.2.3 需求函数的设定

1. 线性需求函数模型

线性需求函数模型将商品的需求量与收入、价格、其他商品的价格等影响因素之间的关系描述为直接线性关系，即

$$Y_i = \alpha + \sum_{j=1}^{n} \beta_j p_j + \gamma \times I + \mu \tag{10.24}$$

这种需求函数模型缺少合理的经济解释，参数没有经济意义，并且不满足需求函数的零阶齐次性条件，但在实际中确实存在。它是由样本观测值拟合而得到的一种模型形式。可采用单方程线性模型的估计方法求得模型中的参数估计值。

2. 对数线性需求函数模型

对数线性需求函数模型与模型(10.24)一样，也是由样本观测值拟合而得到的一种模型形式。由于具有合理的经济解释，参数具有明确的经济意义，所以是一种常用的需求函数模型。其数学表达式为

$$\ln Y_i = \alpha + \sum_{j=1}^{n} \beta_j \ln p_j + \gamma \times \ln I + \mu \tag{10.25}$$

显然，根据弹性的定义，γ 为需求的收入弹性，β_i 为需求的自价格弹性，$\beta_j (j \neq i)$ 为需求的互价格弹性。根据需求函数的零阶齐次性条件，有

$$\beta_1 + \beta_2 + \cdots + \beta_n + \gamma = 0$$

也可以采用单方程线性模型的估计方法估计式(10.25)的需求函数模型。

3. 耐用品的存量调整模型

对于耐用品，它的需求量不仅受到收入与价格的影响，而且与该种商品的存量有关。著名的存量调整模型是一个具有很大实用价值的商品需求模型。有人认为，它是商品需求模型，但不是需求函数模型，因为需求函数专门研究需求量与收入、价格之间的关系。这是从狭义的需求函数意义来讲的。从广义上讲，人们仍把它看作需求函数模型的一类。

耐用品存量调整模型的理论模型的推导过程如下所示。

假设某种耐用品 t 时刻的期望存量 S_t^e 是实际支出和有关价格的线性函数，即

$$S_t^e = \alpha_0 + \alpha_1 p_t + \alpha_2 I_t + \mu_t \tag{10.26}$$

实际存量通常不等于期望存量，二者之间的关系可用下式描述：

$$S_t - S_{t-1} = \lambda (S_t^e - S_{t-1})$$

设 δ 为报废率，有

$$S_t = (1-\delta) S_{t-1} + Y_t$$

于是 t 时刻的需求量可表示为

$$Y_t = S_t - S_{t-1} + \delta S_{t-1} = \lambda (S_t^e - S_{t-1}) + \delta S_{t-1} = \lambda \alpha_0 + \lambda \alpha_1 P_t + \lambda \alpha_2 I_t + (\delta - \lambda) S_{t-1} + \lambda \mu_t$$

即为存量调整模型。

一般直接将存量调整模型设定为

$$Y_t = \beta_0 + \beta_1 p_t + \beta_2 I_t + \beta_3 S_{t-1} + \mu_t \qquad (10.27)$$

并且直接用单方程计量经济学模型估计方法估计模型(10.27)，但必须得清楚该理论模型的由来。

直接估计模型(10.27)得到的参数估计量 β_i(i=0，1，2，3)的经济意义不明确，必须反过来求得需求量模型中的每个参数估计量才有明确的经济意义。由存量调整模型中的参数估计量求需求量模型中的参数估计量，必须外生给定 δ（即报废率）。

存量调整模型一个成功的例子是邹至庄所进行的美国汽车需求分析。利用美国 1921—1953 年的数据，采用 OLS 法估计存量调整模型，得到

$$\hat{Y}_t = 0.08 - 0.020 P_t + 0.012 I_t - 0.23 S_{t-1}$$

外生给定 δ=0.25，求得

$$\lambda = 0.48, \quad \alpha_0 = 0.17, \quad \alpha_1 = -0.042, \quad \alpha_2 = 0.025$$

4. 状态调整模型

Houthakker 和 Taylor 于 1970 年建议采用存量调整模型

$$Y_t = \beta_0 + \beta_1 p_t + \beta_2 I_t + \beta_3 S_{t-1} + \mu_t \qquad (10.28)$$

来描述耐用品和非耐用品的需求。其中，S_{t-1} 为状态变量，对于耐用品即为存量，对于非耐用品它表示消费习惯等"心理存量"，可以用前一期的实际实现了的需求量（即消费量）作为样本观测值。于是，对于非耐用品的需求函数模型，可以表示为

$$Y_t = \beta_0 + \beta_1 p_t + \beta_2 I_t + \beta_3 Y_{t-1} + \mu_t \qquad (10.29)$$

Houthakker 和 Taylor 利用美国 1929—1964 年数据，对 81 类商品分别估计该模型，发现对于其中 65 类商品该模型是成功的。清华大学的李子奈教授也曾经用我国的数据估计该模型，结果发现 Y_{t-1} 成为最显著的解释变量，而价格变量不显著，说明符合我国实际情况。需要注意的是，使得模型不能用于分析价格变化对需求量的影响。

在对模型估计中发现，由于样本采用了时间序列数据，加之 Y_{t-1} 的引入，使得模型随机误差项的序列相关问题普遍存在，因此，必须采用广义差分法或广义最小二乘法对其进行模型参数估计。

10.2.4 线性支出系统需求函数模型的估计

1. 线性支出系统需求函数模型(LES)

Klein 和 Rubin 于 1947 年提出了如下形式的直接效用函数

$$U = \sum_{i=1}^{n} U_i(q_i) = \sum_{i=1}^{n} b_i \ln(q_i - r_i) \qquad (10.30)$$

其中 r_i 是第 i 种商品的基本需求量，b_i 是边际预算份额。此效用函数具有可加性，即总效用等于各商品的效用之和；而各商品的效用取决于实际需求量与基本需求量的差。

英国计量经济学家 R. Stone 于 1954 年在该效用函数的基础上，提出了线性支出系统需求函数，线性支出系统是一个经济理论明确、在实际中应用非常广泛的需求函数模型系统。线性支出系统假定某一时期人们对各种商品（服务）的需求量仅取决于该时期人们的收入和各种商品的价格。而且人们对各种商品（服务）的需求分作基本需求和超出此范围的需

求两部分，基本需求与收入水平无关。线性支出系统模型的一般形式为

$$V_i = p_i r_i + b_i \left(V - \sum_{i=1}^n p_i r_i \right) \quad (i=1,2,\cdots,n) \tag{10.31}$$

式中，V_i 是对第 i 种商品的消费支出；$V = \sum_{i=1}^n V_i$ 是总消费支出；p_i 是第 i 种商品的价格；$p_i r_i$ 是第 i 种商品的基本需求支出，即超过基本需求的支出中用于购买第 i 种商品的百分比，b_i 满足 $0 < b_i < 1$，$\sum b_i = 1$。该函数形式很清楚地描绘了人们的消费需求行为。

2. 扩展的线性支出系统需求函数模型（ELES）

扩展的线性支出系统模型是由经济学家 Lunch 于 1973 年提出的。它的假定与线性支出系统模型相同。

线性支出系统模型中，r_i、b_i 是非线性的且需要时间序列资料，这就给模型中的参数估计带来了麻烦。为了解决该问题，可以对线性支出系统模型做两点修改：一是以收入 Y 代替总消费支出 V；二是以边际消费倾向 β_i 代替边际预算份额 b_i。这里的边际消费倾向表示收入每增加 1 元时，对第 i 种商品的消费增加多少元。于是得到扩展的线性支出系统模型形式如下：

$$V_i = p_i r_i + \beta_i \left(Y - \sum_{i=1}^n p_i r_i \right) \quad (i=1,2,\cdots,n) \tag{10.32}$$

对于截面数据，该模型中的 $p_i r_i$ 和 $p_k r_k$ 是常数。令

$$\alpha_i = p_i r_i - \beta_i \sum_{k=1}^n p_k r_k$$

则扩展的线性支出系统模型可以改写成

$$V_i = \alpha_i + \beta_i Y \tag{10.33}$$

将式子 $\alpha_i = p_i r_i - \beta_i \sum_{k=1}^n p_k r_k$ 两边对 i 求和并加以整理，得

$$\sum_{k=1}^n p_k r_k = \sum_{i=1}^n \alpha_i \Big/ \left(1 - \sum_{i=1}^n \beta_i \right)$$

进而得到

$$p_i r_i = \alpha_i + \beta_i \sum_{i=1}^n \alpha_i \Big/ \left(1 - \sum_{i=1}^n \beta_i \right) \tag{10.34}$$

利用截面数据，采用 OLS 法，求得式 $V_i = \alpha_i + \beta_i Y$ 中的参数 α_i 和 β_i 估计值，再利用上式得到 $p_i r_i$ 的值。利用扩展的线性支出系统模型的最大优点是，如果没有价格资料 p_i，也能够根据截面数据估计 $p_i r_i$ 和 β_i 的值，进而进行价格弹性分析。此外，还能够更加全面地反映消费结构以及与消费结构相关的收入、价格等方面的数量关系。

10.2.5 案例分析

表 10-3 为我国 2013 年城镇居民人均可支配收入与分类商品的消费支出资料，试建立商品与服务的线性需求函数；建立扩展的线性支出系统需求函数模型；并测算各种商品的边际消费倾向、需求的收入弹性、需求的自价格弹性与需求的互价格弹性。

表 10-3 我国2013年各地区城镇居民人均可支配收入与分类商品的人均消费支出资料(元)

地区	可支配收入(Y)	食品(C1)	衣着(C2)	居住(C3)	家庭设备及用品(C4)	交通通信(C5)	文教娱乐(C6)	医疗保健(C7)	杂项商品(C8)
北 京	40321.0	8170.22	2794.87	2125.99	1974.25	4106.04	3984.86	1717.58	1401.08
天 津	32293.6	7943.06	1950.68	2088.62	1205.62	3468.86	2353.43	1694.29	1007.31
河 北	22580.3	4404.93	1488.11	1526.28	977.46	2149.57	1550.63	1117.30	426.29
山 西	22455.6	3676.65	1627.53	1612.36	870.91	1775.85	2065.44	1020.61	516.84
内蒙古	25496.7	6117.93	2777.25	1951.05	1233.39	2719.92	2111.00	1394.80	943.72
辽 宁	25578.2	5803.90	2100.71	1936.10	1145.57	2589.18	2258.46	1343.05	852.69
吉 林	22274.6	4658.13	1961.20	1932.24	908.43	2217.87	1935.04	1692.11	627.30
黑龙江	19597.0	5069.89	1803.45	1543.29	796.38	1661.35	1396.38	1334.80	556.16
上 海	43851.4	9822.88	2032.28	2847.88	1705.47	4736.36	4122.07	1350.28	1537.78
江 苏	32537.5	7074.11	2013.00	1564.30	1378.85	3135.00	3290.00	1122.00	794.00
浙 江	37850.8	8008.16	2235.21	2004.69	1400.57	4568.32	2848.75	1244.37	947.13
安 徽	23114.2	6370.23	1687.49	1663.55	898.55	2411.16	1904.15	869.89	480.16
福 建	30816.4	7424.67	1685.07	2013.53	1416.94	3219.46	2448.36	935.50	949.19
江 西	21872.7	5221.10	1566.49	1414.89	1004.15	1812.78	1671.24	672.50	471.58
山 东	28264.1	5625.94	2277.03	1780.07	1269.65	2474.83	1909.84	1109.37	665.52
河 南	22398.0	4913.87	1916.99	1315.28	1281.06	1768.28	1911.16	1054.54	660.81
湖 北	22906.4	6259.22	1881.85	1456.30	1059.22	1745.05	1922.83	1033.46	391.57
湖 南	23414.0	5583.99	1520.35	1529.50	1146.65	2409.83	2080.46	1078.82	537.51
广 东	33090.0	8856.91	1614.87	2339.12	1539.09	4544.21	3222.40	1122.71	893.95
广 西	23305.4	5841.16	1015.88	1662.50	1086.46	2564.92	2083.99	776.26	386.46
海 南	22928.9	6979.22	932.63	1578.65	1030.79	2005.73	1923.48	734.28	408.26
重 庆	25216.1	7245.12	2333.81	1376.15	1325.91	1976.19	1722.66	1245.33	588.70
四 川	22367.6	6471.84	1727.46	1321.54	1196.65	2185.94	1877.55	1019.04	542.99
贵 州	20667.1	4915.02	1401.85	1496.49	1083.77	1870.08	1950.28	633.72	351.66
云 南	23235.5	5741.01	1356.91	1384.91	987.24	2197.73	2045.29	1085.46	357.61
西 藏	20023.4	5889.48	1528.14	963.99	541.46	500.60	1551.34	617.97	638.89
陕 西	22858.4	6075.58	1915.33	1465.81	1060.49	2019.08	2208.06	1310.19	626.16
甘 肃	18964.8	5162.87	1747.32	1596.00	939.48	1503.61	1547.65	1117.42	406.37
青 海	19498.5	4777.10	1675.06	1684.78	890.08	1742.96	1471.98	813.13	484.41
宁 夏	21833.3	4895.20	1737.21	1497.98	1001.38	2503.65	1868.42	1158.83	657.99
新 疆	19873.8	5323.50	2036.94	1275.35	977.80	2210.25	1597.99	1179.77	604.55

资料来源:《中国统计年鉴(2014)》。

解：

（1）由于没有各种商品的价格资料，只能求出简单的商品需求函数：

$$C_i = \alpha_i + \beta_i Y$$

式中，C_i 为第 i 种商品人均消费量，即需求量，Y 为人均可支配收入。由于截面数据容易存在异方差性，所以采用 GLS 法进行估计，可分别得到食品、衣着等 8 类商品与服务的需求函数，具体见表 10-4。

表 10-4 我国 2013 年城镇居民各类商品的需求函数

商品名称	α_i	β_i	$\overline{R^2}$	F	LM 检验 nR^2
食品（$C1$）	1533.10 (11.27)	0.1801 (32.48)	0.9723	1054.95	$1.28(p=0.52)$
衣着（$C2$）	1093.60 (33.86)	0.0284 (20.99)	0.9361	440.50	$0.91(p=0.63)$
居住（$C3$）	509.23 (7.55)	0.0453 (15.29)	0.8858	233.7	$0.11(p=0.95)$
家庭设备及用品（$C4$）	166.80 (6.7)	0.0382 (35.58)	0.9768	1266.07	$0.69(p=0.71)$
交通通信（$C5$）	-1060.58 (-44.48)	0.1389 (136.55)	0.9984	18646.95	$0.58(p=0.75)$
文教娱乐（$C6$）	-396.25 (-7.8)	0.1004 (39.29)	0.9809	1543.57	$2.18(p=0.34)$
医疗保健（$C7$）	696.11 (8.28)	0.0161 (4.35)	0.3743	18.9452	$0.73(p=0.69)$
杂项商品（$C8$）	-354.94 (-71.57)	0.0401 (161.32)	0.9988	26024.33	$5.11(p=0.08)$

（2）由于是截面数据资料，可以直接进行 GLS 估计扩展的线性支出系统模型。

第一步，用表中的人均可支配收入 Y 估计，有

$$C_i = a_i + b_i Y + \mu_i \quad (i=1,2,3,4,5,6,7,8)$$

回归结果见表 10-4。

第二步，计算对 8 种商品或服务的基本需求总量 $\sum p_i r_i$，有

$$\sum p_i r_i = \frac{\sum \hat{a}_i}{1 - \sum \hat{b}_i} = \frac{2187.07}{1 - 0.5875} = 5309.988$$

第三步，逐次计算各商品的基本需求额，有

$$p_i r_i = \hat{a}_i + \hat{b}_i \sum p_i r_i$$

计算结果列于表 10-5。

表 10-5　城镇居民各类商品的基本需求额与边际消费倾向　　　　单位：元

	食品	衣着	居住	家庭设备及用品	交通通信	文教娱乐	医疗保健	杂项商品
$P_i r_i$	2487.99	1244.18	749.41	369.34	-324.13	136.07	781.47	-142.33
b_i	0.1801	0.0284	0.0453	0.0382	0.1389	0.1004	0.0161	0.0401

于是对各种商品的扩展的线性支出系统模型为

$$q_i p_i = r_i p_i + b_i \left(Y - \sum r_j p_j \right)$$

如对食品的扩展的线性支出需求函数为

$$q_1 p_1 = 2487.99 + 0.1801 (Y - 5301.988)$$

表 10-5 中列出了对各种商品扩展的消费支出需求函数的斜率项(边际消费倾向)。

10.2.6　EViews 过程的实现

下面用 EViews 完成表 10-4 中的估计结果。首先，将表 10-3 中的数据输入 EViews，分别得到 8 类商品消费量和人均可支配收入共 9 个原始数据序列：各类商品消费量 C_i 和人均可支配收入 Y。然后，在 EViews 的命令窗口里分别输入“LS C1 C Y”，按 Enter 键即可得到回归结果，如图 10.3 所示。其显示的是食品消费(C_1)与人均可支配收入(Y)之间的回归结果，在此基础上，利用 OLS 回归的残差绝对值的倒数为权重进行 GLS 估计，得到如图 10.4 所示的结果。其他 7 种商品与服务的消费量与人均可支配收入之间的回归结果依次可以得到。

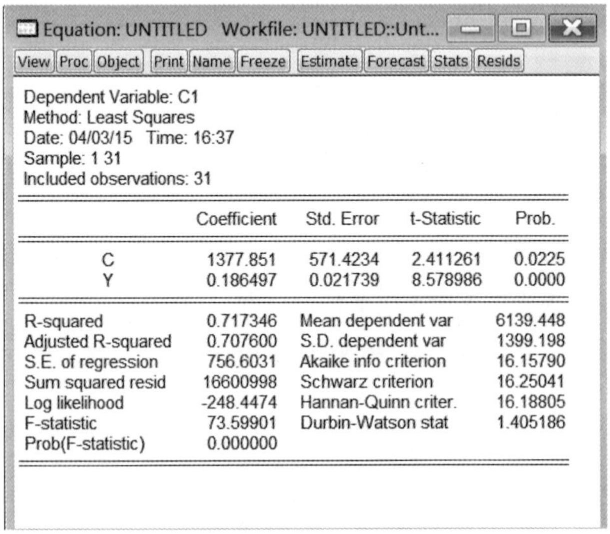

Dependent Variable: C1
Method: Least Squares
Date: 04/03/15 Time: 16:37
Sample: 1 31
Included observations: 31

	Coefficient	Std. Error	t-Statistic	Prob.
C	1377.851	571.4234	2.411261	0.0225
Y	0.186497	0.021739	8.578986	0.0000

R-squared	0.717346	Mean dependent var	6139.448
Adjusted R-squared	0.707600	S.D. dependent var	1399.198
S.E. of regression	756.6031	Akaike info criterion	16.15790
Sum squared resid	16600998	Schwarz criterion	16.25041
Log likelihood	-248.4474	Hannan-Quinn criter.	16.18805
F-statistic	73.59901	Durbin-Watson stat	1.405186
Prob(F-statistic)	0.000000		

图 10.3　OIS 法回归结果

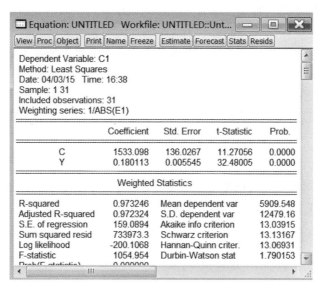

图 10.4 GLS 法回归结果

10.3 消费函数模型

10.3.1 消费函数

消费活动是经济活动的终点，一切经济活动的目的都是为了满足人们不断增长的消费需求；同时，消费活动又是经济活动的起点，是拉动经济增长的动力。消费函数模型是对消费理论的数学描述，或者说消费函数是在消费理论的指导下建立与发展的。是与行为理论联系最为密切的经济数学模型。

10.3.2 基本消费函数模型

1. 绝对收入假说消费函数模型

凯恩斯认为，消费是由收入唯一决定的，消费与收入存在着稳定的函数关系。伴随着收入的增加，消费也将随之增加，但消费的增长低于收入的增长，即边际消费倾向递减。根据该理论假设，可以建立如下所示的消费函数模型：

$$C_t = \alpha + \beta Y_t + \mu_t \quad (t=1,2,3,\cdots,T) \tag{10.35}$$

式中，C 为消费额，Y 表示收入，α、β 为待定参数，μ_t 为随机扰动项。从经济意义上来讲，α 为自发性消费，β 为边际消费倾向，且待定参数满足：$\alpha > 0$，$0 < \beta < 1$。模型 (10.35) 可以采用单方程计量经济学模型估计方法估计其参数。

2. 相对收入假说消费函数模型

绝对收入假说消费函数模型认为消费者的消费行为是独立的，不受周围环境的影响。

这种消费行为假设是不符合客观实际的。Duesenberry 认为，消费者的消费行为不仅受自身收入水平的影响，也受周围人的消费水平的影响。例如，若周围人的消费水平较高，即使某个消费者的收入水平较低，他也会企图接近周围人的消费水平，于是他的边际消费倾向就会比较高，现实中的这种现象被称为消费的"示范性"。

由消费的"示范性"，个人的平均消费倾向不仅与收入有关，而且与个人所处的群体的收入分布有关，在收入分布中处于低收入的个人，往往有较高的消费倾向，即

$$\frac{C_i}{Y_i} = \alpha_0 + \alpha_1 \frac{\overline{Y_i}}{Y_i} \tag{10.36}$$

其中 $\overline{Y_i}$ 为该消费者所处的群体的平均收入水平。由式(10.36)可以看出，当 α_0、α_1、$\overline{Y_i}$ 一定时，对于较低的 Y_i，其 C_i/Y_i 较高，这就是"示范性"的作用。

3. 持久收入假说消费函数模型

收入可以分为持久收入 Y^p 和暂时收入 Y^t，消费也可以分为持久消费 C^p 和暂时消费 C^t。表示为

$$C_t = C_t^p + C_t^t, \quad C_{t-1} = C_{t-1}^p + C_{t-1}^t$$

持久收入是消费者总收入中可以预料到的较稳定、持续性的收入，暂时收入是消费者不可预料的偶然性收入。持久收入假说认为，消费支出取决于长期的或平均的或持久的收入，表达为

$$C^p = k(r,w) Y_t^p \tag{10.37}$$

式中，C^p 为持久消费，Y^p 为持久收入，r 为利率，w 为财产对收入的比率。

持久收入的估计式为

$$Y_t^p = (1-\lambda)(Y_t + \lambda Y_{t-1} + \lambda^2 Y_{t-2} + \cdots)$$

式中，$0 < \lambda < 1$，第 $t-i$ 年的权数是 $(1-\lambda)\lambda^i$。

则持久消费估计式为

$$C_t^p = k(1-\lambda)(Y_t + \lambda Y_{t-1} + \lambda^2 Y_{t-2} + \cdots)(0 < \lambda < 1)$$

将上式滞后一期两边同乘 λ，得

$$\lambda C_{t-1}^p = k(1-\lambda)(\lambda Y_{t-1} + \lambda^2 Y_{t-2} + \lambda^3 Y_{t-3} + \cdots)$$

将持久消费估计式与其滞后一期估计式相减，得

$$C_t^p - \lambda C_{t-1}^p = k(1-\lambda) Y_t$$

由式中 $C_t = C_t^p + C_t^t$，$C_{t-1} = C_{t-1}^p + C_{t-1}^t$ 求得 C_t^p，C_{t-1}^p，代入上式，得

$$C_t = k(1-\lambda) Y_t + \lambda C_{t-1} + C_t^t - \lambda C_{t-1}^t$$

令

$$\beta_1 = k(1-\lambda), \quad \beta_2 = \lambda, \quad \mu_t = C_t^t - \lambda C_{t-1}^t$$

则持久收入假说一般经济计量模型形式为

$$C_t = \beta_1 Y_t + \beta_2 C_{t-1} + \mu_t \tag{10.38}$$

10.3.3 案例分析

表 10-6 数据为 1993—2013 年城镇居民人均消费支出和人均可支配收入时间序列资

料，Z_t 为经消费价格指数调整后的中国城镇居民人均年消费支出，S_t 为经收入指数调整后的人均收入。现以人均年消费支出为被解释变量，人均收入为解释变量，分别建立基于绝对收入假说和持久收入假说的消费函数回归模型。

表 10-6　中国城镇居民人均生活消费支出和可支配收入序列　　单位：元

年　份	Z_t	S_t	年　份	Z_t	S_t
1993	2111	2583	2004	7182	9422
1994	2851	3502	2005	7943	10493
1995	3538	4283	2006	8697	11759
1996	3920	4845	2007	9997	13786
1997	4186	5106	2008	11243	15781
1998	4332	5425	2009	12265	17175
1999	4616	5854	2010	13471	19109
2000	4998	6280	2011	15161	21810
2001	5309	6860	2012	16674	24565
2002	6030	7703	2013	18023	26955
2003	6511	8472			

资料来源：《中国统计年鉴(1994—2014)》。

1. 基于绝对收入假说的城镇居民消费函数模型的估计

对于原序列 S_t 和 Z_t 分别进行对数变换，生成两个新序列 ls 和 lz。根据 $C_t = \alpha + \beta Y_t + \mu$，应用 EViews 软件对 ls 和 lz 进行回归，得到如下所示的估计方程：

$$lz = 0.5984 + 0.9038 ls$$
$$(12.41)\quad(170.99)$$
$$R^2 = 0.9993, \quad D.W. = 0.9272, \quad F = 29238.9$$

该模型的两个参数估计值都通过了 t 检验，样本决定系数 R^2 接近 1，表明模型拟合效果很好；F 检验表明方程总体存在显著线性关系；对于 $n=21$，$k=2$，查 D.W. 检验表得临界值 $d_l = 1.22$，$d_u = 1.42$，D.W. $= 0.9272 < d_l = 1.22$，说明残差序列存在正自相关，模型需要进行自相关处理。对模型采用迭代法进行 $AR(1)$ 处理，输出回归结果表明克服了自相关问题，从而得到消费模型为

$$lz = 0.7187 + 0.8911 * ls + [AR(1) = 0.3217]$$

则由模型可以得到我国城镇居民在 1993—2013 年期间的收入弹性为 0.8911，即收入每增加 1%，消费支出随之平均增加 0.8911%。

2. 基于持久收入假说的城镇居民消费函数模型的估计

基于持久收入假说的城镇居民消费模型设定为

估计结果为

$$lz = \alpha + \beta_1\, ls + \beta_2\, lz(-1)$$

$$lz = 0.6436 + 0.8069 ls + 0.0964 lz(-1)$$
$$(18.87)\quad (24.45)\quad (2.71)$$
$$R^2 = 0.9997,\ \text{D.W.} = 2.3042,\ F = 32522.83$$

由回归结果可知，模型的 3 个参数估计值都通过了 t 检验，样本决定系数 R^2 接近 1，模型拟合效果很好。

10.3.4 EViews 过程的实现

1）完成"基于绝对收入假说的城镇居民消费函数模型"实现的基本步骤

第一步，数据录入，如图 10.5 所示。

图 10.5 数据录入

第二步，对原序列 z、s 分别进行对数变换。输入命令，如图 10.6 所示。

Genr lz = log(z)，按 Enter 键，生成对数序列 lz；

Genr ls = log(s)，按 Enter 键，生成对数序列 ls。

对 lz 和 ls 进行回归，输入命令"LS lz c ls"。

第三步，对模型采用迭代法进行自相关处理，输入命令"LS lz c ls AR(1)"，如图 10.7 所示。

2）完成"基于持久收入假说的城镇居民消费函数模型"实现步骤

第一步，在对数序列 lz 基础上，重新生成其滞后值序列 lzt_{-1}。

输入命令"genr lz1 = lz(-1)"。

第二步，对 lz 与 ls、lz1 进行回归。

输入命令"LS lz c ls lz1"，得到如图 10.8 所示的回归结果。

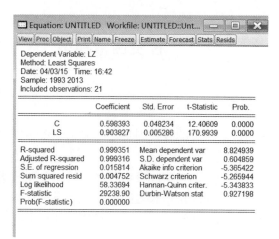

图 10.6　回归结果

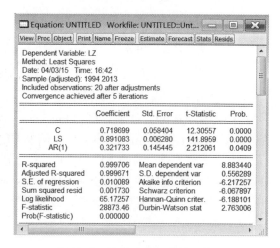

图 10.7　迭代法自相关处理结果

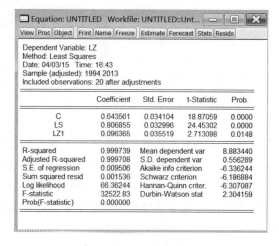

图 10.8　回归结果

10.4 投资函数模型

10.4.1 投资函数的理论模型

投资函数模型是投资与决定投资的各种因素之间关系的数学描述，也是一定的投资行为理论的数学描述。在西方传统的市场经济国家，投资行为理论研究主要包括两个问题：一是最优资本存量是如何决定的；二是实际资本存量如何调整到最优资本存量。投资活动是形成资本存量的过程，所以它与经济增长之间的关系是通过资本存量的变化实现的。这就决定了投资函数是由投资额、资本存量或增量和经济活动水平或增量以及它们之间的关系共同构成的函数。

1. 加速模型

常见的几种重要的投资函数模型的一般形式为

$$I_t = f(\Delta Y_t) + \mu_t$$
$$I_t = f(Y_t, K_{t-1}) + \mu_t$$
$$I_t = f(Y_t, Y_{t-1}, I_{t-1}) + \mu_t$$
$$I_t = f(\Delta Y_t, Y_{t-1}, I_{t-1}) + \mu_t$$

式中，I_t 为第 t 年的投资额；Y_t 为第 t 年的经济活动水平，例如 GDP；K_t 为第 t 年的资本存量，例如固定资产原值；Δ 为增量算子，例如 $\Delta Y_t = Y_t - Y_{t-1}$。上述 4 个模型说明可以用不同的变量作为投资额的解释变量，当然它们直接反映的经济行为是不同的。但从下面的推导可以看出，上述几个模型都是加速模型的变形，或者从本质上说它们都是加速模型。

1）原始加速模型

加速模型是西方国家用于投资研究的主要模型，经历了漫长的发展过程。1917 年首先由 Clark 提出了原始的加速模型，它是以不变的固定资产产出比为基础的模型，即

$$K^e = \alpha Y$$

式中，K^e 为最优资本存量，α 为固定资产产出比，是一个不变的参数。如果假定在每个时期实际资本存量都能够及时调整为最优资本存量，则有

$$I_t = K_t - K_{t-1} = K_t^e - K_{t-1} = \alpha(Y_t - Y_{t-1})$$

其计量模型形式为

$$I_t = \alpha \Delta Y + \mu_t \tag{10.39}$$

然而，由于不变的固定资产产出比假设，以及实际资本存量都能及时调整为最优资本存量的假设，都是与实际资本和生产活动不符的，所以采用模型(10.39)的拟合效果一般很差。但模型揭示的由产出增量决定投资额的行为理论则是投资函数模型发展的基石。

2）灵活的加速模型

Koyck 于 1954 年摒弃"实际资本存量都能及时调整为最优资本存量"的假设，提出

了灵活的加速模型。该模型认为实际资本存量与最优资本存量存在如下所示的关系：

$$K_t - K_{t-1} = \lambda(K_t^e - K_{t-1})$$

即

$$K_t = \lambda K_t^e + (1-\lambda)K_{t-1} = \lambda\alpha Y_t + (1-\lambda)K_{t-1}$$

式中，$0 < \lambda < 1$ 为调整系数。上式还可写成

$$K_t = \alpha[\lambda Y_t + \lambda(1-\lambda)Y_{t-1} + \lambda(1-\lambda)^2 Y_{t-2} + \cdots]$$

表明 t 时刻的资本存量不仅取决于现期产出，也与过去的产出水平有关。这是由多方面的原因造成的，例如，决策者在投资之前需要确认产出的上升是持久性的、需要足够的时间来筹措资金、投资品需要前期供给等。

如果考虑折旧，则有

$$I_t = K_t - K_{t-1} + \delta K_{t-1} = \alpha\lambda Y_t + (\delta-\lambda)K_{t-1}$$

式中，δ 为折旧率。写成计量经济模型形式为

$$I_t = \alpha\lambda Y_t + (\delta-\lambda)K_{t-1} + \mu_t \tag{10.40}$$

模型(10.40)有两个解释变量，3个待估参数，不能直接估计全部参数，必须先验地得到折旧率 δ，然后估计 α 和 λ。

3) 实用的加速模型

将下式

$$I_t = K_t - K_{t-1} + \delta K_{t-1} = \alpha\lambda Y_t + (\delta-\lambda)K_{t-1}$$

表示成含有内生解释变量的形式：

$$I_t - (1-\delta)I_{t-1} = \alpha\lambda Y_t + (\delta-\lambda)K_{t-1} - (1-\delta)\alpha\lambda Y_{t-1} + (1-\delta)(\delta-\lambda)K_{t-2}$$
$$= \alpha\lambda Y_t - (1-\delta)\alpha\lambda Y_{t-1} + (\delta-\lambda)I_{t-1}$$

这里利用了 $I_{t-1} = K_{t-1} - (1-\delta)K_{t-2}$

于是有

$$I_t = \alpha\lambda Y_t - (1-\delta)\alpha\lambda Y_{t-1} + (1-\lambda)I_{t-1} + \mu_t \tag{10.41}$$

该模型中全部参数都可以直接估计得到，而且不需要资本存量的数据，是一个比较实用的加速模型。

4) 利用最新信息的加速模型

Hines 和 Catephores 于 1970 年用 $K_t^e = \alpha Y_{t-n}$ 代替 $K_t^e = \alpha Y_t$，其中 Y_{t-n} 表示产出水平的最新信息。他们指出，人们是根据产出水平的最新信息来确定资本存量的期望值，而不是根据尚未可知的实际产出水平，于是有

$$I_t = \alpha\lambda Y_{t-n} - (1-\delta)\alpha\lambda Y_{t-n-1} + (1-\lambda)I_{t-1} = \alpha\lambda\Delta Y_{t-n} + \delta\alpha\lambda Y_{t-n-1} + (1-\lambda)I_{t-1}$$

其计量经济模型形式为

$$I_t = \alpha\lambda\Delta Y_{t-n} + \delta\alpha\lambda Y_{t-n-1} + (1-\lambda)I_{t-1} + \mu_t \tag{10.42}$$

估计模型(10.42)时必须先确定 n，然后估计其他参数。

2. 利润决定的投资函数模型

加速模型认为投资的原动力是产出的增长。但是由于投资活动是一个多周期过程，投资决策必然与资金的回报有关，所以就要考虑资产条件、税率、利率、产品与资本的价格

等因素。资本存量的预期值并不取决于产出水平,而是取决于利润水平,从这一假设出发,Grunfeld 于 1961 年提出了如下所示的关系:

$$K_t^e = \alpha_0 + \alpha_t V_t$$

式中,V_t 表示利润水平。加上资本存量定额调整过程,投资函数模型为

$$I_t = \lambda(K_t^e - K_{t-1}) + \delta K_{t-1} = \lambda\alpha_0 + \lambda\alpha_1 V_t + (\delta - \lambda)K_{t-1}$$

其计量模型形态为

$$I_t = \lambda\alpha_0 + \lambda\alpha_1 V_t + (\delta - \lambda)K_{t-1} + \mu_t \tag{10.43}$$

先验地得到折旧率 δ,然后即可估计模型的其他参数。

3. 新古典投资函数

加速模型假设资本产出比为常数,即认为资本与其他要素之间不具有可替代性。Jorgenson 将新古典生产函数引入投资函数模型,承认在生产函数中要素之间具有可替代性,提出了新古典投资函数模型。该模型以利润最大化为目标,以新古典生产函数为约束条件,求解如下所示的极值问题:

$$\max R_t = p_t Y_t - w_t L_t - r_t K_t$$
$$s.t.\ Y_t = f(L_t, K_t)$$

式中,R、p、w 和 r 分别为利润、产品价格、工资率和资本的租金。求解该极值问题即可得到资本的最优存量,并可以此来决定投资。

10.4.2 投资函数模型的估计方法

投资函数模型参数估计中,除了多重共线性外,还会经常遇到自相关问题。参数的分布滞后结构,一般可用阿尔蒙多项式逼近。对此需要根据实际情况判断其类型,有时还需要采用经验加权法逐步尝试来确定。

本章小结

本章作为计量经济模型的应用,首先介绍了生产函数概念、模型设定、估计及应用等方面知识。

其次,介绍了需求函数基本概念、模型设定、模型估计及案例分析等内容,其中,重点介绍了线性支出系统需求函数模型的估计。

再次,介绍了消费函数基本模型类型及案例分析。

最后,简要介绍了投资函数的理论模型形式及估计方法。

习 题

1. 什么是线性支出系统需求函数模型和扩展的线性支出系统需求函数模型?试推导两者之间参数的关系,并说明对利用截面资料的线性支出系统需求函数模型的参数如何估计。
2. 指出柯布－道格拉斯(C－D)生产函数模型的性质。
3. 已知我国某年城镇居民家庭收支抽样调查资料见表 10－7。

表10-7　城镇居民家庭收支抽样调查资料　　　　　　　　　　　单位：元

项　目	困难户	最低收入户	低收入户	中等偏下户	中等户	中等偏上户	高收入户	最高收入
可支配收入(Y)	2242.92	2453.62	3148.62	3779.82	4579.98	5599.28	6826.77	9250.44
食品($C1$)	1283.93	1356.24	1570.80	1724.35	1902.79	2113.15	2284.93	2583.17
衣着($C2$)	208.27	232.86	316.41	414.89	526.86	637.99	767.77	925.25
家庭设备用品及服务($C3$)	97.26	112.25	143.33	196.09	259.89	347.33	490.15	731.19
医疗保健($C4$)	81.07	91.24	96.96	120.62	135.40	159.78	192.21	250.43
交通通信($C5$)	66.05	75.05	110.30	142.94	190.36	244.16	312.74	396.34
娱乐教育文化服务($C6$)	182.78	191.53	233.15	293.09	356.74	431.01	511.49	735.28
居住($C7$)	194.38	198.95	220.17	256.95	293.56	344.05	375.56	474.59
杂项商品与服务($C8$)	61.80	69.17	89.63	116.57	150.72	204.03	267.50	389.52

要求：建立线性支出系统的需求函数模型和扩展的线性支出系统需求函数模型，并进行消费结构分析。

4. 已知某地区洗衣机的需求函数为

$$Y = 0.00076t - 0.00042P + 0.00017I$$

式中，t 表示每年的季度数，P 表示洗衣机综合平均价格，I 为每户每季的收入。要求计算出价格弹性及收入弹性，并做分析。

5. 试查找我国历年来的工业劳动力人数、流动资金总额、工业总产值等数据资料，并依此确定柯布-道格拉斯生产函数模型，并进行回归分析。

6. 选择两要素一级 CES 生产函数的近似形式建立中国电力行业的生产函数模型：

$$\ln Y = \ln A + \gamma t + m\delta \ln K + m(1-\lambda)\ln L - \frac{1}{2}m\rho\delta(1-\delta)\left(\ln\frac{K}{L}\right)^2 + \mu$$

其中 Y 为发电量，K、L 分别为投入的资本和劳动数量，t 为时间变量。以时间序列数据为样本。

（1）指出模型对要素替代弹性的假设，并指出它与 C-D 生产函数、VES 生产函数在要素替代弹性假设上的区别。

（2）指出模型对技术进步的假设，并指出它与下列生产函数模型：

$$\ln Y = \ln A + \gamma t + \alpha \ln K + \beta \ln L + \mu$$

在技术进步假设上的区别。

（3）如 Y、L 的样本数据采用实物量，问，能否直接采用统计年鉴中的固定资产原值数据作为 K 的样本数据？为什么？

（4）如用 OLS 估计参数，通常容易违背哪一类基本假设？

7. 将商品分成食品、衣着、日用品、住房、燃料、文化生活服务 6 大类，建立如下所示的线性支出系统需求模型：

$$V_i = p_i q_i = p_i q_i^0 + \beta_i \left(V - \sum_j p_j q_j^0 \right), \quad i = 1, 2, \cdots, 6$$

其中，$V_i = p_i q_i$ 为人均购买第 i 类商品的支出，p_i 为第 i 类商品的价格，q_i^0 为第 i 类商品的基本需求量，V 为总支出。根据调查资料，利用最小二乘法估计参数结果见表 10-8。假设人均总支出 $V = 280$。试根据模型计算各类需求的生活消费支出弹性，即生活消费总支出增加 1% 时各类需求量的相对变化率。

表 10-8 商品需求模型估计参数

	食品	衣着	日用品	住房	燃料	服务
$\hat{\beta}_i$	0.38	0.09	0.18	0.31	0.02	0.02
$\widehat{p_i q_i^0}$	120	20	15	18	10	5

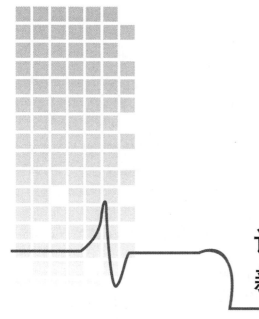

第11章

计量经济学的若干新发展

教学目标

通过本章的学习,对计量经济学近期部分比较重要的发展领域有一定的了解和认识,并能针对实际问题应用协整模型或面板数据模型进行分析和说明。

教学要求

了解时间序列数据平稳性、单整与协整、面板数据的概念;掌握数据平稳性的单位根检验方法;了解固定影响的面板数据模型、协整与误差修正模型。

11.1 协整理论

经典回归模型是建立在平稳数据变量基础上的。对于非平稳变量,则不能使用经典回归模型,否则就会出现虚假回归等诸多问题。由于许多经济变量是非平稳的,这就给经典的回归分析方法带来了很大的限制。

考虑到经济现象中大多数时间序列是非平稳序列,因此,得到伪回归结果是常见的事。避免非平稳性问题的常用方法是在回归中使用差分。可是,使用变量为差分形式的关系式更适合描述所研究的经济现象的短期状态或非均衡状态,而不是其长期均衡状态。因此,为了避免伪回归、使估计量具有超一致性和能反应变量之间的长期均衡关系和短期动态关系,在要对一组非平稳时间序列建立正确的经济计量模型时需引入协整(Cointegration)理论。

协整理论是格兰杰(Granger)和恩格尔(Engle)于1987年正式提出的。此理论的提出为非平稳序列的建模提供了另一种途径。虽然一些经济变量本身是非平稳序列,但是它们的线性组合有可能是平稳序列。这种平稳的线性组合被称为协整方程,且可被解释为变量之间长期稳定的均衡关系。这一理论在国际上得到了日益广泛的应用,并在实践中得到了进一步的发展。目前,在利用时间序列数据建立模型时,对协整关系的检验已经成为必不可少的一步。协整理论是近些年来计量经济学最重要的进展。

11.1.1 单整与协整

1. 平稳时间序列

设 X_t 为一个时间序列,如果 X_t 满足:均值 $E(X_t)=\mu$,是与时间 t 无关的常数;方差 $\text{Var}(X_t)=\sigma^2$,是与时间 t 无关的常数;协方差 $\text{Cov}(X_t X_{t+k})=\gamma_k$,是只与时间间隔 k 有关,但与时间 t 无关的常数等条件,则称该随机时间序列是平稳的,而该随机过程是一平稳随机过程(Stationary Stochastic Process)。

【例11.1】一个最简单的随机时间序列 $\{X_t\}$ 是一具有零均值同方差的独立分布序列:

$$X_t = \mu_t, \quad \mu_t \sim N(0, \delta^2)$$

该序列常被称为是一个白噪声(White Noise)。由于 X_t 具有相同的均值与方差,且协方差为零,因此,由定义可知一个白噪声序列是平稳的。

2. 非平稳时间序列

非平稳时间序列的均值或方差或两者都与时间有关,即时间序列不存在可收敛的长期平均水平,且方差随时间的推移无限增大。因此,对非平稳时间序列的冲击将产生永久的影响。非平稳时间序列具有明显的趋势,这些趋势包括3种类型:确定趋势、随机趋势、兼有确定趋势和随机趋势。

【例11.2】一个简单的随机时间序列被称为随机游走(Random Walk),该序列由如下随机过程生成

$$X_t = X_{t-1} + \mu_t$$

式中，μ_t 是一个白噪声。

该序列有相同的均值 $E(X_t) = E(X_{t-1})$。为了检验该序列是否具有相同的方差，可假设 X_t 的初值为 X_0，则

$$X_1 = X_0 + \mu_1$$
$$X_2 = X_1 + \mu_2 = X_0 + \mu_1 + \mu_2$$
$$\vdots$$
$$X_t = X_0 + \mu_1 + \mu_2 + \cdots + \mu_t$$

由于 X_0 为一常数，μ_t 是一个白噪声，因此，$\text{Var}(X_t) = t\delta^2$，即 X_t 的方差与时间 t 有关而非常数，它是一非平稳序列。

3. 单整

如果一个时间序列经过一次差分变成平稳的，就称原序列是 1 阶单整（integrated of 1）序列，记为 $I(1)$。一般来说，如果一个时间序列经过 d 次差分（$\Delta^d X_t = \Delta^{d-1} X_t - \Delta^{d-1} X_{t-1}$）后变成平稳序列，则称原序列是 d 阶单整（integrated of d）序列，记为 $I(d)$。显然，$I(0)$ 代表平稳时间序列。

【例 11.3】随机游走序列

$$X_t = X_{t-1} + \mu_t$$

经差分等价地变形为

$$\Delta X_t = X_t - X_{t-1} = \mu_t$$

由于 μ_t 是一个白噪声，因此差分后的序列 $\{\Delta X_t\}$ 是平稳的，即随机游走序列是 1 阶单整序列，$X_t \sim I(1)$。

4. 协整

如果两个或两个以上同阶单整的非平稳时间序列的线性组合是平稳的时间序列，则这些变量之间的关系就是协整的。

一般地，如果序列 X_{1t}，X_{2t}，$\cdots$，X_{kt} 都是 d 阶单整的，存在向量 $\alpha = (\alpha_1, \alpha_2, \cdots, \alpha_k)$，使得 $Z_t = \alpha X_t \sim I(d-b)$，其中，$b > 0$，$X_t = (X_{1t}, X_{2t}, \cdots, X_{kt})'$，则认为序列 X_{1t}，X_{2t}，$\cdots$，X_{kt} 是 (d, b) 阶协整，记为 $X_t \sim CI(d, b)$，α 为协整向量（Cointegration Vector）。需要注意的是，当 $d = b$ 时，$Z_t = \alpha X_t \sim I(0)$。所以，$(d, d)$ 阶协整是一类非常重要的协整关系，它的经济意义在于：不同变量，虽然它们具有各自的长期波动规律，但是如果它们是 (d, d) 阶协整的，则它们之间存在着一个长期稳定的比例关系，因此可以使用经典回归模型方法建立回归模型。

注意：如果两个变量都是单整变量，只有当它们的单整阶相同时，才可能协整；如果它们的单整阶不相同，就不可能协整。

【例 11.4】中国居民消费 Y_t 和居民可支配收入 X_t，经验表明，它们各自都是 1 阶单整序列，由于居民消费与居民可支配收入存在固定的比例关系，所以它们是 $(1, 1)$ 阶协整的，从计量经济学模型的意义上讲，建立如下所示的居民消费函数模型：

$$Y_t = \alpha_0 + \alpha_1 X_t + \mu_t$$

$$\mu_t = Y_t - \alpha_0 - \alpha_1 X_t$$

此时，$\mu_t \sim I(0)$，即居民消费与居民可支配收入两个变量之间的关系为协整关系。

11.1.2 协整理论的意义

1. 避免伪回归

如果一组非平稳的时间序列数据表现出一致的变化趋势，即使它们之间没有任何经济关系，但进行回归也可表现出较高的 R^2 值和 t 值，但不会得到有意义的估计结果。这就是涉及时间序列数据的虚假回归(Spurious Regression)或伪回归问题。因此，对变量之间的协整关系进行检验，是正确建立经济计量模型的前提条件。

2. 估计量的"超一致性"

在协整理论正式提出之前，为了防止出现伪回归，人们通常把非平稳时间序列变换为平稳时间序列，然后建立模型。而协整理论表明，如果一组非平稳时间序列之间存在协整关系，则可以直接建立回归模型，而且，其参数的最小二乘估计量具有超一致性，即以更快的速度收敛于参数的真值。

3. 区分变量之间的长期均衡关系与短期动态关系

传统的经济模型通常表述的是变量之间的一种"长期均衡"关系，而实际经济数据是由"非均衡过程"生成的。因此，建模时需要用数据的动态非均衡过程来逼近经济理论的长期均衡过程。

如果一个内生变量 y_t 只被表示成同一时点的外生变量 x_t 的函数，x_t 对 y_t 的长期影响很容易求出。然而如果每个变量的滞后也出现在模型之中，其长期影响将通过分布滞后的函数反映，这就是自回归分布滞后模型(ADL 模型)。

先考虑一阶自回归分布滞后模型，记为 ADL(1, 1)：

$$y_t = \beta_0 + \beta_1 y_{t-1} + \beta_2 x_t + \beta_3 x_{t-1} + u_t, \quad t = 1, 2, \cdots, T \tag{11.1}$$

式中，$u_t \sim i.i.d.(0, \sigma^2)$，记 $y^* = E(y_t)$，$x^* = E(x_t)$，由于 $E(u_t) = 0$，在式(11.1)两边取期望得

$$y^* = \beta_0 + \beta_1 y^* + \beta_2 x^* + \beta_3 x^* \tag{11.2}$$

进而有

$$y^* = \frac{\beta_0 + (\beta_2 + \beta_3) x^*}{1 - \beta_1} = \frac{\beta_0}{1 - \beta_1} + \frac{\beta_2 + \beta_3}{1 - \beta_1} x^* \tag{11.3}$$

记

$$k_0 = \beta_0 / (1 - \beta_1), \quad k_1 = (\beta_2 + \beta_3) / (1 - \beta_1),$$

则式(11.3)可写为

$$y^* = k_0 + k_1 x^* \tag{11.4}$$

式中，k_1 度量了 y_t 与 x_t 的长期均衡关系，也是 y_t 关于 x_t 的长期乘数。

在式(11.1)两端减去 y_{t-1}，在右边加减 $\beta_2 x_{t-1}$，得到

$$\Delta y_t = \beta_0 + (\beta_1 - 1) y_{t-1} + \beta_2 \Delta x_t + (\beta_2 + \beta_3) x_{t-1} + u_t \tag{11.5}$$

利用 $\beta_2+\beta_3=k_1(1-\beta_1)$，$\beta_0=k_0(1-\beta_1)$，式(11.5)又可改写成

$$\Delta y_t=(\beta_1-1)(y_{t-1}-k_0-k_1x_{t-1})+\beta_2\Delta x_t+u_t \tag{11.6}$$

令 $\alpha=\beta_1-1$，则式(11.6)可写成

$$\Delta y_t=\alpha(y_{t-1}-k_0-k_1x_{t-1})+\beta_2\Delta x_t+u_t \tag{11.7}$$

式中，$u_t=y_{t-1}-k_0-k_1x_{t-1}$ 是滞后一期的均衡误差。此模型称为误差修正模型(简记 ECM)，它描述了均衡误差对消费的短期动态影响，α 和 β_2 称作短期乘数。式(11.1)和式(11.7)包含相同的关系，它们是等价的，根据不同的需要使用这两种模型来分析、研究经济现象或经济系统，但每个方程都有不同的解释与含义。

原始模型式(11.1)的右端除解释变量 x_t 外还含有 y_t 与 x_t 的滞后项，y_t 与 x_t 之间有长期均衡关系，对经济数据而言，x_t 与 x_{t-1} 也高度相关，因此，这三个解释变量之间存在着较强的多重共线性。由于 y_t 的滞后项作为解释变量，也增强了模型扰动项的序列相关性。因此，误差修正模型除了以上介绍的性质外，还可以消弱原模型的多重共线性，以及扰动项的序列相关性。

11.1.3 协整的检验

协整检验分为两变量检验和多变量检验，在这里只介绍两变量协整关系的检验方法，关于多变量协整关系检验，学生可参考相关的书籍。

格兰杰和恩格尔于1987年提出两步检验法，也称为 E–G 检验法。下面以消费和收入的关系为例，介绍格兰杰–恩格尔(Engle-Granger)方法的主要步骤。

1. 考察每个变量的单整阶数

按照协整的定义，消费与收入必须是同阶单整的。所以，首先要检验每个变量的单整阶数。推断变量的单整阶数时，最常用的是采用 DF(Dickey-Fuller test)检验和 ADF(Augment Dickey-Fuller test)检验，检验原序列和差分序列的平稳性，进而确定变量的单整阶数。

1) DF(Dickey-Fuller test)检验

检验一个时间序列 $\{X_t\}$ 的平稳性，分两步进行。

首先，对方程 $\Delta X_t=\alpha+\delta X_{t-1}+\mu_t$ 进行 OLS 回归，得到常规的 t_δ 统计量的值。

其次，检验假设

$$H_0:\delta\geq0; H_1:\delta<0$$

表 11–1 给出了 DF 分布临界值表。查 DF 分布临界值表中的 τ 值，与 t_δ 比较。当 $t_\delta>\tau$，则接受原假设 H_0，即 X_t 为非平稳序列；当 $t_\delta<\tau$，则拒绝原假设 H_0，即 X_t 为平稳序列。

表 11–1 DF 分布临界值表

α \ n	25	50	100	500	∞	T分布临界值 ($n=\infty$)
0.01	−3.75	−3.58	−3.51	−3.44	−3.43	−2.33
0.05	3.00	−2.93	−2.89	−2.87	−2.86	−1.65
0.10	2.63	−2.60	−2.58	−2.57	−2.57	−1.28

2）ADF（Augment Dickey-Fuller test）检验

上述用 DF 方法对时间序列进行平稳性检验中，假定了随机干扰项是不存在自相关的。但在实际检验中，大多数经济时间序列数据不能满足此项假定。当随机干扰项存在自相关时，DF 检验无效。进行单位根检验由扩展的 DF 检验来实现。ADF 检验是通过下面 3 个模型完成的。

$$模型1：\Delta X_t = \delta X_{t-1} + \sum_{i=1}^{m}\beta_i\Delta X_{t-i} + \varepsilon_t \tag{11.8}$$

$$模型2：\Delta X_t = \alpha + \delta X_{t-1} + \sum_{i=1}^{m}\beta_i\Delta X_{t-i} + \varepsilon_t \tag{11.9}$$

$$模型3：\Delta X_t = \alpha + \beta t + \delta X_{t-1} + \sum_{i=1}^{m}\beta_i\Delta X_{t-i} + \varepsilon_t \tag{11.10}$$

实际检验时从模型 3 开始，然后是模型 2、模型 1。何时检验拒绝零假设，即原序列不存在单位根，为平稳序列，何时停止检验；否则，就要继续检验，直到检验完模型 1 为止。检验原理与 DF 检验相同，只是对模型 1、模型 2 和模型 3 进行检验时，有各自相应的临界值表。

以上介绍的两种方法可以求出两变量单整的阶。若两变量单整的阶相同，进行下一步。

2. 第二步，协整回归（cointegration）

用 OLS 法估计方程 $Y_t = \alpha_0 + \alpha_1 X_t + \mu_t$，并计算非均衡误差，得到：

$$\hat{Y}_t = \hat{\alpha}_0 + \hat{\alpha}_1 X_t$$

$$e_t = Y_t - \hat{Y}_t$$

3. 第三步，检验 e_t 的单整性

如果 e_t 为稳定序列，则认为变量 Y_t，X_t 为（1，1）阶协整；如果 e_t 为 1 阶单整，则认为变量 Y_t，X_t 为（2，1）阶协整。

检验 e_t 的单整性的方法为 DF 检验或者 ADF 检验。由于协整回归中已含有截距项，则检验模型中无须再用截距项。如使用模型 1：

$$\Delta e_t = \delta e_{t-1} + \sum_{i=1}^{p}\theta_i\Delta e_{t-i} + \varepsilon_t$$

进行检验时，拒绝零假设 $H_0：\delta=0$，意味着残差项 e_t 是平稳序列，从而说明 X 与 Y 是协整的。

注意：这里的 DF 或是 ADF 检验是针对协整回归计算出的残差项 e_t 而非真正的非均衡误差 μ_t 进行的。于是对 e_t 平稳性检验的 DF 与 ADF 临界值应该比正常的 DF 与 ADF 临界值还要小。

11.1.4　误差修正模型

1. 误差修正模型

两个变量 y_t 和 x_t 之间的协整关系揭示的是它们之间的长期均衡关系，当然，在短期

内，它们可以是不均衡的，随机项是均衡误差 e_t。两变量之间这种短期不均衡关系的动态结构可以由误差修正模型来描述。

误差修正模型是一种具有特定形式的计量经济模型。其思想是，若变量之间存在协整关系，即表明这些变量之间存在长期稳定的关系，而这种长期稳定的关系是在短期动态过程的不断调整下得以维持的。这是由于一种调节过程——误差调整机制在起作用，防止了长期关系的偏差或数量上的扩大。因此，任何一组相互协整的时间序列变量都存在误差校正机制，可反映短期调整行为。

建立误差修正模型一般分为两步：第一步，对变量进行协整分析，以发现变量之间的协整关系，即长期稳定关系；第二步，以上一步得到的关系作为误差修正项，连同其他反映短期波动的解释变量一起，建立短期模型，即误差修正模型。

两变量 y_t、x_t 的误差修正模型由下式给出：

$$\Delta y_t = \alpha + \sum_{i=0}^{l} \beta_i \Delta x_{t-i} + \sum_{i=0}^{l} \gamma_i \Delta y_{t-i-1} + \lambda u_{t-1} + v_t \tag{11.11}$$

式中，$y_t \sim I(1)$；$x_t \sim I(1)$；y_t，$x_t \sim CI(1,1)$；u_t 为长期均衡误差，$u_t = y_t - b_0 - b_1 x_t \sim I(0)$；$v_t$ 为白噪声；λ 为短期调整系数。

2. 误差修正模型的估计

恩格尔和格兰杰提出了如下检验误差修正模型的估计方法，称为 E-G 两步法。

第一步，估计协整回归方程

$$y_t = b_0 + b_1 x_t + u_t \tag{11.12}$$

得到协整向量的一致估计值 $(1, -\hat{b}_0, -\hat{b}_1)$，用它得出均衡误差 u_t 的估计值 e_t

$$e_t = \hat{Y}_t - \hat{b}_0 - \hat{b}_1 x_t \tag{11.13}$$

第二步，用 OLS 法估计下面的方程

$$\Delta y_t = \alpha + \sum_{i=0}^{l} \beta_i \Delta x_{t-i} + \sum_{i=0}^{l} \gamma_i \Delta y_{t-i-1} + \lambda e_{t-1} + v_t \tag{11.14}$$

在建立模型的过程中，首先要对长期关系模型的设定是否合理进行单位根检验，以保证 u_t 为平稳序列。其次，对短期动态关系中各变量的滞后项，进行从一般到特殊的检验，在这个检验过程中，不显著的滞后项逐渐被剔除，直到找到最佳形式为止。通常滞后期在 $l=0, 1, 2, 3$ 中进行试验。

11.2 协整案例分析

为了描述财政支出与财政收入之间是否存在协整关系，本例选择我国 1978—2013 年的财政支出和财政收入的年度数据进行实证分析。首先建立财政支出和财政收入之间的协整方程，其次为了考察财政支出和财政收入之间的动态关系，建立 ECM 模型，具体见表 11-2。

表11-2 我国财政支出和财政收入数据　　　　　　　　单位：亿元

年 份	财政支出	财政收入	年 份	财政支出	财政收入
1978	1122.09	1132.26	1996	7937.55	7407.99
1979	1281.79	1146.38	1997	9233.56	8651.14
1980	1228.83	1159.93	1998	10798.18	9875.95
1981	1138.41	1175.79	1999	13187.67	11444.08
1982	1229.98	1212.33	2000	15886.50	13395.23
1983	1409.52	1366.95	2001	18902.58	16386.04
1984	1701.02	1642.86	2002	22053.15	18903.64
1985	2004.25	2004.82	2003	24649.95	21715.25
1986	2204.91	2122.01	2004	28486.89	26396.47
1987	2262.18	2199.35	2005	33930.28	31649.29
1988	2491.21	2357.24	2006	40422.73	38760.20
1989	2823.78	2664.90	2007	49781.35	51321.78
1990	3083.59	2937.10	2008	62592.66	61330.35
1991	3386.62	3149.48	2009	76299.93	68518.30
1992	3742.20	3483.37	2010	89874.16	83101.51
1993	4642.30	4348.95	2011	109247.79	103874.43
1994	5792.62	5218.10	2012	125952.97	117253.52
1995	6823.72	6242.20	2013	140212.10	129209.64

1. 考察序列的单整阶数

第一步，建立工作文件：File→New→Workfile，输入数据：Quick→Empty Group，具体如图11.1所示。

第二步，为消除序列的异方差，定义两变量的自然对数形式，得到新的序列 $\ln Y$ 和 $\ln X$。Quick→Generate Series，如图11.2所示。

第三步，对 $\ln Y$ 序列进行单位根检验：单击View，选择Unit Root Test功能，则将弹出"Unit Root Test"对话框，如图11.3所示。

本例选择如图11.3所示，单击OK按钮，得到的检验结果如图11.4所示。

从图11.4中可以看出，ADF检验值大于1%、5%、10%水平的临界值，所以原序列 $\ln Y$ 是非平稳的。

第四步，对 $\ln Y$ 的差分序列进行单位根检验：单击View，选择Uint Root Test功能，再次得到"Uint Root Test"对话框，这时第二项选择1st difference，单击OK按钮，得到的检验结果如图11.5所示。

第 11 章 计量经济学的若干新发展

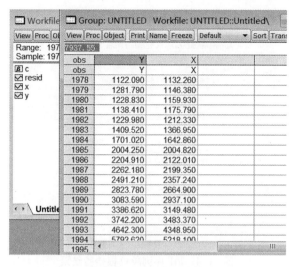

图 11.1 建立工作文件

图 11.2 产生新变量

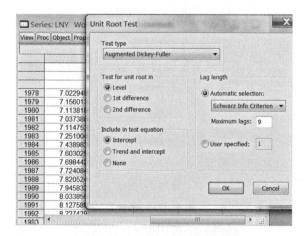

图 11.3 Unit Root Test 对话框

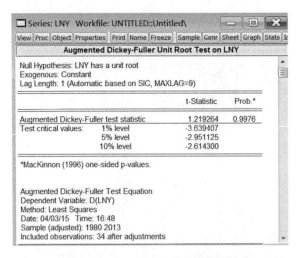

图 11.4　$\ln Y$ 序列单位根检验结果

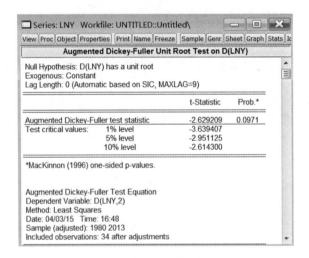

图 11.5　$\ln Y$ 差分序列单位根检验结果

从图 11.5 中可以看出，ADF 检验值小于 1%、5%、10% 水平的临界值，所以原序列的差分序列是平稳序列。对 $\ln X$ 序列重复进行第三步、第四步的操作，判断出其一阶差分序列也为平稳序列，即序列 $\ln X$ 和 $\ln Y$ 都是一阶单整序列。

2. 协整检验

第一步，用 OLS 法进行协整回归，并保存残差序列 e_1，在回归结果中单击 Proc → Make Residual Series，如图 11.6 所示。

第二步，检验残差 e_t 的平稳性，如图 11.7 所示。

由图 11.7 可见，e_t 是平稳的。意味着两序列 $\ln Y$ 和 $\ln X$ 是协整的，长期均衡方程为

$$(\ln \hat{Y}) = -0.0185 + 1.0094 \ln X$$

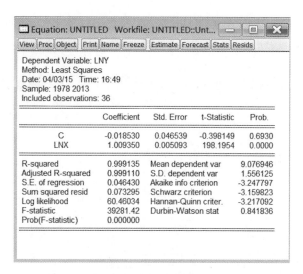

图 11.6　OLS 估计结果

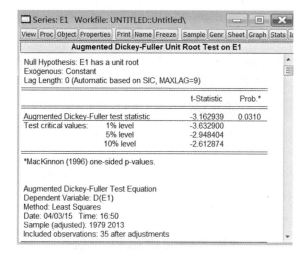

图 11.7　残差 e_t 的平稳性检验结果

表 11-3　协整检验 E-G 或 AEG 的临界值

显著性水平	变量个数								
	$K=2$			$K=3$			$K=4$		
样本容量	0.01	0.05	0.10	0.01	0.05	0.10	0.01	0.05	-0.10
25	-4.37	-3.59	-3.22	-4.92	-4.10	-3.71	-5.43	-4.56	-4.15
50	-4.12	-3.46	-3.13	-4.59	-3.92	-3.58	-5.02	-4.32	-3.89
100	-4.01	-3.39	-3.09	-4.44	-3.83	-3.51	-4.83	-4.21	-3.89
∞	-3.90	3.33	-3.05	-4.30	-3.74	-3.45	-4.65	-4.10	-3.81

3. 估计误差修正模型 ECM

由表 11－3 协整回归的结果，得到的误差项 e_t，估计误差修正模型，如图 11.8 所示。

Equation: UNTITLED Workfile: UNTITLED::Unt...

View Proc Object Print Name Freeze Estimate Forecast Stats Resids

Dependent Variable: LNY-LNY(-1)
Method: Least Squares
Date: 04/03/15 Time: 16:51
Sample (adjusted): 1979 2013
Included observations: 35 after adjustments

Variable	Coefficient	Std. Error	t-Statistic	Prob.
C	0.022257	0.014377	1.548045	0.1314
LNX-LNX(-1)	0.855541	0.095712	8.938685	0.0000
E1(-1)	-0.398711	0.139401	-2.860168	0.0074

R-squared	0.717259	Mean dependent var	0.137942
Adjusted R-squared	0.699588	S.D. dependent var	0.067476
S.E. of regression	0.036983	Akaike info criterion	-3.674877
Sum squared resid	0.043769	Schwarz criterion	-3.541562
Log likelihood	67.31035	Hannan-Quinn criter.	-3.628857
F-statistic	40.58886	Durbin-Watson stat	1.428386
Prob(F-statistic)	0.000000		

图 11.8 误差修正模型 ECM 估计结果

估计误差修正模型，结果为

$$\Delta \ln \hat{Y} = 0.0223 + 0.8555 \Delta \ln X - 0.3987 e_{t-1}$$

$$(1.5481)\ (8.9387)\quad (-2.8602)$$

$$R^2 = 0.6996 \quad D.W. = 1.4284$$

上述结果表明，我国财政支出和财政收入之间存在着密切的联系。财政收入增长率每增加 1%，财政支出就会增加 1.0093%，财政支出超过了财政收入的规模，而上年度的非均衡误差以 0.3987 的比率对本年度的财政支出增长做出修正。

11.3 面板数据模型

平行数据计量经济学模型是近 20 年来计量经济学理论方法的重要发展之一，具有较好的应用价值。本节将重点介绍固定影响平行数据模型(Panel Data Models with Fixed-effects)，与之相对应的是随机影响平行数据模型(Panel Data Models with Random-effects)，其具体内容可参阅其他计量经济学著作。

11.3.1 面板数据模型的概念

“面板数据”指的是一部分家庭、国家或企业等在一段时期内的观测值所构成的集合。这样的数据可以通过在一段时期内对一些家庭或个体进行跟踪调查来获得。个体调查数据通常称为微观面板。与微观面板相反，宏观面板通常涉及一段时期内不同国家的数据。

美国密歇根大学社会科学研究所收集的研究收入动态变化的面板数据集(PSID)就是一

个典型的微观面板数据集。1968 年开始时 PSID 只有 4800 户家庭,到 2001 年已经增加至 7000 多户家庭。所调查的数据主要集中在经济和人口统计领域,包括收入、贫困状态、食品或住房方面的公共资助、其他金融事件(如纳税额)、家庭结构和人口数量、劳动市场工作、家务时间、住房状况、家庭迁移、社会经济背景和健康状况等。其他补充的调查主题包括住房和周边环境特征、努力动机、儿童保育、儿童抚养和儿童发展、工作培训和获得工作情况、退休计划、健康状况、直系亲属、财富、教育状况、军事战斗经历、风险承受能力、移民历史以及移民时间等。

与微观面板数据集相对照,也有一些"宏观面板数据集"供经济学家利用。国际货币基金组织(IMF)就提供了一些宏观面板数据,如世界经济展望数据库,它提供诸如 GDP 增长、通货膨胀、失业、收支平衡表、出国、进口、外债、资本流动、商品价格等时间序列数据;还有国际金融统计数据库,它提供了 1948 年至今 200 多个国家的近 32000 个时间序列,其中汇率、基金账户以及一些主要的全球性和国家性的经济指标。

面板数据(Panel Data 或 YS/CS)又称平行数据,是指在时间序列上取多个截面,在这些截面上同时选取样本观测值所构成的样本数据,平行数据模型是一类线性经济模型,这些模型可以看作协变量的双向设计,如

$$y_{it} = \sum_{k=1}^{K} x_{itk} \beta_k + u_{it} \quad (i=1,2,\cdots,N;\ t=1,2,\cdots,T) \tag{11.15}$$

式中,N 是横截面的个数,T 是时间序列的长度,k 是外生的或自变量的个数。

由于面板数据模型既包含时间序列方向的信息,又包含横截面方向的信息,可看作二维方向信息的加权平均,所以它突破了单纯的时间序列数据和单纯的横截面数据在实际应用中的局限性。除了样本容量大大增大、使参数估计更加可靠、多重共线性的影响被减弱之外,还能识别和度量一些单纯的时间序列模型和单纯的横截面模型所不能识别的因素,因此,可以从多个层面分析经济问题。

另外,面板数据模型是截面变量和时间变量的结合信息,能够显著地减少默认变量所带来的问题。例如,设一个简单的回归模型

$$y_{it} = \alpha + x_{it}\beta + z_{it}\gamma + u_{it} \quad (i=1,2,\cdots,N;\ t=1,2,\cdots,T) \tag{11.16}$$

式中,自变量 x_{it} 和 z_{it} 分别是 $1 \times k_1$、$1 \times k_2$ 维的向量,α、β、γ 分别是 1×1、$k_1 \times 1$、$k_2 \times 1$ 维的常数向量,假设 u_{it} 独立同分布,且均值为零,方差为 σ_u^2,若 y_{it} 对 x_{it} 和 z_{it} 做回归,利用最小二乘估计(OLS)可以得到 α、β、γ 的无偏且一致的估计。现在若 z_{it} 值无法观测到,并且 x_{it} 与 z_{it} 之间的协方差非零,则参数的最小二乘估计是有偏的。若可以得到一组重复的观测值,就可以避免 z 的影响,若对所有的 t,$z_{it}=z_i$,可以通过单个观测值对 t 做一阶差分,进而得到:

$$y_{it} - y_{i,t-1} = (x_{it} - x_{i,t-1})\beta + (u_{it} - u_{i,t-1}) \quad (i=1,2,\cdots,N;\ t=1,2,\cdots,T) \tag{11.17}$$

类似地,若对所有的 i 有 $z_{it}=z_t$,可以通过对一段时间内的均值做差分,得到:

$$y_{it} - \bar{y}_t = (x_{it} - \bar{x}_t)\beta + (u_{it} - \bar{u}_t) \quad (i=1,2,\cdots,N;\ t=1,2,\cdots,T) \tag{11.18}$$

式中,$\bar{y}_t = \frac{1}{N}\sum_{i=1}^{N} y_{i,t}$,$\bar{x}_t = \frac{1}{N}\sum_{i=1}^{N} x_{i,t}$,$\bar{u}_t = \frac{1}{N}\sum_{i=1}^{N} u_{it}$。对式(11.10)和式(11.11)做回归,由最小二乘估计得到 β 的无偏和一致的估计,假如仅有截面数据($T=1$)或者仅有时间序列数据

($N=1$)，则不能进行上面的转换，就得不到 β 的一致无偏估计。

11.3.2 面板数据模型的主要优点及局限性

1. 面板数据模型的主要优点

由于面板数据综合了时间序列和横截面二维方向的信息，因此，与单纯的横截面数据模型或单纯的时间序列数据模型相比，具有以下几个突出优点。

（1）可以解决样本容量不足的问题。例如，要分析某项改革措施对经济产生的影响，往往会因为缺少足够的时间序列资料而无法建立可靠的经济计量模型。如果用面板数据建立模型，则由于样本容量为 NT，对时间序列的长度 T 要求不高，N 比较大时，T 只要大于或等于 2 即可。

（2）可以估计某些难以度量的因素对被解释变量的影响，可以控制个体异质性。面板数据表明个体、企业、省或国家之间都存在异质性。时间序列和横截面分析没有控制这种异质性，因而其结果很可能是有偏的。例如，我国各省份居民消费结构是不相同的，除了收入水平、价格水平等因素的影响外，地区差异（如地理位置、气候条件、传统文化等方面的差异）也是一个重要原因。然而，仅用时间序列资料或者仅采用某一截面的数据都无法估计出地区差异的影响。因为，形成地区差异的诸多因素是难以度量或不可观测的。如果用面板数据建立模型，则由于资料中既有个体特征之间的差异，又包含个体特征随时间变化而发生的变化，这些因素的作用是可以估计的。

（3）面板数据具有更多的信息、更大的变异，以及变量间更弱的共线性、更大的自由度以及更高德效率。时间序列研究中令人苦恼的就是多重共线性，例如，在香烟需求的研究中，价格和收入如果从集合变量的角度看就具有很强的共线性，而使用面板数据，存在共线性的可能就很小了，因为增加截面个体维度的同时增加了数据的变异，也增加了更多有关价格和收入的信息。

（4）面板数据更适合于研究动态调整过程。表面上相对稳定的横截面分布实际上隐藏了许多变化。失业的交替、工作的轮换、居住地的迁移和收入的波动等更适合于用面板数据研究。面板数据还适用于研究失业、贫困等经济状态的持续期，而且如果这些面板数据的时期数足够长，它们还能清楚地表明对经济政策变化的调整速率。例如，在衡量失业问题时，横截面数据可以估计出人口中多大一部分比例在给定的时间处于失业状态，多个截面可以表明这一比例如何随时间而变化，但只有面板数据能估计出在某个时期失业中有多大一部分在另一时期仍处于失业状态。

（5）面板数据还可以识别、测量单纯使用横截面或时间序列数据无法估计的影响。假设有一个全部由妇女组成的横截面样本，其中年平均参加工作率是 50%。这可能是由以下几个原因导致的：每个妇女在任一给定年份有 50% 的概率参加工作；样本中有 50% 的人一直有工作，50% 的人根本不工作。第一种情况中的工作转换率很高，而第二种情况中没有工作转换，因此，只有使用面板数据才能区分这两种情况。

（6）有助于正确理解经济变量之间的关系。例如，企业的规模发生变化或技术进步，都会影响企业的产出。但是在生产函数中，这两者的作用是很难区分的。这是因为，截面资料仅反映企业之间在规模上的差异,而时间序列与截面数据相结合,才能正确区分规模变化与技术进步各自对产出的影响。

2. 面板数据模型的局限性

(1) 调查设计和数据收集问题。这些问题包括覆盖面问题(样本没有覆盖研究总体)、不响应问题(由于回答者不合作或提问者的失误)、回忆问题(回答者的记忆不准确)、采访的频率问题、采访的时间间隔问题、询问的时间问题、界限使用问题和样本期内的偏倚问题等。

(2) 时间维度短和样本流失问题。微观面板通常是年度数据,每个个体的时期数较短。这也意味着渐近分析主要依赖个体数趋于无穷。增加面板的时期数并不是没有成本,事实上,这会增加样本流失的可能性,也可能增加限制因变量面板数据模型的计算难度。

(3) 截面相关性。国家或地区的宏观面板数据,如果时间序列较长而且没有考虑到国家之间的相关性就会导致错误的推断结论。很多文献中提出的面板单位根检验方法都假定不存在截面相关性。事实上,考虑截面相关非常重要,而且会影响到统计推断的结论。为此,人们也提出了考虑这种相关性的面板单位根检验方法。

面板数据不是万能的,它并不能解决时间序列或横截面研究解决不了的所有问题。因此,本书只是简单地介绍一下面板数据模型。

11.3.3 面板数据模型的类型

单方程平行数据模型的一般形式为

$$y_{it} = \alpha_i + x_{it}\beta_i + u_{it} \quad (i=1,2,\cdots,N;\ t=1,2,\cdots,T) \tag{11.19}$$

式中,x_{it} 是 $1 \times k$ 向量,β_i 为 $k \times 1$ 向量,k 为解释变量数目。误差项 u_{it} 均值为 0,方差为 σ_u^2。

模型(11.19)常用的有以下 3 种情形。

(1) $\alpha_i = \alpha_j$, $\beta_i = \beta_j$。

(2) $\alpha_i \neq \alpha_j$, $\beta_i = \beta_j$。

(3) $\alpha_i \neq \alpha_j$, $\beta_i \neq \beta_j$。

对于(1),在横截面上无个体影响、无结构变化,相当于将多个时期的截面数据放在一起作为样本数据,称为"混合回归模型"。

对于(2),在横截面上个体影响不同,个体影响表现为模型中被忽略的反映个体差异的变量的影响,称为"变截距模型"。

对于(3),除了存在个体影响外,在横截面上还存在变化的经济结构,因而结构参数在不同横截面单位上是不同的,称为"变系数模型"。

"变截距模型"是应用最广泛的数据模型。变截距模型又可分为固定影响模型和随机影响模型。

一般来讲,当横截面的单位是总体的所有单位时固定影响模型是个合理的模型。固定影响模型可设为

$$y_{it} = x_{it}\beta + \alpha_i + u_{it} \tag{11.20}$$

式中，α_i 表示固定影响；$u_{it} \sim i.i.d.(0, \sigma^2)$。固定影响模型用最小二乘虚拟变量法（LSDV）来估计参数。

如果横截面单位是随机抽自于一个大的总体，就应把总体中个体的差异认为服从随机分布。随机影响模型可设为

$$y_{it} = \mu + x_{it}\beta + \alpha_i + u_{it} \tag{11.21}$$

式中，α_i 为模型中被忽略的反映个体差异的变量的影响，假定它与随机扰动项 u_{it} 一样是随机变量。α_i 与 u_{it} 是相互独立的，且满足 $\alpha_i \sim i.i.d.(0, \sigma^2)$，$u_{it} \sim i.i.d.(0, \sigma^2)$，这时误差项可以表示为

$$v_{it} = \alpha_i + u_{it}, \quad \operatorname{Var}(v_{it}) = \sigma_\alpha^2 + \sigma_u^2 \, .$$

另外，平行数据模型的最新发展还有动态模型。

常用的变截距的动态模型为

$$y_{it} = \alpha_i + y_{i,t-1}\gamma + x_{it}\beta + u_{it} \quad (i = 1, 2, \cdots, N; \ t = 1, 2, \cdots, T) \tag{11.22}$$

式中，$E(u_{it}) = 0$，$E(u_{it}u_{js}) = \begin{cases} \sigma_u^2 & (i=j; \ t=s) \\ 0 & (\text{其他}) \end{cases}$

11.3.4 固定影响回归模型及其参数估计

固定影响模型分为固定影响变截距模型和固定影响变系数模型两种。

1. 固定影响变截距模型及其估计

变截距模型可表示为

$$y_{it} = \alpha_i + x_{it}\beta + u_{it} \quad (i = 1, 2, \cdots, n; \ t = 1, 2, \cdots, T) \tag{11.23}$$

式中，x_{it} 为 $1 \times k$ 向量，β 为 $k \times 1$ 向量，α_i 为个体影响，为模型中被忽略的反映个体差异变量的影响；u_{it} 为随机干扰项，为模型中被忽略的随横截面和时间变化的因素的影响，假设其均值为零，方差为 σ_u^2，并假定 u_{it} 与 x_{it} 不相关。

在上述模型中，如果横截面的个体影响可以用不变的常数项 α_i 的差别来说明，则这个变截距模型称为固定影响变截距模型。

对于固定影响变截距模型，其中的变截距 α_i 是一个待估未知参数。令 y_i 和 X_i 是第 i 个个体的 T 个观测值向量和矩阵，并令 u_i 是随机干扰项 $T \times 1$ 向量，则式（11.16）可写成

$$y_i = e\alpha_i + X_i\beta + u_i \quad (i = 1, \cdots, n) \tag{11.24}$$

式中，$y_i = \begin{pmatrix} y_{i1} \\ y_{i2} \\ \vdots \\ y_{iT} \end{pmatrix}_{T \times 1}$，$e = \begin{pmatrix} 1 \\ 1 \\ \vdots \\ 1 \end{pmatrix}_{T \times 1}$，$\beta = \begin{pmatrix} \beta_1 \\ \beta_2 \\ \vdots \\ \beta_K \end{pmatrix}_{K \times 1}$

$u_i = \begin{pmatrix} u_{i1} \\ u_{i2} \\ \vdots \\ u_{iT} \end{pmatrix}$，$X_i = \begin{pmatrix} x_{1i1} & x_{2i1} & \cdots & x_{Ki1} \\ x_{1i2} & x_{2i2} & \cdots & x_{Ki2} \\ \vdots & \vdots & & \vdots \\ x_{1iT} & x_{2iT} & \cdots & x_{KiT} \end{pmatrix}_{T \times K}$

式(11.17)也可写成

$$y = \begin{pmatrix} d_1 & d_2 & \cdots & d_n & X \end{pmatrix} \begin{pmatrix} \alpha \\ \beta \end{pmatrix} + u \qquad (11.25)$$

式中，$y = \begin{pmatrix} y_1 \\ y_2 \\ \vdots \\ y_n \end{pmatrix}_{nT \times 1}$，$\begin{pmatrix} d_1 & d_2 & \cdots & d_n \end{pmatrix} = \begin{pmatrix} e & 0 & \cdots & 0 \\ 0 & e & \cdots & 0 \\ \vdots & \vdots & & \vdots \\ 0 & 0 & \cdots & e \end{pmatrix}_{nT \times n}$

$X = \begin{pmatrix} X_1 \\ X_2 \\ \vdots \\ X_n \end{pmatrix}_{nT \times k}$，$\alpha = \begin{pmatrix} \alpha_1 \\ \alpha_2 \\ \vdots \\ \alpha_n \end{pmatrix}_{n \times 1}$，$u = \begin{pmatrix} u_1 \\ u_2 \\ \vdots \\ u_n \end{pmatrix}_{nT \times 1}$

式中，d_i 是代表第 i 个单位的虚拟变量。

令 $D = (d_1, d_2, \cdots, d_n)$，则式(11.18)等价于

$$y = D\alpha + X\beta + u \qquad (11.26)$$

该模型通常被称为最小二乘虚拟变量模型(Least-squares Dummy-variable, LSDV)，有时也称之为协方差分析模型(Analysis-of-covariance Model)(解释变量既有定量的，也有定性的)。如果 n 充分小，此模型可以当作具有 $n+k$ 个参数的多元回归模型，参数可由普通最小二乘法进行估计。当 n 很大时，OLS 计算可能超过任何计算机的存储容量。此时，可用下列分块回归的方法进行计算。

令 $Q = I_T - \frac{1}{T}ee'$，因为 $I_T e = \frac{1}{T}ee'e$，所以 $Qe = 0$，则由式(11.17)可得：

$$Qy_i = Qe\alpha_i + QX_i\beta + Qu_i = QX_i\beta + Qu_i \qquad (11.27)$$

于是

$$X'_i Qy_i = X'_i QX_i \beta + X'_i Qu_i$$

$$\sum_i X'_i Qy_i = \left(\sum_i X'_i QX_i\right)\beta + \sum_i X'_i Qu_i \qquad (11.28)$$

$$\hat{\beta}_{CV} = \left(\sum_{i=1}^n X'_i QX_i\right)^{-1}\left(\sum_{i=1}^n X'_i Qy_i\right)$$

由于模型(11.19)也叫协方差分析模型，所以参数 β 的最小二乘虚变量(LSDV)估计也叫作协方差估计。β 的协方差估计是无偏的，且当 n 或 T 趋于无穷大时，为一致估计。它的协方差矩阵为

$$\text{Var}(\hat{\beta}_{CV}) = \sigma_u^2 \left(\sum_{i=1}^n X'_i QX_i\right)^{-1} \qquad (11.29)$$

截距的估计为

$$\hat{\alpha}_i = \bar{y}_i - \bar{X}_i \hat{\beta}_{CV} \qquad (11.30)$$

$$\text{Var}(\hat{\alpha}_i) = \frac{\sigma_u^2}{T} + \bar{X}_i \text{Var}(\hat{\beta}_{CV}) \bar{X}'_i \qquad (11.31)$$

截距的估计是无偏估计，且仅当 T 趋于无穷大时为一致估计。

方差 σ_u^2 的估计量为

$$s^2 = \sum_{i=1}^n \sum_{t=1}^T \frac{(y_{it}-\hat{\alpha}_i-x_{it}\hat{\beta}_{CV})^2}{nT-n-K} \qquad (11.32)$$

可以利用 F 检验来检验 $\alpha_i = \alpha_j$ 的假设，在该假设下

$$F = \frac{(R_u^2 - R_p^2)/(n-1)}{(1-R_u^2)/(nT-n-K)} \qquad (11.33)$$

服从 $F(n-1, nT-n-K)$。其中 R^2 为判定系数，下标 u 表示非约束模型，而 p 表示约束模型。

2. 固定影响变系数模型及其估计

考虑如下变系数模型

$$y_{it} = X_{it}\boldsymbol{\beta}_i + u_{it}, \ (i=1,2,\cdots,N;\ t=1,\cdots,T) \qquad (11.34)$$

式中，X_{it} 和 $\boldsymbol{\beta}_i$ 是解释变量和参数向量。也可写成

$$\boldsymbol{y}_i = \boldsymbol{X}_i \boldsymbol{\beta}_i + \boldsymbol{u}_i \qquad (11.35)$$

式中，

$$\boldsymbol{y}_i = \begin{pmatrix} y_{i1} \\ y_{i2} \\ \vdots \\ y_{iT} \end{pmatrix}_{T\times 1}, \ \boldsymbol{X}_i = \begin{pmatrix} x_{1i1} & x_{2i1} & \cdots & x_{Ki1} \\ x_{1i2} & x_{2i2} & \cdots & x_{Ki2} \\ \vdots & \vdots & & \vdots \\ x_{1iT} & x_{2iT} & \cdots & x_{KiT} \end{pmatrix}_{T\times K}$$

$$\boldsymbol{\beta}_i = \begin{pmatrix} \beta_{i1} \\ \beta_{i2} \\ \vdots \\ \beta_{iK} \end{pmatrix}, \ \boldsymbol{u}_i = \begin{pmatrix} u_{i1} \\ u_{i2} \\ \vdots \\ u_{iT} \end{pmatrix}$$

在上述模型中，如果 $\boldsymbol{\beta}_i$ 可视为固定且不同的常数，则此时的变系数模型称为固定影响变系数模型。可写成

$$\boldsymbol{y} = \boldsymbol{X}\boldsymbol{\beta} + \boldsymbol{u} \qquad (11.36)$$

式中，

$$\boldsymbol{y} = \begin{pmatrix} y_1 \\ y_2 \\ \vdots \\ y_n \end{pmatrix}_{nT\times 1}, \ \boldsymbol{X} = \begin{pmatrix} X_1 & 0 & \cdots & 0 \\ 0 & X_2 & \cdots & 0 \\ \vdots & \vdots & & \vdots \\ 0 & 0 & \cdots & X_n \end{pmatrix}_{nT\times nT}$$

$$\boldsymbol{\beta} = \begin{pmatrix} \beta_1 \\ \beta_2 \\ \vdots \\ \beta_n \end{pmatrix}_{nK\times 1}, \ \boldsymbol{u} = \begin{pmatrix} u_1 \\ u_2 \\ \vdots \\ u_n \end{pmatrix}_{nT\times 1}$$

对于固定影响变系数模型，如果随机干扰项在不同横截面个体之间不相关，即 $E(u_i u_j') = 0$，$i \neq j$ 且 $E(u_i u_i') = \sigma_i^2 \boldsymbol{I}$，则其参数估计极为简单，即以每个截面个体的时间序列

数据为样本，采用经典单方程计量经济学模型的估计方法分别估计其参数。即使采用 GLS 估计同时得到 $\beta = (\beta_1', \cdots, \beta_n')'$ 的 GLS 估计量，也是与在每个横截面个体上 β_i 的经典单方程估计一样。

如果随机干扰项在不同横截面个体之间的协方差不为零，即 $E(u_i u_j') \neq 0$，则 $\beta = (\beta_1', \cdots, \beta_n')'$ 的 GLS 估计比在每个横截面个体上的经典单方程估计更有效。

记 $\Omega_{ij} = E(u_i u_j')$，则

$$V = \begin{pmatrix} \Omega_{11} & \Omega_{12} & \cdots & \Omega_{1n} \\ \Omega_{21} & \Omega_{22} & \cdots & \Omega_{2n} \\ \vdots & \vdots & & \vdots \\ \Omega_{n1} & \Omega_{n2} & \cdots & \Omega_{nn} \end{pmatrix}_{nT \times nT} \quad (11.37)$$

参数的 GLS 估计为

$$\hat{\beta}_{GLS} = (X'V^{-1}X)^{-1} X'V^{-1}y \quad (11.38)$$

如何得到协方差矩阵的估计量？一种可行的方法是，首先采用经典单方程计量经济学模型的估计方法分别估计每个横截面个体上的 β_i，计算残差估计值，然后以此构造协方差矩阵的估计量，类似于经典单方程计量经济学模型的 GLS 那样。

11.4 固定影响模型案例分析

为了描述地区差异以及时间变迁对居民消费行为的影响，本例选择我国 11 个省份城镇居民 2005—2013 年的年度数据进行了实证分析，具体见表 11-4 和表 11-5。

表 11-4　各地区城镇居民人均可支配收入　　　　　　　　单位：元

年份 省份	2005	2006	2007	2008	2009	2010	2011	2012	2013
北京	17653	19978	21989	24725	26738	29073	32903	36469	40321
山西	8914	10028	11565	13119	13997	15648	18124	20412	22456
辽宁	9108	10370	12300	14393	15761	17713	20467	23223	25578
吉林	8691	9775	11286	12829	14006	15411	17797	20208	22275
上海	18645	20668	23623	26675	28838	31838	36230	40188	43851
安徽	8471	9771	11474	12990	14086	15788	18606	21024	23114
山东	10745	12192	14265	16305	17811	19946	22792	25755	28264
湖南	9524	10505	12294	13821	15084	16566	18844	21319	23414
广东	14770	16016	17699	19733	21575	23898	26897	30227	33090
贵州	8151	9117	10678	11759	12863	14143	16495	18701	20667
青海	8058	9000	10276	11640	12692	13855	15603	17566	19499

表 11-5 各地区城镇居民人均消费支出 单位：元

年份 省份	2005	2006	2007	2008	2009	2010	2011	2012	2013
北京	13244	14825	15330	16460	17893	19934	21984	24046	26275
山西	6343	7171	8102	8807	9355	9793	11354	12212	13166
辽宁	7369	7987	9430	11231	12325	13280	14790	16594	18030
吉林	6795	7353	8560	9729	10914	11679	13011	14614	15932
上海	13773	14762	17255	19398	20992	23200	25102	26253	28155
安徽	6368	7295	8532	9524	10234	11513	13181	15012	16285
山东	7457	8468	9667	11007	12013	13118	14561	15778	17112
湖南	7505	8169	8991	9946	10828	11825	13403	14609	15887
广东	11810	12432	14337	15528	16858	18490	20252	22396	24133
贵州	6159	6848	7759	8349	9048	10058	11353	12586	13703
青海	6245	6530	7512	8193	8787	9614	10955	12346	13540

第一步，建立工作文件：File→New→Workfile。

第二步，定义变量名：Objects→New Object→Pool，如图 11.9 所示。本例中 INC 代表人均可支配收入，CONS 代表人均消费支出，横截面单元的标志符如 BJ 代表北京、SX 代表山西等，如图 11.10 所示。

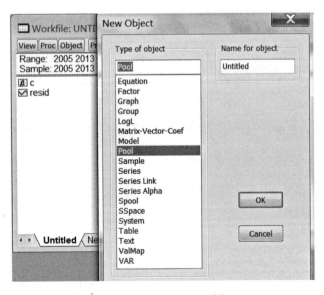

图 11.9 合并数据库对象

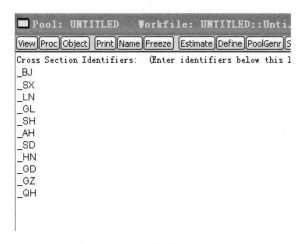

图 11.10 截面数据命名

第三步，输入数据：View → Spredsheet View，在出现的对话框中输入"INC?"和"CONS?"，然后输入数据，如图 11.11 和图 11.12 所示。

图 11.11 建立数据表　　　　图 11.12 输入面板数据

第四步，模型的估计：Procs → Estimate 出现"Pooled Estimation"对话框，如图 11.13 所示，在本例中 Dependent Variable 框中输入"CONS?"；Sample 框中为系统默认值"1997—2005"；Common coeffcients 框中输入"INC?"，cross-sectio 中选择 Fixed，Weights 中选择 Cross section weights，然后单击"确定"按钮即出现估计结果，如图 11.14 所示。

从上面的估计结果可以看出，INC? 的回归系数为 0.61191，其估计标准误差为 0.004917，t 检验统计量为 124.4503，相伴概率为 0，可以看出回归系数显著不为 0。估计结果的中间部分是各地区截距估计值，由此可以建立各地区城镇居民消费模型，如北京市城镇居民消费模型可以表示为

$$CONS\_BJ = 1900.6439 + 0.61191 INC\_BJ$$

山西省城镇居民消费模型可以表示为

$$CONS\_SX = 460.675 + 0.61191 INC\_SX$$

其他地区模型以此类推。

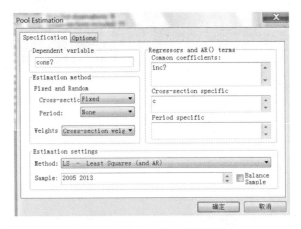

图 11.13　面板数据模型估计

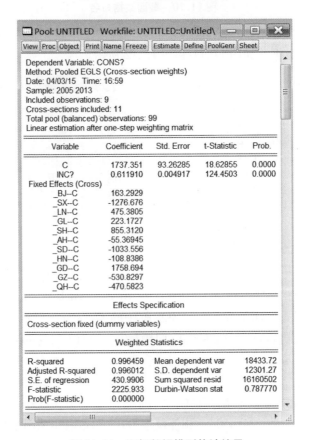

图 11.14　面板数据模型估计结果

从估计结果的后面部分可以看出，模型调整后的决定系数达 0.9965，说明模型的拟合优度很高，从整体上讲，该模型效果不错。

本章小结

本章对计量经济学近期部分比较重要的发展领域作了简要的介绍。首先介绍了协整理论,包括单整与协整的定义、协整理论的意义、协整检验方法、误差修正模型。

其次,介绍了协整分析的应用。

再次,介绍了面板数据模型理论,包括面板数据模型的概念、主要优点、基本类型,并重点介绍了固定影响模型及其估计方法。

最后,介绍了固定影响模型的应用,如被广泛使用于居民消费、金融、房地产、教育等诸多问题的研究中,说明其具有很强的应用性。

习　题

1. 思考题。

（1）什么是平稳随机时间序列？对时间序列进行分析,为什么提出平稳性问题？

（2）什么是协整？协整理论有何重要意义？

（3）误差校正模型的特点是什么？

（4）什么是面板数据模型？它有哪几种类型？

（5）面板数据有哪些优点？又有哪些缺点？

（6）如何对固定影响模型进行参数估计？

2. 设时间序列 x_t 是由随机过程 $x_t = z_t + u_t$ 生成的,其中 u_t 为一均值为 0,方差为 σ_u^2 的白噪声序列,z_t 是一均值为 0,方差为 σ_z^2,协方差恒为常数 α 的平稳时间序列。u_t 与 z_t 不相关。

（1）求 x_t 的期望与方差,它们与时间 t 有关吗？

（2）求协方差 $\text{Cov}(x_t, x_{t+k})$,并指出 x_t 是否是平稳的。

（3）证明：x_t 的自相关函数为 $\rho_k = \dfrac{\alpha}{\sigma_z^2 + \sigma_u^2}$。

3. 假设两个时间序列 x_t 与 y_t 满足 $y_t = \beta x_t + u_{1t}$ 与 $\Delta x_t = \alpha \Delta x_{t-1} + u_{2t}$ 式中 $\beta \neq 0$,$|\alpha| < 1$,且 u_{1t} 与 u_{2t} 是两个 $I(0)$ 序列。

证明：从这两个方程可以推断出一个如下形式的误差修正模型：

$$\Delta y_t = r_1 \Delta x_{t-1} - r_2 (y_{t-1} - \beta x_{t-1}) + u_t$$

式中,$r_1 = \beta\alpha$,$r_2 = -1$,$u_t = u_{1t} + \beta u_{2t}$。

4. 某地区过去 30 年谷物产量序列如表 11-6 所示。

表 11-6　某地区谷物产量序列

30.2	32.0	34.0	36.9	26.8	30.2	32.4	36.4	36.9	31.5
30.5	32.3	34.9	30.1	36.9	26.8	30.5	33.3	29.7	35.0
29.9	35.2	38.3	35.2	35.5	36.7	26.8	38.0	31.7	32.6

该地区这些年相应的降雨量序列如表11-7所示。

表 11-7 降雨量序列

10.1	10.1	10.8	7.8	16.2	14.1	10.6	10	11.5	13.6
12.1	12.0	9.3	7.7	11.0	6.9	9.5	16.5	9.3	9.4
8.7	9.5	11.6	12.1	8.0	10.7	13.9	11.3	11.6	10.4

(1) 使用单位根检验，分别考察这两个序列的平稳性。
(2) 确定这两个序列之间是否具有协整关系。

5. 假定某行业中3个企业近15年的总成本（Y）和产出（X）的数据如表11-8所示。

表 11-8 某行业的总成本和产出数据

时期	成本			产出		
	$i=1$	$i=2$	$i=3$	$i=1$	$i=2$	$i=3$
1	43.68	50.98	43.80	38.40	32.45	32.68
2	45.82	27.65	23.67	35.30	18.70	18.42
3	4.70	35.62	28.50	3.69	26.09	22.83
4	40.56	35.75	27.60	35.22	18.56	24.98
5	25.78	43.18	43.35	20.56	25.56	35.03
6	35.98	48.32	36.42	36.62	35.09	28.36
7	50.74	64.06	19.21	41.47	47.60	26.23
8	42.43	38.32	16.38	30.61	26.98	25.26
9	25.52	45.35	30.98	23.60	33.47	25.39
10	49.75	43.39	46.52	38.32	23.25	28.90
11	42.36	42.32	43.55	36.23	23.89	34.14
12	47.25	40.25	36.65	30.36	27.36	35.01
13	36.45	39.63	42.17	39.56	29.23	29.15
14	48.63	41.20	40.39	41.23	26.24	31.73
15	48.20	48.58	49.88	45.58	31.27	26.14

根据表中数据估计变截距固定影响模型。

6. 表11-9列出了美国、加拿大、英国在某20年的失业率Y及对制造业的补助X的相关资料。考虑如下模型：$Y_{it}=b_0+b_1X_{it}+u_{it}$

(1) 根据上述回归模型分别估计这3个国家Y关于X的回归方程；
(2) 将这3个国家的数据合并成一个大样本，按上述模型估计一个总的回归方程；

(3) 估计变截距固定效应模型；

(4) 分析上述3类回归方程的估计结果，并判断哪类模型更好一些。

表 11-9 美国、加拿大、英国失业率及对制造业补助资料

美　国		加拿大		英　国	
补助(X)/(美元/小时)	失业率(Y)/(%)	补助(X)/(美元/小时)	失业率(Y)/(%)	补助(X)/(美元/小时)	失业率(Y)/(%)
55.6	7.1	49.0	7.2	43.7	7.0
61.1	7.6	54.1	7.3	44.1	10.5
67.0	9.7	59.6	10.6	42.2	11.3
68.8	9.6	63.9	11.5	39.0	11.8
71.2	7.5	64.3	10.9	37.2	11.7
75.1	7.2	63.5	10.2	39.0	11.2
78.5	7.0	63.3	9.2	47.8	11.2
80.7	6.2	68.0	8.4	60.2	10.3
64.0	5.5	76.0	7.3	68.3	8.6
86.6	5.3	84.1	7.0	67.7	7.2
90.8	5.6	91.5	7.7	81.7	6.9
95.6	6.8	100.1	9.8	90.5	8.8
100.0	7.5	100.0	10.6	100.0	10.1
102.7	6.9	95.5	10.7	88.7	10.5
105.6	6.1	91.7	9.4	92.3	9.7
107.9	5.6	93.3	8.5	95.9	8.7
109.3	5.4	93.1	8.7	95.6	8.2
111.4	4.9	94.4	8.2	103.3	7.0
117.3	4.5	90.6	7.5	109.8	6.3
123.2	4.9	91.9	5.7	112.2	6.1

参 考 文 献

[1] 刘艳春，陈利昌. 计量经济学[M]. 北京：中国林业出版社，北京大学出版社，2008.
[2] 李子奈，潘文卿. 计量经济学[M]. 3版. 北京：高等教育出版社，2010.
[3] [美]古扎拉蒂·波特. 经济计量学精要[M]. 4版. 张涛，译. 北京：机械工业出版社，2010.
[4] [美]威廉·H·格林. 计量经济学（上、下册）[M]. 6版. 张成思，译. 北京：中国人民大学出版社，2011.
[5] 孙敬水，马淑琴. 计量经济学[M]. 3版. 北京：清华大学出版社，2014.
[6] 张晓峒. 计量经济学基础[M]. 3版. 天津：南开大学出版社，2007.
[7] 庞皓. 计量经济学[M]. 北京：科学出版社，2007.
[8] 高铁梅. 计量经济分析方法与建模：EViews应用及实例[M]. 2版. 北京：清华大学出版社，2009.
[9] 易丹辉. 数据分析与EViews应用[M]. 北京：中国人民大学出版社，2008.